BENJAMIN DERIN   TOBIAS SINGELNSTEIN

DIE POLIZEI

HELFER, GEGNER, STAATSGEWALT

BENJAMIN DERIN TOBIAS SINGELNSTEIN

DIE POLIZEI

HELFER, GEGNER, STAATSGEWALT

Inspektion einer mächtigen Organisation

ECON

Wir verpflichten uns zu Nachhaltigkeit

- Klimaneutrales Produkt
- Papiere aus nachhaltiger Waldwirtschaft und anderen kontrollierten Quellen
- ullstein.de/nachhaltigkeit

FSC
www.fsc.org
MIX
Papier aus verantwortungsvollen Quellen
FSC® C014496

Econ ist ein Verlag
der Ullstein Buchverlage GmbH

ISBN: 978-3-430-21059-1

Satz: LVD GmbH, Berlin
Gesetzt aus Scala OT
Druck und Bindearbeiten: GGP Media GmbH, Pößneck
Printed in Germany

INHALT

4 POLIZEI IM WANDEL

EINLEITUNG

Im Ranking der vertrauenswürdigsten Institutionen in Deutschland landete die Polizei 2021 wie gewohnt weit vorne, nur knapp hinter den Ärzt:innen und sogar vor dem Bundesverfassungsgericht. Bei aktuellen Umfragen geben rund 80 Prozent der Befragten hierzulande an, großes oder sehr großes Vertrauen in die Polizei zu haben. Und auf die Frage nach dem Berufswunsch antworten viele Kinder nach wie vor: Polizist:in. Sie verkleiden sich an Fasching mit der blauen Uniform, und das Polizeiauto gehört zum Standardrepertoire im Kinderzimmer. Das freundliche Gesicht in Uniform gilt vielerorts als »Freund und Helfer«, die deutsche Polizei als eine der besten und zugleich demokratischsten der Welt.

Gleichzeitig demonstrierten im Juni 2020 Zehntausende unter dem Motto »Black Lives Matter« in deutschen Städten gegen Polizeigewalt und Rassismus. Hunderte skandieren auf Demonstrationen Parolen wie »Ganz Berlin hasst die Polizei«. Polizist:innen monieren sinkenden Respekt.

Und immer wieder kommt ein weniger freundliches Gesicht der Organisation zum Vorschein: Im März 2021 wird ein 19-Jähriger in Delmenhorst von zwei Zivilbeamten verfolgt, weil er auf einer Parkbank einen Joint geraucht haben soll. Sie bringen ihn zu Boden, setzen Pfefferspray ein und legen ihm Handschellen an. Er schreit vor Schmerz, während ein Polizist auf ihm kniet. Er warnt, dass er schwer Luft bekomme. Schließlich wird er in den Polizeiwagen geschleift und auf die Wache gebracht, wo er kollabiert. Tags darauf stirbt er im Krankenhaus.

Im November 2021 kommt ein neues Sachverständigengutachten zu dem Schluss, dass der 2005 in einer Dessauer Gewahrsamszelle bei einem Brand ums Leben gekommene Oury Jalloh, der sich den Behörden zufolge trotz Fixierung selbst angezündet haben soll, mit hoher Wahrscheinlichkeit mit Benzin übergossen und angezündet wurde. Die Kampagne »Death in Custody« hat in Deutschland seit 1990 insgesamt 203 Todesfälle von Schwarzen Menschen und anderen von Rassismus betroffenen Personen in Polizeigewahrsam oder durch polizeiliche Gewalt dokumentiert. Der Menschenrechtskommissar des Europarats und die Europäische Kommission gegen Rassismus und Intoleranz haben sich besorgt über rassistisches Verhalten oder *Racial Profiling* in deutschen Polizeibehörden gezeigt und Handlungsbedarf angemahnt. 2017 wurde das »Nordkreuz«-Netzwerk aufgedeckt, in dem sich unter anderem Polizisten und Soldaten zusammengetan und Waffen und Munition gehortet haben, um nach dem von ihnen erwarteten Zusammenbruch des Staates am »Tag X« politische Gegner:innen zu töten. Nach Erkenntnissen des Bundesinnenministeriums besteht die Gruppe auch heute noch fort. Im Juni 2021 wird das SEK Frankfurt aufgelöst, nachdem dort rechte Chat-Gruppen bekannt geworden waren – wie seit 2020 schon in zahlreichen anderen Polizeieinheiten. Ende 2021 sorgen Berichte aus Köln für Entsetzen, wonach dortige Polizeibeamt:innen systematisch willkürliche Gewalt gegen Bürger:innen angewendet und verabredet haben sollen, sich dafür gegenseitig zu decken (»Dabei nehmen wir auf jeden Fall jemanden fest und machen jemanden kaputt«). Die Polizei als brutale Staatsgewalt.

Wie lassen sich diese Bilder miteinander vereinbaren? Wie kann erklärt werden, dass beide Sichtweisen in der Gesellschaft existieren und lautstark vorgetragen werden? Schließen sie sich aus? Wer hat recht: konservative »Hardliner« oder »Polizeihasser«? Tatsächlich beschreiben all diese Beispiele Aspekte derselben Organisation und geben Teile derselben Realität wieder – nur aus unterschiedlichen Perspektiven. Dass die Polizei beides in sich vereint, ist nicht leicht zu akzeptieren. Schließlich wollen wir wissen, woran wir bei dieser Organisation, der wir so viel Macht zugestehen, sind. Steht sie für Sicherheit und Menschenrechte oder für Gewalt und Überwachung? Handelt es sich um die »Prügelknaben« der Nation oder eine rechte Schlägertruppe? Ist sie überhaupt noch »unsere« Polizei (oder wessen sonst)? Die Verunsicherung ist entsprechend groß. Denn wem kann man vertrauen, wenn man der Polizei nicht mehr vertrauen kann?

Mancherorts wird mit harscher Abwehr auf Kritik an der Polizei reagiert: Sie sei ungerechtfertigt, Probleme allenfalls Einzelfälle, verschuldet durch schwarze Schafe, Eskalationen doch meist von anderen provoziert. Polizeigewerkschaften und manche Politiker:innen werden nicht müde, immer wieder zu betonen, dass es keine Polizeigewalt gebe und kein Problem mit Rassismus. Doch das stimmt nicht. Die Probleme sind da, und sie sind ziemlich grundsätzlicher Natur.

Andere Menschen sind empört darüber, dass die offensichtlichen Schattenseiten der Polizei wegdiskutiert werden, manche sehen in ihr gar eine Institution ausschließlich im Dienste der Herrschenden zur Unterdrückung von Armen, Migrant:innen und politischen Gegner:innen. Neben den hohen Vertrauenswerten steht auch eine andere Wahrheit: 80 Prozent der Befragten meinen, dass die Polizei ein Problem mit Rassismus hat, fast drei Viertel sehen ein Gewaltproblem. Die Mehrheit der Bevölkerung ist in Umfragen für die Einrichtung unabhängiger Beschwerdestellen zur Aufklärung polizeilichen Fehlverhaltens und hält eine Studie zu Rassismus in der Polizei für notwendig.

Der zunehmend kritische Fokus und die kontroversen Diskussionen sorgen in der Organisation für Irritation. Die negativen Schlagzeilen passen nicht zu ihrem Selbstbild als professionelle Polizei, die in den vergangenen Jahren eine massive Verjüngung und Akademisierung durchgemacht hat, inzwischen auch um personelle Diversifizierung bemüht ist und sich selbst schon mal als größte Menschenrechtsorganisation des Landes bezeichnet.[1] Wie konnte dieses Unverständnis zwischen Polizei und Gesellschaft entstehen? Und wohin wird sich die Organisation in den kommenden Jahren entwickeln? Um diese Fragen zu beantworten, gilt es etwas tiefer einzutauchen.

Das Verhältnis von Polizei und Gesellschaft lässt sich nur ergründen, wenn wir auch ihre Funktion und Geschichte, ihr Innenleben und ihre Entwicklung in der jüngeren Vergangenheit in den Blick nehmen. Auf dieser Grundlage untersuchen wir Probleme wie Gewalt, Rassismus und Fehlerkultur, die Polizei und Öffentlichkeit in den vergangenen Jahren in Atem gehalten haben.

Dabei stoßen wir nicht nur auf eine ungeahnt selektive polizeiliche Praxis, Ungleichheiten, die System haben, eine Organisation, die (k)ein Spiegel der Gesellschaft ist, und eine alles prägende *Cop Culture*. Wir erleben auch eine Institution, die einem starken Wandel unterworfen und auf der Suche nach ihrer Rolle ist. Denn mit dem Aufstieg eines neuen gesellschaftlichen Verständnisses von und Bedürfnisses nach Sicherheit und Prävention gewinnt auch die Polizei an Bedeutung. Sie bekommt mehr Aufgaben und verfügt heute über ein in der Geschichte der Bundesrepublik nie da gewesenes Repertoire an Eingriffs- und Überwachungsbefugnissen. Dabei entwickelt sich die Polizei von einer dienenden Teilgewalt im rechtsstaatlichen Gefüge zu einer eigenständigen und selbstbewussten Akteurin, die Einfluss auf Politik und gesellschaftliche Diskurse nimmt. Bedrohlich wird diese Entwicklung dort, wo Verselbstständigungstendenzen zunehmen, in deren Folge sich die Polizei externer Kontrolle zu entziehen versucht und sich dabei schleichend aus ihrer demokratischen Einhegung im Rahmen der Gewaltenteilung zu lösen droht. Und schließlich werfen wir die Frage auf, was eine Polizei aus Sicht der Gesellschaft eigentlich tun sollte und wie Antworten auf die diskutierten Entwicklungen und Probleme aussehen könnten. Ist vielleicht eine ganz andere Polizei möglich, oder gar ein Zusammenleben ohne Polizei denkbar?

Die derzeitige öffentliche Debatte wird der Komplexität der Organisation Polizei und ihrer gesellschaftlichen Rolle in vielerlei Hinsicht nicht gerecht. Und doch liegt die Antwort auch nicht einfach irgendwo in der Mitte. Dieses Buch ist kein Appell, »beide Seiten zu verstehen«, und nimmt keine vermittelnde Position ein. Ziel ist es, die Polizei in all ihren Widersprüchen zu betrachten. Dabei ergibt sich das Bild einer fundamental ambivalenten Organisation. Und es wird sichtbar, dass die Gesellschaft ihren Auftrag, sich Gedanken darüber zu machen, was für eine Polizei sie eigentlich möchte, (zu) lange Zeit vernachlässigt hat.

KAPITEL I

DIE POLIZEI IN DER GESELLSCHAFT

1.1 WAS MACHT DIE POLIZEI?

Von der Jagd auf Bankräuber:innen und potenzielle Terrorist:innen über Verkehrskontrollen und Begleitung von Demonstrationen bis hin zur Klärung von Nachbarschaftsstreitigkeiten und Ruhestörungen: Auf den ersten Blick erscheint die Polizei als allgegenwärtige staatliche Institution, die für sehr vieles zuständig ist. Doch was macht die Polizei eigentlich genau – und wo verläuft die Grenze ihrer Zuständigkeit?

Kindern würde man möglicherweise erklären, dass die Polizei dafür sorgt, dass sich die Menschen an die Gesetze halten. Das klingt logisch, denn nach einem Bankraub wird ein bereits begangenes Verbrechen verfolgt, und mit einem verhinderten Attentat ist ein künftiges Verbrechen bekämpft worden. Indem eine Demonstration begleitet wird, soll gewährleistet werden, dass sich Teilnehmende und Gegenprotestierende an die Gesetze halten, und bei einem nachbarschaftlichen Streit soll geregelt werden, wer was zu unterlassen oder zu dulden hat. Polizist:innen sind also offenbar im wahrsten Sinne des Wortes Gesetzeshüter:innen.

Allerdings sind auch andere Instanzen wie Staatsanwält:innen und Gerichte mit dieser Aufgabe betraut, je nach Kontext und Gesetz. Bei einer rechtswidrigen Kündigung, Hygienemängeln in einem Restaurant oder wenn darüber gestritten wird, dass die Mietwohnung nach dem Auszug nicht gestrichen wurde, wäre die Polizei fehl am Platz. Hingegen ist es selbstverständlich, dass sie sich um einen Verkehrsunfall kümmert, der durch einen auf die Fahrbahn gestürzten Baum ausgelöst wurde, oder einen Wohnblock evakuiert, nachdem eine Fliegerbombe gefunden wurde. Auch wenn sie nach einer vermissten Rentnerin sucht, die an Demenz leidet, wird sie tätig, obwohl in diesen Fällen niemand gegen ein Gesetz verstoßen hat.

Bei näherem Hinsehen kommen der Polizei also durchaus unterscheidbare Aufgaben zu, die sich zudem von der Tätigkeit anderer Behörden abgrenzen lassen. Das deutsche Polizeirecht kennt im Wesentlichen zwei große Aufgabenbereiche der Polizeiarbeit: die (präventive) Gefahrenabwehr und die (repressive) Strafverfolgung.

Von Fußballfans und Krokodilen: die Abwehr künftiger Gefahren

Zwar wird die Polizei vor allem mit der Verfolgung von Straftaten assoziiert, was auch mit ihrer kulturellen Darstellung zu tun hat, denn Filme und Serien über die Polizei etwa handeln fast immer davon, wie sie Kriminalfälle löst. Doch ihre bedeutsamere Aufgabe liegt in der sogenannten Gefahrenabwehr. Die Polizei soll schädigende Ereignisse verhindern, bevor sie eintreten, was auch als *Prävention* bezeichnet wird. Dabei geht es nicht (nur) um Straftaten, sondern ganz allgemein um alles, was Probleme auslösen kann – von einem lautstark Betrunkenen über ein ausuferndes Volksfest bis hin zu aus dem Zoo entlaufenen Löwen.

Etwas präziser formuliert kümmert sich die Polizei darum, Gefahren für die *öffentliche Sicherheit und Ordnung* abzuwenden. Das beinhaltet nicht nur die gesamte Rechtsordnung und den Staat, sondern auch die individuellen Rechtsgüter der Bürger:innen wie Eigentum und körperliche Unversehrtheit. Damit ist grob festgelegt, was und wen die Polizei schützen soll, der Schutzbereich jedoch bewusst weit gefasst. Denn unter diese Begriffe lässt sich nahezu alles fassen: von der Abwehr staatsgefährdender Bedrohungen und dem Schutz öffentlicher Einrichtungen wie Parlamenten, Behörden oder auch Museen über die Durchsetzung der Straßenverkehrsordnung oder schlicht der dominanten Moralvorstellungen bis hin zur Beendigung von Kneipenschlägereien und der Beratung, wie man sich vor Taschendiebstahl schützen kann. Die Abwehr von Gefahren ist also sehr weitreichend gedacht.[1]

Kategorien wie Tatverdacht, Schuld und Unschuldsvermutung oder Straf- und Nachweisbarkeit spielen im Bereich der Gefahrenabwehr zunächst keine Rolle. Entscheidend ist allein die Frage, ob etwas oder jemand gefährdet ist. Polizeiliche Maßnahmen können sich daher auch gegen Personen richten, die für das Ereignis überhaupt nicht verantwortlich sind. Wird eine Wohnungstür eingetreten, weil Schreie zu hören sind, geschieht das unabhängig davon, ob der Eigentümer der Tür oder die Mieterin der Wohnung sie selbst verursacht hat. Wird ein Badestrand geräumt, weil im Wasser ein Krokodil gesichtet wurde, müssen die Badegäste gehen, obwohl sie hierfür offensichtlich überhaupt nichts können.

Das meint man eigentlich anders zu kennen: Damit eine Strafe verhängt und vollstreckt werden kann, muss in einem Strafprozess von einem Gericht zweifelsfrei die Schuld der Beschuldigten festgestellt werden. Häufig wird angenommen, dass die gesamte polizeiliche Tätigkeit unter diesem Vorbehalt steht. Bei der Gefahrenabwehr ist es jedoch anders. Hier beurteilen Polizei und andere Behörden wie die Bauaufsicht oder das Gesundheitsamt grundsätzlich selbst, ob eine Gefahrenlage vorliegt und sie einschreiten müssen. Alles andere würde in der

Praxis oft zu lange dauern. Eine gerichtliche Überprüfung ist häufig erst im Nachhinein möglich.

Treffen Beamt:innen auf eine potenziell problematische Situation, müssen sie oft sehr schnell beurteilen, ob ein geschütztes Rechtsgut konkret gefährdet ist, also ob ein Schaden wahrscheinlich ist. Ist diese Frage mit »Ja« zu beantworten, können (und müssen) die Beamt:innen notwendige Maßnahmen ergreifen.

Wird die Polizei etwa zu einem Vorfall häuslicher Gewalt gerufen, weil eine Frau von ihrem Mann geschlagen wurde, gilt es anhand der zur Verfügung stehenden Informationen abzuschätzen, ob der Mann gleich wieder gewalttätig werden wird, sobald die Beamt:innen abgezogen sind. In diesem Fall könnte ihm gegebenenfalls ein Platzverweis erteilt werden, er müsste also die Wohnung verlassen und dürfte sie vorübergehend nicht betreten, oder er könnte in Gewahrsam genommen werden. Ein anderes Beispiel sind Fußballfans, die sich in der Vergangenheit an gewalttätigen Auseinandersetzungen in Stadien beteiligt haben. Sie können vor zukünftigen Spielen mit Aufenthaltsverboten für die austragende Stadt belegt werden, wenn konkrete Anhaltspunkte dafür vorliegen, dass sie sich auch dort an Ausschreitungen beteiligen könnten.[2]

Gefahr und Prognose bilden die Eckpfeiler der Gefahrenabwehr als erster Hauptaufgabe der Polizei und bringen nicht zu unterschätzende Herausforderungen mit sich. Wie soll man beurteilen, ob eine früher schon einmal gewalttätige Person dies auch an einem bestimmten Tag in der Zukunft sein wird? Wie kann der Fußballfan beweisen, dass er sich beim nächsten Spiel gar nicht an Ausschreitungen beteiligen will? Die Prognose kann also falsch sein, ohne dass dies später jemals herauskäme, in anderen Fällen stellt sie sich im Nachhinein als falsch heraus.

Und doch folgen aus einer solchen Gefährdungseinschätzung mitunter erhebliche Grundrechtseingriffe – etwa wenn die Polizei eine Person durchsucht, in Gewahrsam nimmt oder Gewalt anwendet.[3]

Mord und Totschlag: die Strafverfolgung

Die andere große Aufgabe der Polizei ist die *Repression* oder Strafverfolgung, also die Aufklärung und Verfolgung mutmaßlicher Straftaten, über die dann die Strafjustiz zu entscheiden hat. Die Polizei leitet jährlich rund sechs Millionen Strafverfahren ein, in den vergangenen Jahren mit rückläufiger Tendenz. 2020 etwa registrierten die Beamt:innen gut 5,3 Millionen Verdachtsfälle.[4]

Der Großteil der aufgenommenen Fälle geht auf Bürger:innen zurück, die Anzeige erstatten.[5] Dabei kommt der Polizei oft eine notarielle Funktion zu, bei der es in erster Linie darum geht, materielle Schäden etwa aufgrund eines Diebstahls oder einer Sachbeschädigung zu dokumentieren. Nur ein geringer Teil der Strafverfahren wird von Amts wegen eingeleitet, weil Polizist:innen beispielsweise selbst eine Tat beobachten. Bei der Strafverfolgung arbeitet die Polizei im Rahmen der Konzepte von Tatverdacht, Schuld und Nachweisbarkeit; die Ermittlungen sind darauf gerichtet, konkrete Tatverdächtige zu ermitteln und ausreichend Beweismittel gegen diese zu sammeln. Dabei sind die Beschuldigten im Rechtsstaat von der Strafprozessordnung mit besonderen Rechten ausgestattet, die sie vor übermäßigen staatlichen Ermittlungseingriffen schützen sollen. Sie dürfen schweigen, müssen belehrt werden, können Verteidiger:innen konsultieren, und für Maßnahmen wie Telefonüberwachungen oder Durchsuchungen sind in der Regel Gerichtsbeschlüsse erforderlich.

Aus der Sicht des Rechts spielt die Polizei bei der Strafverfolgung allerdings nur eine untergeordnete Rolle, denn für das Führen von Strafverfahren sind die Staatsanwaltschaften und die Strafgerichte zuständig. Das mag zunächst schwer zu glauben sein: Kriminalromane, Fernsehserien und Filme sind schließlich voller Polizeikommissar:innen, die Morde aufklären und Verbrecher:innen jagen; wer schon einmal einen Einbruch angezeigt hat, hat das in der Regel bei einer Polizistin getan, nicht bei einer Richterin; und wer Zeuge eines Diebstahls geworden ist, wird dazu in der Regel auf einer Polizeiwache vernommen und nicht bei der Staatsanwaltschaft. In der Praxis stützen sich die Staatsanwaltschaften aber tatsächlich so stark auf die Polizei, dass die Ermittlungsarbeit ganz überwiegend dort stattfindet.[6]

Das Strafverfahren in Deutschland besteht im Kern aus zwei Teilen: dem Ermittlungs- und dem Hauptverfahren. Gibt es Anhaltspunkte für eine Straftat, wird ein Ermittlungsverfahren eingeleitet. Darin soll aufgeklärt werden, was sich zugetragen hat, um zu überprüfen, ob der Verdacht begründet ist. Hierzu werden Zeug:innen vernommen, Wohnungen durchsucht, Telefone überwacht oder Festplatten beschlagnahmt. Obwohl die Staatsanwaltschaft Herrin des Ermittlungsverfahrens ist, observiert sie nicht selbst Verdächtige oder stürmt Wohnungen. Sie ist nämlich nicht als Ermittlungsbehörde »auf der Straße« konzipiert, was schon angesichts der personellen Ausstattung nicht möglich wäre, sondern setzt hierzu die Polizei ein. Weil das sehr häufig vorkommt, hat sich ein Zweig der Polizei ganz darauf spezialisiert: die Kriminalpolizei.

Werden keine Tatverdächtigen gefunden, erhärtet sich der

Verdacht nicht oder hält die Staatsanwaltschaft eine Anklage aus anderen Gründen nicht für erforderlich, weil es sich beispielsweise um eine geringfügige Tat wie einen kleinen Ladendiebstahl durch eine:n Ersttäter:in handelt,[7] wird das Verfahren am Ende des Ermittlungsverfahrens eingestellt. Hat die Polizei hingegen ausreichend Beweise gegen konkrete Beschuldigte gesammelt, erhebt die Staatsanwaltschaft gegebenenfalls Anklage. Erst dann beginnt das Hauptverfahren, also der eigentliche Gerichtsprozess, in dem beurteilt wird, ob den Angeklagten die Tat mit den gesammelten Beweismitteln zweifelsfrei nachgewiesen werden kann. Hauptverfahren werden von den Strafgerichten durchgeführt. Polizist:innen treten hier zumeist nur als Zeug:innen auf, indem sie vor Gericht über die Ermittlungen aussagen.

Von der Hilfeleistung im Alltag bis zum Spezialeinsatz

Die tatsächliche Arbeit der Polizei ist allerdings in vielerlei Hinsicht weitaus vielfältiger, als es der nüchterne Gesetzestext zunächst vermuten lässt. Während es sich bei der Strafverfolgung um ein einigermaßen abgrenzbares Aufgabenfeld handelt, findet vor allem die weit gefasste Gefahrenabwehr in vielen verschiedenen Formen statt.

Dazu gehört beispielsweise das Versammlungsrecht. Die Polizei begleitet Demonstrationen und andere Versammlungen, kann aber auch dafür zuständig sein, diese zu verbieten oder Auflagen festzulegen, um Ausschreitungen, Zusammenstöße verschiedener Gruppen oder andere Gefahren zu verhindern. Historisch wurde die Aufgabe der Polizei bei Versammlungen lange eher als Aufstandsbekämpfung verstanden, wie ein Blick auf die Weimarer Republik und die Demonstrationen der 1968er deutlich macht. Versammlungen sind eines der kontroversesten Einsatzgebiete der Polizei mit einem mitunter besonders hohen Konfliktpotenzial, in dem sie zudem über einen erheblichen Spielraum verfügt. Wie sie ihn ausfüllt, kann den Verlauf solcher Veranstaltungen entscheidend prägen. Hier entstehen viele der Bilder, die wir mit der Polizei verbinden, etwa bei den jährlichen 1. Mai-Demonstrationen in Berlin oder Hamburg, wo die Polizei häufig mit Fäusten, Schlagstöcken und Wasserwerfern gegen die Demonstrierenden vorgeht.

Mit am sichtbarsten ist die Polizei im Straßenverkehr. Jährlich werden von ihr etwa 2,5 Millionen Verkehrsunfälle aufgenommen. Rund 3.000 Menschen kommen dabei ums Leben, etwa 60.000 werden schwer verletzt.[8] Beamt:innen begeben sich zu Unfallorten, nehmen den Sachverhalt auf, kümmern sich mit Rettungsdienst und Feuerwehr um die Anwesenden und Verletzten. Sie prüfen, ob Anlass für ein Bußgeld- oder Strafverfahren besteht, und leiten dieses gegebenenfalls ein. Daneben gehört es zu den Aufgaben der Polizei, Verkehrskontrollen durchzuführen, Geschwindigkeitsmessungen zu betreiben und den Verkehr zu regeln, wenn beispielsweise eine Ampelanlage ausfällt, oder einen Fahrradführerschein für Grundschüler:innen anzubieten.

Oft hat die polizeiliche Tätigkeit nur wenig mit ihrem eigentlichen gesetzlichen Auftrag oder handfesten Bedrohungen zu tun, sondern besteht aus Hilfeleistung im Alltag. Denn in der öffentlichen Wahrnehmung sind Polizist:innen auch für alltägliche Hilfe und Konfliktlösung zuständig – ein Image, das die Polizei zum Teil selbst kultiviert und das auch dem Berufsbild vieler Anwärter:innen von der »Arbeit mit Menschen« entspricht. Die wenigsten Bürger:innen prüfen, ob ihr Anliegen tatsächlich in einen der polizeilichen Aufgabenbereiche fällt, bevor sie die 110 wählen oder sich auf die örtliche Wache begeben. Für viele von uns liegt es etwa nahe, Streifenpolizist:innen nach dem Weg zu fragen, obwohl mit der Antwort wohl keine Gefahr für die öffentliche Sicherheit abgewendet wird.

Verlorene Geldbeutel aus der Kanalisation fischen, gefundene Personalausweise entgegennehmen, eine Entenmutter mit ihren Küken vereinen und entlaufene Katzen zurückbringen – das alles gehört einem kurzen Blick in die Lokalnachrichten nach zu urteilen zum Polizeiberuf. Er wird zu einem erheblichen Teil durch die konkrete Präsenz auf der Straße bestimmt, durch die praktische Interaktion mit Bürger:innen und die sich daraus ergebende öffentliche Wahrnehmung als erste Anlaufstelle für eine Vielzahl alltäglicher Probleme. Inwieweit die Polizei als Dienstleistung verstanden und ihre Arbeit als Service in Anspruch genommen wird, aber auch, ob die Polizei solchen Ersuchen nachgeht, hängt stark davon ab, wer an sie herantritt. Mit dem Verhältnis der Polizei zu unterschiedlichen Teilen der Bevölkerung werden wir uns in Kapitel 1.4 noch auseinandersetzen.

Dass die Kontakte mit Bürger:innen auch ganz anders aussehen können und die Polizei für viele Menschen nicht vorrangig als Freund und Helfer fungiert, zeigt etwa ihre Beteiligung an Abschiebungen. Die Szenen sind teilweise brutal: Eltern von Kleinkindern werden mitten in der Nacht mit Hand- und Fußfesseln abgeführt, Menschen mit Medikamenten ruhiggestellt, oder ihr Widerstand wird mit Gewalt gebrochen. Auf einem Abschiebeflug von München nach Kabul, den eine Delegation des Anti-Folter-Komitees des Europarates im August 2018 begleitete, wurde ein sich wehrender Mann von sechs Polizist:innen festgehalten und am ganzen Körper mit Klebeband gefesselt, ein Beamter drückte ihm mit dem Arm gegen den Hals, sodass er nicht mehr richtig atmen konnte, ein anderer quetschte ihm wiederholt länger die Genitalien und verursachte ihm so starke Schmerzen.[9]

Auch manche Polizist:innen hadern damit, Abschiebungen durchzuführen, und fragen sich, ob sie wirklich dafür zur Polizei gegangen sind.[10] 2020 wurden mehr als 10.000 Menschen aus Deutschland abgeschoben, 20 Prozent von ihnen waren minderjährig.[11] Polizeibeamt:innen bringen die Menschen zum Flughafen oder Bahnhof und sind 2020 in etwa 4.000 dieser Fälle bis zum Zielort mitgereist, um sicherzustellen, dass die Betroffenen sich nicht entziehen.[12] Dafür wurden gut 8.500 Beamt:innen eingesetzt. Zusätzlich wurden im selben Jahr fast 20.000 Menschen an den Grenzen zurückgewiesen, was in der Regel in die Zuständigkeit der Bundespolizei fällt.

Besonders heiklen Aufgaben geht die Polizei mit Spezialeinheiten nach: Wollen Kriminalpolizist:innen eine Gruppe bewaffneter Bankräuber:innen festnehmen, die sie überführt haben, oder gilt es, die Queen bei einem Staatsbesuch vor möglichen Attentaten zu schützen, werden spezifisch ausgebildete Spezialeinheiten wie das SEK (Spezialeinsatzkommando[13]) eingesetzt. Dann werden Präzisionsschütz:innen auf Dächern positioniert, Beamt:innen seilen sich aus Hubschraubern ab oder stürmen Wohnungen unter vorgehaltener Waffe. Auch in diesem Tätigkeitsbereich kann der Alltag allerdings deutlich trivialer sein. Häufig geht es beispielsweise auch darum, psychotische Menschen zu überwältigen, wenn sie mit einem Küchenmesser gestikulierend auf der Straße unterwegs sind; bekannte, aber nicht unbedingt gefährliche Verdächtige aus dem Milieu der sogenannten Organisierten Kriminalität festzunehmen oder Waffensichtungen nachzugehen, die sich dann als

Besenstiele oder Softair-Pistolen entpuppen. Nicht zuletzt werden Spezialeinheiten auch bei politischen Großlagen wie der Räumung der Umweltaktivist:innen aus dem Hambacher Forst im September 2018 oder den Protesten gegen den G20-Gipfel in Hamburg im Juli 2017 eingesetzt. Aufnahmen vermummter, mit Gewehren bewaffneter Polizeieinheiten in militärischen Tarnfarben, die mitten im hippen Schanzenviertel ihre Ziellaser auf Menschen richteten, sorgten im Rahmen der G20-Proteste für erhebliche Kritik.[14]

Am anderen Ende der beruflichen Adrenalinskala beschäftigt sich die Polizei mit Statistiken oder Öffentlichkeitsarbeit. Dabei geht es einerseits darum, die Bevölkerung über relevante Kriminalitätsentwicklungen, die Verkehrssicherheitslage oder aber auch über gesuchte Straftäter:innen zu informieren. Andererseits nimmt die PR-Arbeit der Polizei in eigener Sache zu, von Kampagnen, mithilfe derer Nachwuchs angeworben werden soll, bis hin zu Darstellungen und Kommentaren zu laufenden Einsätzen. Hier spielen soziale Medien wie Twitter eine zunehmende Rolle. Immer mehr Polizeibehörden verfügen über eigene Accounts in den sozialen Medien und richten Social-Media-Teams ein, um diese zu bespielen.

Im Polizeialltag spielen also andere Tätigkeiten eine ebenso große oder sogar eine größere Rolle als die Jagd auf Verbrecher:innen oder der Kampf gegen Kriminalität.[15] Entsprechend vielfältig sind die Gesichter der polizeilichen Arbeit. Je nachdem, womit Polizist:innen befasst beziehungsweise Bürger:innen konfrontiert sind, ergeben sich ganz unterschiedliche Bilder und Auffassungen von der Polizei – als Helferin, Gegnerin oder Staatsgewalt.

Was darf die Polizei?

Das Recht bestimmt aber nicht nur die Aufgaben der Polizei, sondern regelt vor allem auch, welche Mittel sie zur Bewältigung dieser Aufgaben einsetzen darf. Es bestimmt die konkreten Befugnisse, die die Polizei hat. Da sie als Repräsentantin des Staates erhebliche Grundrechtseingriffe vornimmt und das Gewaltmonopol umsetzt, ist diese Frage demokratietheoretisch und rechtsstaatlich höchst bedeutsam: Was darf diese Organisation unter welchen Voraussetzungen, und warum darf sie es?

Diese Frage könnte man auch andersherum stellen: »Wo steht, dass die Polizei das nicht darf?« Dem läge dann die Vorstellung zugrunde, dass der Handlungsspielraum von Polizei und Staat erst dort endet, wo er durch Gesetze beziehungsweise die Abwehrrechte der Bürger:innen wie die Meinungsfreiheit oder die Unverletzlichkeit der Wohnung ausdrücklich begrenzt wird. Tatsächlich ist es umgekehrt: Die Exekutive darf nur dort tätig werden, wo ihr dies als Aufgabe übertragen ist. Und für Eingriffe in die Freiheit der Bürger:innen benötigen die Behörden eine Rechtsgrundlage. So erlaubt § 94 Strafprozessordnung die Beschlagnahme von Gegenständen zu Beweiszwecken im Strafverfahren gegen den Willen der Person, der sie gehören. § 38 Bundespolizeigesetz befugt die Bundespolizei dazu, Personen unter bestimmten Voraussetzungen einen Platzverweis zu erteilen. Umgekehrt durfte die Polizei lange Zeit keine Spähsoftware auf Computern einsetzen, bis entsprechende Vorschriften geschaffen wurden. Während die Bürger:innen alles dürfen, was nicht untersagt ist, darf der Staat nur Eingriffe vornehmen, die ihm erlaubt sind.

Hierin unterscheidet sich ein liberales Grundverständnis des Verhältnisses von Polizei und Bürger:innen von einem autoritären, wonach staatliches Handeln grundsätzlich zu dulden ist und die Bürger:innen ihr Tun vor den Behörden zu rechtfertigen haben. Dennoch ist nicht nur in der Bevölkerung, sondern auch innerhalb der Polizei dieses eher autoritäre Verständnis, wonach der Polizei erlaubt ist, was nicht ausdrücklich verboten ist, immer wieder zu finden. Dass Polizeikräfte in ihrem Handeln auf Maßnahmen beschränkt sein sollen, die per Gesetzestext erlaubt sind, wird in Teilen von Polizei, Politik und Allgemeinheit als unnötig restriktiv und wenig praktikabel betrachtet.

Besonders wichtige Rechtsgrundlagen für die Gefahrenabwehr finden sich in den einzelnen Polizeigesetzen der Bundesländer, während die Strafverfolgung in der bundesweit geltenden Strafprozessordnung zentral geregelt ist. Theoretisch sollen nur solche gesetzlichen Vorgaben die Polizeiarbeit bestimmen. Im polizeilichen Alltag vermischen sie sich aber mit einer eingeübten Praxis oder auch den Anforderungen konkreter Situationen, wie wir noch genauer sehen werden.

Mitunter machen sich die Beamt:innen erst im Nachhinein Gedanken darüber, ob und welche spezifische Rechtsgrundlage das eigene Vorgehen erlaubt. Das kann daran liegen, dass schnelle Entscheidungen getroffen werden müssen. Wenn gesetzliche Regelungen vernachlässigt werden, kann dies aber auch an Überforderung oder mangelnder Rechtskenntnis liegen – beispielsweise wenn bei einer Zeug:innenvernehmung trotz Sprachbarriere kein:e Dolmetscher:in hinzugezogen wird oder Beschuldigte nicht richtig belehrt werden. Entkoppelt die Polizei ihr Handeln von den rechtlichen Vorgaben, erleichtert dies schließlich auch schlicht ihre Dienstausübung: Werden Tatverdächtige vernommen ohne ihre Verteidiger:innen zu informieren, oder Wohnungen ohne Durchsuchungsbeschluss durchsucht, befreit das die Beamt:innen von den Fesseln der Rechtsordnung und erleichtert ihnen die Arbeit, die durch die Beteiligung von Anwält:innen und Gerichten »verkompliziert« wird. Ähnliches galt lange für die Entnahme von Blutproben zur Alkoholmessung im Straßenverkehr. Bis 2017 mussten die Polizist:innen hierfür grundsätzlich eine richterliche Anordnung einholen, was in der Praxis häufig nicht geschah. Die Polizeigewerkschaften setzten sich sogar dafür ein, diesen Richtervorbehalt zu streichen, weil er »zu absurd langen Wartezeiten« führe[16]. Dem kam der Gesetzgeber 2017 weitgehend nach, sodass die Blutentnahme heute von der Polizei selbst angeordnet werden darf.

Wovon wir reden, wenn wir uns die Polizei und ihre Praxis anschauen, hängt also stark von der jeweiligen Perspektive auf die Organisation ab. Das Recht etwa hat eine klare Vorstellung davon, was die Polizei ist. Es bestimmt insbesondere, was ihre Aufgaben und Befugnisse sind, also was sie machen soll und darf. Im praktischen Alltag ist das Bild deutlich komplexer: Bürger:innen begegnen der Polizei in sehr unterschiedlichen Kontexten und auf verschiedene Weisen. Und wie Polizist:innen die Organisation von innen erleben, hängt stark davon ab, in welchem Arbeitsbereich und an welchem Ort sie tätig sind. Auch Politik und Gesellschaft haben gewisse Erwartungen an die Polizei.

Diesen Unterschieden und ihren Hintergründen gehen wir im Folgenden genauer nach. Dabei werden wir feststellen, dass die gesetzlichen *Aufgaben* der Gefahrenabwehr und der Strafverfolgung, die wir bislang vorgestellt haben, nur eine Perspektive auf die Polizei darstellen. Ein vielschichtigeres Bild ergibt sich, wenn wir weitere Perspektiven hinzunehmen. Dann wird sichtbar, dass die Polizei in der Gesellschaft eine weitere, übergeordnete *Funktion* erfüllt, die mit Gefahrenabwehr und Strafverfolgung nur unzureichend beschrieben ist; gewissermaßen einen gesellschaftlichen Auftrag, der zwar nicht ausdrücklich im Gesetz steht, aber die Rolle der Polizei in der Gesellschaft seit ihrer Entstehung kennzeichnet. Ein Blick auf die Geschichte der Organisation hilft, diesen ungeschriebenen Zweck greifbar zu machen.

1.2 DIE ENTSTEHUNG DER POLIZEI

Die Polizei sah nicht immer so aus wie heute. Sie folgt keinem einheitlichen, feststehenden Bild, sondern verändert sich stetig, ist als gesellschaftliche Institution sozial und politisch gemacht. Sie könnte also auch anders sein, und ihre Aufgaben könnten ebenso auf andere Weise oder durch andere Instanzen erledigt werden – ein wichtiger Gedanke, der als Kontingenz bezeichnet wird.

Wie die Polizei aussieht, hängt von den jeweiligen gesellschaftlichen Bedingungen ab: Was wird von Politik und Gesellschaft als Aufgabenbereich der Polizei angesehen? Was wird als bedrohlich oder problematisch verstanden, und wie sollte damit umgegangen werden? Die Antworten auf diese Fragen variieren von einer Gesellschaft zur nächsten und verändern sich im Laufe der Zeit. Man kann also sagen: Jede Gesellschaft, jede Zeit hat ihre Polizei. In Deutschland hat sich in den vergangenen Jahrzehnten eine relativ professionell agierende, rechtsstaatlich eingehegte Polizei herausgebildet, die zugleich vor grundlegenden Problemen und Herausforderungen steht.

Die Herausbildung der modernen Polizei

»Polizei« in der gegenwärtigen Form ist eine vergleichsweise moderne Erscheinung. Das bedeutet nicht, dass unsere Vorfahren keine Streitschlichtung oder Strafverfolgung kannten. Viele der Aufgaben, die heute von der Polizei übernommen werden, erledigten früher unterschiedliche private oder öffentliche Funktionsträger wie Soldaten, Nachtwächter, Richter, Kopfgeldjäger oder Steuereintreiber. Vor allem aus Asien und dem Nahen Osten sind bereits seit Jahrtausenden hochentwickelte Justizsysteme überliefert, ebenso wie komplexe Verwaltungsorganisationen. Bei der Beschreibung historischer Gesellschaftssysteme wird allerdings oft vorschnell von einer »Polizei« gesprochen. Häufig werden dann etwa die *Medjai* angeführt, die im Alten Ägypten eine Zeit lang Grenzen sicherten und Pharaonengräber bewachten und deshalb heute manchmal als »Wüstenpolizei« bezeichnet werden. Gern genannt werden auch das Korps skythischer Bogenschützen, das in Athen um das 4. Jahrhundert v. Chr. auftrat und unter anderem Volksversammlungen und das Gefängnis schützte, oder die römischen *Vigiles Urbani*, die als Feuerwehr begannen und irgendwann auch in den Straßen patrouillierten und Dieb:innen oder entlaufene Sklav:innen fingen.[17]

Obwohl solche Einheiten teilweise Funktionen ausübten, die wir derzeit einer Polizei zuordnen, würden wir lediglich heutige Vorstellungen auf sie projizieren, wenn wir sie deshalb als »Polizei« bezeichneten.[18] Die Befugnisse solcher vorpolizeilicher staatlicher Organe waren zersplittert und ihre Zuständigkeiten relativ undifferenziert, während die allgemeine staatliche Präsenz und der Umfang dessen, was überhaupt als hoheitliche Aufgabe gegenüber der Bevölkerung verstanden wurde, deutlich geringer waren. Eher kampfbetonte Aufgaben wie Aufstandsbekämpfung oder Personenschutz lagen beim Militär, das lange Zeit eine weitaus größere Rolle im gesellschaftlichen Leben einnahm, aber für gewöhnlich kein Ansprechpartner für die allgemeine Bevölkerung war. Und da das Konzept des Gewaltmonopols sich erst in der frühen Neuzeit entwickelte, war es ohnehin nicht dem Staat vorbehalten, Zwang anzuwenden, um Konflikte zu lösen. Folglich bestand keine unmittelbare Notwendigkeit, eine hierzu befugte Behörde allzeit bereitzuhalten.

Eine englische Justizakte berichtet beispielsweise die folgende Geschichte aus dem Jahr 1317:[19] Am 30. Mai empfing Robert fitz Bartholomew unbekannte Gäste in seinem Haus, die an diesem Abend auch noch verdächtig lange aufblieben und in denen die mit der Nachtwache betrauten Männer des Ortes mögliche Diebe sahen. Sie entschlossen sich deshalb, das Haus zu überprüfen, woraufhin Robert und seine Gäste durch die Hintertür flüchteten. Die Stadtbevölkerung wurde zur Verfolgung herbeigerufen und jagte den Flüchtigen hinterher, um sie dem Gesetz zuzuführen. Als diese sich nicht ergeben wollten, kam es zum Kampf, bei dem Robert der Kopf abgeschlagen wurde. Sein Hab und Gut wurde beschlagnahmt.

Diese historische Anekdote veranschaulicht die lange übliche Dezentralisierung physischer Gewalt, die uns heute so abwegig erscheint, aber damals ganz selbstverständlich anstelle einer darauf spezialisierten Behörde war. Die Produktion von Sicherheit ist in dieser Geschichte weder eine zentral beim Staat liegende Aufgabe, noch erfolgt sie durch darauf spezialisierte Stellen oder professionelles Personal. Auf die Idee einer Einrichtung, die eigens für die Sicherheit aller zuständig sein soll, die dafür auf feste, hauptberufliche Mitarbeiter:innen mit einer eigenen Ausbildung zurückgreifen kann und diese Sicherheitsarbeit mittels Gewalt bei sich bündelt – einer Polizei im heutigen Sinne –, musste man erst noch kommen.[20]

Der Begriff »Polizei« lässt sich in England, Deutschland und Frankreich bis ins 15. Jahrhundert zurückverfolgen. Damals wurde darunter allerdings keine Behörde, kein einzelnes staatliches Organ verstanden, sondern – in Anlehnung an die *politeia* der Griechen und Römer – das Gemeinwesen und die staatliche Ordnung an sich. So war etwa die sogenannte Reichspolizeiordnung, die 1530 unter Karl V. verabschiedet wurde, keine Verordnung, die die Befugnisse von Polizeibeamten regelte, sondern eine Sammlung von Vorschriften und Geboten, nach denen die regionalen Fürsten das öffentliche Gemeinschaftsleben bestimmen sollten. Demnach wurde Gotteslästerung verboten, Ehebruch bestraft, der Verkauf von Ingwer reguliert, ebenso wie die Bezahlung von Tagelöhnern bis hin zu Kleidungsvorschriften vorgegeben. Die in damaligen Quellen oft erwähnte »gute Policey« beschreibt keine Organisation, sondern einen geordneten Zustand.[21]

In Europa konkretisierte sich im Laufe des 17. Jahrhunderts das Verständnis des Begriffs »Polizei« von diesem allgemeinen Ordnungszustand hin zur Bezeichnung für die exekutive Ausübung der Staatsgewalt. Zunächst ging es dabei noch darum, den Herrschaftsanspruch im absolutistischen Sinne auszuformen und auszuweiten, also um eine vergrößerte Reichweite der Befugnisse der Monarchen. Zunehmend ging damit aber auch die Ansicht einher, die Obrigkeit sei dazu verpflichtet, mittels ihrer Macht für die Sicherheit und Wohlfahrt der Bevölkerung zu sorgen.

Anfang des 18. Jahrhunderts hatte sich zu diesem Zweck eine zweigliedrige Verwaltung herausgebildet, bestehend aus Behörden, die mit Fragen der Sicherheit betraut waren, und anderen, die sich mit der allgemeinen Wohlfahrt befassten – wobei mit »Wohlfahrt« keine Sozialleistungen, sondern politische, gewerbliche oder sittliche Ordnungsvorstellungen und die Aufsicht darüber gemeint waren. So gab es beispielsweise die Kultur-, Schul-, Religions-, Gesundheits- oder Gewerbepolizei. Etwa zu dieser Zeit begann man schließlich, die damit befassten

Behörden selbst als Polizei zu bezeichnen. Diese Erscheinungsformen waren jedoch noch immer weit entfernt von unserem heutigen Bild einer einheitlichen Polizeibehörde.[22]

Eine weitere Begriffsschärfung wurde dann von folgender Erkenntnis angeschoben: Ein Staat, der sich in dieser Breite um Ordnung, Sicherheit und Moral des Allgemeinwesens kümmern soll und daneben auch die Absicherung der Herrschaft im Blick hat, könnte ein zweischneidiges Schwert darstellen. Mit dem Zeitalter der Aufklärung setzten Bestrebungen ein, Aufgaben und Befugnisse der öffentlichen Verwaltung wieder einzugrenzen: Aus der neuen Perspektive subjektiver Rechte und individueller Freiheit greift ein das Leben und Verhalten seiner Bürger:innen regulierender Staat in deren Sphäre ein. Die damit beginnende (und bis heute fortdauernde) Auseinandersetzung über die Reichweite polizeilicher Macht und Zuständigkeiten führte im 19. Jahrhundert letztlich dazu, dass moderne, hauptsächlich mit der Gefahrenabwehr betraute und von der sonstigen Verwaltung abgegrenzte Polizeibehörden entstanden.[23] Diese begegneten bei ihrer Gründung teils heftigem Widerstand aus Teilen der Bevölkerung, die zentralisierte Fremdherrschaft, Gewalt, Überwachung und zusätzliche Kosten fürchteten. Im April 1850 kursierte etwa im walisischen Aberystwyth ein Plakat, das die jungen Männer der Stadt unter der Überschrift »No Police!« dazu aufrief, sich ordentlich zu benehmen und keine Straftaten zu begehen. So sollten sich die Behörden davon überzeugen können, dass man sich das Geld für die Einrichtung einer Polizei – bezeichnet als Spione und Knüppelmänner – sparen könne.

Nichtsdestotrotz setzten sich Polizeibehörden um diese Zeit als globales Phänomen durch. In Europa entstanden unter anderem in Frankreich, Irland und England erste professionelle

Polizeiorganisationen. Besondere Bekanntheit hat die 1829 gegründete *London Metropolitan Police* erlangt, die mit ihrer rein staatlichen Struktur und bezahlten Berufspolizisten weithin als erste »moderne Polizei« angesehen wird und vor allem der Herstellung von Ordnung und der Prävention von Straftaten dienen sollte. Wenngleich auch sie unzählige Vorläuferinnen hatte – insbesondere die 1798 ebenfalls in London etablierte *Marine Police*, die im Interesse der Reeder und Händler (und von ihnen finanziert) in den Häfen für Ordnung unter den Dockarbeitern sorgen und den Diebstahl von Waren unterbinden sollte –, steht sie doch exemplarisch für die Entwicklungen der Polizeien in dieser Zeit der Industrialisierung.[24]

Am Beispiel der USA wird besonders gut sichtbar, dass soziale Konflikte prägend waren für die historische Entstehung der Polizei: Streiks, soziale Unruhen und tagelange bewaffnete Auseinandersetzungen zwischen Minenarbeitern und privaten Sicherheitskräften, aber auch die Durchsetzung der Sklaverei beförderten dort die Einrichtung polizeiartiger Organisationen, um die jeweilige Ordnung aufrechtzuerhalten.[25]

In Deutschland gab es Ansätze vormoderner Polizeien bereits um 1800, insbesondere in Form von Gendarmerien, die häufig dem Militär angehörten, aber für Sicherheits- und Ordnungsaufgaben im Innern oder im Grenzschutz zuständig waren. Mitte des 19. Jahrhunderts entstanden auch hierzulande zusehends Polizeikräfte mit Streifentätigkeit, etwa die sogenannten Schutzmannschaften, die sich optisch und vom Verhalten her stärker zivil geben sollten. Mit Gründung des deutschen Kaiserreichs 1871 wurde die Polizei massiv ausgebaut. Obwohl sie organisatorisch wie personell noch immer stark militärisch geprägt war und bleiben würde, führte allein schon der große Bedarf an neuen Polizisten und die damit einhergehende Notwendigkeit, diese auch von außerhalb des Militärs zu rekrutieren, zwangsläufig zu einer zaghaften Zivilisierung.[26]

Für diese frühe moderne Polizei spielte die Strafverfolgung zunächst eine untergeordnete Rolle. Wer sich aus politischen oder wirtschaftlichen Gründen für die neue Institution einsetzte, wollte in erster Linie durch Präsenz auf der Straße sichtbare Sicherheit schaffen, soziale Unruhen unterbinden und die Kriminalitätsraten durch Prävention senken. Die Verfolgung bereits begangener Straftaten gewann erst im Laufe der Zeit an Bedeutung. Frühe Polizeikräfte rekrutierten sich meist entweder aus ehrenamtlichen Freiwilligen, bezahlten gewöhnlichen Bürgern oder ehemaligen Soldaten. Indem sich das Polizeiwesen als eigenständiger Exekutivzweig etablierte, kam es zu einer Spezialisierung und Professionalisierung. Polizist zu sein, wurde ein Beruf. Bis Anfang des 20. Jahrhunderts wurde eine entsprechende Ausbildung eingeführt und ausgebaut.[27]

Von Weimar bis Brokdorf

Mit der Weimarer Republik entstand 1918 erstmals ein demokratischer deutscher Staat und damit eine neue Polizei. Denn die kaiserliche Polizeistruktur war nach dem Kriegsende weitgehend zusammengebrochen. Die heftigen sozialen Konflikte, das große Maß an politischer Gewalt und die Instabilität der gesellschaftlichen Ordnung nach dem Ersten Weltkrieg machten die neue Polizei allerdings von Beginn an zu einer Polizei der Krise. Hinzu kam der Umstand, dass die Reichswehr nach den Bestimmungen des Versailler Vertrags zunächst auf 100.000 Soldaten zuzüglich einer kleinen Marine beschränkt war und die Polizei deshalb mit ihrer Stärke von 150.000 Mann zu einem wichtigen Mittel der innenpolitischen Machterhaltung wurde.[28]

Die Polizei hatte von Beginn an ein gespaltenes Verhältnis zur Republik. Ablehnende Haltungen gegenüber der Demokratie sowie Sympathien für die untergegangene Ordnung und rechtsradikale Tendenzen waren wie im Rest der Bevölkerung recht weit verbreitet. Zugleich gab es innerhalb der Polizei auch Kräfte, die die Republik unterstützten und eine republikanische Polizei schaffen wollten.

Einerseits bekämpfte die Polizei regelmäßig Aufstände, Unruhen oder Putschversuche, bei denen auch viele Polizisten ums Leben kamen, und verteidigte damit zumindest formell die demokratische Regierung. Andererseits wollten beispielsweise beim Kapp-Putsch im März 1920 die zum Schutz des Regierungsviertels gerufenen Polizeiregimenter sich nicht gegen die rechten Putschisten stellen.[29] Gegen die Arbeiter:innenbewegung und Kommunist:innen ging die Polizei hingegen oft besonders hart vor, da sie als weitaus größte Gefahr gesehen wurden – von einflussreichen Akteur:innen aus Wirtschaft und Kirche ebenso wie von konservativen bis rechtsextremen Kräften und eben auch von der Polizei selbst, die in ihnen eine besondere Gefahr für die von ihr durchzusetzende Ordnung sah. Bei den Mai-Unruhen um den Tag der Arbeit 1929 setzte die Berliner Polizei zum Beispiel Schusswaffen gegen Protestierende und Unbeteiligte ein, tötete 33 Menschen und nahm mehr als 1.200 Personen fest.[30]

In der Zeit von 1918 bis 1933 modernisierte, professionalisierte und spezialisierte sich die Polizei aber auch. Die Ausbildungsstandards wurden angehoben, im ganzen Land Polizeischulen eingerichtet und die Arbeitsbedingungen der Beschäftigten verbessert. Aus dieser Zeit stammt auch der Versuch, die Polizei unter dem Slogan »Freund und Helfer« als bürger:innennahes und freundliches Gesicht des Staates zu etablieren, den die Nationalsozialisten später wieder aufgriffen.

Die Nazis legten von Beginn an großen Wert darauf, die Kontrolle über die Polizei zu erlangen. Ab 1933 wurde die Organisation rasch personell umstrukturiert, um politische Bereiche wie die Geheime Staatspolizei (Gestapo) erweitert, zentralisiert (»Verreichlichung«), militarisiert, gleichgeschaltet, und ihre Befugnisse wurden massiv ausgebaut. Rechtliche Bindungen fielen weg, indem beispielsweise Grundrechte wie die Freiheit der Person oder die Unverletzlichkeit der Wohnung außer Kraft gesetzt wurden und Maßnahmen der Gestapo wie die Anordnung von Schutzhaft nicht länger der Nachprüfung durch die Gerichte unterlagen. Wichtige Posten wurden von Parteifunktionären übernommen, die interne Polizeikultur wurde ideologisch im nationalsozialistischen Sinne ausgerichtet. Dabei konnte teilweise auf die bereits in der Weimarer Republik bestehenden Feindbilder zurückgegriffen werden.[31]

Da sie nach wie vor mit Verhaftungen, Durchsuchungen, Überwachung etc. beauftragt war, die sich nun eben auch gegen die politischen und ideologischen Feindbilder des NS-Staates richteten, setzte die Polizei bereits im Rahmen ihrer gewöhnlichen Tätigkeit Verfolgungsmaßnahmen des Regimes um. Aber immer häufiger widersprach das polizeiliche Vorgehen sogar den Gesetzen der Nazis, wenn zum Beispiel die antisemitischen Pogrome im November 1938 nicht verhindert werden sollten, gegen politische Gegner völlig überzogene Gewalt angewendet wurde oder Menschen willkürlich inhaftiert oder ermordet wurden. Die Polizeiarbeit spielte sich nicht länger in einem rechtsstaatlichen Rahmen ab: Die formal bestehenden gesetzlichen Befugnisse stellten nur noch »Attrappen von

Rechtlichkeit«[32] dar, die politische Absicht wurde in juristische Formulierungen gegossen, ohne dass Betroffene sich zu ihren Gunsten darauf hätten berufen können. Nicht zuletzt beteiligte sich die Polizei mit Zehntausenden von Beamt:innen an Deportationen und Kriegsverbrechen. Sie bewachte Transporte in die Konzentrationslager, begleitete Wehrmacht und SS bei der Besetzung von anderen Ländern, ermordete dort Menschen und wirkte aktiv an zahlreichen Massenmorden mit, darunter die Tötung von mehr als 30.000 Jüd:innen in Babyn Jar im September 1941.[33]

Nach Ende des Zweiten Weltkriegs gab es in der Polizei neben Neubeginn auch viel Kontinuität. Zwar wurde die Organisation als eine der Lehren aus der faschistischen Diktatur wieder dezentralisiert, die politische Zuständigkeit also wieder an die Länder übertragen. Als verbrecherische Organisation klassifiziert wurde aber lediglich die Gestapo, nicht die deutsche Polizei als solche. Auch eine personelle Entnazifizierung fand nur begrenzt statt. Während in der sowjetischen Besatzungszone tatsächlich der Großteil der Polizeibeamt:innen entlassen wurde, waren die Kontinuitäten im Westen deutlich stärker, und Entlassene konnten schon wenige Jahre später wieder in den Dienst zurückkehren.[34] Die Mitgliedschaft in einer NS-Organisation war kein Hinderungsgrund für eine Einstellung bei der Polizei.

Auch die Führungsriege der neu entstehenden Sicherheitsbehörden in der Bundesrepublik bestand zum Teil aus Beamten mit NS-Vergangenheit. Das 1951 gegründete Bundeskriminalamt etwa wurde wesentlich von Paul Dickopf, Rolf Holle und Bernhard Niggemeyer aufgebaut, die ihre kriminalpolizeilichen Karrieren im Nationalsozialismus gemacht hatten und allesamt in der SS gewesen waren.[35] Dickopf, der 1965 sogar Präsident des BKA wurde, wird nachgesagt, das Amt zu einer »Versorgungsanstalt für alte Nazis«[36] gemacht zu haben: In den 1950er-Jahren hatten viele Beamte und nahezu alle in leitenden Positionen eine NS-Vergangenheit. Aber auch in den Landespolizeibehörden erhielten Kriegsverbrecher und schwer belastete Personen hohe Posten. Die entstehenden Seilschaften zogen sich mitunter über Jahrzehnte durch die Organisationen. Auch Arbeitsweisen, Vorstellungen und kriminologische Konzepte der nationalsozialistischen Polizeiarbeit – etwa von Sinti:zze und Rom:nja als dem »notorischen Verbrechertyp«[37] – lebten so in der Bundesrepublik fort.

Die Anfangszeit der Bundesrepublik stand weiterhin im Zeichen des Antikommunismus und der Bekämpfung der »Bedrohung aus dem Osten«, auch für die Polizei. Ende der 1960er-Jahre geriet die noch immer weitgehend militärisch ausgerichtete Organisation dann in die gesellschaftlichen Konflikte um Studentenbewegung und außerparlamentarischer Opposition, denen sie mit Unverständnis und Gewalt begegnete. Der Tod von Benno Ohnesorg, der am 2. Juni 1967 am Rande einer Demonstration von dem Polizisten Karl-Heinz Kurras erschossen wurde, leitete eine Phase teils tödlicher Auseinandersetzungen zwischen bewaffneten Gruppen und der Polizei ein.

Heftige Konfrontationen folgten ab den 1970er-Jahren auch mit der aufkommenden Bürger:innenrechtsbewegung und den Anti-Atomkraft-Aktivist:innen. Bei den Protesten gegen das Kernkraftwerk bei Brokdorf trafen 1981 bis zu 100.000 Demonstrierende und mehr als 10.000 Polizist:innen aufeinander, es kam zu Straßenschlachten und Verletzten. Die militärische Tradition, die die Polizei und ihre Ausbildung bis dahin geprägt hatte, schien für den Umgang mit diesen neuen sozialen Konflikten immer weniger geeignet und wurde seit den 1980er-

Jahren zunehmend von dem zivilen und vom Militär entkoppelten Selbstverständnis abgelöst, das die Polizei heute ausmacht, ihr eine andere Legitimität verschafft und ihren Aufgaben eher entspricht.

Polizei heute

Heute ist die deutsche Polizei – wie wir im weiteren Verlauf sehen werden – nicht nur rechtsstaatlicher und demokratischer, sondern auch besser ausgebildet und personell diverser aufgestellt als früher. Seit 1978 dürfen Frauen in der Schutzpolizei arbeiten, heute liegt der Anteil von Polizeibeamtinnen immerhin bei etwa 30 Prozent. Anwerbekampagnen betonen Vielfalt und richten sich teilweise gezielt an Bewerber:innen aus Familien mit Zuwanderungsgeschichte. Allerdings ist es für Frauen und Menschen mit Migrationshintergrund nach wie vor schwieriger, dort Fuß zu fassen, und sie begegnen teilweise noch erheblichen Widerständen, die in die Polizeikultur eingeschrieben sind (siehe Kapitel 2.2 und 2.4).[38] Veränderungsprozesse in der Polizei brauchen Zeit, und gesellschaftlicher Wandel bildet sich dort oft erst deutlich verzögert ab.

Was das Ausbildungsniveau angeht, hat die Organisation in der Bundesrepublik große Fortschritte erlebt. Während sich die Polizei in den 1970er-Jahren noch überwiegend aus Menschen mit Volks- oder Hauptschulabschluss zusammensetzte, sich aus den unteren sozialen Schichten rekrutierte (siehe Kapitel 2.2) und vielfach als eher schlecht qualifizierte Prügeltruppe betrachtet wurde, erhöhte sich mit der gesamtgesellschaftlichen Bildungsexpansion bis in die 1990er-Jahre langsam der Anteil der Polizist:innen mit mittleren und höheren Bildungsabschlüssen.

Um die Jahrtausendwende setzte in Deutschland dann eine zielgerichtete Akademisierung der Polizei ein, die sich vor allem an Berufsanfänger:innen mit Hochschulreife richtet und ein deutlich anspruchsvolleres Ausbildungsprogramm vorsieht.

Dass die Polizei heute weithin als demokratische Bürger:innenpolizei wahrgenommen wird, ist keine Selbstverständlichkeit, sondern Resultat eines langwierigen und aufwendigen Prozesses der Zivilisierung. So gehört es beispielsweise erst seit den 1980er-Jahren zum Selbstverständnis der Polizei, bei Versammlungen auch sicherzustellen, dass Menschen ihr Grundrecht auf Versammlungsfreiheit ausüben können. Lange sah die Organisation ihre Aufgabe eher darin, Demonstrationen und politische Opposition in der Tradition der Aufstandsbekämpfung zu regulieren beziehungsweise zu unterbinden und für Ruhe und Ordnung zu sorgen. Hier hat ein grundlegender Wandel stattgefunden, der zugleich aber daran erinnert, dass es auch wieder anders werden kann.

Die Polizei ist nicht notwendigerweise demokratisch, sondern sie ist es unter den gegenwärtigen Bedingungen. Prinzipiell ist eine Polizei mit ihren Hierarchien und Aufgaben ebenso gut oder gar besser als autoritäre Organisation vorstellbar. Entscheidend für Demokratisierung und Zivilisierung der Polizei ist, ob und wie gut ihre demokratische Einhegung gelingt (dem widmet sich Kapitel 5.2). Zugleich hat dieser geschichtliche Abriss gezeigt, dass Gefahrenabwehr und Strafverfolgung, wie wir sie eingangs kennengelernt haben, recht zeitgenössische Beschreibungen polizeilicher Tätigkeit sind. Sie lassen sich als gegenwärtiger Ausdruck einer übergeordneten Funktion verstehen, die in der Bewahrung und Herstellung der sozialen Ordnung besteht.

1.3 SOZIALE ORDNUNG ALS FUNKTION DER POLIZEI

Der Blick auf die Aufgaben der Polizei im ersten Kapitel hat einen Eindruck davon verschafft, womit sich die Polizei in ihrem Alltag beschäftigt. Ihr Verhältnis zur Gesellschaft ist damit aber nur in Teilen erfasst. Wie der historische Überblick gezeigt hat, sind »Gefahrenabwehr« und »Strafverfolgung« als *Aufgaben* eine Beschreibung polizeilicher Tätigkeit, die sich erst im Laufe der Zeit herausgebildet hat und stark juristisch geprägt ist. Allgemeiner ist das Wirken der Polizei beschrieben, wenn wir die sozialwissenschaftliche Perspektive hinzunehmen und die *Funktion* der Polizei darin sehen, dass sie die soziale Ordnung durchsetzt und bestehende gesellschaftliche Verhältnisse sichert. Dieser übergeordnete Zweck schlägt sich zum einen in den Aufgaben der Gefahrenabwehr und Strafverfolgung nieder, die quasi als Ausdruck dieser Funktion im Rechtsstaat verstanden werden können. Er geht aber andererseits darüber hinaus, da die Organisation die bestehende soziale Ordnung in einem viel umfassenderen Sinne durchsetzt.[39]

Ordnung und Spielräume

Bei allen Unterschieden in Aufgaben und Praxis bestand die grundlegende Funktion der Polizei in all den beschriebenen Formen stets darin, die jeweils geltende soziale Ordnung durchzusetzen und zu bewahren, staatliche Strukturen zu schützen und für Stabilität in Krisen und bei gesellschaftlichen Spannungen zu sorgen – auch wenn diese Aufgabe so unmittelbar in keinem Gesetz steht. Der US-Rapper KRS-One hat diese Kontinuitäten 1993 in dem Song »Sound of da Police« herausgestellt, indem er die Funktion eines zeitgenössischen Polizisten mit der eines Plantagenaufsehers vergleicht:

> Take the word overseer, like a sample
> Repeat it very quickly in a crew, for example
> Overseer, overseer, overseer, overseer
> Officer, officer, officer, officer
> Yeah, officer from overseer
>
> You need a little clarity? Check the similarity!
> The overseer rode around the plantation
> The officer is off, patrollin' all the nation
> The overseer could stop you, »What you're doing?«
> The officer will pull you over just when he's pursuing
> The overseer had the right to get ill
> And if you fought back, the overseer had the right to kill
> The officer has the right to arrest
> And if you fight back they put a hole in your chest

Aus der Sicht eines Menschen, der von der Ordnungsmacht Unterdrückung und Gewalt erwartet, ist es relativ egal, in welchem Gewand sie ihm begegnet. Sind Polizist:innen und Sklaventreiber deshalb dasselbe? Natürlich nicht – das lyrische Ich weist aber darauf hin, dass beide, so unterschiedlich sie auch sein mögen, dazu bestimmt sind, gewaltsam eine Ordnung aufrechtzuerhalten. Und dass sie damit, obwohl sich diese Ordnung und die Art und Weise ihrer Durchsetzung ständig verändern, im Kern auf denselben Gedanken zurückgehen. Die historische Herausbildung der modernen Polizei ist vereinfacht gesagt auf das (jeder Herrschaft innewohnende und von mal mehr, mal weniger großen Bevölkerungsteilen getragene) Bedürfnis zurückzuführen, dass alles so bleibe, wie es ist – ob im Kaiserreich, in der Sklavenhaltergesellschaft der US-amerikanischen Südstaaten oder der Weimarer Republik.

Das ist heute nicht anders, auch wenn die Polizei in Deutschland viel zivilisierter, legitimierter und rechtlich eingehegter daherkommt als zu anderen Zeiten und in anderen Ländern. Unabhängig davon, ob breite Teile der Gesellschaft die herrschende Ordnung gutheißen – darin liegt heute der demokratische Anspruch – oder nicht: Die Funktion der Polizei ist darauf ausgerichtet, sie aufrechtzuerhalten.

Der US-amerikanische Soziologe Alex S. Vitale geht sogar so weit, zu sagen, dass »die grundlegenden institutionellen Funktionen der Polizei nie wirklich die Sicherheit der Allgemeinheit oder Kriminalitätskontrolle waren«. Die Realität sei vielmehr, dass »die Polizei in erster Linie ein System zur Verwaltung und sogar zur Erzeugung von Ungleichheit ist«.[40]

Die Annahme einer so vollständigen Überlagerung der gesetzlichen Aufgaben der Gefahrenabwehr und Strafverfolgung durch die Funktion der Ordnungserhaltung würde der Komplexität der Organisation und der Situation in Deutschland zwar nicht gerecht. Gleichwohl liegt der Schlüssel zum Verständnis der Polizei und ihrer Probleme in dieser sozialen und politischen Funktion. Diese ist nicht in dem Sinne zu verstehen, dass die offiziellen, rechtlich normierten Zwecke der Polizei nur vordergründig verfolgt würden, während sie in Wirklichkeit schlicht den Interessen einer wirkmächtigen Elite diente. Aber der Schutz der öffentlichen Sicherheit durch Gefahrenabwehr und das Durchsetzen der Strafgesetze durch die Polizei erfolgen immer in einer spezifischen Weise, in der sich die gesellschaftlichen Machtverhältnisse widerspiegeln. Auf diese Weise reproduziert auch die heutige, rechtlich gebundene Polizei kontinuierlich die gesellschaftliche Ordnung mitsamt ihren Ungleichheiten und Problemen. Wie muss man sich das konkret vorstellen?

Erstens regeln schon die Gesetze eine bestimmte Vorstellung von Sicherheit und Ordnung. Zu unterschiedlichen Zeiten stehen unterschiedliche Dinge unter Strafe; und Stabilität meint immer die Stabilität des gerade Bestehenden. Die Straßenverkehrsordnung mag diesbezüglich noch relativ unverfänglich sein – obwohl sich auch darin bereits Wertungen über das Verhältnis der verschiedenen Fortbewegungsmittel zueinander verstecken. Doch schaut man sich beispielsweise die heute ziemlich selbstverständlich gelebte Homosexualität an, widersprach diese lange Zeit der in Deutschland herrschenden Moral und wurde als »Unzucht« strafrechtlich sanktioniert. Ihre Verfolgung und damit Unterdrückung gehörte deshalb zur Aufrechterhaltung der so definierten Ordnung und folglich zu den Aufgaben der Polizei.

Zweitens unterscheiden sich theoretische rechtliche Vorgaben und polizeiliche Praxis. Rechtliche Regelungen determinieren die Polizei nicht, sondern stellen einen Rahmen bereit, innerhalb dessen sich die Polizei als soziale Realität eigenständig entwickelt. Es gibt sowohl rechtlich vorgesehene als auch nicht vorgesehene, aber faktische Spielräume, die die Polizist:innen nutzen können und auch ausfüllen müssen, wenn sie Recht anwenden.[41] Beispielsweise ist es verboten, an einer Ampel bei Rot über die Straße zu gehen. Die meisten Menschen machen es trotzdem ab und zu, und Polizist:innen können jeden Tag zig

Personen bei dieser verbotenen Handlung beobachten. Weil es eine Ordnungswidrigkeit ist, sind sie befugt, die Übeltäterin anzuhalten, ihre Personalien aufzunehmen und ein Bußgeldverfahren in die Wege zu leiten. Da es aber eben nur ordnungswidrig und keine Straftat ist, ist die Polizei dazu nicht verpflichtet. Damit entsteht ein gewisser Spielraum, wer angehalten und formell sanktioniert wird, wer nur im Vorübergehen auf sein Fehlverhalten aufmerksam gemacht und wer völlig ignoriert wird. Wer gar nicht erst angehalten wird, gerät natürlich auch nicht in eine Situation, die konflikthaft verlaufen oder eskalieren könnte.

Vergleichbare Spielräume gibt es auch bei der Gefahrenabwehr und bei der Verfolgung von Straftaten, auch wenn das Gesetz den Beamt:innen hier engere Grenzen setzt. Konkrete Gefahren müssen in verhältnismäßiger Weise mit geeigneten Mitteln abgewehrt werden; das Legalitätsprinzip (§ 152 Strafprozessordnung) verpflichtet die Strafverfolgungsbehörden sogar, Verdachtssituationen zu verfolgen. In der Praxis bestehen gerade für die Polizei aber auch hier erhebliche Spielräume. Sie entscheidet über die Frage, ob ein möglicherweise strafbares Verhalten nun tatsächlich aufgenommen und verfolgt wird oder nicht. Dies gilt bereits für den interaktiven Prozess der Anzeigenaufnahme, wenn also Bürger:innen auf der Dienststelle erscheinen und einen Sachverhalt zur Anzeige bringen wollen.

Vor allem auf der Straße entscheiden Beamt:innen weitgehend selbst, ob sie einem beobachteten Geschehen nachgehen oder nicht. Das ist in der Regel keine bewusste Willkür. Die Frage ist vielmehr, wie die Beamt:innen unterschiedliche Personen und Situationen wahrnehmen und bewerten.[42] Sie können es als Beleidigung anzeigen, wenn ein Bürger sie duzt, oder eben auch nicht; sie können, müssen es aber nicht als Widerstand gegen Vollstreckungsbeamte auffassen, wenn eine Betroffene polizeilicher Maßnahmen ihren Arm wegzieht.

Nicht zuletzt hängt die Auswahl verfolgungswürdiger Situationen auch davon ab, ob und wo die Polizei solche überhaupt feststellt. Bestimmte Verhaltensweisen sind eher öffentlich sichtbar als andere, und in bestimmten Gegenden ist die Polizei intensiver unterwegs als in anderen. Manche Personen ziehen eher Aufmerksamkeit auf sich als andere, und manche Gesetzesverstöße sind sichtbarer, wie ein fliehender Ladendieb, während Steuerhinterziehung unbeobachtet im stillen Kämmerlein stattfindet. In einem großstädtischen Problemkiez sind mehr Streifenwagen unterwegs als in einem außerhalb gelegenen, kleinbürgerlich geprägten Bezirk, und eine Studentin mit einem Joint im Rucksack fällt auf einer Parkbank weniger auf als der betrunkene Wohnungslose neben ihr.

Wo, wie und in welcher Intensität normative Vorgaben von der Polizei umgesetzt werden, entscheidet sich somit in der Praxis. Wann die bei Rot spazierende Passantin laufen gelassen und wann sie sanktioniert wird, steht in keinem Gesetz und lässt sich auch kaum abstrakt beantworten. Gleiches gilt für die Frage, wann eine Gruppe Jugendlicher im Park als auffällig eingestuft und kontrolliert wird oder ob einem auf einer Parkbank schlafenden Menschen ein Platzverweis erteilt wird. Mitunter handeln Polizist:innen auch schlicht unabhängig von juristischen Vorgaben. Das Recht sorgt daher nur für eine relative Bindung der polizeilichen Praxis, die ebenso von den Vorstellungen der jeweiligen Beamt:innen wie auch den gesellschaftlichen Verhältnissen geprägt ist – nicht nur den politischen, sondern auch den sozialen und wirtschaftlichen.[43]

Wenn die Funktion der Polizei immer auch darin besteht, die soziale Ordnung durchzusetzen, ist eine derart selektive Anwendung des Rechts funktional beziehungsweise gerade Sinn der Sache. Die Polizei soll gar nicht alle Rotsünder:innen oder Verdachtssituationen gleich behandeln, sondern selbst entscheiden, was in der jeweiligen Situation angemessen ist. Diese Selektivität, die Menschen ungleich betrifft, ist weder ein Versehen noch ein Fehler im System. Vielmehr ist sie Ausdruck der polizeilichen Funktion der Ordnungsproduktion, also der Herstellung einer bestimmten Ordnung.

Definitionsmacht

Die Polizei ist nicht nur Produkt der gesellschaftlichen Bedingungen, in denen sie agiert, sondern stellt diese auch selbst her. Man spricht insofern von Ordnungsproduktion, weil die soziale Ordnung immer wieder hergestellt und bestätigt, nicht einfach erhalten und verteidigt wird. Dazu trägt die Polizei bei, indem sie soziale Probleme bearbeitet, wahrnehmbar für »Ruhe und Ordnung« sorgt und so den Status quo sichert. Sie vermittelt, dass Probleme wie Kriminalität oder Konflikte unter Kontrolle gebracht werden, auf den Straßen die bekannten Regeln gelten und dass die politische Lage stabil ist.

Mit dieser Praxis reproduziert die Polizei eine spezifische Ordnung und prägt so auch ihrerseits die Gesellschaft. Dies gilt nicht nur, weil sie die rechtlichen Vorgaben in einer spezifischen Weise umsetzt. Vielmehr verfügt sie auch unabhängig von der Rechtsanwendung über eine von der Polizeiforschung schon im 20. Jahrhundert herausgearbeitete Definitionsmacht mit normierender und signalhafter Wirkung. Denn sie ist mit Machtbefugnissen ausgestattet, hat eine besondere gesellschaftliche Position inne und kann ihre Vorstellungen gegebenenfalls auch mit Gewalt durchsetzen. Ihre Beurteilung von Situationen und Personen ist daher besonders wirkmächtig.[44] Soziale Situationen und Interaktionen sind nämlich niemals eindeutig, sondern werden immer von unterschiedlichen Beteiligten und Beobachtenden verschieden wahrgenommen und verstanden. Mit ihrer Definitionsmacht entscheidet die Polizei einerseits in konkreten Konflikten, wer im Recht ist und wie diese zu beenden sind. Zum anderen legt sie mit ihrem Handeln aber auch fest, was abweichend, kriminell oder gefährlich ist:[45] Wo sie tätig wird oder wo sie Schwerpunkte setzt, da scheint es Probleme zu geben. Diese findet die Polizei nicht einfach nur vor, sondern sie stellt sie als soziale Probleme auch selbst her, indem sie durch ihr praktisches Handeln der Gesellschaft signalisiert, dass bestimmte Phänomene eben in dieser Weise zu deuten sind.

Diese Definitionsmacht wird zum Beispiel sichtbar, wenn gesonderte Abteilungen für die kriminalpolizeiliche Bekämpfung der »Organisierten Kriminalität« eingerichtet werden. Indem bestimmte Konflikte und Kriminalitätsphänomene unter diesem Begriff zusammengefasst werden, wird die Kategorie überhaupt erst hergestellt und zugleich betont, wie groß die darin liegende Gefahr sei. Zeigt sich die Polizei vermehrt in einem Viertel, erscheint dieses fast automatisch als Problembezirk. Und ein hartes Vorgehen gegen Obdachlosencamps oder sich häufende Razzien gegen islamistische Zellen setzen diese Themen auf die Tagesordnung und tragen dazu bei, dass die Betroffenen fremd und bedrohlich erscheinen, weil anscheinend solche Maßnahmen gegen sie notwendig sind. Dieser Mechanismus wird als *Doing Social Problems* bezeichnet.[46] Das bedeutet nicht, dass die dahinterstehenden sozialen Phänomene nicht existent oder unproblematisch wären, sie werden von der

Polizei aber in einer bestimmten Art und Weise thematisiert: als störende Abweichung, dramatische Gefahr oder auszumerzendes Übel; außerdem stets als eigenständiges Problem, nicht etwa als Symptom tiefer liegender Missstände.

Die Polizei prägt also nicht nur maßgeblich, was in der Öffentlichkeit als bearbeitungsbedürftige Probleme einer Gesellschaft wahrgenommen wird, sondern sie transportiert zugleich eine bestimmte Deutung dieser Phänomene. Wenn Einbrecher ins Gefängnis gesteckt, Drogenabhängige aus U-Bahn-Stationen vertrieben oder Umweltaktivistinnen verhaftet werden, bringt das nicht die dahinterstehenden gesellschaftlichen Konflikte auf die Agenda. Die Phänomene werden als individuelle Defizite und bloße Fragen der Sicherheit behandelt. Gesellschaftliche Entstehungszusammenhänge, insbesondere wirtschaftliche und soziale Ungleichheitsverhältnisse werden dabei nicht berücksichtigt. Mit dieser Art, Abweichung zu bearbeiten, ist die Polizei nicht allein. Vielmehr ist die Regulierung von Gesellschaft – man könnte auch sagen »soziale Kontrolle« – heute sehr ausdifferenziert und verschiedenen Institutionen übertragen, zu denen Sozialarbeiter:innen ebenso gehören wie private Sicherheitsdienste oder Strafgerichte.

Nicht zuletzt stellt die Polizei mit dieser Praxis auch bestehende gesellschaftliche Ungleichheitsverhältnisse aktiv her. Menschen aus sozial benachteiligten Schichten werden häufiger als Tatverdächtige festgestellt, die polizeiliche Durchsetzung von Straftatbeständen wie das Fahren ohne Fahrschein trifft ärmere Menschen härter, und wenn jemand eine Geldstrafe nicht bezahlen kann und deshalb eine sogenannte Ersatzfreiheitsstrafe absitzen soll, wird er oder sie gegebenenfalls zur Fahndung durch die Polizei ausgeschrieben. Dadurch werden die Gefängnisse mit Menschen gefüllt, denen die finanziellen Mittel oder die sozialen Ressourcen fehlen, um mit einem Strafverfahren umzugehen.[47]

Dabei steht die Polizei nicht einfach parteiisch auf der Seite der wirtschaftlich Starken und setzt deren Interessen gegen die Marginalisierten durch. Sowohl ihr gesetzlicher Anspruch als auch der vieler ihrer Beamt:innen ist es vielmehr, auch diese vulnerablen Gruppen zu schützen und die Menschenrechte aller abzusichern. Allerdings ist ihre Arbeit gleichwohl von den bestehenden gesellschaftlichen Verhältnissen geprägt und reproduziert sie.

Aufgaben und Funktion

Die rechtlich vorgesehenen Aufgaben der Polizei einerseits und ihre übergeordnete Funktion der Ordnungsproduktion andererseits weichen also durchaus voneinander ab und können auch in Widerspruch geraten. Beide Aspekte prägen die tatsächliche Praxis der Organisation und eröffnen wichtige Perspektiven für deren Verständnis.

Politik und Polizei stellen in der Regel die erste, offizielle Seite, Gefahrenabwehr und Strafverfolgung, in den Vordergrund. Darüber, dass die Polizei auch die Bewahrerin einer nicht immer gerechten sozialen Ordnung ist, letztlich eine ungleiche gesellschaftliche Verteilung von Macht und Ressourcen absichert und in ihrer praktischen Arbeit auch von diesen strukturellen Ungleichheiten und gesellschaftlichen Konflikten bestimmt ist, obwohl dies mit der formellen Zweckbestimmung durch den Gesetzgeber nichts zu tun hat, wird ungern gesprochen. Dieses undifferenziert positive Verständnis der Polizei, das bei den politischen Verantwortlichen und der Organisation selbst, aber häufig auch in der kulturellen Darstellung und dem öffentlichen Diskurs anklingt, ist unrealistisch und blendet die Ambivalenzen der Organisation aus. So unter den Teppich gekehrt, verschwinden die Konflikte und Probleme nicht, eine Bearbeitung und offene Diskussion wird dadurch verunmöglicht.

Dort wo Probleme, etwa rechtswidrige Polizeigewalt oder Fälle von *Racial Profiling*, dennoch an die Öffentlichkeit geraten, kommt es schnell zu einer medialen Skandalisierung, weil der Vorfall als dramatische Ausnahme in der Praxis einer ansonsten als fundamental »gut« geltenden Organisation erscheint. Das verhindert nicht nur, dass die Polizei sich ernsthaft mit den Problemen beschäftigen kann und sie zu lösen versucht, sondern lässt auch vergessen, dass es sich nicht selten um Symptome grundsätzlicher Probleme handelt. Die damit verbundene Schwarz-Weiß-Mentalität – zuerst sind Polizist:innen über jeden Zweifel erhaben, dann mit einem Schlag monströse Übeltäter:innen – ist nicht nur in Schlagzeilen zu finden (von der BILD-Aktion »Urlaubsreise für jeden verletzten G20-Polizisten! BILD sagt DANKE, IHR HELDEN!«[48] bis »Prügelpolizist fährt Rentner ins Koma«[49]). Auch Politik, Justiz und Allgemeinheit verfallen ihr allzu oft. Diese Sicht verschließt indes die Augen vor den Grautönen, die damit zwar nicht gerechtfertigt sind, aber eben doch die Realität der Polizei ausmachen.

Wie gut erfüllt die Polizei ihren Auftrag, wie erfolgreich ist ihre Arbeit? Darauf gibt es mehrere Antworten. Misst man dies daran, wie umfassend es ihr gelingt, das Recht durchzusetzen, fällt die Bilanz ernüchternd aus. Die Gesetze bilden eher eine Richtschnur, an der sich die Gesellschaft und die Menschen in ihrem Verhalten orientieren, sie werden aber niemals umfassend durchgesetzt. Selbst das Strafrecht wird nicht lückenlos angewandt, sondern hoch selektiv umgesetzt. Ein großer Teil der Straftaten verbleibt bereits im sogenannten Dunkelfeld, wird den Strafverfolgungsbehörden also nie bekannt. Bei den bekannt gewordenen Taten wird wiederum nur in einem Teil der Fälle eine tatverdächtige Person ermittelt, die wiederum nur in einem Teil der Fälle vor Gericht kommt und verurteilt wird. Die Polizeiarbeit leistet zwar einen Beitrag dazu, dass das Recht ernst genommen wird. Dieser Beitrag ist aber recht punktuell und symbolisch und von einer umfassenden Durchsetzung des Rechts weit entfernt.

Stellt man hingegen die Rolle der Polizei bei der Durchsetzung der sozialen Ordnung in den Vordergrund und sieht ihre Funktion in der Sicherung der bestehenden gesellschaftlichen Verhältnisse, kann man ihre Arbeit durchaus als erfolgreich bezeichnen. Jedenfalls ist die deutsche Gesellschaft seit Jahrzehnten sehr stabil. Allerdings wäre es ein Fehler, den Beitrag der Polizei zu diesem Zustand – egal wie zufrieden oder unzufrieden man damit sein mag – zu überschätzen. Gesellschaftliche Stabilität hängt von vielen verschiedenen Faktoren ab, von denen einige sehr viel grundlegender sind, als die polizeiliche Tätigkeit es sein könnte, wie etwa die gesellschaftliche Einbindung der Menschen und ein gewisses Maß an sozialer Gerechtigkeit. Fehlt es daran, so wird es auch für die Polizei ungleich schwieriger bis unmöglich, eine soziale Ordnung aufrechtzuerhalten.

Rolle und Praxis der Polizei können weder rein anhand ihrer rechtlich vorgesehenen Aufgabenbeschreibungen noch durch bloßen Verweis auf die übergeordnete Funktion der Ordnungsproduktion erschlossen werden. Vielmehr ergeben sich aus den beiden Aspekten verschiedene Sichtweisen auf die Institution, die ihren Gegenübern unterschiedliche Gesichter zeigt. Wer bekommt wann welches Gesicht zu sehen?

1.4 WESSEN POLIZEI?

Artikel 3 des Grundgesetzes bestimmt, dass alle Menschen vor dem Gesetz gleich sind. Rechtlich betrachtet ist die Polizei also für alle Mitglieder der Gesellschaft gleichermaßen da. Tatsächlich machen aber verschiedene Menschen sehr unterschiedliche Erfahrungen mit der Organisation, und das Verhältnis zur Polizei kann von Bürger:in zu Bürger:in stark variieren.[50] Manche kennen die Polizei hauptsächlich aus dem sonntäglichen »Tatort« oder aus Fernsehberichten über Wohnungsdurchsuchungen bei gefährlichen Kriminellen, während sich ihr Alltagskontakt auf den Beamten beschränkt, der Handzeichen macht, wenn eine Ampel nicht funktioniert. Manche haben die Nummer der Polizei griffbereit, um eine Ruhestörung durch die Nachbarschaft zu melden. Für andere bedeutet Polizei, nachts aufgeweckt zu werden und unter Aufsicht pro Person einen Koffer für den Abschiebeflug packen zu müssen, auf Demonstrationen von Wasserwerfern beschossen zu werden oder auf der Straße kontrolliert zu werden, ohne etwas falsch gemacht zu haben.

Bei all diesen Szenarien handelt es sich um alltägliche Situationen, die unterschiedliche Aspekte derselben Realität und derselben Organisation beschreiben – aber eben aus verschiedenen Perspektiven. Diese Vielschichtigkeit ist nicht leicht zu akzeptieren und löst mitunter heftige Diskussionen darüber aus, ob unsere Polizei gut oder schlecht ist, ob sie fest auf dem Boden des Grundgesetzes oder mit einem Bein in der extremen Rechten steht, ob wir von ihr freundlichen Service oder Gewalt und

Unterdrückung zu erwarten haben. Und ob sie überhaupt *unsere* Polizei ist. Enthüllungen über rechte Netzwerke, verprügelte Minderjährige oder rassistische Ausfälle wirken unter anderem deshalb so verunsichernd, weil sie das generelle Vertrauen in die Organisation infrage stellen.

Vertrauen in die Polizei

In den vergangenen Jahren stand die Polizei im Fokus der gesellschaftlichen Debatte wie selten zuvor. Rechtswidrige Polizeigewalt, Rechtsextremismus und Rassismus in der Polizei haben Medien und Gesellschaft, aber auch Politik und die Polizei selbst intensiv beschäftigt. Trotz dieser Probleme genießt die Polizei in Deutschland seit Jahrzehnten und nach wie vor ein hohes Maß an Vertrauen in der Bevölkerung. In Umfragen geben zwischen 70 und mehr als 80 Prozent der Menschen an, dass sie der Polizei vertrauen, und in Rankings der vertrauenswürdigsten Institutionen ist die Polizei regelmäßig ganz vorne mit dabei – vor Parlamenten, Medien und Justiz.[51]

Als während der hitzigen Debatten um polizeiliche Gewalt und Rassismus im August 2020 eine Befragung ergab, dass 82 Prozent der Deutschen großes oder sehr großes Vertrauen in die Polizei haben, wurde dieses Ergebnis medial und auch in der Polizei vielfach als breite Zurückweisung der Vorwürfe interpretiert. Doch in derselben Befragung äußerten 80 Prozent, die Polizei habe mindestens ein kleines Problem mit Rassismus, und 73 Prozent gaben dies für Gewalt an.[52] Wie passt das zusammen? Tatsächlich kann man einer Organisation grundsätzlich vertrauen und zugleich erhebliche Probleme bei ihr sehen. Viele Menschen haben einen solch differenzierten Blick auf die Polizei, und je genauer man fragt, desto differenzierter ist auch das Bild, das dann zum Vorschein kommt.

Auch darf man Vertrauen und Sympathien nicht als absolute Erscheinungen verstehen. Für die meisten Menschen kommt es vielmehr stark darauf an, in welcher Situation sie der Polizei begegnen. Ihr Blick unterscheidet sich je nachdem, ob sie etwa selbst die Polizei wegen eines Konflikts zur Hilfeleistung gerufen haben oder ob sie wegen zu schnellen Fahrens in eine Verkehrskontrolle geraten. Deshalb lohnt es sich, das Thema Vertrauen ein wenig näher zu betrachten.

Bei Befragungen gibt nur etwa ein Drittel der Menschen in Deutschland an, in den letzten zwölf Monaten mit der Polizei Kontakt gehabt zu haben – häufig auf eigene Initiative, also um Hinweise zu geben, Hilfe zu erhalten oder eine Anzeige zu erstatten.[53] Die Zufriedenheit mit den erlebten Polizeikontakten ist mit rund 85 Prozent insgesamt hoch, schwankt aber im Einzelnen stark. Tatverdächtige und auf der Straße Angehaltene, aber auch Opfer von Straftaten sind mit dem Polizeikontakt weniger zufrieden als Menschen, die der Polizei als Zeug:innen oder nach einem Unfall begegnen oder sich an sie wenden, um Hinweise zu geben. Menschen mit Migrationshintergrund geben eine relativ hohe Zufriedenheit mit Polizeikontakten an.[54] Andererseits sind sie bei den problematischen Interaktionen, also wenn sie auf der Straße angehalten oder als Verdächtige kontaktiert werden, mit diesen nochmals unzufriedener als Menschen ohne Migrationshintergrund – und geraten zugleich häufiger in diese Situationen.

Allgemeine Einstellungen gegenüber der Polizei unabhängig von einem konkreten Kontakt werden mit unterschiedlichen Fragen erhoben. Als Kriterien dienen dabei meist Einschätzungen, wie effektiv die Polizei arbeite (beispielsweise mit Blick auf

Kriminalität), ob sie alle Menschen gleich behandle (»distributive Gerechtigkeit« – werden zum Beispiel Arme gegenüber Reichen benachteiligt?) und ob sie sich an die Gesetze halte (»prozessuale Gerechtigkeit« – setzt die Polizei zum Beispiel mehr Gewalt ein als geboten?).[55]

Auch hier sind die Werte allgemein betrachtet hoch: Mehr als 80 Prozent der Befragten bewerten die Arbeit der Polizei als effektiv, und 75 Prozent gehen davon aus, dass die Polizei arme und reiche Menschen gleich behandelt.[56] Allerdings halten in bestimmten Bevölkerungsgruppen, etwa unter Migrant:innen der zweiten Generation, nahezu 30 Prozent die Arbeit der Polizei für nicht effektiv.[57] Und 40 Prozent aller Befragten sind der Meinung, die Polizei setze manchmal oder oft mehr Gewalt ein als geboten.[58]

Und schließlich wird auch die abstrakte Frage nach dem generellen Vertrauen in die Polizei nicht von allen gleich beantwortet. Zwar haben Menschen mit Migrationshintergrund in Deutschland in mehreren Studien ein im Verhältnis zu den anderen Befragten ähnliches oder sogar höheres Polizeivertrauen berichtet.[59] Aber in einer neuen, groß angelegten Studie zur Lebensrealität von Schwarzen, afrikanischen und afrodiasporischen Menschen in Deutschland, dem Afrozensus, haben jüngst mehr als 58 Prozent der Befragten angegeben, dass sie Polizei und Sicherheitsbehörden gar nicht oder eher nicht vertrauen.[60] Und auch Fußballfans stehen der Polizei aufgrund der Erfahrungen, die sie gemacht haben, eher misstrauisch gegenüber, wie Studien zeigen.[61]

Die Frage nach dem Polizeivertrauen lässt sich also weder einfach mit »Ja« oder »Nein« noch für alle Personengruppen und Situationen gleich beantworten. Es handelt sich vielmehr um ein vielschichtiges Konzept, das sich je nach Fragestellung und Befragten unterscheidet. Die große Mehrheit der Gesellschaft begegnet der Polizei grundsätzlich vertrauensvoll und hat keine allgemein ablehnende Haltung. Gleichwohl werden bestimmte Aspekte von vielen kritisch gesehen oder missbilligt. Die meisten Menschen haben also eine differenzierte Einstellung gegenüber der Polizei. Nahezu zwei Drittel der befragten Bürger:innen befürworteten entsprechend bei einer repräsentativen Umfrage im Herbst 2020 die Einrichtung einer unabhängigen Beschwerdestelle, die bei Fehlverhalten gegen Polizist:innen ermitteln soll.[62]

Und noch etwas sollte zu denken geben: Sogar die genannten hohen Zustimmungswerte bedeuten im Umkehrschluss, dass derzeit jede:r Fünfte kein Vertrauen in die Polizei hat. Das ist für eine Institution, die das Gewaltmonopol innehat, die Rechtsordnung durchsetzt und gegenüber den Bürger:innen den Staat repräsentiert, ein erhebliches Problem. Aber auch aus der Perspektive einer demokratischen Gesellschaft ist es bedenklich, dass 20 Prozent der Bürger:innen – in deren Namen der Staat und seine Polizei handeln – ihrem vordersten Exekutivorgan nicht vertrauen.

Während der Polizei also ein relativ hohes Maß an Vertrauen entgegengebracht wird, fühlt sich zugleich ein erheblicher Teil der Menschen offenbar nicht von ihr geschützt oder repräsentiert. Um zu verstehen, wie es zu diesem widersprüchlich anmutenden Zustand kommt, müssen wir einen Blick auf die polizeiliche Praxis werfen.

Selektive Praxis

Wie bereits gesehen, gehört es zu den Aufgaben der Polizei, Straftaten und Ordnungswidrigkeiten zu verfolgen sowie Gefahren abzuwenden – wo es notwendig ist, auch mit Gewalt. Diese Tätigkeiten sind auf den ersten Blick neutral, betreffen jedoch bei genauerer Betrachtung verschiedene Personen und gesellschaftliche Gruppen in unterschiedlicher Weise. Denn sowohl in der Definition von Ordnung als auch in der Weise, wie Polizist:innen ihre Handlungsspielräume ausfüllen, verbirgt sich ein erhebliches Potenzial für Ungleichbehandlungen.[63]

Erstens bestimmt letztlich die Mehrheitsgesellschaft, wie die zu erhaltende Ordnung aussieht, da vor allem ihre Wertvorstellungen und Interessen in Gesetze gegossen werden und sich so zur Rechtsordnung verfestigen. Bis 1974 war das Betteln etwa eine Straftat, obwohl dieses Verbot offensichtlich nicht alle Menschen gleich betrifft und von der Polizei praktisch nur gegen arme Menschen durchzusetzen sein wird. Und indem Gerichte es als nötigende Gewalt im Sinne des Strafgesetzbuchs einstufen, einer Reihe von Fahrzeugen sitzend den Weg zu versperren, kriminalisieren sie die bei politischen Protesten verbreitete Aktionsform der friedlichen Sitzblockade als gewalttätig. Rechtsordnung und Moralvorstellungen geben immer einen gewissen gesellschaftlichen Konsens – mit Schieflage zugunsten der dominantesten und durchsetzungsfähigsten Partikularinteressen – wieder, zulasten der darin nicht oder weniger repräsentierten sozialen Gruppen. Die Polizei ist daher nur insoweit für alle gleich, wie es die soziale Ordnung selbst ist.

Zweitens wird die polizeiliche Praxis von einer Vielzahl bewusster und unbewusster Faktoren geformt. Polizist:innen greifen dazu auf ihre Erfahrungen und Alltagsvorstellungen zurück, die wiederum auf den allgemeinen gesellschaftlichen Wertungen und dem sozialen Kontext basieren, sodass sich darin Ungleichheitsverhältnisse und gesellschaftliche Machtverhältnisse widerspiegeln. Eine arabische Jugendclique in einem Problembezirk, politische Aktivist:innen und junge Fußballfans werden im Einsatz vermutlich als bedrohlicher eingestuft als zwei ältere weiße Damen in einem Villenviertel – und deshalb anders behandelt. Diese Gefahreneinschätzungen haben unter Umständen einen realen Hintergrund; aber sie knüpfen auch an verallgemeinernde Zuschreibungen an, die in unserer Gesellschaft mit Merkmalen wie Alter, Geschlecht, Herkunft und Schichtzugehörigkeit verbunden sind.[64]

Man muss solche Zuschreibungen nicht als eigene Überzeugung verinnerlicht haben, nicht etwa überzeugte:r Rassist:in sein, damit sie ihre Wirkung entfalten und einer Ungleichbehandlung den Weg bereiten. Sie neigen zudem dazu, sich selbst zu bestätigen, indem sie das Konfliktpotenzial bei entsprechenden Begegnungen erhöhen. Einer (auch) in der Polizei weitverbreiteten Vorstellung zufolge haben beispielsweise junge Männer mit Migrationshintergrund weniger Respekt vor der Polizei. Dies kann dazu führen, dass Polizist:innen von vornherein eher darauf bedacht sind, sich in solchen Interaktionen Respekt zu verschaffen und autoritativ aufzutreten, während sie gleichzeitig eher als in anderen Lagen geneigt sind, Äußerungen und Verhaltensweisen des Gegenübers als respektlos wahrzunehmen. Beides macht einen konflikthaften Verlauf wahrscheinlicher, der dann in einer Art Teufelskreis die negativen Zuschreibungen zu bestätigen scheint und als polizeiliches Erfahrungswissen in die nächste Begegnung einfließt.[65] Tatsächlich zeigt die Forschung übrigens, dass junge Menschen mit Migrationshintergrund grundsätzlich ähnlich respektvoll gegenüber der Polizei eingestellt sind wie Jugendliche ohne Migrationshintergrund und sich sogar häufiger als diese vorstellen können, selbst zur Polizei zu gehen.[66]

Alltagsvorstellungen und Erfahrungswissen sind insofern Einfallstore für eine – nicht notwendig beabsichtigte, aber deshalb nicht minder folgenschwere – ungleiche Ausfüllung der bestehenden Spielräume und für eine Ausgestaltung der Selektionsprozesse nach den Regeln und Codes der Mehrheit, denen zufolge beispielsweise weiße Menschen weniger bedrohlich sind als Schwarze, Frauen weniger gefährlich als Männer oder autochthone Deutsche weniger straffällig als Menschen mit Migrationshintergrund.

Eine solche Praxis wirkt sich wiederum darauf aus, wie benachteiligte Gruppen die Polizei wahrnehmen. Diese und ihre Arbeit werden eher als legitim anerkannt, wenn man sich und seine soziale Gruppe von der Polizei repräsentiert sieht und das Gefühl hat dazuzugehören.[67] Erlebt man den Kontakt mit der Polizei hingegen als negativ und ungerecht, wirkt sich dies auf das Verhältnis zur Organisation aus. So geben befragte Jugendliche mit Migrationshintergrund zwar ähnlich häufig wie andere an, der Polizei allgemein zu vertrauen und dass man Anweisungen der Polizei befolgen müsse, aber eben auch häufiger, respektloses Polizeiverhalten wahrgenommen zu haben und bei eigenen Problemen nicht zur Polizei zu gehen.[68] Und in der Afrozensus-Umfrage gaben mehr als 82 Prozent der Befragten, die in den letzten beiden Jahren mit der Polizei in Kontakt gewesen waren, an, dabei diskriminiert worden zu sein; nahezu die Hälfte aller Befragten gab an, aus Angst vor Diskriminierung den Kontakt mit der Polizei zu meiden.[69]

Ungleichheit hat System

So gesehen kann die Polizei schon grundsätzlich keine neutrale Vollstreckerin einer Rechtsordnung sein, die für alle gleichermaßen da ist: Sowohl die durchzusetzende Ordnung als auch die Umstände ihrer Durchsetzung geben die bestehenden gesellschaftlichen Machtverhältnisse, Konflikte und Ungleichheiten wieder und reproduzieren diese unweigerlich. Dass die Polizei sehr unterschiedlich wahrgenommen wird, hat also viel damit zu tun, dass sie eben nicht für alle gleich ist. Das gilt vor allem für die Teile der Bevölkerung, die in irgendeiner Weise von der Mehrheitsgesellschaft abweichen – also für Mitglieder einer Minderheit, in Widerspruch zur herrschenden Sexualmoral Lebende oder Menschen, deren Interessen sich politisch, sozial oder wirtschaftlich nicht durchgesetzt haben, für Randgruppen, Subalterne und Marginalisierte. Für sie ist die polizeiliche Ordnungsproduktion weniger eine Dienstleistung, die Schutz und Sicherheit verspricht, als eine Drohung: Schließlich sind sie diejenigen, gegenüber denen diese Ordnung durchgesetzt werden soll.

Das bedeutet weder, dass Polizist:innen alle armen, migrantischen oder transidenten Menschen als Feind:innen betrachten, noch dass Angehörige von Minderheiten grundsätzlich die Polizei ablehnen. Es gibt auch hier die unterschiedlichsten individuellen Erfahrungswelten sowie Einstellungen, und natürlich gehören Beamt:innen selbst nicht notwendigerweise der Mehrheitsgesellschaft an.

Der Begriff der Mehrheit ist zudem keine trennscharfe Kategorie (schließlich gehören die meisten Menschen auf die eine oder andere Weise einer Minderheit an), sondern fasst die sozialen Verhältnisse vereinfachend zusammen. Aber die Funktion der Polizei, die von einer Mehrheit definierte Ordnung aufrechtzuerhalten, richtet sich sowohl grundsätzlich als auch in Form der beschriebenen selektiven Praxis vor allem gegen diejenigen, die dieser Mehrheit nicht angehören. Und umgekehrt basieren die Position und die Befugnisse der Polizei in der Gesellschaft auf der Unterstützung durch die Mehrheit. Denn daraus bezieht sie ihre Legitimität, die sie nicht verlieren darf.[70]

Die Kontrolle der »Anderen« war schon immer Kern polizeilicher Tätigkeit. Was von der eigenen Norm abweicht, wird schnell als gefährlich betrachtet. Dabei kommt es zunächst nicht darauf an, ob sich aus dem abweichenden Verhalten eine konkrete Gefahr ergibt oder es gar verboten ist, sondern nur, ob es sich in irgendeiner Weise davon unterscheidet, was als normal erachtet wird. Wo Sicherheit und Ordnung hergestellt werden sollen, zielt dies zuvorderst auf Abweichung: Die Nachtwachen des Mittelalters sollten auf Fremde in den Straßen achten; Landstreicherei war vielerorts bis in die 1970er-Jahre ein Straftatbestand; und auch heute wird vor allem in den Fokus genommen, wer auffällt und vom Normalen abweicht. Diese Zuschreibung als problematisch erfolgt weniger anhand tatsächlicher Probleme und mehr entlang der sozialen Machtverhältnisse.

Indem beispielsweise das Problem sexueller Gewalt mit der rassistischen Zuschreibung verknüpft wurde, Schwarze Männer würden mehr als weiße zu solchen Delikten neigen, kam es in den USA bis in die 1940er-Jahre regelmäßig zu Lynchmorden. Und als im April 1989 im New Yorker Central Park eine junge Frau vergewaltigt und lebensgefährlich verletzt wurde, wurden fünf afro- und lateinamerikanische Jugendliche unter enormem öffentlichem Interesse mittels von der Polizei erzwungenen Geständnissen zu langjährigen Haftstrafen verurteilt (»Central

Park Five«), obwohl sie die Tat nicht begangen hatten. Der aufstrebende Immobilien-Unternehmer und spätere US-Präsident Donald Trump forderte damals in Bezug auf diesen Fall sogar in ganzseitigen Zeitungsannoncen die Wiedereinführung der Todesstrafe im Staat New York.[71] Dass Schwarzen Männern diese besondere Gefährlichkeit zugeschrieben wird, liegt im sozialen Kontext und ihrem spezifischen Minderheitenstatus begründet. Wenn auf bestimmte Bevölkerungsgruppen fokussiert wird, werden nicht in erster Linie echte Probleme angegangen, sondern diese Gruppen selbst als Problem konstruiert. Mythen vom gefährlichen Schwarzen Mann oder kriminellen Asylbewerber:innen bearbeiten keine Probleme, sondern benutzen diese Zerrbilder lediglich als Projektionsflächen. Die bestehende Ordnung wird damit im Sinne der sich als Mehrheit verstehenden Bürger:innen am Beispiel der »Anderen« durchgesetzt und gleichzeitig deren Anderssein durch die damit einhergehende verzerrte Sichtbarmachung und Problematisierung dieser »Anderen« immer wieder bestätigt: Sexualisierte Gewalt oder andere Straftaten erscheinen der Mehrheitsgesellschaft als besonders problematisch, wenn sie von Menschen begangen werden, die als fremd, abweichend oder nicht zugehörig wahrgenommen werden. Gleichzeitig erscheinen Männer *of Color* und Geflüchtete durch diese Assoziation erst recht als »nicht so wie wir«.

Hiervon sind meist Gruppen betroffen, die ohnehin eine schwache soziale oder wirtschaftliche Stellung innehaben, über eine nur geringe Beschwerdemacht verfügen – also die Position und Ressourcen, sich Gehör zu verschaffen und sich gegebenenfalls effektiv über eine ungerechtfertigte Behandlung zu beschweren – und deshalb besonders verletzlich sind.[72] So werden Menschen aus Rumänien und vor allem Sinti:zze und

Rom:nja oft pauschal des Diebstahls verdächtigt und intensiv verfolgt; *People of Color* werden in öffentlichen Parks mit Drogenhandel assoziiert und deshalb häufig durchsucht. Doch auch Randgruppen wie »Rocker« oder »Clans« werden als außerhalb der Gesellschaft stehend und grundsätzlich gefährlich wahrgenommen.

Diese unterschwellige Koppelung der Polizeiarbeit an die gesamtgesellschaftlichen Machtverhältnisse kann schwerwiegende Folgen haben. Über weite Teile des zwanzigsten Jahrhunderts lebte zum Beispiel im Norden Irlands eine protestantische, der britischen Krone überwiegend loyale Mehrheit mit einer katholischen, überwiegend irisch-nationalistischen Minderheit zusammen. Die nordirische Polizei, die *Royal Ulster Constabulary* (RUC), bestand zu über 90 Prozent aus Protestant:innen, nicht wenige Mitglieder gehörten dem radikal-protestantischen Oranier-Orden an, und sie war Repräsentantin der britischen Regierung.[73] Von der katholischen Bevölkerung wurde sie als diskriminierend und parteiisch wahrgenommen, ihr wurden übermäßig brutales Vorgehen und heimliche Zusammenarbeit mit protestantischen Paramilitärs vorgeworfen, und sie wurde selbst immer wieder Ziel von Anschlägen. Das Verhältnis zur katholischen Minderheit war derart beschädigt, dass die RUC im November 2001 schließlich aufgelöst und durch eine neue Behörde ersetzt wurde.[74]

Es handelt sich hierbei um ein extremes Beispiel vor dem Hintergrund enormer sozialer Spannungen, das aber veranschaulicht, wie die formell neutrale polizeiliche Tätigkeit gesellschaftliche Konflikte zulasten von Minderheiten nachahmt. Das bedeutet nicht, dass Polizeiarbeit immer die Unterdrückung von Minderheiten bezweckt. Aber die Mehrheitsgesellschaft und die im besonderen Fokus der Polizei stehenden gesellschaftlichen Gruppen erleben die Polizei eben sehr unterschiedlich. In der privilegierten Mehrheitsgesellschaft wird der Polizei unter Umständen nicht trotz, sondern wegen derart diskriminierender Praxen vertraut, weil die Polizist:innen damit eben auch deutlich machen, wessen Vorstellungen sie umsetzen.

Wir gegen die Anderen

Umgekehrt hat auch die Polizei ihre eigene Sicht auf diese Situation. Beamt:innen merken, dass sich nicht alle von ihnen vertreten fühlen, dass manche Bevölkerungsgruppen ihnen weniger vertrauen. Im Juli 2019 beschwerten sich Polizeigewerkschafter:innen in Bochum über Graffiti und Aufkleber mit dem Schriftzug »All Cops Are Bastards«, die vielfach zu finden seien, und forderten in einer öffentlichen Kampagne zu deren Entfernung auf. Darauf angesprochen, dass die Urheber:innen der Schmähungen auf diese Weise nicht erreicht würden, gab ein Sprecher zu bedenken, diese würden ohnehin aus der politischen Linken oder der Fußballszene stammen, wo viele die Polizei pauschal als Gegner betrachteten.[75] Auf den von Reichsbürger:innen, Verschwörungsgläubigen und Rechtsextremen durchzogenen, aber auch von Angehörigen der bürgerlichen Mitte besuchten Demonstrationen von Coronaleugner:innen 2020 und 2021 schlug der Polizei eine Ablehnung entgegen, von der viele Polizist:innen zunächst überrascht und betroffen waren. Und auch das oben angesprochene (unzutreffende) Vorurteil, arabische Männer hätten weniger Respekt vor der deutschen Polizei, verdeutlicht, dass das Verhältnis auch seitens der Beamt:innen nicht zu allen Teilen der Bevölkerung gleich ist. Die Gründe dafür werden von der Polizei zumeist beim Gegenüber gesucht und oft vorwurfsvoll moniert. Nur selten wird das unterschiedliche Verhältnis verschiedener gesellschaftlicher Teilgruppen zur Polizei auf die Rolle der Polizei innerhalb der Gesellschaft zurückgeführt.

Indem die Polizei die Mehrheitsgesellschaft und deren Werte repräsentiert, steht sie für eine ganz bestimmte Kultur, für eine der gesellschaftlichen Norm entsprechende Lebensweise. In ihrer praktischen Arbeit wird die Polizei hingegen mit allen erdenklichen Lebensentwürfen, Einstellungen und Subkulturen konfrontiert. Der Umgang der Polizei damit ist widersprüchlich. Rechtlich ist sie einerseits gehalten, alle Menschen gleich zu behandeln, alternative oder abweichende Lebensweisen also nicht zu benachteiligen oder gar zu bekämpfen. Andererseits setzt sie in ihrer Praxis, wie wir gesehen haben, mehrheitsgesellschaftliche Ordnungsvorstellungen durch, die diese rechtlichen Vorgaben überlagern. Das entspricht ihrer Funktion, die soziale Ordnung zu bewahren.

Bestehende Bilder von Normalität, Abweichung und den Grenzen zu duldender Andersartigkeit werden so durch die polizeiliche Praxis wiederholt und öffentlichkeitswirksam verstetigt. Die Polizei signalisiert durch ihr Auftreten und Tun, wer respektable Bürger:innen sind und wer potenziell gefährlich ist. Auf diese Weise werden die in der herrschenden Ordnung und den gesellschaftlichen Machtverhältnissen angelegten Grenzen zwischen Bevölkerungsschichten und sozialen Gruppen für alle sichtbar nachgezeichnet und den Menschen ihr Platz in der Gesellschaft zugewiesen, während gleichzeitig verdeutlicht wird, welche Moral- und Ordnungsvorstellungen dominieren. Klasse, Migrationshintergrund, Herkunft oder Geschlecht sind wirkmächtige Kategorien solcher Grenzziehungen.

Als die Polizei nach der sogenannten Stuttgarter Krawallnacht im Juni 2020 ermitteln wollte, wie viele der Tatverdächtigen mit deutschem Pass einen Migrationshintergrund hatten, war unklar, wozu diese Erkenntnis ermittlungstechnisch nützlich sein sollte.[76] Indem bestimmte Identitätsmerkmale betont werden, wird aber unterschwellig eine Signalwirkung ausgelöst: Zwischen »denen« und »uns« verläuft eine Grenze, und die Polizei steht auf unserer Seite. Die mit der Wir-gegen-die-Anderen-Mentalität verbundenen Ungleichbehandlungen entspringen weniger der Intention einzelner Beamt:innen, sondern sind vielmehr Ausdruck der Rolle der Polizei in der Gesellschaft. Ihr Verhältnis zu allen »Anderen« ist angesichts dessen prinzipiell angespannt, während sie selbst traditionelle Moral, Werte und Lebensweisen verkörpert.

Dieser Gegensatz verschärft sich mit der zunehmenden Diversität in der Gesellschaft. Der Aufstieg der neoliberalen Wirtschaftsordnung, die Globalisierung und die rasante Digitalisierung des Alltags verschieben das schwerfällige soziale Gefüge. Ehemals prägende Institutionen wie Kirche, Familie und Staat stiften weniger Zusammenhalt, während Mobilität und Individualität wichtiger werden und neue Formen des Zusammenlebens, Arbeitens und Kulturschaffens entstehen. In den letzten Jahrzehnten ist der Anteil der ausländischen Bevölkerung und der Menschen mit Zuwanderungsgeschichte nahezu kontinuierlich gestiegen,[77] die Gleichstellung der Geschlechter wird für immer mehr Lebensbereiche eingefordert, unterschiedliche sexuelle Orientierungen und Geschlechtsidentitäten werden sichtbarer, nicht-weiße Menschen oder solche mit Behinderungen werden selbstverständlicher einbezogen. Damit verändert sich allmählich das gesellschaftliche Bewusstsein, das Verständnis von Normalität, aber auch die Wirklichkeit, in der wir uns bewegen.

Zuvor weitgehend ausgeschlossene Personen und Gruppen werden sichtbarer und kämpfen dafür, bei der Verteilung von Ressourcen, Macht und sozialem Status stärker berücksichtigt zu werden, was den strukturellen Wandel weiter vorantreibt. Anders als in Deutschland ist es in den USA beispielsweise keine Seltenheit mehr, dass *People of Color* hohe Positionen in Staatsanwaltschaft, Gerichten oder Politik innehaben. Aber auch hierzulande sind Merkmale wie Homosexualität, Zuwanderungsgeschichte oder religiöser Minderheitenstatus heute in allen Sphären politischer und wirtschaftlicher Macht zu finden.

Die Polizei tut sich mit dieser Entwicklung nicht leicht. Nicht nur weil sie zu Konflikten in der Gesellschaft führt – zwischen den Gewinner:innen und Verlierer:innen dieser Veränderungen, ihren Befürworter:innen und Gegner:innen, um Wohlstand und Werte, um individuelle wie kollektive Identität. Sondern auch weil die Polizei selbst mit dem gesellschaftlichen Wandel kaum Schritt zu halten vermag. Die Regel, dass weibliche Verdächtige nur von Polizistinnen durchsucht und von Männern getrennt untergebracht werden, stößt an ihre Grenzen, wenn Menschen sich zunehmend weder als weiblich noch als männlich definieren. Die neue Diversität fließt nur langsam in diese Repräsentantin der bestehenden und damit morgen immer schon alten Ordnung hinein. Trotz gewisser Fortschritte versammeln Polizeibehörden eine überwiegend konservativ eingestellte, männlich geprägte Belegschaft, in der etwa muslimische oder Schwarze Beamt:innen oder solche mit Zuwanderungsgeschichte deutlich unterrepräsentiert sind (mehr dazu in den folgenden Kapiteln). Im Vergleich zur »Welt da draußen« ist die polizeiliche Kultur noch relativ einheitlich. Sie repräsentiert so noch weniger als ohnehin bereits die Gesellschaft mit all ihren Facetten.

Wessen Polizei ist die Polizei also? Sie ist die Polizei der Norm, der Mehrheit, der dominanten Kultur und der herrschenden Moraldeutung. Sie ist aber auch die Polizei der Abweichenden, der Minderheiten und der Randgruppen. Sie ist die Polizei der Gesellschaft, jedoch für die vielen unterschiedlichen Teile der Gesellschaft jeweils in anderer Gestalt. Wie Polizist:innen Menschen begegnen, hängt stark davon ab, wo sie diese gesellschaftlich verorten. Dies zeigt sich nicht erst bei Gewalt oder Eingriffsmaßnahmen, sondern schon in den zahlreichen Details jeder sozialen Interaktion: ob sie freundlich oder ungeduldig reagieren, ihr Gegenüber duzen oder siezen, ob sie Situationen groß oder klein machen, ob sie Regelverstöße unter den Tisch fallen lassen oder mit allen Mitteln verfolgen.[78]

KAPITEL 2

DIE POLIZEI ALS ORGANISATION

2.1 AUFBAU UND ARBEITSWEISE

Wenn wir uns die Polizei als Organisation etwas genauer ansehen, wird deutlich: *Die* Polizei gibt es nicht. Stattdessen gibt es viele Polizeien mit vielfältigen Strukturen. Wichtig ist zunächst die Unterscheidung zwischen den Polizeien des Bundes – also vor allem Bundespolizei und Bundeskriminalamt – und den Polizeibehörden der Länder. Als Nächstes gibt es verschiedene polizeiliche Tätigkeitsbereiche: Die Kriminalämter sind zuvorderst für Strafverfolgung zuständig, während andere Abteilungen vor allem Gefahrenabwehr und weitere Aufgaben übernehmen. Dann gibt es in der Organisation weitere abgrenzbare Bereiche wie die Verkehrspolizei (meist erkennbar an Weste und Kelle), die für Großlagen wie Demonstrationen vorgesehene Bereitschaftspolizei (meist mit Helm, Schutzausrüstung und Schlagstock) und Spezialeinsatzkommandos mit spezieller Ausrüstung für besonders gefährliche Einsätze.

Zwischen den verschiedenen Tätigkeiten und Einsatzbereichen ist ein gewisser personeller Austausch üblich. Zwar verbringen manche Beamt:innen auch 30 Jahre auf der gleichen Dienststelle, viele probieren sich aber in unterschiedlichen Bereichen aus und zeigen damit »Verwendungsbreite«, wie es im Polizeijargon heißt. Allerdings sitzt eine Beamtin nicht an einem Tag am Schreibtisch bei der Kriminalpolizei, steht am nächsten mit Signalkelle auf der Straße und setzt sich danach einen Helm auf, um in einer geschlossenen Bereitschaftseinheit eine Demonstration zu begleiten. Das geht schon deshalb nicht, weil unterschiedliche Tätigkeitsbereiche unterschiedliche Qualifikationen voraussetzen. Arbeitsweise, Alltag und personelle Zusammensetzung variieren zwischen all diesen Pfaden mitunter erheblich. Die Unterschiede können so groß sein, dass es sich eigentlich um unterschiedliche Berufsbilder handelt. Der Arbeitsalltag einer Streifenpolizistin, deren Tage von kiffenden Jugendlichen und Ladendiebstählen geprägt sind, hat mit dem eines Präzisionsschützen im SEK vermutlich ebenso wenig gemeinsam wie mit dem des Beamten, der in einer Mordkommission tätig ist, oder dem der Polizeipräsidentin.

Angesichts dieser Unterschiede in Tätigkeiten und Zusammensetzung bilden sich in den verschiedenen Polizeien durchaus unterschiedliche Kulturen heraus. Dies gilt zum einen für verschiedene Länder mit unterschiedlichen politischen Vorgaben aus den Ministerien, die die Polizei stark prägen. In der Bremer Polizei wird möglicherweise ein deutlich anderer Stil im Umgang miteinander und in der Praxis gepflegt als in der bayerischen Landespolizei. Zum anderen kommt es auch darauf an, wo die jeweilige Einheit tätig ist: Der Polizeiberuf stellt sich aus der Perspektive eines Berliner Großstadtbeamten anders dar als für eine Polizistin in einer bayerischen Kleinstadt oder im sächsischen Erzgebirge. Aber auch zwischen zwei benachbarten Dienststellen können erhebliche Unterschiede bestehen, weil die Kultur innerhalb einer Einheit auch stark von den Persönlichkeiten abhängt, aus denen sie sich zusammensetzt.

Anfang 2004 beschwerten sich Polizist:innen aus Essen nach einer Teamschulung in einem Trainingszentrum der Bundespolizei über rechtsradikale Ausfälle von ebenfalls dort anwesenden Kolleg:innen aus Berlin. Die Überprüfung der zwanzigköpfigen Einheit legte verheerende Zustände offen: Kahl rasiert trugen sie unter der Uniform martialisch bebilderte T-Shirts mit Slogans wie »Unsere Heimat, unsere Liebe, unser

Stolz«, beschrifteten die Schlagstöcke mit den Namen nordischer Gottheiten, und ein Polizeimeister verbreitete auf der Dienststelle aus dem Internet aufgezeichnete CDs mit rechtsradikaler Musik (»Radio Wolfsschanze«). Die Einheit wurde aufgelöst.[1] Hier hatte sich ein gefährlicher Mikrokosmos entwickelt, der offensichtlich auch vergleichbare Polizeieinheiten schockierte.

So geradlinig die Polizei als Konzept scheinen mag, so vielfältig und unterschiedlich ist sie also als real existierende Behörde. Wir haben es eigentlich mit vielen verschiedenen Organisationen zu tun, die aber von übergeordneten Prinzipien, Binnenkulturen und Gesetzen eingerahmt sind und so unter dem Überbegriff Polizei zusammengefasst werden. Trotz der Unterschiede sind all diese Personen und Dienststellen mit ihren jeweiligen Tätigkeiten zusammen Bestandteil der komplexen Großorganisation Polizei, um deren Aufbau es im Folgenden etwas genauer gehen soll.

Basic Facts

Die Personalstatistik des öffentlichen Dienstes zählt für das Jahr 2020 etwa 341.400 bei der Polizei Beschäftigte (2019: ca. 334.000).[2] Dabei handelt es sich nicht nur um Beamt:innen. Wenn wir von Polizist:innen sprechen, meinen wir zwar meist die Menschen, die uns mit Uniform auf der Straße begegnen (oder in Jeans als Kommissarin im Fernsehen), aber die Polizei benötigt auch Verwaltungskräfte, IT-Abteilungen und Waffenspezialist:innen in den Kriminalämtern. Manche Länder haben auch eine Wachpolizei eingerichtet, die für Objektschutz und ähnliche Tätigkeiten zuständig ist. Diese Beschäftigten arbeiten zwar bei der Polizei, tun dies aber meist als gewöhnliche Arbeitnehmer:innen. Ziehen wir diese ab, verbleiben rund 285.000 Vollzeitstellen mit Beamt:innen. Davon waren 2020 etwa 45.600 beim Bund und 239.300 bei den Ländern eingerichtet.

Mit knapp 85 Prozent beschäftigen die Landespolizeien also den Löwenanteil der Polizeibeamt:innen.[3] Gleichwohl ist die Bundespolizei mit mehr als 53.000 Beschäftigten die größte Behörde. Sie erfüllt zum einen viele spezielle Aufgaben des Bundes wie den Grenzschutz, bahnpolizeiliche Aufgaben und solche der Luftsicherheit. Zum anderen unterhält sie eine große Bereitschaftspolizei, die bei Bedarf auch die Landespolizeien unterstützt, und die Spezialeinheit GSG 9.

Die Behörden der Länder weisen untereinander massive Unterschiede auf: Polizeien von Ländern wie Nordrhein-Westfalen oder Bayern, die mit rund 52.000 beziehungsweise 40.000 Polizeibeschäftigten gewaltige Apparate darstellen, sind mit den viel kleineren Strukturen in Bremen und dem Saarland (gut 3.000 Vollzeitstellen) kaum vergleichbar. In den Flächenländern kamen 2020 auf 100.000 Einwohner:innen durchschnittlich 307 Vollzeitstellen für Polizeibeschäftigte, in den drei dicht besiedelten Stadtstaaten waren es im Schnitt 639.[4]

	BESCHÄFTIGTE POLIZEI	BEVÖLKERUNG
Bund	53.500	
Nordrhein-Westfalen	51.600	17.925.570
Bayern	40.200	13.140.183
Baden-Württemberg	30.500	11.103.043
Berlin	25.500	3.664.088
Niedersachsen	25.200	8.003.421

Hessen	19.700	6.293.154
Sachsen	14.700	4.056.941
Rheinland-Pfalz	12.700	4.098.391
Hamburg	10.500	1.852.478
Brandenburg	8.800	2.531.071
Schleswig-Holstein	8.700	2.910.875
Sachsen-Anhalt	8.000	2.180.684
Thüringen	7.100	2.120.237
Mecklenburg-Vorpommern	6.200	1.610.774
Bremen	3.500	680.130
Saarland	3.100	983.991
Gesamt	**329.500**	**83.155.031**

Tabelle 1: Vollzeitäquivalent der Beschäftigten in den Kernhaushalten des Bundes und der Länder im Aufgabenbereich Polizei 2020 (gerundet)[5], Bevölkerungsstand insgesamt am 31. 12. 2020[6]

Der Aufbau einer Landespolizei variiert von Bundesland zu Bundesland. Flächenbundesländer sind üblicherweise in mehrere größere Behörden eingeteilt, meist Präsidien genannt. Ein typisches Polizeipräsidium in NRW zum Beispiel besteht wiederum aus vier organisatorischen Teilbereichen (»Direktionen«). Eine Direktion für sogenannte *zentrale Aufgaben* kümmert sich um Dinge wie die Personalplanung, die IT, Ausrüstung, den polizeiärztlichen Dienst und die Finanzen. Sie organisiert also den Rahmen, in dem die anderen Abteilungen ihrer Arbeit nachgehen. Außerdem kann sie auch für allgemeine regulierende Polizeiaufgaben wie das Versammlungsrecht oder das Waffenrecht zuständig sein.

Die nächste Direktion beschäftigt sich mit dem Thema *Kriminalität*, das in Unterbereiche zu spezifischen Kriminalitätsphänomenen wie Einbrüchen, Sexualdelikten, Organisierter Kriminalität oder Staatsschutz gegliedert ist. Es gibt hier aber auch tätigkeitsbezogene Dezernate etwa zur Führung von Vertrauenspersonen, der Fahndung nach Gesuchten, der Durchführung von Telekommunikationsüberwachungen oder der kriminaltechnischen Untersuchung von Spuren.

Eine weitere Direktion widmet sich ausschließlich Verkehrsangelegenheiten wie Unfällen sowie Straftaten und Ordnungswidrigkeiten im Straßenverkehr. Die vierte Direktion kümmert sich um die polizeiliche Aufgabe der Gefahrenabwehr. Sie ist mit all den polizeilichen Aufgaben befasst, die nicht in die besonderen Zuständigkeiten der anderen Direktionen fallen. Hierzu gehört ein Großteil der uns aus dem Alltag bekannten Tätigkeiten wie der Streifendienst, die Kontrolle öffentlicher Plätze, die Begleitung von Großveranstaltungen und Demonstrationen, die Durchsetzung von pandemiebezogenen Abstandsregeln in Parks oder das Einschreiten bei nächtlichen Ruhestörungen. Daneben bestehen auch hier spezielle Teilbereiche beispielsweise für den Personen- und Objektschutz, für die Bereitschaftspolizei und Spezialeinheiten.

Obwohl die Organisationsstrukturen und ihre Bezeichnungen in jedem Bundesland etwas voneinander abweichen, hat sich die grundsätzliche Einteilung in Allgemeines, Kriminalität, Verkehr und Gefahrenabwehr weitgehend durchgesetzt; auch dass Bereitschaftspolizei und Spezialeinheiten ausgegliedert sind, ist üblich. Je nach Bedarf lässt sich dies natürlich beliebig weiter auffächern, etwa in eine Wasserschutzpolizei, technische Einheiten mit besonderen Fahrzeugen und Geräten, Hubschrauber-, Hunde- oder Pferdestaffeln, Dezernate für die grenzüberschreitende Zusammenarbeit oder Polizeiorchester.

Ein Großteil der Polizist:innen in Deutschland arbeitet im

Einsatz- beziehungsweise Streifendienst, einem durchgängig besetzten Schichtbetrieb für die allgemeine Polizeiarbeit, der in manchen Ländern auch Wach- und Wechseldienst heißt. Er ist der erste Ansprechpartner für die meisten Einsatzlagen und praktisch immer als Erstes vor Ort. Dort, wo es spezieller wird, geben diese allgemeinen Schutzpolizist:innen den Stab an spezialisierte Kolleg:innen weiter.

Bei der Kriminalpolizei gibt es den sogenannten Kriminaldauerdienst, eine Art Bereitschaftsdienst für die Bearbeitung von (schwereren) Straftaten wie zum Beispiel Raub, Einbruch oder Tötungsdelikte. Findet jemand nachts eine Leiche im Gebüsch, werden zunächst die in der Nähe Streife fahrenden Beamt:innen zum Einsatzort beordert. Sie sperren das Gelände ab, sichern die auf den ersten Blick sichtbaren Spuren, schauen sich nach möglichen Zeug:innen um und weisen eintreffende Rettungskräfte ein. Die Streifenbeamt:innen sind zwar zuerst am Ort des Geschehens und müssen deshalb den »ersten Angriff« einleiten, sie sind jedoch keine Kriminalbeamt:innen und nicht auf die Verfolgung von (schwereren) Straftaten oder die Arbeit am Tatort spezialisiert. Hier kommt der Kriminaldauerdienst ins Spiel, der entsprechend ausgebildete Kolleg:innen entsendet. Sobald sie eintreffen, werden der Einsatzort und die weiteren Ermittlungen an sie übergeben, bis der Fall vom regulär zuständigen Kriminaldezernat übernommen werden kann. Die Streifenwagenbesatzungen schreiben im Anschluss ihren Bericht und setzen dann ihre Fahrt bis zum Schichtende fort.

Weder die Kriminalpolizei noch der Streifendienst sind allein in der Lage, die später am Tag stattfindende Großdemonstration zu begleiten. Hierfür gibt es die ebenfalls im Zuständigkeitsbereich der Gefahrenabwehr angesiedelte Bereitschaftspolizei. Sie ist in Verbänden geschlossener Einheiten in Hundertschaften organisiert und mit Helmen, Schlagstöcken, Schutzwesten, feuerhemmender Einsatzkleidung und Wasserwerfern ausgestattet. Die meisten Polizist:innen werden in den ersten Dienstjahren für eine gewisse Zeit dort eingesetzt. Ihr Zweck ist es einerseits, auch größere Menschenansammlungen bis hin zu Aufständen unter Kontrolle zu bringen und die hierfür gegebenenfalls erforderliche Gewalt auszuüben. Andererseits unterstützen sie andere Bereiche der Polizei bei Maßnahmen, die viel Personal erfordern, wie es manchmal bei der Suche nach vermissten Personen oder größeren Durchsuchungsaktionen der Fall ist.

Für besonders gefährliche Einsätze – etwa die Beendigung einer Geiselnahme oder die Festnahme einer besonders gefährlichen Person – haben der Bund und die Länder verschiedene Spezialeinheiten eingerichtet. Diese hoch spezialisierten und sehr gut ausgerüsteten Einheiten, darunter insbesondere die Spezialeinsatzkommandos (SEK), sind entweder an die Bereitschaftspolizei oder die Landeskriminalämter angegliedert, auf Bundesebene an das BKA oder die Bundespolizei. Sie sind schwer bewaffnet und besonders intensiv und spezialisiert ausgebildet. Wer dorthin möchte, muss sich einem besonderen Auswahlverfahren unterziehen.

Laufbahnen und Ränge, Rechte und Pflichten

In der deutschen Polizei gibt es für die Beamt:innen ein dreistufiges Laufbahnsystem, bestehend aus dem mittleren, dem gehobenen und dem höheren Dienst. Diese Stufen werden nicht unbedingt chronologisch innerhalb einer Karriere durchlaufen, sondern kennzeichnen unterschiedliche Ebenen, zwischen denen Übergänge aber möglich sind. Der höhere Dienst ist nur für Führungspositionen und leitende Aufgaben vorgesehen – er ist quasi das Management der Polizei. Von der Laufbahn hängt ab, welche Qualifikation benötigt und welche Tätigkeiten später ausgeübt werden, welchen Rang man erreichen kann und wie die Besoldung aussieht.

Die etwas verwirrende Einteilung, die mit einer als Mitte bezeichneten Stufe beginnt, ist darauf zurückzuführen, dass es im Beamt:innenrecht noch eine vierte, vorgelagerte Stufe gibt, den sogenannten einfachen Dienst. Doch dieser wird bei der Polizei nicht verwendet. Seit einiger Zeit besteht sogar die Tendenz, auch den mittleren Dienst in der Polizei abzuschaffen und zur zweigeteilten Laufbahn aus gehobenem und höherem Dienst überzugehen. Ein erheblicher Teil der westlichen Bundesländer hat dies bereits umgesetzt und die Ausbildung entsprechend umgestellt. Damit wird der Polizeidienst aufgewertet, und die Anforderungen an die Ausbildung und die Bewerber:innen, die nun grundsätzlich Abitur oder Fachabitur mitbringen müssen, steigen.[7] So verändert sich auch, wer überhaupt zur Polizei kommt (dazu mehr im nächsten Kapitel).

Je nach Laufbahngruppe und Einsatzbereich unterscheiden sich die Dienstränge, die Schritt für Schritt durchlaufen werden, so weit einen die Karriere führt: vom Polizeimeister über den Polizeiobermeister zum Polizeihauptmeister (mit Zulage) im mittleren Dienst der Schutzpolizei; von der Polizeikommissarin über die Polizeioberkommissarin und die Polizeihauptkommissarin bis zur Ersten Polizeihauptkommissarin im gehobenen Dienst. Die Bezeichnung »Kommissarin« zeigt damit entgegen der landläufigen Vorstellung nicht an, dass man es mit einer Kriminalermittlerin zu tun hat, sondern dass es sich um eine

Beamtin im gehobenen Dienst handelt. In der Kripo lautet ihre Bezeichnung allerdings Kriminalkommissarin. Im höheren Dienst sind dann Polizeiräte, Polizeioberräte und Polizeidirektorinnen beschäftigt.

Mit der Verbeamtung werden für Polizist:innen besondere Rechte und Pflichten begründet: Der Staat greift tiefer in die Lebensführung seiner Beamt:innen ein, als es in der Privatwirtschaft üblich ist, übernimmt ihnen gegenüber dafür aber auch eine schützende Fürsorgepflicht nach außen und bindet sie so eng an sich. Beamt:innen haben der gesamten Bevölkerung zu dienen, ihre Aufgaben unparteiisch zu erfüllen, auf das Wohl der Allgemeinheit zu achten und müssen sich zur freiheitlichen demokratischen Grundordnung bekennen. Sie müssen in geordneten wirtschaftlichen Verhältnissen leben und dürfen nicht hoch verschuldet sein. Über dienstliche Angelegenheiten besteht eine weitreichende Verschwiegenheitspflicht, und um Korruption vorzubeugen, dürfen sie Geld, Geschenke oder andere Vorteile nicht annehmen. Juristisch befinden sich Beamt:innen in einem »Sonderrechtsverhältnis«, in dem Grundrechte leichter beschränkt werden können. So haben sie kein Streikrecht, und ihre Meinungsäußerungsfreiheit ist auch im privaten Bereich durch das Mäßigungsgebot begrenzt: Inhalt und Form von Äußerungen dürfen nicht den Eindruck entstehen lassen, dass Beamt:innen den dienstlichen Pflichten nicht nachkommen oder nicht neutral handeln. Gegenüber dem Dienstherrn haben Polizist:innen eine Gehorsamspflicht, müssen also dienstliche Anordnungen befolgen. Halten sie eine Anordnung für rechtswidrig, müssen sie die Vorgesetzten darauf hinweisen, sie im Fall der Bestätigung aber grundsätzlich trotzdem befolgen.

Der Beamt:innenstatus bringt aber auch viele Vorteile mit sich, insbesondere eine gute soziale Absicherung. Dazu gehören etwa die standardmäßig vorgesehene Ernennung auf Lebenszeit, eine stabile Besoldung und eine gute Absicherung bei Erkrankung oder Dienstunfähigkeit. Haben sie die Altersgrenze von in der Regel 63 Jahren erreicht, bekommen Polizeibeamt:innen statt der gesetzlichen Rente eine Pension. Außerdem können sie nur unter engen Voraussetzungen bei schweren Dienstvergehen entlassen werden.

Institutionelles Verhältnis zu anderen

Im Alltag arbeitet die Polizei mit zahlreichen anderen Institutionen und externen Dienstleister:innen zusammen: Soll ein Fahrzeug aus dem Halteverbot entfernt werden, beauftragt die Polizei ein Abschleppunternehmen; Ordnungsbehörden wie das Gesundheitsamt beantragen Einweisungen in die Psychiatrie; die Zulassungsstelle prüft die Verkehrssicherheit eines Fahrzeugs nach Kontrollbericht durch die Polizei; die Obduktion einer Leiche übernimmt eine rechtsmedizinische Einrichtung; Durchsuchungsbeschlüsse und Haftbefehle werden von Ermittlungsrichter:innen erlassen, bevor die Polizei sie ausführt; ob die Beweislage ausreicht, um gegen eine Verdächtige Anklage zu erheben, entscheidet nicht die Polizei, sondern die Staatsanwaltschaft. Wo ist also die Polizei innerhalb dieser Strukturen zu verorten?

Als staatliches Exekutivorgan untersteht die Polizei den Innenministerien der Länder beziehungsweise des Bundes. Ihre allgemeinen Aufgaben, insbesondere im Bereich der Gefahrenabwehr, führt sie in diesem Rahmen eigenständig aus. Dabei kann sie sich fachliche Unterstützung holen. Kompliziert wird das, wenn hoheitliche Aufgaben an Unternehmen der Privatwirtschaft abgegeben werden sollen. Beispielsweise beauftragt die Bundespolizei private Sicherheitsdienste mit Passagierkontrollen an Flughäfen, für die sie teilweise zuständig ist. So werden staatliche Aufgaben und die damit einhergehenden Befugnisse, in die Rechte der Kontrollierten einzugreifen, auf gewöhnliche Bürger:innen übertragen, die diese dann gegenüber anderen Bürger:innen anwenden sollen. Ein solches Outsourcing von Staatsgewalt ist rechtsstaatlich bedenklich. Zugleich erinnert das Beispiel daran, dass es keineswegs selbstverständlich oder alternativlos ist, welche Aufgaben der Polizei beziehungsweise dem Staat zufallen und welche in privaten Händen liegen.

Bei Versammlungen als einem besonderen Tätigkeitsfeld arbeitet die Polizei mit verschiedenen anderen Behörden, vor allem der Versammlungsbehörde, zusammen. Hier können Demonstrationen angemeldet werden, und die Versammlungsbehörde entscheidet gegebenenfalls über Auflagen und Verbote, die dann von der Polizei umgesetzt werden. Bei Großveranstaltungen wie am 1. Mai, Protesten gegen Braunkohleabbau und Atommülltransporte oder rechtsextremen Aufmärschen können Tausende Beamt:innen beteiligt sein.

Bei der Frage, ob und wie umstrittene Versammlungen stattfinden dürfen, haben oft die Gerichte das letzte Wort: Klagen die Veranstaltenden gegen ein Versammlungsverbot oder Teilnehmende gegen eine polizeiliche Maßnahme, entscheiden Verwaltungsgerichte über die Rechtmäßigkeit. Und die Polizei hat sich daran zu halten. Sie ist hier also eng in das System aus demokratischer Gewaltenteilung und gerichtlichem Rechtsschutz eingebunden. Mitunter werden der Polizei dadurch tatsächlich schwierige Konstellationen vorgegeben, zum Beispiel wenn auf engem Raum Demonstration und Gegendemonstration stattfinden. Allerdings treffen an dieser Stelle auch schlicht unterschiedliche Interessen aufeinander: Demonstrierende wollen ihre Versammlungsfreiheit ausüben, die auch von den Verwaltungsgerichten ernst genommen wird; die eingesetzten Beamt:innen wünschen sich einen möglichst einfachen, komplikationslosen Verlauf; manchmal kommen dann noch politische Vorgaben aus den Innenverwaltungen hinzu, etwa dass eine Versammlung in einer bestimmten Weise von der Polizei bearbeitet werden soll.

Mit solchen Vorgaben, die von anderen Instanzen an die Polizei herangetragen werden, geht die Organisation unterschiedlich um. Im Frühjahr 2021 besuchten Tausende Menschen Versammlungen der Coronaleugner:innen-Bewegung. Auch wo diese von den Versammlungsbehörden verboten waren oder die Teilnehmenden massenhaft gegen Auflagen verstießen, indem sie wie angekündigt weder Masken trugen noch Abstandsregeln einhielten, schritt die Polizei zunächst größtenteils nicht ein und handelte sich damit viel Kritik ein. Umgekehrt wollte die Hamburger Polizei am Rande des dort 2017 stattfindenden G20-Gipfels den Aufbau eines Protestcamps auf der Halbinsel Entenwerder verhindern. Obwohl ein Beschluss des Verwaltungsgerichts dies ausdrücklich erlaubt hatte, verbot die Polizei den Aktivist:innen zunächst den Zutritt und gewährte ihn erst einige Stunden später mit der zusätzlichen Auflage, auf der Fläche nicht zu übernachten, weil das ihrer Auffassung nach nicht von der gerichtlichen Erlaubnis mitumfasst war. Als trotzdem Schlafzelte aufgebaut wurden, stürmten Polizist:innen, noch während die Sache wieder beim Verwaltungsgericht lag, das Camp und räumten den Platz, wodurch Menschen verletzt wurden.[8] Hier führte für die Teilnehmenden kein Weg an der Macht der Polizei vorbei.

Auch bei der Strafverfolgung arbeitet die Polizei eng mit anderen Stellen zusammen. Wie schon gezeigt, hat sie dabei – anders als bei der Gefahrenabwehr – nicht den Hut auf, sondern unterstützt vielmehr Staatsanwaltschaft und Strafgerichte, die das Strafverfahren und die Ermittlungen leiten. Das mag angesichts der großen Präsenz von Kriminalpolizist:innen nicht nur in einschlägigen Fernsehserien, sondern auch im echten kriminalistischen Alltag verwundern. Polizist:innen leiten Strafverfahren ein, legen Akten an und führen sie in ihrer Dienststelle, sie vernehmen Zeug:innen und Beschuldigte, durchsuchen Wohnungen, sammeln Fingerabdrücke und DNA-Spuren. Am Ende schreiben sie einen Abschlussbericht, in dem sie das Ermittlungsergebnis zusammenfassen. Die Herrschaft der Staatsanwaltschaft über die Ermittlungen beschränkt sich in der Praxis häufig darauf, die mitunter erforderlichen Gerichtsbeschlüsse für die polizeilichen Ermittlungsmaßnahmen zu beantragen und am Ende zu entscheiden, ob Anklage erhoben wird oder nicht. Dennoch ist die formelle Hierarchie eindeutig: Die Verfahrensherrschaft für das Ermittlungsverfahren liegt allein bei der Staatsanwaltschaft, die Polizei ist lediglich ausführendes Organ.[9]

In der Zusammenarbeit zwischen Polizei und Staatsanwaltschaft ziehen beide Institutionen oft am selben Strang. Es können aber auch Konflikte entstehen, wenn Polizist:innen etwa viel Arbeit in ein Ermittlungsverfahren gesteckt haben, die Staatsanwaltschaft die Beweislage aber als ungenügend oder den Sachverhalt nicht als strafbar bewertet. Und wenn eine Staatsanwältin darauf besteht, dass ein Fahrzeug nur durchsucht wird, wenn es dafür einen Gerichtsbeschluss gibt, haben nicht alle Polizeibeamt:innen dafür Verständnis. Andererseits kann das Verfahren im Falle polizeilichen Fehlverhaltens gefährdet werden – etwa wenn Zeug:innen nicht belehrt oder Beschuldigte unzulässig unter Druck gesetzt wurden, wichtige Beweismittel verloren gehen oder bei der Ermittlungsarbeit geschlampt wurde.

So kamen bei den 2018 begonnenen Ermittlungen zum Missbrauchsfall in Lügde, in denen es um über 1.000 Fälle sexuellen Missbrauchs von Kindern ging, 155 Datenträger mit Beweismaterial unter ungeklärten Umständen aus einer Polizeidienststelle abhanden und tauchten nicht mehr auf.[10] Nach dem Mord an einer Elfjährigen in Emden 2012 wurde bekannt, dass der mutmaßliche geständige Täter sich bereits einige Monate zuvor wegen des Besitzes kinderpornografischen Materials selbst angezeigt hatte, eine daraufhin angeordnete Wohnungsdurchsuchung von der Polizei aber nicht durchgeführt worden war.[11]

Nach der Anklage und insbesondere während der Hauptverhandlung übernimmt das Strafgericht die Verfahrensherrschaft von der Staatsanwaltschaft. Sind weitere Ermittlungsmaßnahmen erforderlich, so beauftragt das Gericht die Polizei und stützt sich auf deren Arbeit. Außerdem sagen Polizist:innen in den meisten Strafverfahren als Zeug:innen aus und berichten in dieser Rolle über die durchgeführten Ermittlungen. Obwohl die Gerichte als neutrale, unparteiische Instanzen konzipiert sind – wie übrigens auch die Staatsanwaltschaft –, stehen sie gewissermaßen auf derselben Seite wie die Polizei, weil beide damit beauftragt sind, den staatlichen Strafanspruch durchzusetzen. Gerade wenn Beamt:innen im Gerichtssaal vernommen werden, ist mitunter deutlich zu spüren, dass hier eine größere Nähe besteht als zu den Angeklagten und der Verteidigung.

Polizist:innen gelten vor Gericht als sogenannte Berufszeug:innen, die in der Wahrnehmung relevanter Sachverhalte besonders geübt sind. Ihre Aussagen werden deswegen oft als glaubwürdiger eingeschätzt als die anderer Zeug:innen. In der Forschung finden sich allerdings keine klaren Belege dafür, dass das wirklich zutrifft. Vielmehr erweist es sich als problematisch, dass Polizist:innen in der Regel an mehreren Strafverfahren beteiligt sind und die Ermittlungen häufig erst Monate oder Jahre nach dem zu bezeugenden Geschehen bei den Ermittlungen stattfinden. Was die Beamt:innen dann aussagen, entstammt meist nicht mehr der eigenen Erinnerung, sondern den Berichten und Akten, die sie vorher studieren. Gleichwohl stehen sie in der Glaubwürdigkeitshierarchie der Justiz ganz weit oben.[12]

Die Polizei ist also eine ebenso vielfältige wie einflussreiche Organisation, die aber in einem Geflecht mit anderen Instanzen agiert und dort wiederum deren Einflüssen ausgesetzt ist.

Wie wird man Polizist:in?

So viel zur Polizei als Behörde – wie sieht es nun mit dem Personal aus? Es gibt unterschiedliche Wege, die in den Polizeiberuf führen. In der Regel haben Polizist:innen entweder eine Ausbildung in der Polizei absolviert oder ein Bachelor-Studium an einer Fachhochschule oder Polizeiakademie erfolgreich abgeschlossen. Die Ausbildung führt in den mittleren Dienst, mit dem Bachelor kommt man in den gehobenen Dienst. In den Bundesländern, die den mittleren Dienst abschaffen, führt der Weg in die Polizei damit stets über das Bachelor-Studium. Ein eigenes Studium speziell für die Kriminalpolizei gibt es nur in manchen Bundesländern, die anderen sehen eine einheitliche Ausbildung vor. Für den höheren Dienst muss man in der Regel einen Master-Abschluss an der Deutschen Hochschule der Polizei in Münster erreichen. Die Länder und der Bund wählen aus, welche Beamt:innen dieses Studium absolvieren dürfen. Voraussetzung ist, dass man an einer wissenschaftlichen Hochschule erfolgreich studiert oder sich als Polizist:in im gehobenen Dienst bereits besonders bewährt hat.

Die Polizeibehörden stellen eine ganze Reihe von Anforderungen an Bewerber:innen, die je nach Tätigkeit, Laufbahn und Bundesland variieren. Man muss einen Führerschein haben und darf normalerweise nicht vorbestraft sein. Mitunter gibt es auch eine Altersgrenze, Regelungen zur Mindestgröße und zu sichtbaren Tätowierungen. Wer die notwendigen Voraussetzungen mitbringt, kann sich bewerben und einem Auswahlverfahren unterziehen. Von den Bewerber:innen, die die verschiedenen Schritte des Auswahlverfahrens erfolgreich absolviert haben, werden die besten für die zur Verfügung stehenden Ausbildungs- beziehungsweise Studienplätze ausgewählt. In einem Test werden zum Beispiel Allgemeinwissen, Sprachkenntnisse, Persönlichkeit, Denkvermögen und anderes mehr geprüft. Außerdem wird ein Gespräch geführt, müssen die Bewerber:innen eine Sportprüfung ablegen und sich einer ärztlichen Untersuchung unterziehen. Weitere Elemente, wie zum Beispiel Rollenspiele, können dazukommen.

Nicht zuletzt müssen Bewerber:innen die notwendige charakterliche Eignung mitbringen, dem Amt also auch in dieser Hinsicht gewachsen sein. Darunter werden so unterschiedliche Aspekte verstanden wie Loyalität und Zuverlässigkeit, die Bereitschaft, Anordnungen zu befolgen, Sorgfalt und Umsicht, Kritik- und Kooperationsfähigkeit, Durchsetzungsvermögen, Belastbarkeit und die Bereitschaft zu rechtsstaatlichem Handeln. Fehlt es daran, kann die Einstellung auch dann noch abgelehnt werden, wenn schon eine Einstellungszusage geäußert wurde. So ging es zum Beispiel einem Bewerber bei der Bundespolizei, der im September 2021 seinen Dienst beginnen wollte. Nach der Zusage waren der Behörde unter anderem homophobe Äußerungen des Bewerbers in sozialen Medien aufgefallen. So hatte er eine Zeichnung gelikt, die einen Mann zeigte, der sich mit einer Regenbogenfahne das Gesäß abwischt. Daraufhin nahm die Bundespolizei ihre Zusage zurück.[13]

Dass es trotz dieses Prozederes auch problematische oder sogar toxische Personen in den Polizeidienst schaffen, hat verschiedene Gründe. Erstens sind die Motivationen für eine Bewerbung bei der Polizei vielfältig (dazu mehr im nächsten Kapitel). Sie decken sich nur in Teilen mit den behördlichen Zielen der Personalgewinnung, und es bewerben sich auch viele Menschen, die für die besonderen Anforderungen des Polizeiberufs nicht geeignet sind. Zweitens gelingt es in der Praxis der Auswahlverfahren nicht immer, diese Leute zu erkennen. Das liegt auch daran, dass mitunter zu wenig auf problematische Persönlichkeitseigenschaften und Einstellungen geschaut wird, sondern im Vordergrund steht, ob der Bewerber später als Polizist formal gut funktioniert. Sind Personen einmal als Anwärter:innen angenommen, werden sie nur bei konkreten und hinreichend schweren Vorfällen entlassen.

Diese Probleme haben sich in den vergangenen 20 Jahren erheblich verschärft, weil die Polizei dringend auf Nachwuchs angewiesen ist. Vielerorts wurden deswegen die Einstellungsanforderungen abgesenkt und auch mal beide Augen zugedrückt, um die notwendigen Einstellungszahlen zu erreichen – auf Kosten der Qualität der Bewerber:innen.[14] In den vergangenen Jahren sind außergewöhnlich viele Bewerber:innen bei der Polizei angenommen worden. Allein zwischen 2010 und 2020 hat sich die Zahl der Anwärter:innen mehr als verdoppelt.[15] Das liegt an der Überalterung der deutschen Polizei, die den demografischen Wandel der deutschen Bevölkerung insgesamt widerspiegelt. Auch heute noch sind die über 45-Jährigen besonders stark vertreten.[16] Angesichts der anstehenden Pensionierungen entstand mit der Zeit ein erheblicher Bedarf an Nachwuchs, sodass Bund und Länder eine Ausbildungsoffensive gestartet haben: Die Kapazitäten für die Ausbildung wurden ausgebaut und Werbung für den Polizeiberuf intensiviert.

Ausbildung und Praxisschock

Die deutsche Polizei gilt als eine der am besten ausgebildeten Polizeien der Welt; aufgrund der Dauer, Form und Inhalte der Ausbildung. Lange Zeit war die Vorbereitung auf den Polizeiberuf sehr ans Militär angelehnt, das hat sich aber schon seit Längerem geändert. Der häufigste Ausbildungsweg ist das dreijährige Studium an Fachhochschulen oder Polizeiakademien mit Bachelor-Abschluss, das die Anwärter:innen für den gehobenen Dienst absolvieren. Auf den Lehrplänen stehen dort – entsprechend den vielfältigen polizeilichen Aufgaben – so unterschiedliche Themen wie Rechts- und Sozialwissenschaften, Kriminologie und Kriminalistik, Einsatz- und Verkehrslehre.

Mit Dienstbeginn werden die Polizeianwärter:innen zu Beamt:innen auf Widerruf ernannt und bekommen eine Uniform. Außerdem werden sie bereits vom ersten Tag der Ausbildung an bezahlt. Das Gehalt beträgt zwischen etwa 1.000 und gut 1.500 Euro brutto, je nach Laufbahn, Bundesland und Ausbildungsjahr. Als Beamt:innen auf Widerruf genießen die Anwärter:innen bereits viele Vorteile des Beamt:innenstatus und unterliegen auch den damit verbundenen Pflichten. Ihre Position ist nur noch nicht dauerhaft sicher, da sie noch vergleichsweise leicht entlassen werden können. Nach vollendeter Ausbildung folgt eine Probezeit; erst danach werden die jungen Polizist:innen auf Lebenszeit verbeamtet. Bis zu diesem Zeitpunkt heißt es für die Behörde genau hinzuschauen: Eine Entlassung wegen Fehlverhaltens ist danach nur noch unter sehr engen Voraussetzungen möglich (siehe Kapitel 3.4).

Zugleich erinnert das Studium merklich an die früher übliche und auch heute noch für den mittleren Dienst in vielen Ländern vorgesehene Ausbildung. Damit unterscheidet es sich deutlich von anderen Studiengängen, denn es ist weniger wissenschaftlich ausgerichtet, vielmehr wird Praxis großgeschrieben, und die Anwärter:innen werden in Klassenverbänden unterrichtet. Vor allem an den Akademien, wo es keine anderen Studiengänge gibt und die Polizist:innen unter sich bleiben, fehlt es an interdisziplinärem Austausch und einer Öffnung nach außen. Neben Sport spielen vor allem praktische Kurse eine große Rolle, in denen typische polizeiliche Tätigkeiten gelernt werden. Hier wird geübt, wie polizeiliche Einsatzsituationen bewältigt werden können und sollen. Dabei geht es nicht vordergründig um Extremsituationen wie etwa Amoklagen, sondern um den polizeilichen Alltag: Wie stellt man sich hin, wenn man mit jemandem redet? Wie hält man ein Auto an? Wie nimmt man einen Unfall auf oder sichert Spuren? Wie wird eine Personenkontrolle oder eine Durchsuchung durchgeführt? Auch der Einsatz von Gewalt, zum Beispiel in Form von Schlägen und des Schießtrainings, gehören hierher. Die Anwärter:innen sollen lernen, wie sie in verschiedenen Situationen Gewalt einsetzen können, um polizeiliche Maßnahmen effektiv durchzusetzen. Damit unmittelbarer Zwang korrekt angewendet und Gewalt richtig dosiert wird, muss ausgiebig trainiert werden.

Das Studium an der Hochschule ist immer wieder unterbrochen durch Praktika, in denen die Anwärter:innen verschiedene Bereiche der Polizei und die dort üblichen Tätigkeiten kennenlernen sollen. So verbringen sie in der Regel mehrere Monate auf Polizeiwachen und bei der Bereitschaftspolizei. Aber auch die Kriminalpolizei will besucht und das Funken mit seinen spezifischen Regeln, Abkürzungen und Codes in entsprechenden Lehrgängen erlernt sein.

Die sogenannten nichttraditionellen Fächer – die manchmal immer noch neue Fächer genannt werden, obwohl sie schon seit Jahrzehnten zur Polizeiausbildung gehören – haben es daneben oft nicht leicht. Themen wie Ethik, soziale Kompetenz und Resilienz der Demokratie, wo zum Beispiel Werte vermittelt und Dilemmata des Polizeiberufs thematisiert werden, werden verbreitet für weniger wichtig gehalten, da sie als nicht unmittelbar praxisrelevant gelten. Und die Lehrpläne werden vor allem von Polizeipraktiker:innen gemacht. Zudem sind diese Fächer aufwendig, da sie kleine Lerngruppen erfordern und der Lehrkräftebedarf entsprechend hoch ist.[17]

Am Ende des Studiums schreiben und verteidigen die Anwärter:innen ihre Abschlussarbeit. Wenn alles gutgeht, werden sie danach in den Polizeidienst ihres Landes übernommen und einer Dienststelle zugewiesen, wo die Praxis auf sie wartet.

In der ersten Zeit im neuen Beruf erleben die frischgebackenen Polizist:innen in der Regel einen Praxisschock: Eigene Erfahrungen, das Lernen in der Praxis und der Einfluss durch die neuen Kolleg:innen lassen das in der Ausbildung erworbene Wissen, aber auch idealistische Vorstellungen, hehre Motive für die Berufswahl und Reflexionsbereitschaft in den Hintergrund treten. Viele Anwärter:innen erleben dieses Aufeinandertreffen von Theorie und Praxis schon in den Praktika und kommen danach verändert zurück an die Hochschulen.

»Vergiss mal, was du an der Hochschule gelernt hast, wir zeigen dir jetzt, wie das hier läuft.« Diesen oder ähnliche Sätze hören viele neue Polizist:innen in ihrer Anfangszeit. Oft kommen sie aus dem Mund der »Bärenführer«, wie erfahrenere Kolleg:innen bezeichnet werden, die die Anfänger:innen in den ersten Wochen und Monaten auf der Straße an die Hand nehmen sollen. Wenn man so will, ein weiterer, eher informeller Teil der Ausbildung, in dem Erfahrungen geteilt und Wissen, Einstellungen und Praxiskenntnisse weitergegeben werden – wichtige und wertvolle ebenso wie problematische. Während in der Ausbildung die Polizeikultur im Vordergrund steht, wird hier vor allem die *Cop Culture* der Basis vermittelt (siehe Kapitel 2.4). Dabei lernen Polizist:innen von Polizist:innen, die von Polizist:innen gelernt haben.[18]

2.2 WER IST DIE POLIZEI?

Manche Polizist:innen träumen seit ihrer Kindheit von diesem Beruf. Einige möchten sich für die Gesellschaft einsetzen und etwas Gutes und Sinnvolles tun, anderen sind Recht und Ordnung wichtig. Wieder andere schätzen die soziale Absicherung, die der Beruf mit sich bringt, die Abwechslung im Berufsalltag und die Arbeit mit Menschen oder auch einfach nur die Möglichkeit, einen Beruf auszuüben, bei dem man viel Sport treiben kann.[19] Schon an den Gründen für die Berufswahl lässt sich ablesen, dass das Personal der Polizei verschiedene Gesichter hat.

Auch soziodemografisch zeigt die Polizei – trotz anhaltender Einheitlichkeit – eine wachsende Bandbreite. Politik und Polizeiführung bemühen in diesem Kontext gern das Bild vom Spiegel der Gesellschaft, das auch die Verbundenheit zwischen Polizei und Gesellschaft darstellen soll. Aber sind die Beschäftigten der Polizei tatsächlich ein repräsentativer Ausschnitt der Gesellschaft, der im Hinblick auf Schicht, Bildung, Migrationshintergrund, Geschlecht und politische Orientierung der deutschen Gesellschaft entspricht?

Bildungsgrad und Schicht, Alter und Geschlecht

Noch bis in die 1970er-Jahre rekrutierte sich die Polizei vor allem aus der Arbeitendenschicht. Die Polizisten verfügten überwiegend über Volks- oder Hauptschulabschluss, zunehmend auch die mittlere Reife, hatten aber nur selten das Abitur. Etwa ab dieser Zeit machen sich Bemühungen bemerkbar, Qualifikation und Ausbildungsniveau zu verbessern und die Einstellungsvoraussetzungen anzuheben. Seitdem hat sich die Zusammensetzung der Polizei grundlegend gewandelt: Heute haben die meisten Polizist:innen das Abitur beziehungsweise Fachabitur gemacht oder die mittlere Reife erreicht, während Hauptschulabschlüsse nur noch selten vorkommen.[20]

Die Polizei speist sich inzwischen ganz überwiegend aus der Mittelschicht und ermöglicht ihren Beschäftigten auch ein mittelständisches Dasein. 2017 etwa betrug der durchschnittliche monatliche Bruttoverdienst im Aufgabenbereich Polizei 3.530 Euro.[21] Polizeibeamt:innen im mittleren und gehobenen Dienst bekommen je nach Bundesland ein Grundgehalt zwischen rund 2.500 und fast 6.000 Euro, dessen individuelle Höhe von Besoldungsgruppe und Erfahrungsstufe abhängt und zu dem noch Zuschläge und Zulagen hinzukommen. Als Beamt:innen kommen sie zudem in den Genuss der Vorteile des Beamt:innenstatus: Beihilfe oder Heilfürsorge, die als staatliche Leistung an die Stelle der selbst zu zahlenden Krankenversicherung treten, Pension statt Rente und Befreiung von weiteren Sozialversicherungsabgaben.

Die Beschäftigten der Polizei decken alle Altersgruppen der arbeitenden Bevölkerung ab: Ein Drittel des Personals ist heute unter 35 Jahre, knapp die Hälfte über 45 Jahre alt. Vor 20 Jahren war das noch anders. Damals bildeten die zwischen 35- und 45-Jährigen mit 35 Prozent die größte Altersgruppe, während nur ein Drittel der Beschäftigten über 45 Jahre alt war.[22] Die Polizei steckt also in einem Alterungsprozess, genau wie die Gesamtgesellschaft, was die Organisation vor Probleme stellt: Der durch viele Pensionierungen entstehende Nachwuchsbedarf muss gedeckt werden, und eine überalterte Polizei könnte die hohen Anforderungen, die auch körperlich an sie gestellt werden, möglicherweise nicht mehr erfüllen.

Wenig überraschend ist die Polizei auch heute noch eine überwiegend männliche Organisation. Zwar gibt es bereits seit den 1920er-Jahren Frauen in der deutschen Polizei, lange Zeit waren sie aber ausschließlich in der Kriminalpolizei eingesetzt – unter anderem als separate »Weibliche Kriminalpolizei«. In der Schutzpolizei der Bundesrepublik wurden Polizistinnen erst zwischen 1978 und 1990 nach und nach in allen Bundesländern zugelassen, wobei manche Bundesländer den Anteil der weiblichen Auszubildenden bis Ende der 1980er auf höchstens 15 oder 30 Prozent begrenzten.[23]

Zwischen 2000 und 2019 ist der Frauenanteil von 20,0 auf 29,3 Prozent gestiegen.[24] Trotz des stetigen Wachstums der letzten Jahrzehnte liegt er damit aber auch ohne Deckelung weiter unter 30 Prozent und ist nicht gleich verteilt. So schwankt der Frauenanteil zwischen den Bundesländern von beispielsweise 35 Prozent in Niedersachsen und Hamburg über 28 Prozent in Bayern und Berlin bis 26 Prozent im Saarland. Aber auch in den verschiedenen Bereichen der Polizei variiert das Geschlechterverhältnis. So gibt es in den Spezialeinheiten nur sehr selten Frauen, und auch in Führungspositionen sind sie seltener zu finden. Und Frauen sind sehr viel häufiger als Männer nicht verbeamtet, also in besonderem Maß unter den sonstigen Beschäftigten zu finden.[25]

Polizist:innen mit Zuwanderungsgeschichte

Die Polizei ist eine mehrheitlich weiße und deutsche Organisation. Bis in die 1990er konnte zur Polizei nur gehen, wer einen deutschen Pass hatte. Inzwischen sind auch Menschen mit ausländischer Staatsbürger:innenschaft (insbesondere aus der EU) zugelassen, ihre Anzahl hält sich aber in Grenzen. Eine wachsende Rolle spielen hingegen Deutsche mit Migrationshintergrund beziehungsweise mit Zuwanderungsgeschichte, wie Daten aus Bewerbungsprozessen zeigen. Aktuellen Erhebungen auf freiwilliger Basis in neun Bundesländern zufolge lag der Anteil der Polizeianwärter:innen mit Migrationshintergrund 2020 je nach Bundesland zwischen etwa 32 Prozent in Berlin und sieben Prozent in Sachsen-Anhalt. Die meisten der teilnehmenden Länder bewegten sich bei ungefähr 15 Prozent.[26] Wo der Anteil von Menschen aus Familien mit Zuwanderungsgeschichte in der Bevölkerung höher ist, traf dies auch für die angehenden Polizist:innen zu.

Diese Zahlen bedeuten zwar einen Trend nach oben: Ende der 2000er-Jahre hatte der Anteil der Anwärter:innen mit Migrationshintergrund vielerorts noch deutlich unter 10 Prozent gelegen.[27] Der Wandel ist auch darauf zurückzuführen, dass manche Landespolizeien in den vergangenen Jahren Anwerbekampagnen durchgeführt haben, die sich gezielt an Menschen mit Migrationshintergrund richteten. Auch kommt das Stichwort der kulturellen Vielfalt mittlerweile in Personalkonzepten und Werbebroschüren vor. Gleichwohl bleibt der Anteil der Menschen mit Zuwanderungsgeschichte unter den Anwärter:innen auch den neuen Zahlen nach fast überall immer noch deutlich hinter deren Anteil an der Gesamtbevölkerung zurück.

Außerdem beziehen sich die genannten Zahlen nur auf Anwärter:innen. Sie erlauben also keine direkten Aussagen dazu, wie es um die Diversität der Polizei insgesamt bestellt ist. Klar ist aber, dass Menschen mit Migrationshintergrund in der Polizei nach wie vor deutlich unterrepräsentiert sind. Es wird einige Zeit dauern, bis steigende Anteile unter den gegenwärtigen Jahrgängen in der Gesamtdemografie der Organisation sichtbar werden. Das zeigen auch die Zahlen aus der Bundespolizei und der Landespolizei Niedersachsen, die Daten zum Migrationshintergrund ihrer Beschäftigten erheben. Der Anteil der Beschäftigten mit Migrationshintergrund bei der Bundespolizei liegt demzufolge bei 3,4 Prozent, bei den Polizeibeamt:innen in Niedersachsen sind es 4,8 Prozent.[28] Die Polizei ist also eine unterdurchschnittlich diverse Organisation, die mit Blick auf Zuwanderung nicht die derzeitigen demografischen Verhältnisse der Gesamtgesellschaft widerspiegelt.

Werte und politische Einstellungen

Die Polizei gilt als wertkonservatives, bürgerliches Milieu, das der Polizeiforschung zufolge autoritätsbewusst ist und Wert auf Recht und Ordnung legt.[29] Auch wenn nicht alle Polizist:innen dieselben Einstellungen teilen, schlagen sich diese Werte in gewissen parteipolitischen Präferenzen nieder. In der alten Bundesrepublik galten Union und konservative SPD als bei der Polizei dominierend, vielerorts galt man als SPDler in der Organisation schon als links. Diese Fraktionen spiegeln sich auch in der Landschaft der Polizeigewerkschaften wider. Der eher SPD-nahen Gewerkschaft der Polizei (GdP) steht die kleinere Deutsche Polizeigewerkschaft (DPolG) gegenüber, die der CDU verbunden ist und in den vergangenen Jahren stärker mit rechtskonservativen Wortmeldungen auffiel. Auch in anderen Ländern wie etwa Österreich zeigt sich, dass Angehörige der Polizei weiter rechts eingestellt sind beziehungsweise wählen als der gesellschaftliche Durchschnitt.

Parallel zur Gesamtgesellschaft fächern sich die parteipolitischen Vorlieben in der deutschen Polizei in den vergangenen Jahren ein Stück weit auf. Stärker als früher findet man dort heute auch Anhänger:innen der Grünen, wie die Berufsvereinigung PolizeiGrün e. V. dokumentiert; linke Polizist:innen bleiben hingegen eine Seltenheit. Nicht zuletzt durch das Aufkommen der AfD gibt es in der Polizei außerdem eine Öffnung nach rechts, auf die wir noch genauer zu sprechen kommen werden (siehe Kapitel 3.3).

Mangels neuerer Forschung ist der Kenntnisstand zu Einstellungen von Polizist:innen ziemlich lückenhaft – ein Versäumnis, das in den jüngsten Debatten um rechtsextreme Umtriebe in den Sicherheitsbehörden deutlich zutage getreten ist und zur Forderung nach diesbezüglichen Studien geführt hat. Diese Diskussion ist nicht neu. Bereits in den 1990er-Jahren häuften sich Skandale um Gewalt, Rassismus und Rechtsextremismus bei der Polizei, die eine erste Welle von Forschung zu solchen Einstellungen nach sich zogen. Diese war einerseits getragen von der gesellschaftlichen Debatte, die wissen wollte, wie groß das Problem innerhalb der Polizei wirklich ist. Andererseits war sie gehemmt von Politik und Polizei, die den Finger nicht allzu tief in die Wunde gelegt sehen wollten, woran sich bis heute nur wenig geändert hat.

Aus dem vorliegenden Forschungsstand lassen sich zwei Haupterkenntnisse zu Einstellungen von Polizist:innen ziehen: Erstens gibt es einen gewissen Anteil an Beamt:innen mit rechtsextremen Einstellungen, auch wenn das nicht für den überwiegenden Teil der Polizist:innen gilt. Zweitens sind vor allem rassistische Anschauungen, die unterhalb dieser Schwelle bleiben und auch in der Bevölkerung insgesamt nicht selten zu finden sind, in der Polizei durchaus verbreitet. Dies wird durch einzelne neuere Studien bestätigt.[30]

Im Jahr 2019 ließ etwa das Hessische Innenministerium eine Umfrage bei seiner Landespolizei durchführen. Als zentrales Ergebnis der Studie wurde präsentiert, dass sich die große Mehrheit der Beamt:innen politisch in der Mitte verorte und nicht etwa am rechten Rand, sich also selbst nicht als rechtsradikal bezeichnen würde. Gleichzeitig förderten die Antworten der Befragten zu konkreten Themen bedenkliche Ergebnisse zutage. So stimmten circa 28 Prozent der Aussage zu, wenn man nicht aufpasse, werde Deutschland ein islamisches Land. Dass Deutschland durch Einwandernde bunter und vielfältiger werde, wurde von rund einem Drittel abgelehnt. Und rassistische Äußerungen von Kolleg:innen hatte schon etwa jede:r Fünfte gehört.[31]

Das zeigt, dass bestimmte problematische Einstellungen in der Polizei durchaus verbreitet sind und dringend einer eingehenden Untersuchung bedürfen.

(K)ein Spiegel der Gesellschaft

Ist die Polizei also der viel beschworene »Spiegel der Gesellschaft«, in dem sich die Bevölkerung in ihren Schichten und Differenzierungen abbildet, eine Miniaturvariante der Welt da draußen? Nein. Die Polizei ist männlicher, weißer, deutscher, konservativer als der Durchschnitt. Die Phrase vom Gesellschaftsspiegel – oft vorgebracht als Rechtfertigung für Rassist:innen, Waffenbesessene, Prepper:innen oder andere Probleme in den Reihen der Polizei nach der Devise »solche gibt es eben überall« – lässt die Besonderheiten in der personellen Zusammensetzung dieser Behörden außer Acht. Es ist weder Zufall, noch bleibt es folgenlos, dass in der Polizei besonders wenige Frauen oder Menschen aus Familien mit Zuwanderungsgeschichte beschäftigt sind. Und auch als positiv besetzte Zielvorstellung taugt der Spiegelbegriff nur bedingt. Zwar muss die Polizei diverser werden, um gesellschaftliche Vielfalt abzubilden. Sie wird personell betrachtet aber stets bestimmte Teile der Gesellschaft stärker anziehen und also kein demografisches Abbild der Gesellschaft darstellen.

Trotzdem ist die Polizei an die Gesamtgesellschaft und ihre Entwicklung gekoppelt. Die jeweiligen sozialen und politischen Verhältnisse sowie gesellschaftliche Probleme finden sich zwar nicht eins zu eins in ihr wieder. Manche wirken sich dort schwächer aus, andere sind gerade in der Polizei in besonderer Weise vorhanden. Gleichwohl prägen die gesellschaftlichen Verhältnisse auch die Polizei: Rassistische und islamophobe Ansichten finden sich unter Angehörigen der Polizei ebenso wie in der Allgemeinbevölkerung; die Bildungsexpansion gilt auch für die Polizei, die sich zu einer Mittelschichtsorganisation gewandelt hat; Diversität und Frauenanteil steigen langsam, aber kontinuierlich. Die neuen Generationen von Polizist:innen modernisieren die Organisation. Sie haben mitunter einen anderen Blick auf Gesellschaft und auf ihre Arbeit, bringen kulturelle Veränderung ein und damit auch mehr Vielfalt als bisher.[32] Das macht deutlich: Trotz aller Homogenität der Beschäftigten, die auch durch die Uniform nach außen getragen wird, arbeiten dort doch ganz verschiedene Menschen.

Der Berliner Hauptkommissar Oliver von Dobrowolski, der einen (selbst-)kritischen Blick auf die Polizei und ihre Probleme wirft, sich dazu immer wieder öffentlich äußert und die Organisation BetterPolice gegründet hat, ist genauso Polizist wie es der rechtskonservative Vorsitzende der DPolG Rainer Wendt war, der regelmäßig mit Äußerungen zu *Racial Profiling,* Migrationspolitik oder polizeilicher Gewalt polarisiert und dafür Applaus von Rechtsaußen erhält.[33] Es gibt sozial engagierte Polizist:innen mit viel Empathie genauso wie solche, die sich vor allem für sich selbst interessieren und wenig Verständnis für andere Lebensweisen haben. Manche sind rechtsextrem, nicht wenige von rassistischen Vorurteilen und Stereotypen beeinflusst, andere agieren sehr reflektiert und setzen ihre Machtposition behutsam und zurückhaltend ein. Viele brennen für ihren Beruf und arbeiten hoch professionell, andere machen Dienst nach Vorschrift. Manche haben Verständnis und einen Blick für soziale Probleme und vulnerable Gruppen, vielleicht haben sie selbst solche Erfahrungen gemacht, für andere sind gerade diese Menschen das Problem, das die Ordnung stört. Es gibt offene Polizist:innen mit Blick für das Gegenüber ebenso wie selbstbezogene, unangenehme bis hin zu autoritären und toxischen Typen, die ebenso risikoaffin wie von sich selbst überzeugt sind.

Schaut man auf die einzelnen Menschen, ist die Polizei also weder per se gut noch nur schlecht, sondern eine Mischung unterschiedlicher Charaktere, die wie alle Menschen nicht frei von Fehlern sind. Und auch Polizist:innen halten sich nicht immer an Recht und Ordnung. Dienstvergehen, der Missbrauch der Machtposition, aber auch ganz normale Kriminalität kommen bei Polizist:innen häufiger vor, als man sich das gemeinhin so vorstellt. Und das, obwohl man davon ausgehen kann, dass die meisten Fälle gar nicht entdeckt oder unter der Decke gehalten und nur intern geklärt werden. Bei Polizeibeamt:innen handelt es sich allerdings nicht um gewöhnliche Bürger:innen, sondern um solche mit Waffen und Gewaltlizenz. Ihr Fehlverhalten fällt auf die Polizei insgesamt zurück, stellt das Vertrauen in die Organisation infrage.

2.3 INNENLEBEN UND PRAXIS

Nach einem Blick auf den Aufbau der Polizei soll es jetzt darum gehen, wie sie in der Praxis funktioniert. Der Arbeitsalltag in der Polizei, das ist bereits deutlich geworden, unterscheidet sich stark danach, wo in der Organisation man arbeitet. Die Schutzpolizei ist praktisch immer im Team tätig: Die Dienstgruppe auf der Wache oder der Zug bei der Bereitschaftspolizei bilden ein dichtes soziales Umfeld. Die sich dort herausbildende Kultur prägt die Beamt:innen, die Teil dieser Gruppe sind. Bei der Kriminalpolizei sind hingegen viele Einzelkämpfer:innen unterwegs. Zwar arbeitet man hier ebenfalls zusammen, aber viel weniger eng als bei der Schutzpolizei.

Angesichts dieser Vielfalt bilden sich in den verschiedenen Bereichen der Polizei unterschiedliche Kulturen heraus, in denen sich Aufgabenfeld und Selbstverständnis der dort tätigen Beamt:innen widerspiegeln. Ein viel zitiertes Modell der Polizeiforschung unterscheidet zum Beispiel vier idealtypische Rollen in der Organisation: Regulatoren, Jäger, Sammler und Krieger. Unter die *Regulatoren* fallen vor allem die Beamt:innen im Einsatzdienst, die also im Schichtbetrieb Streife fahren. Sie erledigen die Alltagsarbeit der Polizei, nehmen Verdachtssituationen bei leichteren Straftaten auf, beenden Schlägereien, verfolgen Ordnungswidrigkeiten im Straßenverkehr, lösen Konflikte und helfen bei Problemen. Ihre Einsätze bekommen sie in der Regel von den Leitstellen zugewiesen, manchmal ergeben sie sich aber auch von selbst auf der Straße. Am Einsatzort sollen sie den Auftrag möglichst schnell und geräuschlos abarbeiten, um dann wieder für andere Aufgaben zur Verfügung zu stehen. Daneben gibt es bei der Schutzpolizei die sogenannten *Jäger*. Das sind diesem Modell zufolge zivile Beamt:innen, die draußen unterwegs und vor allem auf der Suche nach mutmaßlichen Straftaten sind, die es festzustellen und zu verfolgen gilt. Sie halten ständig Ausschau nach ungewöhnlichen Beobachtungen – nach Dingen, die nicht zusammenpassen.[34]

Als *Sammler* gelten die Spezialist:innen bei der Kriminalpolizei, die an der Aufklärung mittlerer und schwerer Kriminalität arbeiten, wie zum Beispiel einer Raubserie, der Verbreitung von Kinderpornografie oder Tötungsdelikten. Sie können ihre Arbeit, also ausreichend Beweismittel für eine Anklage zu sammeln, weitgehend selbst strukturieren. Dabei entwickeln sie nicht selten einen besonderen Ehrgeiz und streben nach Beförderung. Beruflicher Aufstieg in der Kriminalpolizei funktioniert wesentlich über die Sichtbarkeit einer Person, ihre bearbeiteten Fälle und das Prestige der Stelle, an der sie tätig ist. Wer Karriere machen will, ist demnach bemüht, die eigenen Fälle nicht nur aufzuklären, sondern auch als bedeutsam zu präsentieren. Als *Krieger* gelten schließlich die Polizist:innen, deren Arbeit vor allem im gewaltsamen Vorgehen besteht. Hierzu zählen Spezialeinheiten, aber auch die Hundertschaften der Bereitschaftspolizei, die für solche Arbeit speziell ausgebildet und ausgerüstet sind und ein entsprechendes Selbstverständnis entwickeln: Sie sind die Einheiten für das Grobe, bei denen der Gewalteinsatz gegen andere zur alltäglichen Arbeit gehört.[35]

Eine Top-Down-Behörde

Polizeibehörden sind hierarchische Organisationen. Darin spiegelt sich zum einen der militärische Ursprung der Polizei; zum anderen gilt die Hierarchie als notwendig für das Funktionieren der Großorganisation und die Einhaltung der zahlreichen dort geltenden Regeln. Diese Struktur bedeutet klar geregelte Zuständigkeiten und eine Gehorsamspflicht gegenüber dem Dienstherrn und den Vorgesetzten. Aufträge, die man erhält, muss man umsetzen; grundsätzlich selbst dann, wenn man sie für falsch hält. Der offizielle Informationsfluss innerhalb der Behörde hat auf dem Dienstweg zu erfolgen.[36] Polizist:innen sollen also nur mit ihren unmittelbaren Vorgesetzten und Untergebenen dienstlich kommunizieren, die die Anfragen, Anweisungen oder Informationen an die jeweils nächste Ebene weiterreichen. Diese Hierarchien prägen alle Abläufe und das Leben in der Organisation, und sie schaffen eine starke Abhängigkeit von den unmittelbaren Dienstvorgesetzten, auch wenn im Rahmen der Professionalisierung kooperative Führungsstile häufiger geworden sind. Widerspruch wird hier meist nicht gern gesehen.

Diese Abhängigkeit wird durch das Beurteilungswesen in der Polizei massiv verstärkt: Beamt:innen werden alle paar Jahre sowie bei besonderen Anlässen wie Versetzungen durch ihre Vorgesetzten dienstlich beurteilt, das heißt mit Blick auf ihre Befähigung und Leistung benotet. Dabei werden festgelegte Merkmale zum Beispiel aus den Bereichen Arbeitsweise und soziale Kompetenz bewertet und ein Vergleich mit anderen, vergleichbaren Beamt:innen angestellt. Diese Beurteilungen sind Grundlage für Beförderungen und entscheiden über weitere Karrieremöglichkeiten. Das Prozedere und die zu prüfenden Kriterien für diese Beurteilungen sind zwar genau festgelegt – von Ausdauer und Belastbarkeit über analytische Fähigkeiten und Sorgfalt bis hin zu Selbstreflexion und der Zusammenarbeit mit Vorgesetzten. Trotzdem bleibt den Vorgesetzten ein Beurteilungsspielraum, der anfällig ist für subjektive Wertungen, Sympathien oder Willkür. Wie die jeweiligen Leistungen beurteilt werden, hängt daher immer auch von Auffassung und Stil der jeweiligen Vorgesetzten und der daraus resultierenden Kultur im Mikrokosmos der Dienststelle ab.

Die Abhängigkeit von Vorgesetzten wird vor allem dann problematisch, wenn Vorgesetzte ihrer Führungsaufgabe nicht gerecht werden. Gibt es Schwierigkeiten in einer Dienstgruppe, die nicht bearbeitet werden, hat sich dort eine zweifelhafte Kultur etabliert oder zeigen Vorgesetzte selbst Fehlverhalten, ist es für Untergebene sehr schwierig, damit umzugehen. Missachten sie den Dienstweg oder wenden sie sich an Verantwortliche außerhalb der eigenen Dienststelle, wird nicht unbedingt zugunsten der meldenden Person eingegriffen, sondern es kann ihr schnell auf die Füße fallen, wenn die Meldung bekannt wird: Wer sich gegen die eigenen Kolleg:innen stellt, muss damit rechnen, ausgegrenzt zu werden. Auf diese Weise entsteht ein starker Konformitätsdruck, der häufig dazu führt, dass Betroffene sich eher mit der Situation arrangieren oder eine Versetzung anstreben, als die Probleme in der Dienststelle offen anzugehen.

Praxis zwischen Recht, Erfahrung und Routine

Mit dem hierarchischen Aufbau eng verbunden ist eine weitere Eigenheit der Arbeit in einer Polizeibehörde: Es gibt für fast alles Regeln und damit eine starke bürokratische Kultur. Da ist zunächst das Recht. Das Recht ist einerseits auf die Polizei angewiesen, weil sie es ist, die es im Zweifelsfall durchsetzt. Andererseits strukturieren und begrenzen die Gesetze aber auch das Handeln der Polizei. Sie legen fest, was die Polizei unter welchen Voraussetzungen tun darf. Damit legitimieren sie polizeiliches Handeln nicht nur, sondern beschränken es auch. So erlauben die Polizeigesetze beispielsweise, dass Polizist:innen in bestimmten Situationen Personen anhalten und durchsuchen können. Die Regelungen legen aber zugleich fest, dass dies eben nur unter bestimmten, dort genannten Voraussetzungen gilt. Die Polizei darf daher nicht jede beliebige Person durchsuchen, und auch bloße Vermutungen, dass etwas nicht stimmt, genügen grundsätzlich nicht. Die Befugnis gilt erst, wenn die Beamt:innen zum Beispiel konkrete Anhaltspunkte dafür haben, dass eine Person Sachen bei sich führt, die verboten sind oder für eine Straftat verwendet werden sollen – etwa, weil sie vor einem frisch gesprühten Graffiti erwischt oder beim Kauf von Drogen beobachtet wurde.

Neben dem Recht existieren innerhalb der Polizei zahllose weitere Normen, die die Praxis der Organisation strukturieren sollen. Ein dichtes Regelwerk aus Leitfäden, Dienstvorschriften und Erlassen deckt nahezu jeden Bereich ab vom Auswahlverfahren und der Versorgung im Dienst über den Polizeisport, den Gebrauch von Funkgeräten und das Instandsetzen von Waffen bis hin zum Einsatz von Wasserwerfern, dem Verhalten bei Geiselnahmen und dem Umgang mit radioaktiven Stoffen. So sah die Polizeidienstvorschrift (PDV) 300, die die Polizeidiensttauglichkeit von Bewerber:innen regelt, bis vor Kurzem unter anderem vor, dass der Verlust beider Hoden oder ein nicht intaktes andrologisches beziehungsweise gynäkologisches Hormonsystem die Tauglichkeit ausschließe. Diese Formulierung machte eine Aufnahme für inter- und transsexuelle Menschen nahezu unmöglich und wurde mittlerweile gestrichen.[37] Genau geregelt ist auch, wie Informationen innerhalb der behördlichen Hierarchie fließen, wer also wem zu berichten hat. Auch Zielvereinbarungen sind heutzutage in der Polizei ein verbreitetes Instrument, also konkrete Vorgaben, etwa wie viele Ordnungswidrigkeitenverfahren in bestimmten Bereichen einzuleiten sind.

Regeln spielen in der Polizei mithin eine zentrale Rolle. Sie geben den Beamt:innen Handlungssicherheit und Orientierung in einem beruflichen Alltag, in dem sie sehr unterschiedliche und sozial komplexe Situationen mit vertretbarem Aufwand verstehen und bewältigen müssen. Und doch werden die Regeln in der Praxis durchaus flexibel und pragmatisch und eben in spezifischer Weise umgesetzt.

In der polizeilichen Praxis ist Erfahrung nämlich bedeutsamer als viele Regeln. Sie gilt im »Erfahrungsberuf« Polizei als Nonplusultra. Diese Vorstellung hat einen wahren Kern. Polizist:in zu sein ist eine praktische Tätigkeit, die man nur teils am Schreibtisch lernen kann, die man vor allem in der Praxis selbst erleben und erproben muss. Problematisch wird es, wenn diese Erfahrung überhöht und nicht ausreichend reflektiert wird. Polizeiliche Praxis wird dann von Wissen und Einstellungen bestimmt, die über Generationen in der Organisation weitergegeben werden, und ist für Weiterentwicklungen, Aus- und Fortbildung sowie für normative Vorgaben schwer zu erreichen. Sie verselbstständigt sich.

Deshalb konkurrieren Recht und Regeln, die eigentlich die Grundlage des polizeilichen Handelns darstellen und auf die sich die Organisation gern offiziell bezieht, in der polizeilichen Arbeit stets mit Handlungswissen, eingeübter Praxis und Intuition. Die Beamt:innen wissen aus Erfahrung und Überlieferung, wie man in bestimmten Situationen am besten vorgeht.[38] Dies gilt schon für Dienstvorschriften und bürokratische Abläufe: Polizist:innen wissen etwa, welche Folgen es hat, wenn man bestimmte Dinge in einen Bericht schreibt. Sie überlegen daher, was man in welcher Weise offiziell macht und was nicht. Wenn die Beamt:innen der Kriminalpolizei einen richterlichen Durchsuchungsbeschluss anregen, ist ihnen klar, was sie in das Formular schreiben müssen, damit ein solcher Antrag auch Erfolg hat, und was sie vielleicht lieber nicht betonen – wie zum Beispiel den Umstand, dass die Belastungszeugin den Beschuldigten auf dem vorgelegten Lichtbild zuerst nicht erkannt hat oder die Verdächtige bei ihrem Geständnis nicht ganz nüchtern war.

Es betrifft aber auch das Recht. Der Kriminalkommissar zum Beispiel will in einer strafrechtlichen Ermittlung erfolgreich sein, also Tatverdächtige feststellen und ausreichend Beweismittel sammeln. Dafür schaut er eher nicht in die Strafprozessordnung, sondern er weiß aus Erfahrung, welche Schritte wie vorgenommen werden. Unter Umständen fragt er auch eine Kollegin, wie sie vorgehen würde. Auf diese Weise können sich auch Vorgehensweisen, die nicht den rechtlichen Vorgaben entsprechen, in die polizeiliche Routine einschreiben (»Das machen wir aber immer so«). So werden Beschuldigte, die nicht zur Sache aussagen wollen, regelmäßig noch freundlich gefragt, welche der beschlagnahmten Gegenstände ihnen gehören, worauf sie bereitwillig antworten, weil ihnen – und unter Umständen auch den beteiligten Polizist:innen – nicht klar ist, dass auch diese möglicherweise belastende Information vom Schweigerecht umfasst ist. Das Recht ist also in der Realität keine eiserne Vorgabe, sondern bildet eher eine Richtschnur, anhand derer sich eine polizeiliche Praxis entwickelt und sich dann mehr oder weniger stark verselbstständigt.

Das Recht kann aber auch als Mittel dienen, das man nutzen und mit dem man selbstbewusst umgehen kann. Man kann es heranziehen, um Maßnahmen zu begründen und zu legitimieren, wenn man sie für notwendig hält. Man kann aber auch über rechtliche Vorgaben hinwegsehen oder die Entscheidungsspielräume, die das Recht einräumt, ausreizen. Das Recht bietet also eine gewisse Flexibilität (siehe Kapitel 1.3 und 1.4). Wie es genutzt wird, hängt davon ab, was die handelnden Beamt:innen in der jeweiligen Situation für richtig oder angemessen halten und was ihren Gerechtigkeitsvorstellungen entspricht.[39]

Wird die Polizei zum Beispiel gerufen, weil sich eine Gruppe von mutmaßlichen Drogenkonsument:innen in einem U-Bahnhof aufhält, sind die Beamt:innen oft vor allem bestrebt, »Ruhe und Ordnung« wiederherzustellen. Es gilt, dafür zu sorgen, dass sich die Drogenkonsument:innen zerstreuen, damit nach außen (wieder) alles in Ordnung ist. Ob unter Umständen ein Straftatverdacht vorliegt, der verfolgt werden müsste, fragen sich die Beamt:innen dann gegebenenfalls erst an zweiter Stelle. Die Drogenkonsument:innen werden vielleicht Betäubungsmittel bei sich haben, was strafbar ist. Ob die Beamt:innen dem aber tatsächlich nachgehen oder die Sache auf sich beruhen lassen, ist eine andere Frage. Das hängt davon ab, was sie sonst gerade alles zu tun haben und wie sie die beteiligten Personen, das Geschehen und ihre Möglichkeiten einschätzen. Wollen sich einzelne Beteiligte nicht entfernen, helfen unter Umständen weitere Maßnahmen, das eigentliche Ziel – Ruhe und Ordnung herzustellen – durchzusetzen. So könnten die Beamt:innen mit Personalienfeststellung oder Durchsuchungen reagieren, um ihrem Ansinnen Nachdruck zu verleihen.[40]

Für welches Vorgehen sich Polizei und Staatsanwaltschaften entscheiden, hängt nicht zuletzt vom Kontext des Sachverhalts ab. Im September 2021 wurde unter dem Hashtag #Pimmelgate eine Hausdurchsuchung in Hamburg Gegenstand der öffentlichen Debatte. Ein Nutzer auf Twitter hatte auf einen Tweet des Hamburger Innensenators Andy Grote mit dem Satz geantwortet: »Du bist so 1 Pimmel.« Grote stellte Strafantrag wegen Beleidigung; die Strafverfolgungsbehörden erwirkten einen gerichtlichen Durchsuchungsbeschluss für die Meldeadresse des Account-Inhabers. Am 8. September um 6 Uhr morgens klingelten sechs Beamt:innen an der Adresse und durchsuchten die Wohnung.[41] Das zielstrebige Vorgehen der Hamburger Polizei kommt all denjenigen wie blanker Hohn vor, die in sozialen Medien regelmäßig weitaus heftigeren Beleidigungen, Erniedrigungen sowie Bedrohungen ausgesetzt sind, aber nicht das Amt des Innensenators bekleiden. Vor allem Frauen und insbesondere politisch aktive Frauen beklagen seit Jahren die Wellen digitalen Hasses, die ihnen entgegenschlagen, bei denen Strafanzeigen aber in der Regel folgenlos bleiben.[42]

Die berufliche Alltagspraxis der Polizei bestimmt sich also wesentlich dadurch, was die handelnden Polizist:innen für praktikabel, gerecht und angemessen halten. Die rechtlichen Anforderungen sind dabei eher die Bühne, auf der eine Verdachtsschöpfung begründet wird. Die eigentliche Unterscheidung in problematisch und unproblematisch findet vorab und im Hintergrund anhand von Intuition und in der Polizei tradierter sozialer Praxis statt nach dem Motto: »Meine Schweine erkenne ich am Gang.«[43] Mitunter setzen sich die Beamt:innen sogar bewusst und gezielt über das Recht hinweg. Sie schlagen Menschen, obwohl die rechtlichen Voraussetzungen dafür fehlen, der Betroffene es aber aus ihrer Sicht verdient hat; sie setzen Ermittlungsmaßnahmen ein, die nicht eingesetzt werden dürften, um Tatverdächtige zu überführen; sie sagen falsch aus, um die Verurteilung einer Angeklagten zu erreichen, die sie für schuldig halten.[44]

Polizeiberuf als Belastung

Die Arbeit bei der Polizei ist mitunter psychisch stark belastend, zum Beispiel bei Einsätzen mit Toten und Schwerverletzten oder solchen, bei denen Kinder betroffen sind, und bei Gewalterfahrungen. Je nachdem, wo und wie sie tätig sind, werden Polizist:innen mit vielen Problemen und mit emotionalen und psychischen Ausnahmesituationen konfrontiert, wie schweren Verkehrsunfällen, Suiziden und Angriffen.

»Wenn sie von der Nachtschicht kommen, haben ihre Augen dunkle Ränder. / Sie rauchen ›Milde Sorte‹, weil das Leben ist doch hart genug.«

So spießte die Neue-Deutsche-Welle-Band Extrabreit in ihrem Hit »Polizisten« 1981 dieses Klischee auf. Darüber hinaus werden die Beamt:innen regelmäßig zu Gewaltarbeiter:innen, die selbst Gewalt anwenden sollen, was für viele menschlich fordernd ist und der Polizei viele Gelegenheiten bietet, sich von ihrer schlechtesten Seite zu zeigen.

Gleichzeitig ist der Job oft weniger spannend, als das mediale Bild uns glauben macht: stundenlanges Warten, bis ein Einsatz beginnt; die Begleitung kleiner Versammlungen, die ohne nennenswerte Vorkommnisse ablaufen; die ereignislose Nachtschicht auf der Wache. Auch das ist Alltag für die Beamt:innen. Nicht zuletzt ist Polizeiarbeit Verwaltungsarbeit. Es fällt immer eine Menge Papierkram an, der nebenbei oder im Anschluss an einen Einsatz zu erledigen ist.

Polizist:in zu sein kann aber auch deshalb besonders anstrengend und frustrierend sein, weil die Arbeit nie erledigt ist – es gibt immer neue unerwartete Ereignisse und potenzielle Gefahrensituationen – oder weil man das Gefühl hat, nichts bewirken zu können. Hinzu kommen noch die Rahmenbedingungen, die für einen erheblichen Teil der Beschäftigten herausfordernd sind: In Befragungen werden insbesondere das Arbeitspensum, der Schichtdienst und das Arbeiten am Wochenende als belastende Faktoren benannt.[45] Burnout und Alkoholismus sind in der Folge verbreitete Probleme; es wird geschätzt, dass es in der Polizei eine deutlich höhere Suizidrate gibt als in der Gesellschaft insgesamt.[46] Das entspricht auch den Erkenntnissen der internationalen Polizeiforschung – die Wahrscheinlichkeit für Polizist:innen, durch Suizid zu sterben, ist demnach größer als die Wahrscheinlichkeit, im Einsatz das Leben zu verlieren.[47]

Wie die Beamt:innen diese Belastungen wahrnehmen und damit umgehen, ist naturgemäß sehr unterschiedlich. Was für die eine den Reiz des Jobs ausmacht, treibt den anderen an seine Grenzen. Die einen sind im positiven Sinne herausgefordert, andere desillusioniert, fühlen sich hängen gelassen und machen nur noch Dienst nach Vorschrift. Für manche Beamt:innen sind ungelöste Konflikte oder wahrgenommenes Unrecht so unbefriedigend, dass sie im Eifer des Gefechts auch mal die Grenzen des Rechts überschreiten. Andere denken gar, es sei Aufgabe der Polizei, Kriminalität auf null zu reduzieren und für eine Gesellschaft ohne Probleme zu sorgen. Das offenbart nicht nur eine naive Vorstellung von sozialem Zusammenleben und ein massives Defizit in der polizeilichen Ausbildung. Es kann auch in ein sehr negatives Gesellschaftsbild umschlagen: Dann entwickeln sich Erzählungen von einer allgemeinen Verrohung, und es kann der Eindruck entstehen, dass »alles immer schlimmer« werde. Dabei belegen die polizeilichen Statistiken das Gegenteil.

Gesellschaft wird in dieser Perspektive als bedrohlich wahrgenommen, die Polizei als letztes Bollwerk und praktisch einzige Instanz, dem entgegenzutreten. Bei der Ansprache an eine Besucher:innengruppe im LKA etwa berichtete ein Beamter einem der Autoren, er rechne bei Verhören jederzeit damit, dass auch harmlos wirkende Beschuldigte versuchen könnten, ihn mit einem auf dem Tisch liegenden Bleistift zu töten. Und der ehemalige FBI-Agent Joe Navarro landete vor einigen Jahren mit seinem Buch *Die Psychopathen unter uns* einen Bestseller, in dem er Tipps versprach, wie man sich gegen die allgegenwärtigen »Raubtiere in Menschenform« verteidigen könne.[48] Die Befürchtung, dass überall in der Welt Gefahren lauern, muss zu durchgängiger Anspannung und permanentem Stress führen.

Supervision und Coaching, um mit Belastungen umzugehen und das eigene Verhalten im Dienst zu hinterfragen, gab es lange Zeit gar nicht und Selbstreflexion nur sporadisch im Rahmen privater Gespräche. Manche Polizist:innen befürchten auch, sich therapeutische Hilfe zu holen könnte ihnen als Schwäche ausgelegt werden.[49] Erst langsam setzt sich in der Polizei die Einsicht durch, dass gerade Polizist:innen, die nach außen hin immer alles unter Kontrolle haben und stets wissen sollen, was zu tun ist, Räume brauchen, in denen sie Zweifel, Niederlagen und Probleme thematisieren können. Es muss dafür ein Umdenken stattfinden, indem zugestanden wird, dass Reflexion und Hinterfragen keine Schwäche sind, sondern vielmehr die notwendigen Voraussetzungen, um auch am nächsten Tag professionell seinen Dienst verrichten zu können.

Im September 2021 kündigte das Innenministerium in Nordrhein-Westfalen an, Supervisionen und regelmäßige Gespräche mit Psycholog:innen für die Polizei einführen zu wollen. Solche Pläne werden auch in anderen Bundesländern erwogen und können wichtige Bausteine eines neuen Denkens über die Polizeiarbeit darstellen. Bemerkenswert ist allerdings, dass das Konzept nicht einer Analyse polizeilicher Arbeitsbelastung, sondern einem Maßnahmenkatalog gegen Rechtsextremismus in der Polizei entstammt.[50] Die Vorschläge sollen offenbar in erster Linie diesbezüglichen Einstellungen der Beamt:innen entgegenwirken, um das Funktionieren der Polizei als Organisation nach den politischen Vorgaben zu gewährleisten. Die Polizei erfährt hier selbst, was sonst ihre Tätigkeit in der Gesellschaft bedeutet: Es wird oberflächlich für Ordnung gesorgt, ohne die dahinterstehenden Probleme zu lösen.

2.4 POLIZEIKULTUR UND *COP CULTURE*

Jede Organisation hat ihre eigene Kultur, das heißt mehr oder weniger geteilte Werte und Haltungen, eine gewisse innere Verbundenheit und gemeinsame Praxen.

> »Unrechtmäßiges Einschreiten innerhalb der eigenen Kollegenschaft gab es immer wieder. Äh ja, Aufarbeitung, Ansprechen scheiterte meiner Meinung nach vielfach durch einen Betriebsgeist, Korpsgeist, weil es dann eher untunlich war, die ›Petze‹ zu sein, der Quertreiber zu sein, der Nestbeschmutzer zu sein. Das ist eben so. (...) Korpsgeist gibt es nach wie vor. Der muss nicht unbedingt nur negativ sein (...) ist auch sinnvoll im Sinne von ›Füreinander da sein‹, ›Geradestehen‹, um (...) gewisse Normen in seiner Gruppe zu entwickeln.«[51]

So beschreibt ein Polizeibeamter in einem Interview mit Wissenschaftlern seine Sicht auf diese Kultur in der Polizei.

Wir haben bereits gesehen, dass die Polizei eine ganz besondere Organisation ist: wegen ihrer Aufgaben und Befugnisse, angesichts ihrer Größe und der hierarchischen Struktur, aber auch wegen ihrer personellen Zusammensetzung. All dies prägt die spezielle Kultur in der Polizei, die in ihrer modernen Form über mehr als 100 Jahre gewachsen ist. Diese Kultur verbindet Polizist:innen in bemerkenswert intensiver Weise miteinander – und unterscheidet sie zugleich vom Rest der Gesellschaft. Polizist:innen identifizieren sich stärker mit ihrer

Organisation, als das in anderen Berufen der Fall ist. Nicht umsonst beschreiben sie ihr berufliches Umfeld häufig als zweite Familie und die Organisation insgesamt als »Polizeifamilie«.

Kulturen in der Polizei

Wie in anderen Organisationen können in der Polizei zwei Ebenen der Kultur unterschieden werden. Die *Polizeikultur* als erste Ebene umfasst das, was von Politik und Polizeiführung als offizielle Leitbilder vorgegeben wird, zum Beispiel, indem es während der Ausbildung gelehrt oder auf offiziellen Webseiten präsentiert wird. Die zweite Ebene ist die *Polizist:innenkultur* oder auch *Cop Culture*, die an der Basis gelebt wird und durchaus von der offiziellen Polizeikultur abweicht. Zwar gibt es Übereinstimmungen und Überschneidungen zwischen beiden Ebenen; die *Cop Culture* grenzt sich aber in vielen Bereichen auch von den offiziellen Leitbildern ab, teilweise positioniert sie sich sogar im Gegensatz dazu.[52] So eint Polizeikultur und *Cop Culture* etwa die Auffassung, dass die Polizei eine für die Gesellschaft äußerst wichtige Aufgabe erfüllt und Gutes tut; wie das umzusetzen ist, beurteilen die beiden kulturellen Ebenen aber durchaus unterschiedlich.

Für die offizielle Polizeikultur, die vor allem von der Führungsebene, insbesondere dem höheren Dienst, aber auch der Politik gelebt und zelebriert wird, ist ein ziemlicher Spagat erforderlich. Denn ihr zufolge entspricht die Polizei einerseits den Vorstellungen des Grundgesetzes und den Erwartungen der Gesellschaft. Das Image vom »Freund und Helfer«, also von der empathischen Bürger:innenpolizei, die sich um die Nöte und

Belange der Bevölkerung kümmert und für demokratische Werte einsteht, wird hier großgeschrieben. Andererseits wollen Politik und Führung aber ebenso die Polizei, die sich robust durchsetzen kann und auch die schmutzigen Jobs erledigt. Das bringt die dunklen Seiten der Polizei hervor, die von der Polizeikultur dann schnell ausgeblendet werden: Sie ist eben nicht nur die freundliche Bürger:innenpolizei, sondern setzt Gewalt ein, reproduziert Ungleichheit und muss gesellschaftliche Probleme bearbeiten, die sie mit ihren Mitteln oft nicht lösen, sondern nur stummstellen kann. Und das Bild der demokratischen Polizei befindet sich in einem Spannungsverhältnis mit der hierarchischen Struktur der Polizei und ihren überkommenen Aufgaben, nämlich für Ruhe und Ordnung zu sorgen.

Als Folge dieser Widersprüchlichkeiten ist die Kommunikation der Polizeikultur nach außen und nach innen von gewissen Spannungen gekennzeichnet. Die Behörde ist um eine möglichst positive Darstellung ihrer Praxis bemüht, intern wie gegenüber Politik und Öffentlichkeit. Polizeiliche Konzepte gehen also in aller Regel auf, Aufgaben werden bewältigt, Probleme externalisiert oder als Einzelfälle abgetan, alles läuft gut. So sieht die Bilanz aus Perspektive der Polizeikultur aus – die Beamt:innen an der Basis hingegen haben oft eine deutlich nüchternere oder gar pessimistische Sicht auf ihre eigene Praxis und deren Wirksamkeit, fühlen sich überfordert, mit den Schwierigkeiten des Alltags allein gelassen oder halten Vorgaben von oben für weltfremd und nicht umsetzbar. Führungskräften über die eigene Dienstgruppe hinaus, und insbesondere aus dem höheren Dienst mit seinem nicht selten als elitär wahrgenommenen Selbstverständnis, wird verbreitet mit einer erheblichen Skepsis begegnet.[53]

Ähnlich dem Verhältnis von Regeln und Praxis gibt an der

Basis weniger die Polizeikultur als die *Cop Culture* den Ton an: Sie speist sich aus Einstellungen, Wissen und Handlungsmustern, die in der Organisation geteilt und erlernt werden und dann die praktische Polizeiarbeit anleiten. In der deutschen Polizeiforschung ist das ursprünglich aus den USA stammende Konzept der *Cop Culture* untrennbar mit dem Namen Rafael Behr verbunden. Behr war selbst lange Polizist und ist seit 2008 Professor an der Akademie der Polizei Hamburg. Er beschäftigt sich seit den 1990er-Jahren mit *Cop Culture* und beschreibt ihre Funktion als Überführung der »Theorie in Alltagstauglichkeit«.[54] Demnach ist die *Cop Culture* Gegenentwurf zu den theoretischen Anforderungen und bürokratischen Vorgaben des Polizeiberufs durch Gesetze, Vorschriften und Leitfäden. Das in der Kultur tradierte Erfahrungswissen, die dort entwickelten Handlungsmuster übersetzen die Vorgaben der Organisation in die Form der Praxis. Zugleich ist die *Cop Culture* sinnstiftend, so Behr. In einer unübersichtlichen, von Widersprüchen geprägten Welt müssen Polizist:innen in ihrem beruflichen Alltag ein hohes Maß an Ungewissheiten, Widersprüchlichkeiten und Uneindeutigkeiten aushalten. Die *Cop Culture* bietet als Ausgleich dazu Zusammenhalt untereinander, verbunden mit einer »klaren normativen Orientierung«.[55]

Die *Cop Culture* sieht nicht überall in der Organisation gleich aus. Bestimmte Grundmuster finden sich aber in der gesamten Polizei. Dass die Organisation insgesamt als Polizeifamilie gesehen wird, dokumentiert eindrücklich, welch eigenständiger Mikrokosmos hier besteht. Gleichwohl ist die konkrete *Cop Culture* in der Kriminalpolizei anders beschaffen als bei der Schutzpolizei oder in Spezialeinheiten. Während Landeskriminalämter tendenziell eher abgeschottete, verschworenere Einheiten sind, haben der Streifendienst und die Wachen täglich mit allem zu tun, was das Leben so hergibt. Anhand der unterschiedlichen Gegebenheiten im Alltag der verschiedenen Dienststellen entwickeln sich so spezifische Kulturen heraus: Schutzpolizist:innen auf Streife oder in der Hundertschaft zum Beispiel verbringen viel Zeit miteinander und erleben zusammen ganz unterschiedliche, auch extreme und gefährliche Situationen, in denen sie sich aufeinander verlassen können müssen. Kriminalist:innen in den Kriminalämtern haben weniger Kontakt mit Bürger:innen, arbeiten aber auch stärker für sich. Insofern gibt es nicht eine, sondern viele verschiedene Kulturen in der Polizei.[56]

Polizist:innen, die neu in eine Dienststelle kommen, finden dort immer schon eine bestimmte Kultur vor, die sie zwar beeinflussen, der sie sich aber kaum entziehen können. Die gemeinsame Praxis in diesem nahen Umfeld – das meist auch einen mehr oder weniger großen Teil des Privatlebens bestimmt – schweißt zusammen und wirkt identitätsstiftend. Besonderen Einfluss haben unmittelbare Vorgesetzte wie Dienstgruppenleiter:innen, aber auch informelle Anführer:innen, deren Status sowohl sozial als auch fachlich begründet sein kann. Sie bestimmen wesentlich mit, wie die *Cop Culture* im unmittelbaren dienstlichen Umfeld aussieht.[57]

Im Frühjahr 2015 sorgte der Fall eines Bundespolizisten für Aufsehen, der ausländische Menschen im Polizeigewahrsam schwer misshandelt haben soll. Derselbe Beamte soll Kollegen auch zum Spaß seine Dienstwaffe an den Kopf gehalten haben, was Medienberichten zufolge auf der Dienststelle generell häufiger vorgekommen sei; die Waffenvorschriften seien nicht besonders streng gehandhabt worden.[58] Nun darf vermutet werden, dass es auf anderen Dienststellen und unter anderen Vorgesetzten sehr wohl Konsequenzen hat, wenn Beamt:innen einander mit Waffen bedrohen, und sich das etwa negativ auf eine dienstliche Beurteilung auswirkt – beispielsweise unter den regelmäßig zu benotenden Aspekten »soziale Kompetenz« und »Teamfähigkeit«.

Einer Beamtin, die neu zu einer Dienstgruppe hinzukommt und miterlebt, dass derartiges Verhalten folgenlos bleibt, wird dieses als sozial anerkannt vermittelt. Im schlimmsten Fall wird sie von ihrem Vorgesetzten, dem sie den Fall meldet, darauf hingewiesen, dass das eben dazugehöre. Sie muss dann selbst Folgen für ihr Verhältnis zum Vorgesetzten und für künftige Bewertungen befürchten, wenn sie sich weiterhin gegen diese vorgelebte Kultur stellt.

Die *Cop Culture* speist sich aus unterschiedlichen Quellen. Neben Wissen und Werten, die in der Polizei tradiert werden, und der gemeinsamen Praxis im Alltag ist sie auch davon beeinflusst, wer bei der Polizei tätig ist: Da sich die Organisation überwiegend aus der weißen Mittelschicht rekrutiert, ist die *Cop Culture* dem verbunden, was als Mehrheitsgesellschaft wahrgenommen wird. Und dass die Polizei eine größtenteils männliche Organisation ist, prägt das ganz spezielle Bild davon, wie ein »richtiger Polizist« zu sein hat.

Eine männliche Organisation

Dass Frauen in der Männerdomäne Polizei anwesend sind, ist längst noch nicht selbstverständlich: Die *Cop Culture* versteht die professionelle Polizeiarbeit in wesentlichen Bereichen immer noch als Job für Männer. Nicht anders als in der Gesellschaft insgesamt besteht in der Polizei ein Machtgefälle zwischen Männern und Frauen. Sexismus und Misogynie sind dort nach wie vor verbreitet, auch wenn sie heute, mit großen Unterschieden zwischen verschiedenen Ländern und Bereichen, weniger offen ausgelebt werden als in früheren Jahren.[59] Dies zeigen nicht nur Berichte von Polizistinnen über ihren Alltag in der Organisation, über Zoten und sexistische Sprüche oder über das Gefühl, nicht »hart genug«[60] für bestimmte Stadtteile zu sein. Auch die in den vergangenen beiden Jahren bekanntgewordenen Chat-Gruppen enthielten neben rassistischen und rechten Inhalten oft auch frauenfeindliche Postings. Ein Beitrag in einer Chat-Gruppe von hessischen Polizist:innen zeigte etwa zu einem Bild mit einem Seil und Chloroform den Text »›Ich ficke schon beim ersten Date‹-Starterpack«.[61]

In der Polizei dominiert eine spezifische Form von Männlichkeit, die einerseits durch die Besonderheiten der polizeilichen Tätigkeit geprägt ist und auf der anderen Seite ihrerseits das Innenleben der Organisation Polizei beeinflusst, indem sie ein besonderes Bild zeichnet, an dem sich die Einzelnen in Selbstverständnis und Praxis orientieren. In der Polizeiforschung ist diese Männlichkeit als *aggressive Polizeimännlichkeit* charakterisiert worden.[62] Sie stellt Körperlichkeit, Härte, Stärke und Sportlichkeit in den Vordergrund, sieht Polizisten als Krieger und Beschützer, die Situationen und polizeiliches Gegenüber dominieren müssen. Als echte Polizeiarbeit gilt danach vor allem die operative Tätigkeit der Schutzpolizei, also der Einsatz auf der Straße, der mit Kampf, Gefahr und Gewalt sowie der Notwendigkeit von Offensive und Durchsetzung assoziiert wird. Die Tätigkeit am Schreibtisch ist weniger angesehen; Unsportlichkeit, fortgeschrittenes Alter, Homosexualität und ein defensives Vorgehen gelten der aggressiven Polizeimännlichkeit als Schwäche, können zu einem geringeren Ansehen oder gar zu Ausgrenzung führen. Die polizeiliche Aufgabe, zu schützen, wird vor diesem Hintergrund geschlechtsspezifisch aufgeladen als männliches Ideal der Stärke.[63]

Homophobie kann als ein fester Bestandteil dieses Männlichkeitsbildes verstanden werden; auch dieses gesellschaftliche Problem zeigt sich hier also in besonderer Weise. Zwar ist es heute auch für homosexuelle Beamt:innen möglich, sich zu outen, es ist aber alles andere als selbstverständlich. Der Begriff »schwul« dient unter Polizist:innen nicht selten zur Abwertung, etwa wenn von Ethik und Sozialwissenschaften in der Polizeiausbildung als »schwulen Fächern« die Rede ist.[64]

Natürlich gibt es in der Polizei auch andere Vorstellungen von Männlichkeit, zum Beispiel eher bürokratisch-führende oder das Bild des Schutzmannes. Aber die aggressive Polizeimännlichkeit ist eben das immer noch vorherrschende Bild von Männlichkeit, das als Orientierung dient und an dem man gemessen wird. Wer den Idealen dieses insofern erstrebenswerten Bildes entspricht, sich beim Einsatz auf der Straße in der ersten Reihe präsentiert und die Auseinandersetzung nicht scheut, der gilt als richtiger Polizist und erlebt in besonderer Weise Anerkennung.[65]

Dieser Teil der *Cop Culture* stellt Frauen in der Organisation vor Herausforderungen: Sie müssen sich ihre Anerkennung in besonderer Weise erarbeiten, indem sie selbst dem Bild der aggressiven Polizeimännlichkeit entsprechen oder aber eine spezifisch weibliche Form des Arbeitens etablieren. Trotzdem verändert ihr Wirken und ihre Tätigkeit in der Polizei, die zum Beispiel oft mehr auf Kommunikation als auf Durchsetzung setzt, die Organisation im Laufe der Zeit und kratzt an der Dominanz der aggressiven Polizeimännlichkeit als Leitbild.[66]

Wie Polizist:innen die Welt sehen

Wesentliche Bestandteile der *Cop Culture* sind gemeinsame Vorstellungen über die Beschaffenheit der Welt und von der polizeilichen Tätigkeit sowie eine loyale Verbundenheit untereinander. Polizist:innen haben besondere Einblicke in die Gesellschaft, denn durch ihre Arbeit kommen sie mit einem viel breiteren Spektrum an Lebensrealitäten in Berührung als die meisten anderen Menschen. Diese Erfahrungen können einerseits sozial lehrreich sein und zu einem besonders differenzierten Blick befähigen. Andererseits können sie aber auch abstumpfen; vor allem dann, wenn die Beamt:innen in ihrem beruflichen Alltag vorwiegend einen bestimmten Ausschnitt gesellschaftlichen Lebens sehen – den sie dann zumeist auch nicht aus privater Erfahrung kennen und für den sie dementsprechend nur ein eingeschränktes Verständnis mitbringen.

Diese eigenen Erfahrungen vermischen sich mit mal mehr, mal weniger zutreffendem Wissen über die Gesellschaft, das innerhalb der Polizei weitergegeben wird. Dort finden sich bestimmte Menschenbilder und Vorstellungen von sozialen Problemen ebenso wie rassistische Stereotype und Klassismus, also Vorurteile über andere Menschen aufgrund deren sozialer Positionierung. Manches von dem, was wir in Kapitel 1.3 als Dominanz der Mehrheitsgesellschaft gegenüber Minderheiten und Marginalisierten beschrieben haben, wird in der Polizei als Teil einer Auseinandersetzung zwischen Gut und Böse wahrgenommen. Zusammen ergibt sich daraus eine oft recht feste Vorstellung davon, wie die Welt beschaffen ist, von der die Beamt:innen dann sehr überzeugt sind: »So ist das halt.«[67]

Diese Vorstellungen haben Einfluss darauf, wie Polizist:innen Handlungsspielräume ausfüllen, und sie prägen die Einschätzung davon, was abweichend und was »in Ordnung zu bringen« ist. Bei vielen Polizist:innen entsteht auf diese Weise eine Tendenz zur Schwarz-Weiß-Sicht, die die Welt in Freund und Feind, Bürger und Störer, wir und die teilt – auf der einen Seite die Mehrheit der braven Bürger:innen, die durch die wackere Polizei geschützt werden; auf der anderen Seite eine Minderheit aus Störer:innen, notorischen Straftäter:innen, Gefährder:innen und gesellschaftlichen Problemen, die diesen Schutz erst erforderlich machen. Schon in Kinderbüchern jagt die Polizei die Bösewichte, findet entlaufene Haustiere und beschützt die wohlwollende Bevölkerung. Und auch viele Spielfilme arbeiten mit derart einfach gestrickten Rollenbildern. Diese polarisierende Zweiteilung ist fest in die *Cop Culture* eingeschrieben und auch ein Produkt der polizeilichen Praxis: Um Situationen zu dominieren und zu klären, müssen Polizist:innen oft schnell entscheiden und handeln. Differenziertheit und Grautöne machen das schwieriger. Deshalb sind die Kategorien und Schubladen, mit denen dabei gearbeitet wird, relativ grob.

Symptomatisch für diese Sicht steht die in der Polizei der westlichen Welt verbreitete Idee der »thin blue line«, die in Slogans, als Bild und Patch auf der Uniform und in zahllosen anderen Varianten verbreitet ist. Die schmale blaue Linie versinnbildlicht die Polizei, die die gute Gesellschaft auf der einen vom Unheil auf der anderen Seite trennt. Alles hängt also von dieser dünnen Linie ab, die praktisch ständig überrannt zu werden droht, was die Gesellschaft ins Chaos stürzen würde.[68] Darin steckt ein ebenso schräges wie zweifelhaftes Bild von Gesellschaft und der Rolle der Polizei, das wenig Raum für die Grautöne und Ambivalenzen der Wirklichkeit lässt. Menschen sind danach entweder gut oder schlecht und demnach der Polizei zugetan oder nicht. Dass alle Menschen positive und negative

Eigenschaften haben und abweichendes Verhalten in der ganzen Gesellschaft zu finden ist, dass Menschen sich ändern können, für eine derart differenzierte Sicht gibt es in diesem Weltbild kaum Platz. Zugleich sorgt die Wahrnehmung einer permanenten Bedrohung mit fatalen Folgen für einen enormen Druck. Die »thin blue line« ist Ausdruck einer extremen Identifikation mit der Organisation Polizei und der eigenen beruflichen Tätigkeit. Eine derartige Mentalität ist eskalationsfördernd und taugt nicht als Grundlage eines vertrauensvollen Verhältnisses zwischen Polizei und Bevölkerung mit all ihren Teilen.

Ein Beispiel für ein tief sitzendes Feindbild der *Cop Culture* ist die politische Linke.[69] Dafür gibt es einerseits naheliegende inhaltliche Gründe: Das Personal der Polizei ist wie gezeigt in seiner politischen Haltung selbst eher konservativ, teils auch offen hin zur extremen Rechten. Zugleich kritisiert die politische Linke nicht nur Staat und Wirtschaft, sondern gerade auch die Polizei recht grundsätzlich. Sie fordert eine stärkere Kontrolle der Organisation oder will sie sogar ganz abschaffen.[70] Viele Polizist:innen empfinden dies als Angriff auf sich und die Organisation.

Andererseits speist sich das Feindbild aus jahrzehntelangen Erfahrungen, die als Erzählungen in die polizeiliche Kultur eingegangen sind. In der alten Bundesrepublik hatte sich im Anschluss an die 68er-Bewegung eine sehr aktive außerparlamentarische Opposition gebildet, die bei Demonstrationen und Aktionen auch die Konfrontation mit der Staatsmacht suchte oder jedenfalls nicht scheute. Daraus ging auch die Rote Armee Fraktion (RAF) hervor. Bei ihren Banküberfällen und Entführungen sowie bei Versuchen, RAF-Mitglieder festzunehmen, kam es seit 1971 immer wieder zu Schusswechseln, bei denen auch Polizist:innen ums Leben kamen. Obwohl es sich bei der RAF um eine sehr spezifische Erscheinung handelte, die schon lange Geschichte ist, hat sich die einstige Bedrohung in das Bewusstsein der Polizei eingegraben. Und auch bei den Anti-Atomkraft-Protesten in Wackersdorf, Brokdorf und Gorleben, den Kämpfen um die Startbahn West in Frankfurt am Main oder um die besetzten Häuser, etwa in der Hamburger Hafenstraße oder im West-Berlin der 1980er-Jahre, kam es immer wieder zu teilweise heftigen gewaltsamen Auseinandersetzungen zwischen Polizist:innen und linken Demonstrant:innen.[71]

Diese Ereignisse sind in der Polizei immer noch präsent, sagen aber wenig über die heutige Wirklichkeit aus. Wenn Polizist:innen in den vergangenen Jahrzehnten Opfer von vorsätzlichen Tötungsdelikten mit politischer Motivation geworden sind, waren nahezu immer Neonazis und Rechtsextremist:innen die Täter:innen, von Kay Diesner über den NSU bis hin zu Reichsbürgern. Und Ausschreitungen auf linken politischen Demos, sofern es sie überhaupt gibt, sind mit der Intensität der 80er-Jahre des vergangenen Jahrhunderts nicht zu vergleichen. Gleichwohl gelten linke Versammlungen in der Polizei auch heute noch als organisierter und professioneller, als echte Gegner und werden eher als bedrohlich wahrgenommen als solche von Rechtsextremist:innen.

Diese Feindbildlandschaft und die daraus folgende Praxis führen zu dem Eindruck, dass mit zweierlei Maß gemessen wird. Von links rechnet die Polizei oft mit dem Schlimmsten, hat häufig einen wenig differenzierten Blick und geht mit hohem Kräfteaufwand vor: Beim G8-Gipfel in Heiligendamm 2007 war die Polizei hart gegen Demonstrierende vorgegangen, darunter solche in deeskalierend gedachten Clown-Kostümen mit Wasserpistolen. In die Defensive geraten, erklärte sie daraufhin, die Clowns seien getarnte Militante, hätten Beamt:innen mit Säure aus ihren Spritzpistolen angegriffen, Polizist:innen seien mit Hautreizungen ins Krankenhaus eingeliefert worden. Später ruderte der Polizeisprecher zurück: Der Verdacht habe sich nicht bestätigt, die Flüssigkeit sei harmlos gewesen.[72]

Von rechten Versammlungen hat die Polizei hingegen ein anderes Bild, nimmt sie meist als weniger bedrohlich wahr. Dabei ist es in den vergangenen Jahren auch dort immer wieder zu Ausschreitungen und Übergriffen gekommen, gehen die Aktivist:innen heute organisierter vor. Aber das Bild der Polizei von diesen Veranstaltungen wandelt sich erst langsam, obwohl sie in weiten Teilen der rechtsextremen Szene schon lange als Feindbild ausgemacht ist.[73] Und als Corona-Leugner:innen ihre Versammlungen im Frühjahr, Sommer und Herbst 2021 trotz Verboten durchführten und dabei auch gewaltsam agierten, taten sich vor allem Polizeiführungen schwer damit, gegen diese Märsche vorzugehen und die Verbote durchzusetzen.

Wie Polizist:innen die Polizei sehen

Es ist bereits angeklungen, dass die *Cop Culture* auch prägend dafür ist, wie Polizist:innen über ihre Tätigkeit und die Rolle der Organisation in der Gesellschaft nachdenken. Wenig überraschend verstehen Polizist:innen sich selbst und ihre Organisation als »die Guten«, die die Gesellschaft vor Feinden und Gefahren schützen. Die damit verbundene soziale Anerkennung spielt für viele eine wichtige Rolle. Das Selbstverständnis umfasst dabei durchaus unterschiedliche Bilder, wie das vom Freund und Helfer einerseits, aber eben auch das der Repräsentant:innen des Staates und des Gewaltmonopols, die mit ihrer

Autorität für Sicherheit und Ordnung sorgen und sich mitunter in einem durchaus heldenhaften Kampf »wir gegen die« befinden.[74]

Polizist:innen sehen sich in der Regel als vernünftige, neutrale Akteur:innen, die für die konforme gesellschaftliche Mehrheit und im Einklang mit dem Recht das tun, was richtig, normal und notwendig ist. Hingegen sind sie für die problematischen Seiten der Polizeiarbeit wenig sensibel und offen. Die meisten Beamt:innen machen sich nicht bewusst, dass sie Vertreter:innen einer sozialen Ordnung sind, die von erheblicher Ungleichheit geprägt ist, dass sie eine spezifische Sicht auf die Welt haben und durchsetzen, dass ihr Verständnis von gesellschaftlichem Zusammenleben nicht überall geteilt wird und auch nicht werden muss. Sie verstehen sich als Regulator:innen, die soziale Konflikte lösen, blenden aber aus, dass ihre Praxis eine Vielzahl sozialer Probleme fortführt oder sogar erst hervorbringt.

Mit diesen Überzeugungen der *Cop Culture* geht ein ausgeprägtes Selbstbewusstsein bis hin zur Hybris einher, mit dem sich die Beamt:innen in der Gesellschaft bewegen. Eine solche Ausstrahlung ist auf der einen Seite hilfreich, denn sie sollen durchsetzungsfähig sein und schwierige Situationen in den Griff bekommen. Dafür werden sie ausgebildet, und die meisten Polizist:innen legen sich ein entsprechendes Auftreten spätestens in ihrer ersten Zeit auf der Straße zu. Problematisch wird diese erlernte Dominanz, wenn sie mit einem Selbstverständnis einhergeht, das Zweifel und Reflexion nicht kennt. Dann werden einmal getroffene Entscheidungen mit aller Macht durchgesetzt und nicht mehr hinterfragt, Fehler nicht eingestanden, und es entsteht eine Haltung, sehr viel zu dürfen und wenig zu müssen. Um es mit Rafael Behr zu sagen:

»Die Annahme eines selbstverständlichen Rechts zur

Durchdringung des öffentlichen (und sozialen, aber auch des persönlichen und des intimen) Raumes, verbunden mit der jeweils *richtigen* Interpretation der Wirklichkeit gehört, neben der Überzeugung, zu den ›Guten‹ zu gehören, zum Kern der *Cop Culture*.«[75]

Mit einem solchen Selbstverständnis kann die Sensibilität dafür verloren gehen, was Eingriffe in die Grundrechte und die Sphäre von Bürger:innen bedeuten und wo die Grenzen dafür verlaufen. Symptomatisch dafür stehen etwa Patches, die manche Polizist:innen neben den offiziellen Abzeichen an der Uniform tragen und die Slogans zeigen wie »We Do Bad Things to Bad People«. Bei einer solchen Haltung geht schnell das Bewusstsein dafür verloren, welche verantwortungsvolle Sonderstellung die Beamt:innen mit ihren Befugnissen haben, die eigentlich nur Ausnahmebefugnisse sind und Demut verlangen statt Hybris.

In gewisser Weise gegensätzlich zu diesem ausgeprägten polizeilichen Selbstbewusstsein ist das ebenfalls in der *Cop Culture* zu findende Bild vom Prügelknaben auf verlorenem Posten. Danach erledigt die Polizei die Drecksarbeit für die Gesellschaft. Statt der gebotenen Dankbarkeit und Anerkennung erfährt sie diesem Selbstbild zufolge aber nur Kritik und Misstrauen. Dabei – so geht diese Erzählung – wisse die Polizei doch am besten, wie ein professioneller Umgang mit Kriminalität und Bedrohung aussieht.

Verbreitet ist auch eine Justizschelte, die nicht selten von einem mangelnden Verständnis rechtsstaatlicher Grundprinzipien zeugt. Verweigern Richter:innen einen beantragten Haftbefehl, sprechen Beschuldigte frei oder lassen sie mit einer in den Augen der Beamt:innen zu milden Strafe »davonkommen«, erleben die beteiligten Polizist:innen dies oft als Misserfolg und

Ungerechtigkeit. Sie fühlen sich dann von den Gerichten in ihrer Arbeit nicht wertgeschätzt oder gar behindert.[76]

Es wird deutlich, dass die *Cop Culture* von einer seltsamen Mischung aus Überhöhung der eigenen Tätigkeit und wahrgenommener Erfolglosigkeit geprägt ist. Auf der einen Seite erscheint die Polizeiarbeit unverzichtbar, viele Polizist:innen denken, die Gesellschaft würde ohne sie im Chaos versinken. Auf der anderen Seite besteht die Wahrnehmung, auf verlorenem Posten zu kämpfen: Das eigene Handeln zeigt wenig Wirkung, Kriminalität und andere Probleme werden immer gravierender, und die Gesellschaft befindet sich in einer Abwärtsspirale – egal wie viel man arbeitet. Das Klischee, für das Henning Mankells Wallander ebenso steht wie so manche:r »Tatort«-Kommissar:in – permanente Überarbeitung gepaart mit einem fatalistischen Blick auf die Welt –, findet durchaus seine Entsprechung in der Wirklichkeit.

Solidarität, Korpsgeist, Ausschluss

Diese besondere mentale Verfassung, die von der *Cop Culture* hervorgebracht wird, bietet sich gleichzeitig als Erklärungsansatz für die Relevanz einer solchen Kultur an: *Cop Culture* integriert. Sie bietet Zugehörigkeit und die Solidarität der »Polizeifamilie« als eingeschworener Gemeinschaft. Das ist als Form des beruflichen Zusammenhalts zunächst normal und funktional. Die Beamt:innen sehen sich als Gefahrengemeinschaft, die sich aufeinander verlassen können muss, wenn sie zusammen auf der Straße im Einsatz ist. Die soziale Verbundenheit in der Organisation hat eine andere Intensität, als es in anderen beruflichen Kontexten zu beobachten ist. Und sie geht weit über die unmittelbaren Kolleg:innen hinaus. Wer die Uniform trägt, in dem wird als Erstes der Kollege oder die Kollegin gesehen – und zwar über die Grenzen Deutschlands hinaus.[77]

Zugleich bedeutet die *Cop Culture* eine starke Abschottung nach außen, und damit geht eine Verpflichtung nach innen einher, aus der man nicht einfach ausscheren kann. Diese oft als »Korpsgeist« bezeichnete Pflicht erzeugt einen erheblichen Konformitätsdruck, verlangt Loyalität und die interne Lösung von Problemen. Wer diesen ungeschriebenen Konsens verletzt und die Mauer des Schweigens durchbricht, muss mit sozialem Ausschluss und Mobbing durch Kolleg:innen rechnen, aber durchaus auch mit Konsequenzen durch die Führung: Einzelbüro, Ablehnung von Fortbildungenoder oder auch ein überbordendes Arbeitspensum können die Folge sein.[78] Whistleblower:innen, die mit Namen und Gesicht in die Diskussion gehen, können in der Regel nicht dort bleiben, wo sie bislang ihren Dienst versehen haben.

So erging es beispielsweise dem schleswig-holsteinischen Hauptkommissar Oliver Pohl, der bis 2020 Pressesprecher der Polizeidirektion Kiel war. Im Jahr 2019 nahm Pohl zusammen mit dem *ZEIT*-Journalisten Bastian Berbner einen Podcast zum Themenkomplex Rassismus, Medien und Polizei auf.[79] Der Beitrag gewann 2020 den Deutschen Radiopreis und wurde auch sonst hoch gelobt. In der Polizei hingegen war man deutlich weniger begeistert, hatte Pohl sich doch für polizeiliche Verhältnisse ungewöhnlich offen und kritisch mit *Racial Profiling* und rassistischen Stereotypen in der polizeilichen Praxis auseinandergesetzt. Allein weil er bestehende Probleme offen thematisierte, wurde der Podcast in weiten Teilen der Organisation offenbar als Angriff wahrgenommen.

Wenn man sich in der Polizei Schleswig-Holstein umhört,

wie nach dem Erscheinen des Podcasts mit Oliver Pohl umgegangen wurde, kommt einem unweigerlich das Wort Spießrutenlauf in den Sinn. Der Podcast war ein großer Aufreger in der Landespolizei. Kolleg:innen waren empört und wiesen die Möglichkeit von rassistischen Stereotypen in der Polizei weit von sich. Statt die Gelegenheit für eine offene Diskussion zu nutzen, wurde Oliver Pohl angefeindet und wie ein Verräter behandelt. Diejenigen, die es anders sahen, blieben überwiegend still. Auch die Führung positionierte sich schnell: Die Behördenleitung musste eine Stellungnahme abgeben, der Podcast wurde zum Thema auf einer der regelmäßigen Zusammenkünfte des höheren Dienstes, die Pressesprecher:innen der Landespolizei Schleswig-Holstein wurden zu einem Sondertreffen über öffentliche Äußerungen zusammengerufen, und am Ende musste Pohl beim Innenstaatssekretär vorstellig werden. Auf allen Ebenen wurde deutlich gemacht, dass Äußerungen wie die von Pohl nicht folgenlos bleiben.

Seit September 2020 ist Oliver Pohl nicht mehr für die Polizeidirektion Kiel tätig. Er arbeitet nun als hauptamtlicher Dozent an der Fachhochschule für Verwaltung und Dienstleistung in Schleswig-Holstein und bildet dort angehende Polizist:innen aus. Sein Beispiel zeigt zweierlei: Erstens ist für die Abschottung der Organisation nach außen und die damit einhergehende Kritikresistenz nicht nur die *Cop Culture* an der Basis verantwortlich. Auch Polizeiführung und Innenverwaltungen ist sehr daran gelegen, dass Probleme der Polizei innerhalb der Polizei verbleiben. Zweitens lässt der Fall erahnen, dass die Polizei beim Thema Rassismus, aber auch bei der Auseinandersetzung mit anderen Problemen noch ganz am Anfang steht: Wenn selbst die wohlgesinnte Selbstreflexion eines Mitglieds der Organisation als ungehöriger Angriff aufgefasst wird, wie wenig Offenheit besteht dann für Kritik, die von außen an die Polizei herangetragen wird?

Die Angst vor Konsequenzen, wie Oliver Pohl sie erlebt hat und die andere noch viel drastischer erfahren haben, führt dazu, dass Probleme in der Polizei nicht offen und schon gar nicht öffentlich thematisiert werden. Vielerorts fehlt es an Möglichkeiten, Probleme anonym zu melden, sodass die Beamt:innen auf den Dienstweg angewiesen sind. Wo Fehler und Probleme nicht offen kommuniziert werden können, kann aber keine konstruktive Fehlerkultur entstehen und somit keine Weiterentwicklung stattfinden. In diesem Sinne steht sich die Organisation Polizei selbst im Weg.

KAPITEL 3

POLIZEIPROBLEME

3.1 POLIZEI UND GEWALT

Im Sommer 2020 gehen aufsehenerregende Videos von gewaltsamen Polizeieinsätzen aus Frankfurt, Hamburg, Düsseldorf, Hannover und anderen deutschen Städten durch die Medien: Acht Polizist:innen, die einen 15-Jährigen niederringen und auf ihn einschlagen; Beamt:innen, die einer unbeteiligten Frau ins Gesicht schlagen, auf dem Kopf eines Jugendlichen knien, auf einen am Boden liegenden Mann eintreten. Im Juni desselben Jahres macht die »Stuttgarter Krawallnacht« Schlagzeilen, nachdem Hunderte junger Menschen in Reaktion auf eine eskalierte Polizeikontrolle Schaufenster einwerfen, Polizeiwagen beschädigen und sich mit Beamt:innen prügeln. Ab dem Frühjahr 2021 häufen sich Bilder von den Protesten der Corona-Leugner:innen, auf denen zu sehen ist, wie Polizist:innen angegriffen und Absperrungen durchbrochen werden, manchmal auch, wie die Polizei Gewalt einsetzt – etwa bei den verbotenen Demonstrationen im August in Berlin mit nahezu 1.000 Festnahmen. Und im März 2021 fällt ein 19-Jähriger in Delmenhorst nach seiner gewaltsamen Festnahme durch Zivilbeamte ins Koma und stirbt am folgenden Tag im Krankenhaus.[1]

Eine Polizei ohne Gewalt gibt es nicht und hat es historisch nie gegeben. Während es Bürger:innen grundsätzlich verboten ist, ihre Interessen mit Gewalt durchzusetzen, übernimmt die Polizei genau diese Aufgabe für den Staat. Sie wird ihr von der Gesellschaft übertragen. Der moderne Staat ist nach Max Weber durch sein Monopol legitimer physischer Gewalt (das »Gewaltmonopol«) charakterisiert; und die Polizei ist, um es mit dem

Soziologen Egon Bittner zu sagen, der Mechanismus zur Verteilung dieser legitimen Gewalt in der Gesellschaft.[2] Sie entscheidet in ihrer Praxis, wo diese Gewalt angewendet wird, bei wem sie notwendig ist und wo nicht. Gerade hierin – in der Anwendung von Gewalt, wo andere es nicht dürfen – besteht das Wesen der Polizei, ihr konstitutives Merkmal. Fakt bleibt aber, dass die Polizei damit Dinge darf, die eigentlich verboten sind.[3] Im demokratischen Rechtsstaat sind die Beamt:innen dabei an die rechtlich geregelten Voraussetzungen und Verfahren gebunden – unabhängig davon, ob sie eine Wohnung räumen, jemanden festnehmen oder einen Platzverweis durchsetzen. Die Praxis ist aber vielfältiger, und die Gewalt wird nicht überall gleichmäßig eingesetzt. Manchmal soll oder muss die Polizei zur Erfüllung ihrer Aufgaben Gewalt anwenden und tut dies genau im vorgesehenen Rahmen (etwa bei der Überwältigung eines Angreifers durch schnelles Niederringen), manchmal geht sie über diesen Rahmen hinaus (wenn einem bereits zu Boden gebrachten Flüchtenden ein überflüssiger Hieb versetzt wird), und manchmal darf sie keine Gewalt anwenden, tut es aber trotzdem (wenn zum Beispiel eine Beschuldigte im Gewahrsam verprügelt wird).

Das Gesetz: unmittelbarer Zwang

Das Gesetz nennt die Polizeibeamt:innen erlaubte Gewalt »unmittelbaren Zwang«. Er umfasst körperliche Gewalt, etwa durch Schlagen und Treten, beinhaltet aber auch Hilfsmittel und Waffen. Als Hilfsmittel gelten zum Beispiel Fesseln, Wasserwerfer und Pfefferspray. Als Waffen sind Schlagstock – heute oft der Tonfa, der behördlich Mehrzweckeinsatzstock heißt – und

Schusswaffen sowie je nach Bundesland auch Distanzelektroimpulsgeräte, kurz Taser, zugelassen. Die Ziele des Gewalteinsatzes können unterschiedlich sein: Manchmal sollen Personen auf Abstand gehalten oder vertrieben werden, aber häufiger geht es darum, Personen zu überwältigen oder gefügig zu machen. Schläge ins Gesicht, heute oft Blendschlag genannt, sollen das Gegenüber irritieren, betäuben und den Beamt:innen die Autorität über eine Situation sichern, sodass beispielsweise eine aggressive Person fixiert werden kann;[4] Schmerzgriffe sollen die Betroffenen zu einem bestimmten Verhalten zwingen, wie in den Polizeiwagen zu steigen, ohne sich zu wehren.

Unmittelbaren Zwang einzusetzen ist erlaubt, wenn Beamt:innen ihre Maßnahmen auf andere Weise nicht durchsetzen können. Polizeiliche Gewalt ist insofern keine eigenständige Befugnis, sondern ausschließlich rechtmäßig, um ein bestimmtes Ziel zu erreichen, das im Aufgabenbereich der Polizei liegt – zur Gefahrenabwehr und Strafverfolgung. Denn auch die Polizei ist im Grundsatz an das generelle Gewaltverbot gebunden, ihre Gewaltlizenz deshalb eine Ausnahmebefugnis. So heißt es beispielsweise in § 55 Absatz 1 Polizeigesetz NRW:

> »Die Polizei kann unmittelbaren Zwang anwenden, wenn andere Zwangsmittel nicht in Betracht kommen oder keinen Erfolg versprechen oder unzweckmäßig sind.«

Die Polizei darf Gewalt also erstens nur dann einsetzen, wenn alle anderen Mittel ausgeschöpft sind, und zweitens nur, soweit es nötig ist, um die jeweilige konkrete Maßnahme durchzusetzen. Andere Lösungen haben theoretisch immer Vorrang. Das gilt insbesondere für Kommunikation, mit der die allermeisten Situationen geklärt werden können, wenn die Beamt:innen die entsprechende Kompetenz mitbringen. Gerade wenn nur der Gehorsam gegenüber einer Maßnahme verweigert wird (etwa ein Platzverweis nicht befolgt oder bei einer Kontrolle der Ausweis nicht vorgezeigt wird), ist genau zu prüfen, ob der Einsatz von Gewalt tatsächlich gerechtfertigt ist. Die Anwendung unmittelbaren Zwangs muss grundsätzlich vorher angedroht werden, sie muss umgehend enden, wenn der Zweck der polizeilichen Maßnahme erreicht ist, und darf nur in verhältnismäßiger Weise erfolgen. Angenommen, ein Beamter, der zu einem Vorfall übler häuslicher Gewalt gerufen wurde, hat die Kinder in Sicherheit gebracht und versetzt dem uneinsichtigen Vater einen Faustschlag in die Niere, während der sich eigentlich ohne größere Probleme in den Polizeiwagen verfrachten lässt. Dann handelt der Polizist möglicherweise emotional nachvollziehbar, aber nicht mehr im rechtlichen Rahmen. Ebenso überschritten sind die Grenzen, wenn eine bereits überwältigte Verdächtige noch einmal getreten wird.

Wenngleich die polizeiliche Gewaltausübung in den vergangenen Jahrzehnten professioneller geworden ist, besser trainiert wird und dosierter zum Einsatz kommt, so bleibt sie doch Gewalt: Gegenstände können beschädigt werden, Menschen werden verletzt und manchmal sogar getötet. Seit 2000 starben in Deutschland jährlich jeweils sechs bis 15 Personen allein durch polizeilichen Schusswaffengebrauch.[5] Neben den körperlichen Schädigungen kann ein Gewalteinsatz – die Erfahrung, überwältigt zu werden – bei den Betroffenen auch erhebliche psychische Folgen nach sich ziehen, unabhängig davon, ob der Einsatz gerechtfertigt war oder nicht, denn auch rechtmäßig angewandte Gewalt ist traumatisierend.

Die Gewaltbefugnis führt die Polizei damit in eine Zwickmühle: Gewalt ist negativ besetzt und wird von der Gesellschaft insgesamt abgelehnt. Gleichzeitig sollen die Beamt:innen im Einsatz aber Gewalt anwenden, um Maßnahmen durchzusetzen. Manchmal müssen sie es sogar, wenn zum Beispiel eine konkrete Gefahr für Personen oder Sachen auf andere Weise nicht abgewendet werden kann und sie daher ohne die Gewalt ihre Aufgabe der Gefahrenabwehr nicht erfüllen könnten. Trotzdem machen weder der »gute Zweck« noch die rechtliche Legitimierung diese Gewalt zu einer schönen Sache; es bleibt verstörend, sie anzusehen oder zu erfahren, sie greift die Betroffenen sowohl körperlich als auch persönlich mit massiver Intensität an.

Was das Gesetz nüchtern und sachlich als zulässige polizeiliche Maßnahme beschreibt, ist also in Wirklichkeit für alle Beteiligten stark emotional aufgeladen. Außerdem sind die Situationen sehr viel komplexer, als die dürre gesetzliche Formulierung glauben macht. Jedes Konfliktgeschehen zwischen Menschen ist dynamisch, Interaktionen sowie Interpretationen gestalten ihren Verlauf. Ein Wort gibt das andere, eine Handlung die nächste, klare Grenzen sind schwer auszumachen. Polizist:innen fällt es dabei oft schwer, der Situation noch mal eine andere Wendung zu geben, sich der Gewalt zu entziehen. In der Ausbildung wird gelehrt, dass sie einmal angeordnete Maßnahmen konsequent durchziehen sollen; *Cop Culture* und berufliches Selbstverständnis formulieren die Erwartung, dass man sich durchsetzt. Das macht es schwierig, einen Schritt zurückzutreten und es noch einmal mit gewaltfreien Mitteln zu versuchen. Was Ausdruck von Souveränität sein könnte, wird als Zeichen der Schwäche angesehen. Daher gibt es in der Praxis oft kein Zurück mehr, wenn die Gewalt einmal begonnen hat.

Gewalt in der Praxis

Was das Gesetz als Ausnahme reguliert, gehört gleichwohl zum Alltag der Polizei, vor allem der Schutzpolizei. Die Organisation wendet jeden Tag hundertfach, vermutlich tausendfach Gewalt gegenüber Bürger:innen an. Wie häufig, kann niemand genau sagen – im Gegensatz zu manch anderen Ländern wird der Einsatz unmittelbaren Zwangs in Deutschland nicht statistisch erfasst und veröffentlicht.[6] Auch wenn der Großteil der Einsätze ohne körperliche Gewalt abläuft[7], steht sie als Option immer im Raum, wenn Beamt:innen tätig werden. Wer der Polizei begegnet, dem ist bewusst, dass sie unter Umständen Zwang anwendet. Mitunter wird die Polizei gerade deswegen gerufen. Ihr Erscheinungsbild und nicht selten auch ihr Auftreten machen deutlich, dass Polizist:innen nicht nur Freund und Helfer sind, sondern auch die Staatsgewalt verkörpern und ihre Deutungshoheit, wenn es darauf ankommt, mit Gewalt durchsetzen.

In der Praxis kann die Gewalt ganz unterschiedliche Formen annehmen – von Schubsen und Schieben über Handfesseln und Faustschläge bis hin zu Straßenschlachten oder Schusswechseln – und sich in den verschiedensten Szenarien abspielen. Meist wird hier zuerst an medienwirksame Großeinsätze gedacht, die oft etablierte Konfliktverhältnisse betreffen, die sich über Jahre und Jahrzehnte entwickelt haben, wie beispielsweise bei Fans im Profifußball. Traurige Bekanntheit erlangte unter anderem der französische Polizist Daniel Nivel, der am Rande der Fußball-WM 1998 von Anhängern der deutschen Nationalmannschaft niedergeschlagen, getreten und mit einer Holzstange traktiert worden war, wodurch er ein Auge verlor und seitdem halbseitig gelähmt ist.[8] Auf der anderen Seite kritisieren Fanorganisationen seit Längerem unverhältnismäßige Gewalt seitens der Polizei. Im Juli 2020 wurde ein Polizist zu einer Geldstrafe verurteilt, weil er nach dem Revierderby Schalke gegen Dortmund einen Mitarbeiter der Dortmunder Fanhilfe bewusstlos geschlagen und ihm einen dreifachen Kieferbruch zugefügt hatte.[9] Im Februar 2020 verurteilte das Landgericht Frankfurt das Land Hessen zur Zahlung von 7.000 Euro Schadensersatz an einen Eintracht-Fan, der von Polizist:innen im Stadion über eine Werbebande auf das Spielfeld hinuntergestoßen worden war und dabei einen Lendenwirbelbruch erlitten hatte.[10] Unmittelbarer Zwang kann aber auch in allen anderen Einsatzsituationen eine Rolle spielen, die der Polizei im Alltag begegnen: wenn eine Schlägerei beendet werden soll, wenn ein Tatverdächtiger festgenommen und in Polizeigewahrsam gebracht werden muss, wenn Bürger:innen Widerstand gegen Maßnahmen wie die Räumung einer Grillparty, das Abschleppen eines Fahrzeugs oder eine Wohnungsdurchsuchung leisten, wenn akute Bedrohungen wie eine Amokfahrt oder eine Geiselnahme abgewendet werden sollen.

Polizeiliche Gewalt trifft nicht alle Bürger:innen in gleichem Maße. Sie hängt stark davon ab, wie die Beamt:innen die ihnen gegenüberstehenden Personen einschätzen. Im Zuge größerer Einsätze, etwa bei Demonstrationen oder Bundesligaspielen, kommt es dabei vor allem auf die Einsatzleitungen an, die eine Linie vorgeben. Dabei stützen sie sich auf Gefahrenprognosen, die im Vorfeld erstellt werden. Bei alltäglichen Einsätzen hingegen entscheiden die einzelnen Beamt:innen vor Ort. Ob und in welcher Form Gewalt eingesetzt wird, hängt einerseits von taktischem Geschick, Routine und eingeübten Handlungsabläufen ab. So sind etwa für Situationen, in denen Messer involviert sind, klare Abläufe vorgesehen, da es schnell zu schweren, sogar tödlichen Verletzungen kommen kann. Andererseits hängt es auch stark vom Gespür und Erfahrungswissen der Entscheidenden ab. Wie werden sich die betreffenden Personen verhalten? Inwiefern könnte sich eine Gefahr für die öffentliche Sicherheit ergeben? Was ist für meine Eigensicherung zu beachten? Diese Fragen gilt es manchmal blitzschnell zu beantworten, was unter Rückgriff auf die eigenen Erfahrungen, aber auch auf die Erzählungen von Kolleg:innen und die mediale Berichterstattung geschieht.

Hier kommt das bereits angesprochene Schubladendenken ins Spiel. Vereinfachendes Denken ist erforderlich und funktional, weil es uns allen hilft, mit der Komplexität sozialen Lebens zurechtzukommen. Junge Männer sind rein statistisch gesehen wohl tatsächlich gefährlicher als Seniorinnen. Es wird aber problematisch, wenn es dazu führt, dass wir Situationen vorschnell und damit falsch bewerten. So können beispielsweise rassistische Stereotype dazu führen, dass Personen, denen eine bestimmte Zuwanderungsgeschichte zugeschrieben wird, als gefährlicher wahrgenommen werden als andere Menschen. Derartige Stereotypisierungen sind überall im Alltag ein Problem, nehmen aber eine noch drastischere Dimension an, wenn sie die Gewaltausübung von Polizist:innen beeinflussen.

Studien, in denen Gefahrensituationen simuliert werden und Polizist:innen in Sekundenbruchteilen entscheiden sollen, ob sie schießen oder nicht, belegen beispielsweise, dass bei Schwarzen oder arabisch aussehenden Menschen schneller abgedrückt wird (sogenanntes *shooter bias*).[11] Es liegt nahe, dass Vorurteile gegenüber bestimmten sozialen Milieus dazu führen können, dass polizeiliche Intervention eher für notwendig gehalten wird als in anderen sozialen Umfeldern. Besonders problematisch sind Einsätze gegenüber psychisch Kranken beziehungsweise Menschen, die aufgrund ihres seltsam anmutenden

Verhaltens für solche gehalten werden. Oft wird deren Erkrankung nicht erkannt oder nicht richtig eingeschätzt und ihr Verhalten primär als gefährlich eingestuft. Wenn solche Personen dann noch mit einem Messer hantieren, setzen die Beamt:innen vor Ort schnell die Schusswaffe ein. In den vergangenen Jahren machte diese Gruppe jeweils einen erheblichen Teil der durch polizeilichen Schusswaffeneinsatz getöteten Menschen aus.[12] Recherchen zufolge waren 2018 vier von insgesamt elf Erschossenen psychisch erkrankt oder befanden sich in einem akuten psychischen Ausnahmezustand, 2017 sogar mehr als die Hälfte und 2015 neun von zehn Getöteten.[13]

Polizei ist Gewalt

Das Ausüben von Gewalt ist kein bloßes Nebenprodukt der polizeilichen Tätigkeit, sondern das, was sie ausmacht. Als praktische Verwalterin des staatlichen Gewaltmonopols hebt sie sich von allen anderen gesellschaftlichen Instanzen ab. Die Gewaltbefugnis ist also wesentlich für die Polizei und prägt sie auf allen Ebenen: Sie bringt hierarchische Strukturen mit sich, macht Befehl und Gehorsam erforderlich, denn gewaltsame, gar bewaffnete Auseinandersetzungen verlangen schnelle Entscheidungen und klare Verantwortlichkeiten. Gewalt spielt im Arbeitsalltag eine wesentliche Rolle und wird deshalb schon in der Ausbildung entsprechend betont; Selbstverteidigung, Schießtraining, aber auch das vielfache Üben von Zwangsanwendung etwa bei Festnahmen machen hier einen erheblichen Teil aus. Nicht zuletzt erfordert die Gewaltarbeit von allen Polizeianwärter:innen eine gewisse Gewaltbereitschaft. Die Fähigkeit, tatsächlich körperliche Gewalt gegen andere Menschen anzuwenden, diese normalerweise tief sitzende Hemmung zu überwinden, ist nicht selbstverständlich. Manche angehenden Polizist:innen bringen sie schon mit. Viele müssen sie aber auch erst einmal lernen – ebenso wie den dazugehörigen polizeilichen Habitus mit seiner Mischung aus Durchsetzungswillen, Autorität und Zielstrebigkeit. Und auch wie diese Fähigkeit eingesetzt wird, ist unterschiedlich: Manche wenden Gewalt nach dem Motto »Angriff ist die beste Verteidigung« eher schnell an, andere agieren stärker zurückhaltend und kommunikativ.

Nicht zuletzt ist Gewalt fester Bestandteil der *Cop Culture*. Die Ausbildungsinhalte zur professionellen Anwendung unmittelbaren Zwangs mischen sich hier mit Heldengeschichten über besonders gefahrenträchtige Einsätze und Männlichkeitsvorstellungen, unter Umständen auch mit gegenläufigen Erfahrungen von Angst und Unsicherheit. Auf diese Weise bilden sich spezifische Haltungen zur eigenen Gewaltausübung, die die Beamt:innen in besonderer Weise vom Rest der Gesellschaft unterscheiden und so stark miteinander verbinden: Der Gewalteinsatz wird als notwendig erachtet, um die eigene Rolle auszufüllen.[14] Die rechtlichen Anforderungen treten dabei, wie auch sonst in der polizeilichen Praxis, mitunter in den Hintergrund. Beispielhaft steht hierfür die intern so genannte »Respektschelle«, also eine Ohrfeige, um in einer nicht akut bedrohlichen Situation Dominanz zu beweisen. Ein solcher Gewalteinsatz ist in der Regel gesetzeswidrig, gilt aber einigen Beamt:innen gleichwohl als zielführend.

Fähigkeiten und Habitus, Ausbildung und Ausrüstung versetzen die Polizei aber nicht nur in die Lage, unmittelbaren Zwang anzuwenden. Sie bringen auch all die Probleme mit sich, die einer gewaltvollen Praxis innewohnen. Die Zivilisierung des Gewalteinsatzes im Sinne einer zurückhaltenden und maßvollen Anwendung ist eine äußerst schwierige Gratwanderung, bei der es immer wieder zu teils folgenschweren Fehltritten kommt. Das betrifft nicht nur solche Beamt:innen, die Gefallen oder sogar Spaß an der Gewaltausübung empfinden. Die Praxis der Gewalt wirkt sich auf alle Beamt:innen aus. Die aggressive Polizeimännlichkeit, die in der *Cop Culture* dominiert, heroisiert Gefahr, Kampf, Offensive und Körperlichkeit. Sie gilt nicht nur als notwendiger, sondern auch als erstrebenswerter Teil polizeilicher Tätigkeit. Diese gewaltvolle, kriegerische Seite ist das zweite Gesicht der Schutzpolizei – neben der Bürgerpolizei, dem Freund und Helfer, wie er von den offiziellen Leitbildern postuliert wird.[15] Nicht alle Polizist:innen finden sich im Bild des »Kriegers« wieder. Doch die zwangsläufige Normalisierung von Gewalt hinterlässt bei allen Beamt:innen Spuren. Der ständige Anspruch, Durchsetzungskraft und Dominanz zu zeigen, droht das Bewusstsein dafür zu verdrängen, dass Gewalt – auch wenn sie durch die Polizei eingesetzt wird – grundsätzlich problematisch und folgenschwer ist.

In der Polizei als Organisation hatte die Gewalt seit den 1980er-Jahren zwar ein Stück weit an Gewicht verloren – jedenfalls dem offiziellen Leitbild nach: Ende des 20. Jahrhunderts wurde das Konzept der Bürger:innenpolizei stärker kultiviert, das kriegerische Auftreten rückte mehr in den Hintergrund. Diese Entwicklung ist jedoch in der Zeit nach 9/11 und den folgenden islamistisch motivierten Anschlägen in Europa wieder verebbt.[16] Stattdessen sahen die Innenverwaltungen es als notwendig an, neue Einheiten aufzubauen und Ausrüstung zu beschaffen. So wurden bei der Bundespolizei nach dem Anschlag auf das Satire-Magazin *Charlie Hebdo* in Paris 2015 neben der bestehenden GSG 9 (der nach dem Münchner Olympia-Attentat 1972 als »Grenzschutzgruppe 9« ins Leben gerufenen

Spezialeinheit) die sogenannten BFE+-Einheiten aufgebaut. Sie sind an verschiedenen Standorten stationiert, mit Sturmgewehren ausgerüstet und können neben Terrorlagen auch bei anderen Einsätzen herangezogen werden.[17] Zahlreiche Bundesländer haben in den vergangenen Jahren ihren Bestand an Panzerwagen modernisiert und neue Versionen dieser martialisch anmutenden Fahrzeuge angeschafft.[18] Der Wandel des polizeilichen Selbstverständnisses wird nicht nur darin sichtbar, dass solche Einheiten eingerichtet und Ausrüstungen beschafft werden. Aussagekräftig ist auch, wie sie präsentiert werden: Ende 2017 zeigte sich etwa der damalige sächsische Innenminister Markus Ulbig stolz mit schwerbewaffneten und vermummten Polizist:innen vor dem neuen »Survivor R«, einem 17 Tonnen schweren, 1,5 Millionen Euro teuren und serienmäßig mit einer Schutzbelüftungsanlage gegen atomare Kampfstoffe ausgestatteten Panzerfahrzeug.[19]

Aber auch in der Breite gewinnt die kriegerische Seite der Polizei wieder an Bedeutung. 2018 schlug etwa eine Expert:innengruppe der NRW-Polizei Veränderungen des Leitbildes für die Beamt:innen des Landes vor, die ein härteres Vorgehen in Konfliktsituationen vorsahen. Der Gewaltausübung wurde neben Kommunikation und Deeskalation eine deutlich wichtigere Rolle eingeräumt. »Polizeibeamte müssen durchsetzungsfähig und -stark und damit letztlich gewaltfähig, aber nicht gewaltaffin werden«, hieß es dort.[20] In der Ausbildung solle in stärkerem Maße »körperliche Robustheit, Präsenz und Durchsetzungsfähigkeit« sowie »Gewalterwartung« erlernt werden, weil der Staat insbesondere bei Gewalt gegen Einsatzkräfte nicht zurückweichen dürfe.[21]

Die Debatte um polizeiliche Gewalt

Gewaltausübung durch die Polizei wird seit zwei bis drei Jahrzehnten verstärkt gesellschaftlich diskutiert und problematisiert. Das liegt zum Teil daran, dass sie durch die Allgegenwart von Smartphones und sozialen Medien stärker sichtbar geworden ist. Es gibt aber auch eine wachsende gesellschaftliche Sensibilität für Gewalt im Allgemeinen, die dazu führt, dass Gewaltphänomene heute generell stärker geächtet werden, wie die kriminologische Forschung zeigt. Galten die Prügelei in der Schulpause und im Wirtshaus oder die elterliche Züchtigung von Kindern früher als sozialadäquat, werden sie heute überwiegend abgelehnt und auch häufiger angezeigt.[22]

Wie bereits im vorigen Teil thematisiert, reagieren sowohl die Polizei als Organisation als auch einzelne Beamt:innen schnell irritiert und abwehrend auf Kritik. Das gilt auch für die Problematisierung polizeilicher Gewalt. Die Debatte wird oft als Angriff auf die Organisation per se verstanden, auf diejenigen, die »den Kopf hinhalten« und sich der Bevölkerung zuliebe Gefahren aussetzen. In den USA haben die Polizeigewerkschaften den Protesten der *Black Lives Matter*-Bewegung die Kampagne »Blue Lives Matter« entgegengesetzt. Der Kritik an Polizeigewalt gegen *People of Color* wurde also mit der Kritik an Gewalt gegen Polizist:innen begegnet. Und auch in Deutschland versuchen die Gewerkschaften den Spieß umzudrehen: Sie rücken beharrlich Gewaltausübungen gegen Polizeibeamt:innen in den Mittelpunkt und versuchen, der Diskussion um polizeiliche Gewalt den Wind aus den Segeln zu nehmen.

Bei genauerer Betrachtung ist allerdings sehr fraglich, inwiefern Gewalt gegen Polizist:innen in Deutschland in der jüngeren Vergangenheit tatsächlich zugenommen hat. Die Zahlen offiziell registrierter Fälle in den einschlägigen Lageberichten sind in den vergangenen Jahren zwar gestiegen. Dies ist aber zum Teil auf die verschiedenen Gesetzesänderungen zurückzuführen, die seit 2010 in diesem Bereich vorgenommen wurden und zu einer veränderten Erfassung in der Statistik führen. Dabei kommt es immer auch darauf an, was man zählt – längst nicht jeder Fall des »Widerstands gegen Vollstreckungsbeamte« ist mit Gewalt verbunden. Außerdem muss man davon ausgehen, dass sich die Anzeigebereitschaft in der Polizei gewandelt hat: zum einen, weil die zunehmende gesellschaftliche Ächtung von Gewalt auch dort zu finden ist, und zum anderen auch wegen der Diskussionen um das Thema in Polizei und Gesellschaft. Aus der Polizei hört man immer wieder, dass heute Vorfälle angezeigt werden, für die sich früher niemand die Mühe eines Berichts gemacht hätte. Sich dem polizeilichen Griff zu entziehen, eine Hand wegzuschlagen oder eine Beamt:in von sich zu stoßen, geht inzwischen schnell als Gewalt in die Statistik ein, sich in Embryonalhaltung zusammenzukrümmen als strafbarer[23] Widerstand. Insgesamt deutet also vieles darauf hin, dass die gestiegenen Zahlen in den Statistiken vor allem an einer Aufhellung des Dunkelfeldes liegen. Zuzunehmen scheinen eher negative Äußerungen und Respektlosigkeiten sowie auch hier die Sensibilität, dieses Mal die der Beamt:innen, nicht so sehr die körperliche Gewalt selbst oder ihre schweren Folgen.[24]

Der Verweis der Polizeigewerkschaften auf die Gewalt gegen die Polizei, die mittlerweile auch in Politik und Medien breit diskutiert wird, hat einen berechtigten Kern. Gewalt geht natürlich nicht nur von der Polizei aus, auch Bürger:innen wenden im Kontakt mit ihr Gewalt an. Dabei sind die Situationen ganz unterschiedliche. Manchmal gehen Menschen auf Polizist:innen los. Bei Großeinsätzen kann es zu ausufernden Konfrontationen zwischen Gruppen kommen. Anders als die mediale Darstellung mitunter glauben lässt, dominieren allerdings leichte Handlungen oder bleibt es beim Versuch. Es kommt meist zu keinen oder nur leichten Verletzungen. Oft widersetzen sich Menschen schlicht der Durchsetzung einer polizeilichen Maßnahme oder wollen sich – eine recht natürliche Reaktion – nicht einfach überwältigen lassen, etwa bei einer Festnahme. Dies zeigt schon der Begriff des »Widerstands« für diesbezügliche Handlungen von Bürger:innen gegenüber Polizist:innen, den nicht nur das Gesetz verwendet, sondern der auch in der Polizei gebräuchlich ist. Polizeiliche Gewaltausübung ist insofern häufig eine Reaktion auf verweigerten Gehorsam.[25]

Für Polizeibeamt:innen birgt ihre Arbeit angesichts dessen Gefahren. Trotz umfangreicher Schutzausrüstung und eingeübter Abwehrtechniken kann es passieren, dass sie im Dienst verletzt werden. Auch wenn es Jobs gibt, die weitaus gefährlicher sind: Vor allem, wenn man im Streifendienst auf der Straße unterwegs oder in einer geschlossenen Einheit eingesetzt ist, schwingt im Hinterkopf häufig die Frage mit, ob alles gut gehen wird. Schwere Verletzungen, die zu längerer Dienstunfähigkeit führen, sind allerdings nach wie vor sehr selten.[26] In einer Umfrage unter mehr als 20.000 Vollzugsbeamt:innen gaben knapp 13 Prozent an, in den letzten fünf Jahren infolge eines Übergriffs dienstunfähig gewesen zu sein; der Großteil davon ein bis zwei Tage und pro Jahr etwa ein Prozent eine Woche oder länger.[27] Noch seltener passiert es, dass Beamt:innen bei ihrer Arbeit zu Tode kommen. Die Lagebilder des BKA gehen davon aus, dass zwischen 2010 und 2020 insgesamt neun Polizeibeamt:innen durch Angriffe im Dienst getötet wurden.[28]

Die beiden Gewaltphänomene gegeneinander auszuspielen

befeuert einen problematischen Prozess: In der Debatte um die vermeintlich zunehmende Gewalt gegenüber Polizist:innen beansprucht die Organisation eine eindimensionale Opferrolle und nimmt damit eine Sichtweise ein, die der Realität nicht entspricht. Das wiederum trägt zu einer Spirale der Eskalation bei, denn solche Wahrnehmungen können dazu führen, dass die Beamt:innen ihr Gegenüber als bedrohlicher empfinden und daher gewaltbereiter auftreten. Der frühere und härtere polizeiliche Zugriff ruft wiederum entsprechende Reaktionen auf der anderen Seite hervor.

Die Innenminister:innen haben sich die Kampagne der Polizeigewerkschaften dennoch zu eigen gemacht. Während problematische polizeiliche Gewaltausübung in den Innenverwaltungen als Thema nicht gern gesehen wird, ist Gewalt gegenüber Polizist:innen in den vergangenen Jahren zu einem viel beachteten Problem geworden. Der Bundesgesetzgeber hat im Zuge dessen die entscheidenden Regelungen im Strafrecht – Widerstand gegen und tätliche Angriffe auf Vollstreckungsbeamte gemäß §§ 113, 114 Strafgesetzbuch – seit 2010 wiederholt ausgeweitet und verschärft. Die Regelungen sehen heute auch für so banale Handlungen wie das Schubsen von Polizist:innen eine Mindeststrafe von drei Monaten Freiheitsentzug vor. Dabei ist aus kriminologischer Sicht klar, dass härtere Strafandrohungen in der Praxis kaum einen Übergriff auf Beamt:innen verhindern – und erst recht nicht für mehr Respekt sorgen.[29]

Auch das Thema Eigensicherung – also Kampftechniken, der Umgang mit Waffen, Verhaltensregelungen für riskante Situationen sowie Schutzausrüstung – hat in der Polizei dadurch eine immer stärkere Bedeutung erlangt, obwohl sie ein zweischneidiges Schwert ist. Auf der einen Seite sollen die Beamt:innen im Einsatz gut geschützt sein. Auf der anderen Seite sorgen eine martialisch anmutende Schutzmontur mit Einsatzhelm und zahlreichen Ausrüstungsgegenständen oder die griffbereite Schusswaffe bei einer einfachen Verkehrskontrolle dafür, dass Beamt:innen stärker wie Gewaltarbeiter:innen wirken denn als nahbare Bürger:innenpolizei und sich eben auch eher so fühlen. Als generelle Haltung kann eine Dominanz der Eigensicherung die gesamte Situation des Kontakts zwischen Polizei und Bürger:in verändern. Wenn seitens der Polizei Angst und Misstrauen im Vordergrund stehen, fällt auch der Ton schnell unfreundlich aus, und die Lage kann eher eskalieren. Die allzu starke Betonung der Eigensicherung führt schnell dazu, dass vom *worst case* aus- und entsprechend vorgegangen wird.

Indem die eigene Opferrolle sowie die Eigensicherung betont werden und ein robusteres Vorgehen als notwendig angesehen wird, erhält die Gewaltausübung eine zunehmende Bedeutung unter den polizeilichen Kompetenzen, die konträr zur allgemeinen gesellschaftlichen Entwicklung der Abkehr von Gewalt verläuft. Dies wiederum wirkt auf die gesellschaftliche Wahrnehmung der Polizei zurück wie auch auf das Verhalten und die Erfahrungen von Bürger:innen, die mit Beamt:innen in Konflikt geraten.

Rechtswidrige Polizeigewalt

Die polizeiliche Gewaltausübung ist nur legal, wenn sie sich im Rahmen der gesetzlich vorgesehenen Voraussetzungen bewegt. Liegen die Voraussetzungen für den polizeilichen Gewalteinsatz überhaupt nicht, noch nicht oder nicht mehr vor oder gehen Beamt:innen härter als notwendig vor, ist der Gewalteinsatz rechtswidrig. Er stellt dann in der Regel eine strafbare Körperverletzung im Amt nach § 340 des Strafgesetzbuches dar, die mit einer Freiheitsstrafe von drei Monaten bis zu fünf Jahren geahndet werden kann. Hierbei handelt es sich um eine sogenannte qualifizierte Form der Körperverletzung; das heißt, dass Körperverletzungen durch Polizist:innen und andere Amtsträger:innen nach den Vorstellungen des Gesetzgebers schwerwiegenderes Unrecht darstellen als andere Körperverletzungsdelikte.

Dass solche Taten geschehen, steht außer Frage. Selbstverständlich kommt es bei einer derart häufigen Praxis wie der polizeilichen Gewaltausübung zu Fehlern, Grenzüberschreitungen und Missbrauch. Weil die legitimierte Gewalt untrennbar mit der Organisation verbunden ist, ist es auch ihre rechtswidrige Form. Die zu beobachtenden Fälle haben dabei ganz unterschiedliche Gesichter, wobei individuelle, situative und strukturelle Faktoren zusammenkommen können[30]: von übermüdeten und gestressten Beamt:innen, die in einer herausfordernden Einsatzsituation überreagieren und einen nicht mehr erforderlichen Schlag setzen, über Polizist:innen, die geprägt von Feindbildern übermäßig gegen bestimmte Personengruppen vorgehen, bis hin zu solchen Beamt:innen, die Spaß an Gewalt und körperlicher Auseinandersetzung haben, sich »nichts gefallen lassen« wollen, Konflikte provozieren und eine entsprechend rechtswidrige Praxis der Gewaltausübung pflegen.

Immer wieder gibt es auch Fälle gezielter ungerechtfertigter Gewalt gegen Personen, die es in den Augen der Polizist:innen verdient haben, die dann »auf der Treppe in der Dienststelle stolpern« oder im Gewahrsam »gegen die Wand gestoßen sind«, wie es dann mitunter in Berichten heißt, oder die im Versammlungsgeschehen bei Gelegenheit noch einen Schlag mitbekommen. Zum Beispiel auf Beleidigungen reagieren Polizist:innen mitunter mit Gewalt – Ohrfeigen, Faustschläge, gewaltsame Festnahmen –, die nicht erforderlich wäre, um die damit im Raum stehende Straftat zu verfolgen. Hin und wieder werden auch Fälle bekannt, in denen sich solche Praktiken in ganzen Dienstgruppen oder geschlossenen Einheiten verselbstständigt haben. Ende 2021 wurden mehrere Kölner Polizeibeamt:innen suspendiert, die im Verdacht standen, sich in Chats systematisch zu exzessiver Gewalt gegen Beschuldigte verabredet und dann mit diesen Taten geprahlt zu haben (»Gerade einen umgeklatscht«).[31] Dazwischen gibt es eine Bandbreite ganz unterschiedlicher Konstellationen; Stress und Überlastungen können ebenso eine Rolle spielen wie Persönlichkeit, Vorurteile, einsatzbezogene Vorgaben, ein falsches Berufsverständnis, mangelnde Erfahrung oder die Kultur in der jeweiligen Dienstgruppe.

Für Polizisten – in der Regel sind es Männer –, deren Gewaltausübung besonders auffällig ist, gibt es in der Polizei den internen Begriff »Widerstandsbeamte«. Nicht nur, weil sie sich unangepasst verhalten, eigenwillige Vorstellungen von der Dienstausübung pflegen und schwierig zu führende Mitarbeiter sind. Der Begriff rührt vor allem daher, dass solche Beamte nach ihren Einsätzen besonders häufig Anzeigen wegen Widerstands gegen Vollstreckungsbeamte nach § 113 Strafgesetzbuch schreiben – weil sie mit ihrem Vorgehen besonders häufig in solche Widerstandssituationen geraten, aber auch um im Nachhinein die eigene Gewaltanwendung zu legitimieren.[32]

Wie häufig rechtswidrige Polizeigewalt vorkommt, kann niemand genau sagen. Sie ist eher die Ausnahme als die Regel. Die deutschen Staatsanwaltschaften schließen jedes Jahr mehr als 2.000 Verfahren gegen Polizeibeamt:innen wegen rechtswidriger Gewaltausübung im Dienst ab. Hierbei handelt es sich allerdings um Verdachtsfälle. Nicht jeder Vorwurf ist berechtigt. Andererseits zeigt die Statistik nur das sogenannte Hellfeld. Damit werden die Fälle bezeichnet, die den Strafverfolgungsbehörden bekannt geworden sind und daher in den Kriminalstatistiken erfasst werden. Daneben besteht das Dunkelfeld all jener Fälle, die weder angezeigt noch von Amts wegen verfolgt werden. Bei den allermeisten Delikten verbleibt sogar der größere Teil der Taten im Dunkelfeld: Ladendiebstähle werden häufig gar nicht erst bemerkt, die alltägliche Steuerhinterziehung nicht als Straftat begriffen und nicht jede elterliche Ohrfeige sofort bei der Polizei gemeldet. Befragungen zeigen, dass dieses Dunkelfeld bei Körperverletzung im Amt sehr viel größer ist als das Hellfeld. Kriminologischen Einschätzungen zufolge ist der Anteil der nicht bekannt gewordenen Fälle mindestens fünfmal so groß wie das Hellfeld der statistisch erfassten Verdachtsfälle.[33]

Gemessen an der Gesamtzahl polizeilicher Einsätze und auch verglichen mit anderen Ländern, zum Beispiel Frankreich oder den USA, sind diese Zahlen immer noch relativ niedrig. Gleichwohl wäre es verfehlt, von Einzelfällen zu sprechen. Das würde implizieren, dass es sich um Ausreißer handelt, die mit der Polizei und ihrer Tätigkeit eigentlich nichts zu tun haben. Tatsächlich ist das Gegenteil der Fall. Ist eine Organisation mit Gewaltbefugnissen ausgestattet, entsprechend ausgerüstet, trainiert und im Einsatz, kauft man sich notwendigerweise immer auch das Problem rechtswidriger Gewaltausübung mit ein. Es handelt sich also um das strukturelle Problem einer Organisation, die von der Gesellschaft damit betraut wird, Probleme notfalls gewaltsam zu lösen, und vom Staat mit Gewaltbefugnissen ausgestattet ist. Ins Leere geht deshalb das häufig vorgebrachte

Argument, es handele sich bei rechtswidrigen Handlungen nur um einen kleinen Teil der enormen Gesamtmenge polizeilicher Gewaltanwendungen. Denn selbst wenn deren Anteil äußerst gering sein und wie oft behauptet im »Promillebereich«[34] liegen sollte, verbleiben damit doch Tausende solcher Fälle, die dadurch nicht weniger schwer wiegen. Umso bedeutsamer ist es, dass Fehlverhalten in diesem Bereich konsequent aufgeklärt und eine Fehlerkultur etabliert wird, die den strukturellen Charakter des Problems anerkennt. Die Wirklichkeit sieht derzeit anders aus, wie wir noch sehen werden.

3.2 RASSISMUS UND DISKRIMINIERUNG

Die Bevölkerung in Deutschland wird immer diverser. Sie besteht heute zu einem erheblichen Teil aus *People of Color*, Angehörigen nicht christlicher Religionsgemeinschaften und unterschiedlichen kulturellen Traditionen. Wir leben zudem in einer Migrationsgesellschaft: Mehr als ein Viertel der Einwohner:innen in Deutschland haben einen Migrationshintergrund beziehungsweise kommen aus Familien mit Zuwanderungsgeschichte. Zur Aufgabe der Polizei gehört es, Menschen zu schützen, die von Rassismus und Diskriminierung betroffen sind. Das ist in der Verfassung festgeschrieben, aber auch in verschiedenen internationalen Abkommen zur Bekämpfung von Rassismus, an denen Deutschland beteiligt ist.

Allerdings steht die Polizei bei den Themen Rassismus und Diskriminierung dieser Tage selbst im Fokus der Kritik, wie etwa beim viel diskutierten *Racial Profiling* oder wegen der aufgeflogenen Chat-Gruppen mit rassistischen Inhalten. Dabei werden schon lange nicht mehr nur konkrete Fälle diskutiert, sondern es wird ganz grundlegend gefragt: Wie groß ist das Rassismus-Problem in der Polizei? Im Sommer 2020 haben die *Black-Lives-Matter*-Proteste diese Diskussion, die die Polizei auch in Deutschland bereits seit Jahrzehnten begleitet, mit neuer Vehemenz auf die Tagesordnung gesetzt, wo sie sich monatelang hartnäckig hielt – trotz massiver politischer Interventionen der Innenminister:innen von Bund und Ländern zugunsten der Polizei.[35] Sie stellt gegenwärtig einen zentralen Aspekt in der Debatte über die Polizei dar.

Rassismus hat viele Formen

Rassismus basiert auf Lehren, die Menschen mit bestimmten (vermeintlich) biologischen oder ethnisch-kulturellen Merkmalen auf- beziehungsweise abwerten und ihnen unabhängig von ihrer Staatsangehörigkeit oder Sozialisation bestimmte Eigenschaften zuschreiben. Dabei werden zunächst Kategorien gebildet, dann wird eine soziale Hierarchie dieser Kategorien konstruiert. Die Mitglieder gewisser Gruppen werden auf Basis dessen als andersartig und letztlich nicht oder nur bedingt zugehörig angesehen. Solche Vorstellungen müssen nicht zwingend in Form von bewussten Einstellungen und gezielten Benachteiligungen bestehen, sondern finden sich ebenso in eher unbewussten Vorurteilen und Stereotypen. Und sie schlagen sich auch in gesellschaftlichen Strukturen nieder.[36] Menschen mit Zuwanderungsgeschichte beziehungsweise rassifizierte (also zum Gegenstand entsprechender Kategorisierungen und Zuschreibungen gemachte) Menschen finden schwerer eine Wohnung, haben geringere Bildungschancen und ein größeres Armutsrisiko.

Rassismus als eines der großen Ungleichheitsverhältnisse ist ein Problem, das die gesamte Gesellschaft betrifft. Die Polizei ist dabei eine Vertreterin der privilegierten Mehrheitsgesellschaft, des Normalen und der dominanten Kultur, wie wir schon in den Kapiteln 1.3 und 1.4 gesehen haben. Um ihre gesetzlichen Aufgaben zu erfüllen und die scheinbar neutrale gesellschaftliche Ordnung aufrechtzuhalten, greift sie auf die Einteilung der Gesellschaft in Kategorien wie normal und abweichend, Mehrheit oder Minderheit, »wir« und »die Anderen« zurück. Es überrascht daher nicht, dass Rassismus auch in der Polizei zu finden ist und sich in ihrer Praxis niederschlägt. Vielmehr wäre das Gegenteil überraschend. Allerdings ist Rassismus in der Polizei in besonderer Weise problematisch, weil die Beamt:innen anders als einfache Bürger:innen die Befugnis zu Grundrechtseingriffen haben, bewaffnet sind und weil ihr Handeln darüber hinaus eine Art Signalwirkung für die Gesellschaft hat.

Spricht man mit Polizist:innen über das Thema Rassismus, wird schnell deutlich, dass die Bandbreite des Phänomens in der Organisation groß ist. Von unbewussten Stereotypen bis zu gezielten Diskriminierungen ist alles vertreten. Dabei kann zwischen Rassismus als individueller Einstellung und als objektivem Ergebnis unterschieden werden, wenn also Handlungen oder Strukturen unabhängig von der Intention zu rassistischer Diskriminierung führen.[37] Das bedeutet nicht, dass Polizist:innen grundsätzlich rassistisch sind. Und es gibt sicher große Unterschiede zwischen verschiedenen Länderpolizeien, unterschiedlichen Arbeitsbereichen und den verschiedenen Dienststellen.

Wie gravierend das Problem Rassismus in der Polizei ist und wie es sich in ihrem Wirken niederschlägt, lässt sich nicht ohne Weiteres beziffern. Es liegen nur wenige Untersuchungen vor. Die Polizei lässt sich bei dem Thema ungern in die Karten schauen, und die Fragestellung ist mit methodischen Herausforderungen verbunden, wie wir schon in Kapitel 2.2 bei den politischen Einstellungen gesehen haben. Gerade bewusster Rassismus findet vor allem verdeckt statt und wird offen vor allem da geäußert, wo sich die betreffenden Beamt:innen sicher fühlen: also im vertrauten Gespräch untereinander oder gegenüber Personen mit geringer Beschwerdemacht. Für die breite Öffentlichkeit wird solcher Rassismus eher selten sichtbar, wie etwa in Form eines Kalenders der Deutschen Polizeigewerkschaft aus dem Jahr 2012, der unter anderem eine vulgär-rassistische Darstellung eines Schwarzen Menschen mit wulstigen Lippen enthielt, der sich über die Annahme von »Ve'dunklungsgefah‹« beschwerte.[38] Auch eine diskriminierende Praxis, die auf unbewussten Stereotypen beruht, lässt sich schwer quantifizieren, weil die Handelnden sie oft nicht als solche verstehen.

Eine Reihe von Untersuchungen zu Einstellungen von Polizist:innen – damals noch unter dem Schlagwort »Fremdenfeindlichkeit« – ist in den 1990er-Jahren entstanden. Ähnlich wie heute wurde das Thema damals aufgrund einer Reihe aufsehenerregender rassistischer Vorfälle heftig diskutiert. In Bremen berichteten Asylsuchende, von Drogenfahnder:innen mit Elektroschockgeräten misshandelt worden zu sein, in Bernau quälten und demütigten Polizist:innen über Monate hinweg vietnamesische Zigarettenhändler auf der Wache, Amnesty International bescheinigte der Bundesrepublik ein deutliches Muster rassistischer Polizeigewalt.[39] Insbesondere die 1994 als »Hamburger Polizeiskandal« an die Öffentlichkeit gelangten Vorwürfe weitverbreiteter und offenbar systematischer Misshandlungen von ausländischen Menschen und Geflüchteten durch Hamburger Polizist:innen sorgten für Verunsicherung. Polizeiausbilder schrieben intern von »Beleidigungen, Freiheitsberaubungen, Körperverletzungen im Amt [...] bis zu menschenverachtendem und menschenunwürdigem Verhalten«.[40] In einem Fall sollen sechs Schwarze Verdächtige nackt in eine Zelle gesperrt und mit Tränengas besprüht worden sein, anderen sollen bei Scheinhinrichtungen Pistolen an den Kopf gehalten worden sein.[41] Die Studien sollten daraufhin erörtern, wie verbreitet Rassismus in der Polizei ist.

Die Ergebnisse wurden damals weitgehend als Entwarnung verstanden, da sie keine größere Anfälligkeit für rassistische Einstellungen als im Rest der Bevölkerung zeigten (siehe Kapitel 2.2). Aus heutiger Sicht sind die Resultate aber durchaus bedenklich: Eine Befragung in einer großstädtischen Polizeidirektion fand bei 15 Prozent der Beamt:innen eine verfestigte fremdenfeindliche Einstellung.[42] In einer anderen Studie hielten bis zu 73 Prozent der dort befragten Polizist:innen Frankfurt am Main für eine Stadt »mit zu vielen Ausländern«, und (je nach Revier) bis zu 69 Prozent äußerten sich ablehnend gegen Kolleg:innen ausländischer Herkunft in der Schutzpolizei.[43] Andernorts wurden über 60 Prozent der befragten Polizeibeamt:innen als durch Vorurteile mittelmäßig oder stark belastet eingestuft.[44] Zugleich äußerten dort knapp die Hälfte der Befragten die Ansicht, dass ihre Kolleg:innen ausländische Menschen eher benachteiligen würden. In weiteren Umfragen nannten Polizist:innen eingewanderte Kriminelle, Asylsuchende und »Überfremdung« als große gesellschaftliche Gefahren.[45]

Die Befunde zeigen, dass bestimmte Einstellungen, Vorurteile und Stereotype in der Polizei damals weitverbreitet waren. Bei einer Teilgruppe konnten verfestigte Einstellungen beziehungsweise ein entsprechend geschlossenes Weltbild festgestellt werden. Einzelne neuere Untersuchungen deuten darauf hin, dass sich an diesem Trend wenig geändert hat. So dokumentierte eine Befragung von Polizeischüler:innen und Kommissariatsanwärter:innen in NRW zwischen 2013 und 2017, dass die sogenannte Fremdenfeindlichkeit unter ihnen etwa so verbreitet ist wie in der Gesamtgesellschaft.[46] Andere Studien konnten belegen, dass in der Gesellschaft verbreitete rassistische und antimuslimische Vorurteile auch innerhalb der Polizei häufig zu finden sind.[47] Die Antidiskriminierungsstelle des Bundes berichtete im Oktober 2021, dass Beratungsanfragen bezüglich der Polizei besonders häufig rassistische Diskriminierungen betreffen.[48]

2020 wurde in Sachsen-Anhalt vom damaligen Innenminister Holger Stahlknecht (CDU) eine Sonderkommission eingerichtet, nachdem bekannt geworden war, dass der frühere Kantinenbetreiber der Landesbereitschaftspolizei intern vielfach als »der Jude« bezeichnet wurde. In ihrem Abschlussbericht vom März 2021 konnte die Kommission zwar keinen institutionellen Rassismus, wohl aber Fälle von Alltagsrassismus feststellen. Weiter heißt es dort zu den Befunden der Kommission:

> »Sie hat aber die Überzeugung gewonnen, dass die unbefangene Verwendung antisemitischer Stereotype wie ›Jude‹ für eine ›geschäftstüchtige‹ Person, ›Faschistendienstag‹ für die gezielte Kontrolle von Ausländern oder auch ›Kanacke‹ oder ›[N-Wort]‹ für Ausländer und Schwarze verbreitet ist.«[49]

Diese Studien bilden indes nur einen Ausschnitt des Problems ab, indem sie »Einstellungen« abfragen, da Rassismus wie eingangs beschrieben in ganz verschiedenen Formen zutage tritt. Die meisten Untersuchungen sagen kaum etwas darüber aus, ob und wie sich einschlägige Einstellungen in (dienstlichen) Handlungen der jeweiligen Beamt:innen niederschlagen – sowohl intern gegenüber Kolleg:innen, etwa in Form von Mobbing, als auch extern im Umgang mit Bürger:innen. Und auch unbewusste Stereotype im Wissen und Handeln sowie institutionelle beziehungsweise strukturelle Formen von Rassismus, also zum Beispiel in bestimmten Regelungen und Praktiken, sind so nur schwer zu erfassen.

Stereotype und Alltagsrassismus

Bewusste rassistische Einstellungen im Sinn der eingangs beschriebenen Lehren und darauf basierende Diskriminierungen machen nur einen Teil des Problems aus. Mindestens ebenso bedeutsam sind die nur teilweise bewussten und subtileren Formen von Rassismus. Das sind zum einen Stereotype oder auch Vorurteile, die in der Gesellschaft und auch in polizeilichen Wissensbeständen verbreitet sind.

Ein folgenschweres Beispiel hierfür sind die Ermittlungen zur Mordserie der rechtsextremen Gruppe »Nationalsozialistischer Untergrund« (NSU), bei denen Stereotype und Vorurteile nicht nur zu einer massiven Stigmatisierung und weiteren Viktimisierung der Angehörigen der Ermordeten und anderer Opfer führten.[50] Die Ermittler:innen gingen auch über Jahre einem völlig falschen Ermittlungsansatz nach, obwohl die Angehörigen schon früh auf ein mögliches rechtsextremes Motiv hingewiesen hatten. Selbst als 2006 eine operative Fallanalyse, also die kriminalistische Erstellung eines Profils, um welche Art von Täter:innen es sich handeln könnte, eine Nähe zur rechten Szene für wahrscheinlich erklärte, wurde dieser Ansatz nicht weiter verfolgt.[51] Die Mordserie wurde stattdessen jahrelang unter der Annahme bearbeitet, die Opfer seien in die »Organisierte Kriminalität« verstrickt gewesen, die Täter:innen in der migrantischen Community zu suchen. Die gebildeten Ermittlungseinheiten bekamen Namen wie »Bosporus« oder »Halbmond«, in den Medien wurde deshalb von einer »Türken-Mafia« und »Döner-Morden« berichtet.[52] So heißt es in einer späteren weiteren operativen Fallanalyse des Landeskriminalamtes Baden-Württemberg zu den Ermittlungen:

»Aufgrund der Tatsache, dass man 9 türkischsprachige Opfer hat, ist nicht auszuschließen, dass die Täter über die türkische Sprache den Bezug zu den Opfern hergestellt haben und die Täter demzufolge ebenfalls einen Bezug zu dieser Sprache haben. Auch spricht der die Gruppe prägende rigide Ehrenkodex eher für eine Gruppierung im ost- bzw. südosteuropäischen Raum (nicht europäisch westlicher Hintergrund).«[53]

»Vor dem Hintergrund, dass die Tötung von Menschen in unserem Kulturraum mit einem hohen Tabu belegt ist, ist abzuleiten, dass der Täter hinsichtlich seines Verhaltenssystems weit außerhalb des hiesigen Normen- und Wertesystems verortet ist.«[54]

Damit lagen die Ermittler:innen bekanntlich schwer daneben. Solche Vorstellungen und Denkweisen führen – das wird hier auf schmerzliche Weise deutlich – zur Konstruktion von Gruppen, denen bestimmte Eigenschaften wie Verhaltensweisen und Wertesysteme zugeschrieben oder abgesprochen werden. Diese Eigenschaften werden bewertet und so eine Hierarchie zwischen den Gruppen hergestellt. Es entsteht ein »wir« und ein »die«. Menschen, die als Angehörige dieser Gruppen gelesen werden, wird schnell pauschal zugeschrieben, dass sie diese Eigenschaft auch haben. Sie werden vor allem als Gruppenangehörige betrachtet, weniger als Individuen, und auf diese Weise sortiert, als fremd und nicht zugehörig wahrgenommen.

Zwar kann es für die Polizei sinnvoll sein, sich kultureller Besonderheiten bewusst zu sein, die ihnen in der Praxis begegnen können, etwa dass manche Migrant:innen Angst haben, bei zu guten Kontakten zur Polizei als »Spion« zu gelten.[55]

Umso mehr gilt es zu reflektieren, dass solches Wissen nicht zu pauschalisierenden Zuschreibungen und Gruppenkonstruktionen führen sollte. Weit entfernt von einer sinnvollen kulturellen Sensibilität sind etwa Darstellungen wie in dem polizeilichen Lehrbuch *Türken und Araber verstehen und vernehmen*, das vom Verlag für Polizeiwissenschaft folgendermaßen beworben wird: »Dem an einer schnellen und protokollfähigen Klärung des Sachverhaltes orientierten, klar und präzise fragenden deutschen Polizeibeamten sitzt eine Person gegenüber, die lebhaft gestikulierend, weit ausholend und ausweichend reagiert, vielleicht zur ›Verstärkung‹ Familienmitglieder mitgebracht hat und sein Gegenüber möglicherweise sogar scheinbar respektlos mit ›Du‹ anspricht.«[56] Solche Schablonen führen zu mehr Problemen als sie lösen.

Besonders problematisch werden pauschalisierende Gruppenkonstruktionen, wenn sie mit Hierarchisierungen und einer daraus folgenden Diskriminierung einhergehen. Denn Rassifizierungen führen nicht nur zu einer bestimmten Wahrnehmung und Deutung sozialer Wirklichkeit. Sie beeinflussen ebenso das Handeln, sodass sie auch unbewusst eine diskriminierende Wirkung entfalten können. Als Alltagsrassismus werden insofern kleinteilige, oft auch subtile Formen der alltäglichen Andersbehandlung von rassifizierten Personen bezeichnet. Das können Gesten sein, Blicke oder Äußerungen, die Gruppen konstruieren oder die Nichtzugehörigkeit signalisieren, etwa wenn davon ausgegangen wird, dass eine rassifizierte Person keinen deutschen Pass habe oder Deutsch als Fremdsprache spreche.[57] Stereotype können auf diese Weise polizeiliche Maßnahmen beeinflussen und sich diskriminierend auswirken. Viele Polizist:innen werden eine Geflüchteten-Unterkunft mit einer anderen Haltung betreten als sonstige

Wohngebäude, eine Moschee anders als eine christliche Kirche. Und ein Einsatz wegen einer Auseinandersetzung von als »fremd« gelesenen Menschen mit Weißen löst in manchen Dienststellen andere Reaktionen und Betriebsamkeit aus, als wenn rassifizierte Menschen miteinander in Konflikt geraten sind.

Einer der Autoren dieses Buches wurde 2020 Zeuge einer Szene im Bahnhof einer westdeutschen Großstadt: Drei Bundespolizisten nahmen auf dem Bahnsteig zwei junge Männer in Empfang, die augenscheinlich wenig Deutsch sprachen und von einem Bahnmitarbeiter aus einem eingefahrenen ICE begleitet wurden, möglicherweise Geflüchtete. Offenbar stimmte etwas mit den Tickets der beiden jungen Männer nicht. Die Situation war in keiner Weise bedrohlich, die beiden eher kleinen und schmächtigen Männer waren ganz offensichtlich kooperationsbereit, schienen aber nicht recht zu verstehen, was passierte. Ebenso offensichtlich war das Verhalten des wortführenden Beamten der Bundespolizei unangemessen und unprofessionell. Von Beginn an redete er sehr laut und aggressiv auf die beiden ein. Im weiteren Verlauf schrie er sie so laut an, dass es auf dem Bahnsteig deutlich zu vernehmen war: »You are criminal.« Ein inakzeptabler Ton traf auf eine öffentliche Bezichtigung von möglicherweise Tatverdächtigen als Straftäter, während eine Belehrung unterblieb. Sodann nahm der Beamte einem der Männer, der versuchte zu telefonieren, das Handy weg; dem anderen wurde ohne vorherige Frage oder Begründung seine Tasche abgenommen. Selbst wenn eine Rechtsgrundlage für diese Maßnahmen vorgelegen haben sollte und selbst wenn die beiden jungen Männer tatsächlich einen Fehler oder sich sogar strafbar gemacht haben sollten: Es braucht keine prophetische Gabe, um zu wissen, dass nicht rassifizierte Personen, dass Menschen mit anderem Status und anderer Beschwerdemacht anders behandelt worden wären. Der diskriminierende Charakter der ganzen Szene, der hierarchisierende Machtmissbrauch der Beamten war mit Händen zu greifen und für alle Umstehenden nur zu sichtbar.

Nicht nur Stereotype und Vorurteile bestimmen Situationen. Wie sie sich auswirken und ob daraus diskriminierendes Verhalten entsteht, hängt auch von zahlreichen sonstigen Faktoren ab, die das Zusammentreffen von Bürger:innen mit der Polizei prägen. Ob Personen als verdächtig oder gefährlich wahrgenommen und entsprechend behandelt werden, wird etwa auch vom Alter und Geschlecht der Personen beeinflusst sowie von der Bewertung des Ortes, an dem der Einsatz stattfindet. So werden marginalisierte gesellschaftliche Gruppen, Bewohner:innen benachteiligter Stadtviertel und junge Männer aus unteren sozialen Schichten im öffentlichen Raum intensiver von der Polizei kontrolliert. Solche Faktoren wirken noch stärker, wenn sie mit dem Merkmal einer (wahrgenommenen) Zuwanderungsgeschichte zusammenfallen, etwa wenn junge Männer mit einem arabischen Migrationshintergrund in einem als arm und abgehängt geltenden Stadtteil kontrolliert werden.[58] Viel hängt auch davon ab, wie vertraut die handelnden Beamt:innen mit den jeweiligen Situationen und Orten sind. In angestammten Einsatzgebieten, wo sie sich auskennen und die Menschen einschätzen können, sind Polizist:innen zu einem differenzierteren Blick fähig als in unbekannten Situationen, wo sie stärker auf allgemeine Schubladen und Schablonen zurückgreifen.[59]

Rassismus ist derzeit zwar die am intensivsten diskutierte, aber nicht die einzige Form von Diskriminierung, die sich in der polizeilichen Praxis zeigt. Wie wir schon gesehen haben, sind in der Männerorganisation Polizei Sexismus und Misogynie zu finden und auch Homophobie ist nicht selten, auch wenn über das genaue Ausmaß kaum etwas bekannt ist. Das wirkt sich nicht nur innerhalb der Polizei aus, sondern auch in Interaktionen mit Bürger:innen. Eine 13-Jährige, die Ende 2017 als Zeugin in einem Kindesmissbrauchsverfahren bei der Polizei vernommen wurde, wurde danach von einem der Beamten per WhatsApp kontaktiert. Er hatte sich ihre Nummer unter einem dienstlichen Vorwand verschafft und machte ihr nun selbst sexuelle Avancen. Ein anderes Mädchen, das bei der Polizei Anzeige erstattete, weil intime Bilder von ihr im Internet verbreitet worden waren, wurde von einem anzeigeaufnehmenden Polizisten danach per SMS zu einem Fotoshooting eingeladen.[60] Und einen Übergriff in einer Leipziger Straßenbahn, bei dem ein Mann einer Frau an die Brust griff und ihr, als sie ihn konfrontierte, ins Gesicht schlug, fasste die polizeiliche Pressemitteilung folgendermaßen zusammen: »Magisch von den ebenmäßigen Formen einer 25-Jährigen angezogen, griff er ihr in der Straßenbahnlinie 9 an die Brust und erntete dafür wohlverdient ihren Missmut.«[61]

Ebenso gibt es Fälle massiver Abwertung von sozial marginalisierten Menschen oder Unterschichtsangehörigen. Ende 2020 wurde gegen einen nordrhein-westfälischen Polizeibeamten ermittelt, weil er eine polizeibekannte Obdachlose auf ihrem Fahrrad mit einem offenbar grundlosen Tritt zum Fallen brachte.[62] Im Mai 2020 wurden Straf- und Disziplinarverfahren gegen zwei Brandenburger Beamte geführt, weil sie einen 70-jährigen Wohnungslosen bei einem Einsatz schikaniert, sich über ihn lustig gemacht und dies gefilmt haben sollen.[63]

Die verschiedenen Formen von Diskriminierung können sich überschneiden und gegenseitig verstärken. In manchen der polizeilichen Chat-Gruppen, die in der jüngeren Vergangenheit publik geworden sind, finden sich Hitler-Porträts neben sexistischen Sprüchen. In solcher Diskriminierung spiegelt sich die ungleiche Verteilung von gesellschaftlichen Ressourcen und sozialer Macht wider. Menschen, die – auf welche Weise auch immer – vom Bild der bürgerlichen Mehrheitsgesellschaft abweichen, haben es im Kontakt mit der Polizei oft schwerer, wie wir schon in Kapitel 1.4 gesehen haben. Gerade vulnerable Gruppen, die in ohnehin prekären Verhältnissen leben, Gewalt und Übergriffen ausgesetzt sind oder einfach über eine geringe Beschwerdemacht verfügen, sind es auch, die von diesen Diskriminierungen besonders betroffen sind. Wie beim Rassismus gilt auch für sonstige Formen von Diskriminierung, dass sie nicht notwendig gezielt oder intendiert erfolgen müssen, sondern ebenso unbewusst oder strukturell bedingt sein können.

Racial Profiling als institutioneller Rassismus

Institutioneller Rassismus wird häufig missverstanden als Vorwurf, dass die Polizei insgesamt darauf ausgerichtet sei, rassistisch zu handeln, oder dass dies ihr institutionelles Ziel sei. Gemeint ist aber vielmehr, dass sich das gesellschaftliche Ungleichheitsverhältnis »Rassismus« in bestimmten Aspekten der polizeilichen Arbeit und Struktur niederschlägt und so das Handeln der Beamt:innen beeinflusst – sei es in der Personalpolitik, in informellen Regeln und Wissensbeständen der Organisation oder darin, wie gesetzliche Befugnisse ausgestaltet sind und in der Praxis umgesetzt werden. Nicht zuletzt besteht eine der Funktionen der Polizei gerade in der Kontrolle von Personen, die von den gesellschaftlichen Normalitätsvorstellungen abweichen und deshalb mehr im Fokus der Polizeiarbeit stehen (siehe Kapitel 1.3). Es sind dann diese Rahmenbedingungen, die zu Diskriminierungen führen können, ohne dass die Beamt:innen, die in diesen Strukturen handeln, notwendig rassistisch eingestellt sein müssten.[64]

Wenn Polizist:innen beispielsweise Tatverdächtige vernehmen, die eher schlecht als recht Deutsch sprechen, und man sich radebrechend verständigt, wird das Protokoll von den Beamt:innen oft in eine einigermaßen verständliche, sinngemäße Form gebracht. Dass Beschuldigte ein Recht auf unentgeltliche Unterstützung durch Dolmetscher:innen haben und solche bei Vernehmungen sogar zwingend herbeizuziehen sind, wird hingegen oftmals ausgeblendet – nicht unbedingt, weil die Beschuldigten dadurch diskriminiert oder entrechtet werden sollen, sondern weil es zu aufwendig scheint, eine:n Dolmetscher:in zu organisieren. Das Gegenüber wird einen »schon irgendwie verstehen« und kennt im Zweifel seine Rechte auch nicht, wird sich daher nicht beschweren. Nicht deutschsprachige Menschen werden so strukturell benachteiligt: Die institutionellen Abläufe lassen schlicht zu wenig Raum für ihre Bedürfnisse (und Rechte). Gleiches gilt, wenn sie polizeilich vorgeführt oder sogar inhaftiert werden, weil sie auf eine richterliche Ladung nicht vor Gericht erschienen sind, weil sie die Ladung nicht verstanden haben. Aufenthaltsrechtliche Straftaten wie der illegale Aufenthalt können überhaupt nur von Menschen ohne deutsche Staatsangehörigkeit begangen werden. Hinzu kommen Zielvorgaben für die polizeiliche Praxis, die dazu führen, dass Beamt:innen manchmal »Masse machen müssen«, um zum Beispiel die für einen Monat vorgegebene Anzahl an Verkehrsordnungswidrigkeiten zu ahnden oder eine bestimmte Aufklärungsquote zu erreichen. Es liegt nahe, dass dies bei Personen mit geringerer

Beschwerdemacht leichter umzusetzen ist. Das sind unter anderem solche mit Zuwanderungsgeschichte, aber auch Menschen mit einem niedrigen sozioökonomischen Status.

Die derzeit am intensivsten diskutierte Form von institutionellem Rassismus ist das sogenannte *Racial Profiling*, also die polizeiliche Kontrolle einer Person allein oder auch aufgrund rassifizierter, äußerlich erkennbarer Merkmale wie etwa ihrer Hautfarbe oder eines Kopftuchs. Polizist:innen kontrollieren häufig Menschen – bei der Einreise aus dem Ausland, in der Nähe von Grenzen und an Bahnhöfen, in Parks und auf öffentlichen Plätzen oder zur Überprüfung nach einer in der Nähe begangenen Straftat. Die Entscheidung, wer wann kontrolliert wird, ist ein Einfallstor für die im vorigen Abschnitt beschriebenen Stereotype. Ihr Einfluss wird umso größer, je weniger rechtliche Vorgaben für die Auswahlentscheidung bestehen. Stereotype wirken damit dort am stärksten, wo die Polizei mehr oder weniger frei entscheiden soll, wen sie einer Maßnahme unterzieht.[65]

Dies ist insbesondere bei sogenannten *verdachtsunabhängigen Kontrollen* der Fall: Während die Polizei in der Regel einen konkreten Grund dafür braucht, jemanden zu kontrollieren – da dies einen Grundrechtseingriff darstellt –, ergibt sich diese Befugnis in manchen Fällen bereits aus dem Ort, an dem sich eine Person aufhält. So sieht § 22 Absatz 1a Bundespolizeigesetz vor, dass die Bundespolizei zur Verhinderung unerlaubter Einreisen in Zügen und auf Bahnhöfen, an denen »auf Grund von Lageerkenntnissen oder grenzpolizeilicher Erfahrung« solche Einreiseversuche zu erwarten sind, ohne weiteren Anlass Personen kontrollieren kann. Die Polizei kontrolliert nun diejenigen, die ihrer Meinung nach so aussehen, als kämen sie für eine unerlaubte Einreise in Betracht – wer das ist, bestimmt sich aber häufig nach rassifizierten Merkmalen. Vergleichbares gilt an sogenannten »kriminalitätsbelasteten« beziehungsweise »gefährlichen Orten«. Das sind festgelegte Gegenden, wo die Polizei besondere Befugnisse hat – bestimmte Straßen, Plätze, Bahnstationen, teilweise auch ganze Stadtteile. An diesen stellt sich dann die Frage, wen die Polizei für potenziell kriminell beziehungsweise gefährlich hält.[66]

Gleichzeitig verbietet Artikel 3 Absatz 3 S. 1 Grundgesetz dem Staat eine Ungleichbehandlung aufgrund von rassistischen Kriterien. *Racial Profiling* ist daher rechtswidrig, selbst wenn daneben noch andere Punkte zu der Kontrolle geführt haben – man spricht dann von einem Motivbündel. Das Anknüpfen an entsprechende Merkmale ist überhaupt nur in ganz eng begrenzten Ausnahmefällen erlaubt. Auswahlentscheidungen bei (verdachtsunabhängigen) Kontrollen dürfen daher grundsätzlich nicht auf Hautfarbe, zugeschriebene Herkunft oder ähnliche Kriterien gestützt werden. Vergleichbares gilt für die Begründung von Gefahr oder Verdacht, solange es keinen konkreten Hinweis darauf gibt, dass etwa eine gesuchte Person genau diese Merkmale aufweist. Gleichwohl findet *Racial Profiling* in der polizeilichen Praxis statt. Das zeigen nicht nur zahllose Berichte von Betroffenen, NGOs[67] sowie von Polizist:innen, sondern auch die beiden groß angelegten *European Minorities and Discrimination Surveys* (EU-MIDIS I und II) von 2009 und 2017.[68] So gaben von den in der ersten dieser Umfragen befragten Angehörigen migrantischer Minderheiten in Deutschland rund ein Viertel an, im letzten Jahr von der Polizei angehalten worden zu sein. Bei den Angehörigen der Mehrheitsgesellschaft sagten dies nur elf Prozent.[69] Im Afrozensus, einer Studie zur Lebensrealität von Schwarzen, afrikanischen und afrodiasporischen Menschen in Deutschland, gaben mehr als die Hälfte der

Befragten an, bereits ohne erkennbaren Grund von der Polizei kontrolliert worden zu sein, 29,9 Prozent passiert das demnach »manchmal«, »oft« oder »sehr häufig«.[70]

Wie kommt es dazu? Ein Beispiel: In bestimmten Parks mancher Großstädte spielen beim Verkauf von Drogen an Konsument:innen augenscheinlich *People of Color* eine besondere Rolle, jedenfalls schreibt die Polizei ihnen diese Rolle zu. Danach richtet sich die polizeiliche Kontrollpraxis, sie trifft an diesen Orten ganz überwiegend *People of Color*. Wenn eine Gruppe junger weißer Menschen sich an einer Parkbank trifft, werden sie meist als Student:innen, Tourist:innen oder Konsument:innen wahrgenommen, eine Gruppe junger Schwarzer Menschen hingegen eher als Drogenverkäufer:innen. Die handelnden Polizist:innen nehmen das zumeist als neutrale Aufgabenerfüllung wahr. Aus ihrer Sicht sind es nun mal überwiegend Nichtweiße, die dort Drogen verkaufen, und deren Durchsuchung ergibt dann auch regelmäßig Treffer. Die Ergebnisse scheinen das Vorgehen also zu bestätigen, sodass sich die Annahme als polizeiliches Erfahrungswissen verfestigt. Solches *Profiling* gilt innerhalb der Organisation als normal und zweckmäßig. Dass die Polizei an diesen Orten mehr Schwarze Menschen kontrolliert, liegt aus polizeilicher Sicht nicht daran, dass diese Schwarz sind, sondern daran, dass sie öfter mit Drogen handeln würden, öfter tatverdächtig sind. In der Praxis überlagern sich die Kategorien »Schwarz« und »tatverdächtig« aber. Sie verschränken sich, und das Merkmal des Schwarzseins beeinflusst die Kontrollauswahl bezüglich des Tatverdachts. Das ist aus verschiedenen Gründen problematisch.

Erstens tendieren derartige Prämissen dazu, sich selbst zu bestätigen (»*self-fulfilling prophecy*«). Pointiert gesagt, wird eine Polizei, die vor allem Schwarze Menschen kontrolliert, auch vor allem Schwarze Tatverdächtige finden. Es ist sehr schwierig bis unmöglich, die eigenen Erfahrungen rückblickend realitätsgetreu zu analysieren und einzuordnen. Erlebnisse, in denen sich die Vorannahmen bestätigt haben, werden als wichtiger bewertet und prägen sich stärker ein als diejenigen, die ihnen entgegenstehen; Drogenfunde bleiben eher im Gedächtnis als erfolglose Kontrollen. Damit stellt die polizeiliche Praxis selbst das Wissen her, auf dessen Basis sie dann fortgeführt wird. Dieses Wissen kann angesichts dieser permanenten Reproduktion verzerrt oder sogar falsch sein, weil es eben daraus resultiert, dass vor allem eine bestimmte Gruppe in den Blick genommen wird und andere unter dem Radar bleiben.

Zweitens besteht immer die Möglichkeit, dass die Person sich als unverdächtig herausstellt und somit nur oder auch aufgrund ihrer dunklen Haut oder anderen unzulässigen Merkmalen einem unzweckmäßigen und rechtswidrigen polizeilichen Grundrechtseingriff ausgesetzt wurde. Auch an Orten, an denen die Beamt:innen aufgrund langer Erfahrung zu wissen meinen, wonach sie suchen, nach welchem Profil sie Ausschau halten müssen, können die Maßnahmen »die Falschen« treffen.

Drittens besteht die Gefahr, dass sich das auf diese Weise entstandene polizeiliche Wissen – welche Orte sind belastet, wer ist verdächtig, welche Gruppen begehen welche Straftaten – verselbstständigt und von einer Sammlung individueller Erlebnisse zu einem Lehrsatz entwickelt. Dabei gerät in den Hintergrund, dass Kriminalität von Lebensumständen und sozialer Lage abhängt, nicht von Hautfarbe oder Herkunft. Das kann dazu führen, dass entsprechende Stereotype nicht nur dort wirken, wo das polizeiliche Wissen entstanden ist (also etwa in besagten Parks), sondern verallgemeinert werden und so auch an anderer Stelle Einfluss auf die polizeiliche Praxis nehmen. Das kann dazu führen, dass ganze Bevölkerungsgruppen stigmatisiert werden.

Begrifflichkeiten wie das nach der Kölner Silvesternacht 2015/16 bekannt gewordene »Nafri«[71] als interne Arbeitsbezeichnung der Polizei nicht nur in NRW für »Nordafrikaner« oder »Nordafrikanische Intensivtäter« zeigen, wie sich die Polizei rassifizierender Kategorisierungen für ihre tägliche Arbeit bedient, sich das daraus erwachsende polizeiliche Erfahrungswissen verselbstständigen kann und sich stereotype Konzepte festsetzen können – als würde die Herkunft Straftaten begünstigen. Der marokkanische Tourist, der ägyptische Student, der algerische Geflüchtete und der tunesische Taschendieb drohen in den Augen der Polizei zum »Nafri« zu verschmelzen, wenn sie ihnen am Hauptbahnhof begegnet – und sie deshalb kontrolliert.

Folgen für die Betroffenen

Ob sie gezielten Diskriminierungen oder unbewussten Formen der Andersbehandlung zum Opfer fallen – für die Betroffenen ist der Unterschied nicht allzu groß. Zum einen führen bereits Mikroaggressionen wie die Aufforderung, Deutsch zu sprechen oder eine religiöse Kopfbedeckung abzunehmen, den Betroffenen ihre vermeintliche Nichtzugehörigkeit vor Augen. Zum anderen ist auch eine unbewusste oder strukturelle Diskriminierung mitunter mit schwerwiegenden Nachteilen verbunden. So steigt für Angehörige rassifizierter Gruppen, die häufiger in Polizeikontakte, Kontrollen und konfrontative Situationen gebracht werden, das Risiko, in eine Eskalation zu geraten und Gewalt zu erfahren, wie wir bereits in Kapitel 3.1 gezeigt haben. Fälle wie der von Oury Jalloh, der im Januar 2005 unter nach wie vor nicht aufgeklärten Umständen gefesselt in der Gewahrsamszelle eines Polizeireviers in Dessau-Roßlau verbrannte,[72] zeigen, wie solche Situationen schlimmstenfalls enden können. Wenn bestimmte soziale Gruppen oder Communities im Fokus der Polizei stehen und deshalb einer erhöhten Kontrolldichte ausgesetzt sind, wird das auch als »*Overpolicing*« bezeichnet.

Wie wirken sich solche Diskriminierungen und insbesondere *Racial Profiling* auf die Betroffenen aus? Was macht es mit jungen Menschen mit Zuwanderungsgeschichte, wenn sie regelmäßig mit Polizeikontrollen rechnen müssen, auch wenn sie nichts Falsches getan haben? Wer nur selten in solche Situationen gerät und keiner dieser Gruppen angehört, weiß möglicherweise nicht, dass Kontrollen, auch wenn man sich keiner Schuld bewusst ist, keineswegs harmlos sind. Zunächst stehen derartige Interaktionen von Beginn an unter Spannung. Weil Polizist:innen immer auf ihre Eigensicherung achten müssen und auf die Wahrung ihrer Autorität bedacht sind, ist ihr Umgang mit den Kontrollierten häufig relativ strikt. Das gilt umso mehr bei der Kontrolle von Menschen, die von der Polizei aufgrund von Stereotypisierung für gefährlicher gehalten werden. Personen müssen sich unter Umständen an die Wand stellen, werden »gefilzt« oder dürfen während der Maßnahme nicht sprechen. Aber auch wenn man nur auf der Straße angehalten wird oder im Auto sitzen bleibt, sind solche Begegnungen oft aufgeladen. Betroffene werden in ihren Aussagen hinterfragt, fühlen sich verdächtigt, berichten von herablassender Behandlung. Unter Umständen endet die Maßnahme auch nicht mit dem Vorzeigen des Ausweises, sondern soll auf der Wache fortgesetzt werden, vielleicht soll zur Feststellung etwaigen Drogenkonsums noch eine Blutprobe entnommen werden. Bei alldem kann schon eine von den jeweiligen Beamt:innen falsch eingestufte Reaktion eine gewaltsame Eskalation in Gang setzen und eine Anzeige wegen Widerstands oder Beleidigung nach sich ziehen. Mitunter genügt es dafür auch, ausdrücklich seine Rechte geltend zu machen, das Vorgehen zu hinterfragen, Aufforderungen nicht ohne Weiteres nachzukommen oder ungehalten zu werden.

Die Betroffenen erleben diesen Umgang regelmäßig als stigmatisierend, als Markierung ihrer Nichtzugehörigkeit, aber auch als demütigend. Gerade für viele junge Männer stellen solche Kontrollen eine wiederholt erlebte Form der Diskriminierung dar.[73] Das hat Folgen für ihr Verhältnis zur Polizei. Angehörige rassifizierter Gruppen, die polizeilichen Rassismus oder Diskriminierung erfahren, können sich kaum wehren, weil sie einer Organisation mit Macht und großer Anerkennung gegenüberstehen. Gleichzeitig erschüttern solche Erfahrungen das Vertrauen in die Polizei als Organisation. Berichte von NGOs und von Betroffenen zeigen, dass viele von ihnen auch bei anderen Formen der Diskriminierung nicht die Polizei zur Hilfe rufen, weil sie sich von ihr keine Unterstützung versprechen. Für einen Teil der Betroffenen ist Polizei nicht Schutz, sondern Bedrohung. Auf diese Weise kommen *Overpolicing* und *Underpolicing* zusammen.[74]

Ein konkretes Instrument, das im Kontext des *Racial Profiling* helfen kann, sind sogenannte Kontrollquittungen, wie sie derzeit in Bremen und Berlin eingeführt werden.[75] Führen Beamt:innen eine Kontrolle durch, stellen sie hierüber eine Quittung aus. Dabei reflektieren sie notwendig, welche Gründe ihre Auswahl geleitet haben. Die von der Kontrolle Betroffenen erhalten einen Durchschlag der Quittung. Sollten sie häufiger kontrolliert werden, können sie dies dokumentieren. Noch bedeutsamer wäre es, wenn der Gesetzgeber die Auswahlentscheidungen bei Kontrollen an konkrete rechtliche Voraussetzungen knüpfen würde. Soll eine Kontrolle ohne konkreten Anlass erfolgen, fehlt es den Beamt:innen vor Ort an Anhaltspunkten für ihre Auswahlentscheidung. Die Abschaffung verdachtsunabhängiger Kontrollen wäre somit ein wichtiger Schritt, um *Racial Profiling* zu begegnen.

Wie kommt der Rassismus in die Polizei und wie wirkt er dort?

Woher der Rassismus in der Polizei kommt, wird in der Polizeiforschung bislang mit einem starken Fokus auf die Einstellungen der Beamt:innen untersucht, die häufig als individuelles Problem verstanden werden. Dabei wäre es gerade hier wichtig, sich stärker auch den strukturellen Gegebenheiten zuzuwenden, die rassistische Einstellungen wie auch Praktiken befördern. Im Wesentlichen werden in der Forschung zwei Ansätze verfolgt, die man als *Rekrutierungsthese* und als *Sozialisationsthese* bezeichnen kann: Während Letztere davon ausgeht, dass diese Einstellungen sich im Laufe der beruflichen Tätigkeit herausbilden, nimmt die Rekrutierungsthese an, dass Rassismus und ähnliche Einstellungen durch eine bestimmte Personalauswahl in die Polizei gelangen. Vermutlich haben beide Ansätze ihre Berechtigung. Die jüngere Forschung deutet jedoch darauf hin, dass der Sozialisation in der Organisation größere Bedeutung zukommen könnte.

Die Sozialisationsthese schließt in vielerlei Hinsicht an die Prozesse an, die in den vorigen Unterkapiteln beschrieben worden sind: Demnach begegnen Polizist:innen rassifizierten Menschen oft vor allem in einem beruflichen Kontext, in dem diese als problematisch oder als Straftäter:innen wahrgenommen werden. Diese negativen Erfahrungen drohen verallgemeinert zu werden. Denn wie wir bereits erfahren haben, nutzen Polizist:innen soziale Kategorisierungen bei ihrer Arbeit intensiver als andere Menschen. Als Vertreter:innen der Mehrheitsgesellschaft und oftmals Angehörige der Mittelschicht haben Polizist:innen darüber hinaus meist eine vergleichsweise privilegierte Position. Sie machen daher persönlich eher wenig diskriminierende Erfahrungen, sodass es ihnen tendenziell an Sensibilität für diese Welt fehlt.

Berufliche Belastungen und solche negativen Erfahrungen im Dienst können demnach dazu beitragen, dass Rassismus in der Polizei Raum greift. Falsch wäre es jedoch, dies als vorrangigen oder gar alleinigen Grund für solche Sozialisationsverläufe zu sehen, denn die Entstehungszusammenhänge sind deutlich vielfältiger, wie wir gleich noch sehen werden. Gleichwohl wird diese Erklärung in der Debatte häufig besonders stark gemacht.[76] Versteht man Rassismus als Reaktion auf Belastungen und auf das Verhalten Dritter, delegiert das einen Teil der Verantwortung an andere, nämlich die Betroffenen, und enthält so bereits rechtfertigende Elemente. Mit diesem Erklärungsansatz lässt es sich sowohl in der Polizei als auch in Teilen der Politik leichter leben als mit anderen. Das daraus in der Polizei entstehende Narrativ birgt jedoch erhebliche Gefahren: Es führt nicht nur zu einer voreiligen Entlastung, sondern verhindert auch, dass Verantwortung für Missstände und Fehlverhalten übernommen wird.

Es wäre zudem deutlich zu kurz gegriffen, wenn man Rassismus in der Polizei vorrangig als Problem individueller Einstellungen angesichts negativer Erfahrungen oder Belastungen begreifen würde. Vielmehr vermengen sich hier individuelle, situative und strukturelle Faktoren. Das zeigt schon die Sozialisationsthese, derzufolge die vielfältigen Bedingungen polizeilicher Tätigkeit die Einstellungen der Beamt:innen prägen. Am Beispiel des *Racial Profiling* haben wir gesehen, dass sich solche strukturellen Bedingungen auch unabhängig von individuellen Einstellungen im Handeln von Polizist:innen niederschlagen können. Es lohnt sich also, einen genaueren Blick auf die Strukturen polizeilicher Tätigkeit zu werfen, die unter Umständen solche problematischen Einstellungen und Praktiken befördern.[77]

Zunächst ist die Polizei als klar strukturierte Organisation in verschiedener Hinsicht besonders anfällig für solche Formen der Diskriminierung: Hierarchie, Macht und Privilegien sind zentrale Charakteristika der Organisation Polizei und gleichzeitig entscheidend für die Entstehung von Diskriminierung. Polizist:innen sind es also gewohnt, sich in einem Feld zu bewegen, das von diesem Koordinatensystem bestimmt ist.

In den Kapiteln 1.2 und 1.4 haben wir zudem gesehen, dass es seit jeher zur Aufgabe der Polizei gehört, die soziale Ordnung aufrechtzuerhalten und dazu zwischen Normalität und Abweichung zu unterscheiden. Ein Auge auf die »Anderen« und »Fremden« zu haben, spielt dabei eine hervorgehobene Rolle. Das »Ausländerthema« ist auf diese Weise fester Bestandteil polizeilicher Sozialisation mit einem umfangreichen Bestand polizeilichen Wissens. Zwar wandeln Gesellschaft und Polizei sich stetig, sodass die diesbezüglichen Anschauungen heute andere sind als vor 20 oder gar 50 Jahren. Gleichwohl fällt das im Laufe der Zeit entstandene (vermeintliche) Wissen nicht einfach weg, sondern wird in veränderter Form in der Polizei weitergegeben und lebt so in der Organisation fort. Minderheiten und als fremd gelesene Menschen stehen daher in einem besonderen Fokus. Parallel dazu gibt es die Tendenz einer Rassifizierung von Problemen, was wiederum zu rassistischen Einstellungen und Praktiken führen kann. Das bedeutet, dass soziale Phänomene und Verhältnisse mit rassifizierenden Merkmalen in Zusammenhang gebracht werden, die aber allenfalls eine mittelbare Rolle spielen.

Gut sichtbar werden diese Mechanismen zum Beispiel beim Thema »Clan-Kriminalität«, die von Polizei und Kriminalpolitik seit einigen Jahren äußerst prominent thematisiert wird. Bei näherer Betrachtung erweist sich der Begriff als weitgehend inhaltsleere Floskel, die nur dann funktioniert, wenn sie mit Kontextwissen über die vorherrschenden Stereotype und Vorurteile gefüllt wird. Zwar ist ein Clan schlicht ein größerer Familienverband. Wer aber meint, die im November 2017 zu mehrjährigen Haftstrafen verurteilten Mitglieder der deutschen Familie Schlecker könnten unter diesen polizeilichen Arbeitsbegriff fallen, hat weit gefehlt.[78] Gemeint sind nur Familien mit Zuwanderungsgeschichte, in der Regel arabischstämmige »Großfamilien«, deren Tätigkeit als Organisierte Kriminalität bewertet wird – nicht aber die italienische »Mafia«, die wiederum ihr eigenes, etwas aus der Mode gefallenes Label bekommen hat. Der Begriff »Clan-Kriminalität« markiert also einen spezifischen Bereich der sogenannten »Organisierten Kriminalität« und verbindet diesen mit arabischstämmigen Familien.

Natürlich ist es Aufgabe der Polizei, gerade schweren Straftaten und solchen der »Organisierten Kriminalität« nachzugehen. Im Fall der »Clan-Kriminalität« ist allerdings bemerkenswert, wie sie diesen Teil ihrer Arbeit in der Öffentlichkeit präsentiert. Dies beginnt damit, dass die »Clankriminalität« überhaupt als eigenständige Form von Kriminalität bezeichnet wird. Jeder Kriminalitätsbereich hat zwar seine Besonderheiten und fordert daher eine spezielle Bearbeitung, aber wie kommt es, dass in der polizeilichen Wahrnehmung und in der öffentlichen Darstellung das Merkmal »arabischstämmige Familie« eine derart überragende Bedeutung erlangt? Hier wird ein tatsächlich bestehendes gesellschaftliches Problem – dass sich Gruppen zusammentun, um kriminelle Netzwerke aufzubauen und in großem Stil andere auszunutzen und Straftaten zu begehen – mit einem rassifizierenden Anstrich versehen. Das räumt die Polizei auch selbst ein, etwa im ersten Lagebild zur »Clan-Kriminalität« aus dem LKA NRW:

> »Gleichwohl ist darauf hinzuweisen, dass dieser methodische Ansatz eine an ethnischen Kriterien orientierte Profilbildung darstellt und darum mit besonderer Sensibilität insbesondere in der Öffentlichkeit kommuniziert werden sollte.«[79]

Dieser Vorsatz ist allerdings weitgehend folgenlos geblieben, tatsächlich gehen die Strafverfolgungsbehörden in diesem Deliktsbereich mit einer unnachgiebigen Härte und mit einem Kräfteaufwand vor, die in anderen Deliktsbereichen – auch solchen mit weitaus größeren Schäden – ihresgleichen suchen. Das Vorgehen gegen »Clan-Kriminalität« wird von Kriminalpolitik und Polizei zudem von einer äußerst intensiven Öffentlichkeitsarbeit begleitet: Politiker:innen setzen sich medienwirksam für ein hartes Vorgehen ein, Landeskriminalämter geben gesonderte Lagebilder zur Thematik heraus, und Aufnahmen von Razzien in Shisha-Bars und arabischen Cafés gehen durch die Presse. Dabei wird bei den als »Nadelstiche« präsentierten Durchsuchungen oft nicht mehr als unverzollter Tabak gefunden.[80]

So nimmt die (erst geschaffene) Kategorie der »Clan-Kriminalität« in der öffentlichen Wahrnehmung eine überproportionale Größe an, obwohl sie tatsächlich nur einen kleinen Ausschnitt der »Organisierten Kriminalität« ausmacht. Dabei wird das Phänomen als migrationsbezogenes Problem geframt, auch wenn es solche Kriminalitätsformen in anderen Communities und vor allem unter Deutschen ebenso gibt. Der starke Fokus auf die Herkunft der Tatverdächtigen lässt die »Clan-Kriminalität« zu einem Zerrbild des eigentlichen Problems werden.

Dieses medial verstärkte Zerrbild wirkt in die Gesellschaft, die es als Abbild der Wirklichkeit versteht und nicht selten bereitwillig aufnimmt, und droht auf alle arabisch gelesenen Personen zurückzufallen. Der Streit zwischen Jugendlichen wird zur »Clan-Schlägerei«, (vermeintlich) arabischstämmige Menschen sind Vorverurteilungen und vermehrter Kontrolle ausgesetzt und die Stigmatisierung »kriminelle Araber in unzivilisierten Großfamilien« brennt sich in das gesellschaftliche Bewusstsein ein. Der Erfolg der Fernsehserie *4 Blocks*, die von den kriminellen Machenschaften eines libanesischstämmigen »Clans« in Berlin handelt, zeugt von der Faszination, die diese Welt ausübt.

Zugleich droht die öffentlich wirksame Rassifizierung von Kriminalität durch dieses Konzept auch Stereotype und Rassismus innerhalb der Polizei zu befördern und speist neues Erfahrungswissen, das sich zu polizeilicher Praxis verfestigt. Im September 2020 wurde eine interne Schulungsbroschüre der Essener Polizei bekannt, in der unter dem Titel »Arabische Familienclans«[81] unter Anspielung auf rassistische Figuren und Stereotype praktische Handlungsansätze abgeleitet werden. Die Angehörigen der »Clans« werden dabei konsequent entindividualisiert: Die Männer seien »Stammhalter und Entscheidungsträger«, die Rolle der Frauen beziehe sich »auf ihre Gebärfunktion zur Gewährleistung des Clanerhalts«. Schwachstellen der Clans lägen etwa in ihrer patriarchalen Struktur, ihrem Glauben, dass »Anwälte alles zum eigenen Wohl regeln können«, und der Bedeutung von Statussymbolen. Entsprechend könnten sie beispielsweise durch die »Verletzung und Schwächung der Männlichkeit (insbesondere auch durch Frauen)« getroffen werden, und es wird empfohlen, das anwaltliche Sicherheitsgefüge gezielt anzugreifen und Geld sowie Luxusartikel wegzunehmen. Weil Clan-Mitglieder ängstlich auf Hunde reagierten, eigneten sich Hundestaffeln. Holzschnittartige kulturelle Stereotype werden mit militärisch anmutenden Hinweisen vermengt, wie der Gegner – eine Familie – zu »schwächen«, »treffen« und »bekämpfen« sei.

Polizeilicher Rassismus und Gesellschaft

Für die Gesellschaft hat eine solche polizeiliche Praxis Signalwirkung. Sie reproduziert gesellschaftliches Wissen und Vorurteile, wonach bestimmte Gruppen von Menschen bestimmte Eigenschaften haben und zum Beispiel vermehrt bestimmte Straftaten begehen, und prägt so soziale Wirklichkeit.[82] Kategorien wie Verdacht und Gefährlichkeit werden nicht nur bei der Polizei, sondern in der Gesellschaft insgesamt an Merkmale und Zuschreibungen geknüpft, die rassistisch aufgeladen sind. Andersherum orientiert sich die Polizei in ihrer Praxis an mehrheitsgesellschaftlichen Wertungen, und ihre Prioritäten sind an den schon bestehenden Vorstellungen von Kriminalität und Sicherheit ausgerichtet. Ein Teufelskreis.

Innerhalb der Polizei sorgt die gesellschaftliche Debatte

über Rassismus, die wir seit 2020 verstärkt erleben, meist nicht für besorgte Nachfragen bei den Betroffenen, sondern eher für Irritationen, Unverständnis, Widerwillen und Abwehr. Warum ist das so? In der Gesellschaft und gerade auch in der Polizei dominiert nach wie vor eine recht oberflächliche Vorstellung von Rassismus als bewusster Einstellung Einzelner und als offensichtliche, gezielte Benachteiligung.[83] Deshalb wird Rassismus vor allem als Problem der extremen Rechten verstanden und nicht als gesamtgesellschaftliches Problem gesehen. »Wir sind da völlig neutral und machen keine Unterschiede« ist zum Beispiel ein Satz, den man in der Polizei häufiger hören kann. Er zeigt deutlich, dass es wenig Bewusstsein darüber gibt, dass Rassifizierung und Gruppenkonstruktionen sehr wohl einen Unterschied machen, auch wenn sie sich unbewusst oder strukturell bedingt auswirken.

Zugleich versteht sich die Polizei als rechtsstaatliche, dem Grundgesetz verpflichtete Organisation, die Rassismus und Diskriminierung also quasi automatisch entgegentritt. Auch wenn Polizei- und Polizist:innenkultur an dieser Stelle nicht immer übereinstimmen und sich in einem gewissen Spannungsverhältnis befinden, haben viele Polizist:innen das Selbstbild, nicht rassistisch beziehungsweise sogar antirassistisch zu sein. Und doch werden gewisse Minderheiten und vor allem als fremd gelesene Personen von der Polizei im Ergebnis eher als problematisch und verdächtig wahrgenommen, weniger als vulnerable Gruppen, obwohl sie zum Beispiel von *Hate Crimes* besonders betroffen sind und mit besonderen Belastungen zu kämpfen haben.[84] In der Folge versteht die Polizei Rassismuskritik häufig als diskreditierenden Angriff, was dazu führt, dass sie sie nicht annimmt und sich stattdessen der Diskussion entzieht.

Um Diskriminierungen in der polizeilichen Praxis zu reduzieren, bedarf es in der Polizei einer Sensibilisierung und permanenter Reflexion auf individueller wie institutioneller Ebene. Das Beispiel »Clan-Kriminalität« führt eindrücklich vor Augen, dass Rassismus in der Polizei nicht nur eine Frage individueller Einstellungen ist, sondern die Suche nach seinen Entstehungszusammenhängen ebenso Aufgaben, Strukturen und tradierte Wissensbestände in der Organisation in den Blick nehmen muss. Neben mehr Diversität in der Polizei selbst bedarf es eines umfassenden Wandels des polizeilichen Umgangs mit Diversität, der die Rassifizierung von Kriminalität und anderen sozialen Phänomenen vermeidet. Gerade im Umgang mit Alltagsrassismus und Stereotypen sind eine klare Haltung und Führungsverantwortung vor allem auch auf der mittleren Ebene gefragt. Und will man der diesbezüglichen beruflichen Sozialisation in der Organisation entgegenwirken, muss man auch die Beamt:innen auf der Straße mitnehmen. Sie brauchen Raum, um berufliche Alltagserfahrungen reflektieren zu können, sowie Aus- und Fortbildungen in Form von rassismuskritischen Trainings, wie sie in anderen Berufen selbstverständlich sind, um eigene Vorurteile zu hinterfragen und Stereotype aufzubrechen.

3.3 RECHTSEXTREMISMUS IN DER POLIZEI

Weihnachtsbaumkugeln mit SS-Runen, Beamt:innen singen die erste Strophe des Deutschlandliedes, Flüchtlinge in einer Gaskammer.[85] Die Bilder und Videos, die Strafverfolgungsbehörden im September 2020 in WhatsApp-Chat-Gruppen von Polizist:innen aus Mülheim und anderen Städten im Ruhrgebiet finden, sind erschreckend. Unzählige Dateien aus mehreren Chat-Gruppen, die teilweise bis ins Jahr 2012 zurückreichen, werden sichergestellt. NRW-Innenminister Herbert Reul (CDU) spricht später von »übelster und widerwärtigster neonazistischer, rassistischer und flüchtlingsfeindlicher Hetze«.[86] Er bezieht öffentlich Stellung gegen Rechtsextremismus in der Polizei, setzt einen Sonderbeauftragten ein und lässt ein Lagebild erstellen. Daraufhin wird eine ganze Reihe weiterer Fälle bekannt – zumeist, weil andere Polizist:innen sie melden.

Unter dem Begriff des Rechtsextremismus werden autoritär-antipluralistische Einstellungen zusammengefasst, die Ungleichwertigkeitsideologien wie Nationalismus, Rassismus und Sexismus vertreten und eine Affinität zu Militarismus und Gewalt aufweisen. Er knüpft an die Strömung der politischen Rechten an, umfasst aber nur einen Teil des Spektrums der dort vertretenen Ansichten. Die denkbare Bandbreite dessen reicht von Äußerungen in eher lose verbundenen Chat-Gruppen, hinter denen nicht immer gefestigte rechtsextreme Einstellungen stehen müssen, bis hin zu neonazistischen Subkulturen oder gewaltsamen Umsturzplänen. Die Übergänge zwischen diesen unterschiedlichen Phänomenen können fließend sein.

Wie rechts ist die Polizei?

Rechtsextremismus in Sicherheitsbehörden ist in vielen Ländern ein nicht nur vorübergehendes Problem, wie etwa Österreich, Spanien und Griechenland zeigen. Die deutsche Polizei bildet dabei keine Ausnahme. Im Zuge ihrer Akademisierung und Professionalisierung schien die Organisation das Phänomen zwischenzeitlich zwar besser in den Griff bekommen zu haben. Hunderte von Fällen, die in den vergangenen Jahren in praktisch allen Landes- und Bundespolizeien bekannt geworden sind, zeichnen aber ein deutlich anderes Bild. Denn nicht nur in der Polizei Nordrhein-Westfalen sind besorgniserregende Chatverläufe aufgetaucht. Auch in zahlreichen anderen Bundesländern wurden in den Monaten danach ganz ähnliche Gruppen bekannt. Von Einzelfällen ist schon lange keine Rede mehr. Was die Fälle eint: Sie wurden entweder zufällig bei anderen Ermittlungen oder durch Hinweise aus den Behörden selbst bekannt. Und sie ermöglichen einen Blick in die Gesinnungswelt eines Teils der Polizeibeamt:innen, die vorher unzugänglich war. In den Chat-Gruppen wurde gespeichert und dauerhaft festgehalten, was früher als Spruch auf der Dienststelle nur Anwesende mitbekommen haben.

Die rassistischen und NS-verherrlichenden Inhalte zeigen schlaglichtartig, welche Kultur in manchen Teilen der Polizei herrscht. Gleichwohl bleiben sie Gedankenfetzen, flüchtige Fragmente, deren tatsächliche Aussagekraft über politische Einstellungen innerhalb der Polizei schwer einzuordnen ist. Zudem handelt es sich nur um einen kleinen Ausschnitt des Problems Rechtsextremismus in der Polizei: Polizist:innen kandidieren auf den Wahllisten rechter Parteien wie der AfD. Der Mann mit dem Deutschlandhut, der im Sommer 2018 vorübergehend zweifelhafte Berühmtheit erlangte, weil er bei einer Pegida-Demonstration ein Kamerateam anging, entpuppte sich später als Mitarbeiter des sächsischen LKA. Im September 2021 wurde bekannt, dass eine junge Kommissarin aus der Polizeiinspektion Dessau-Roßlau eine rege Brieffreundschaft mit dem Halle-Attentäter pflegte, der 2019 unter anderem die dortige Synagoge und einen Kiez-Imbiss angegriffen und zwei Menschen getötet hatte.[87]

Eine weitere Facette polizeilicher Verstrickung mit rechtsextremen Netzwerken wurde seit 2017 Stück für Stück unter den Stichworten »Hannibal« und »Nordkreuz« publik, weil Medien – allen voran die *taz* – hartnäckig recherchierten. Das Hannibal-Netzwerk ist diesen zufolge ein um 2015 gebildeter Zusammenschluss rechter »Prepper«-Gruppen mit Mitgliedern unter anderem aus Bundeswehr, Polizei und anderen Behörden, die teilweise anstreben sollen, eine »Schattenarmee« aufzubauen, und einen bewaffneten Umsturz vorbereiten.[88] Eine der bekanntesten dieser Gruppen ist Nordkreuz, zu der auch Polizist:innen gehören und die gute Verbindungen in die Sicherheitsbehörden hat. Ihr sollen neben Bundeswehrsoldat:innen insbesondere Polizist:innen aus Mecklenburg-Vorpommern bis in das LKA und frühere SEK-Beamte angehört haben. Bei Mitgliedern wurde Munition aus mindestens sieben verschiedenen Länderpolizeien und der Bundespolizei gefunden. Ein ehemaliges Nordkreuz-Mitglied veranstaltete demnach auf seinem Schießplatz zusammen mit dem LKA und unter der Schirmherrschaft des damaligen Innenministers von Mecklenburg-Vorpommern, Lorenz Caffier (CDU), jahrelang sogenannte Special-Forces-Workshops, an denen Spezialeinheiten von Polizei und Bundeswehr aus ganz Deutschland und dem Ausland teilnahmen.[89] Caffier trat im November 2020 zurück, nachdem publik wurde, dass er eine Waffe von dem umstrittenen Betreiber des Schießplatzes erhalten hatte.[90] Im Dezember 2021 erging ein Strafbefehl gegen Caffier wegen Vorteilsannahme, weil er die Waffe unentgeltlich erhalten habe, der mittlerweile rechtskräftig ist.[91]

In diesem Umfeld soll sich auch der Verein »Uniter« bewegen, in dem Soldat:innen, Polizist:innen und CDU-Politiker aktiv gewesen sein sollen und der vom Bundesamt für Verfassungsschutz wegen möglicher verfassungsfeindlicher Bestrebungen beobachtet wird (aber von einem Mitarbeiter des baden-württembergischen Verfassungsschutzes mitgegründet wurde).[92] Mitglieder dieser Netzwerke fuhren zu Schießübungen, horteten Waffen und führten Feindeslisten in Vorbereitung auf einen erwarteten Zusammenbruch des deutschen Staates – Aktivitäten, die weit über den Bildertausch im Chat hinausgehen.

Was zunächst oft als Ausnahmefall abgetan wird, offenbart sich damit als verfestigte Struktur: Teile der Polizei sind rechtsextrem oder haben eine gefährliche Affinität zur extremen Rechten. Wie groß das Problem in Deutschland ist, kann niemand genau beziffern. Ähnlich den Befragungen zu rassistischen Einstellungen gibt es nur wenige belastbare Untersuchungen, wie groß das Problem Rechtsextremismus in der deutschen Polizei zahlenmäßig ist. Das liegt zum einen daran, dass sich die Polizei bei diesem Thema besonders ungern untersuchen lässt. Zum anderen ist die Erforschung der Frage aber auch mit methodischen Herausforderungen verbunden:[93] Die derzeit von den Behörden selbst erstellten Lagebilder erfassen nur das Hellfeld bekannt gewordener und offiziell registrierter Fälle und somit nur die berüchtigte Spitze des Eisbergs. Für genauere Einblicke bräuchte es wissenschaftliche Untersuchungen. Führt man Befragungen zu Einstellungen durch, beteiligt sich allerdings stets nur ein eher kleiner, nicht repräsentativer Anteil der Beamt:innen. Des Weiteren kann das Problem der sozialen Erwünschtheit die Ergebnisse verfälschen. Denn Befragte tendieren zu Antworten, von denen sie annehmen, dass sie von den Fragenden erwünscht sind. Teilnehmende Beobachtungen weisen die Schwierigkeit auf, dass die Anwesenheit der beobachtenden Wissenschaftler:innen, die mit im Streifenwagen oder auf der Dienststelle sitzen, unwillentlich einen Einfluss auf das Geschehen hat.

Betrachtet man die vorliegenden Befunde in einer Gesamtschau, muss man davon ausgehen, dass es eine nicht unwesentliche Gruppe von Beamt:innen in der Polizei gibt, die ein geschlossenes, rechtsextremes Weltbild haben. Und dass es eine weitere, größere Gruppe gibt, die bestimmte ideologische Fragmente des Rechtsextremismus teilt. Manche von Letzteren würden sich selbst gar nicht rechtsaußen verorten, vertreten aber entsprechende Positionen. Zugespitzt kann man fragen, ob das Problem rechtsextremer Einstellungen in der Polizei genauso groß ist wie in der übrigen Gesellschaft – was schlimm genug wäre –, oder ob es dort größer ist.

Eine Befragung der Frankfurter Polizei ergab in den 1990er-Jahren, dass rund 15 Prozent der damals teilnehmenden Polizeibeamt:innen vorhatten, die rechtsradikalen »Republikaner« zu wählen.[94] Etwa zur selben Zeit stimmten 23 Prozent der befragten Polizeiauszubildenden bei einer Erhebung in NRW der Aussage zu, dass es in der Polizei rechtsextreme Tendenzen gebe.[95] Die jüngste Untersuchung der NRW-Stabsstelle zu rechten Chat-Gruppen erfasste in ihrem Lagebild im August 2021 insgesamt 186 Verdachtsfälle, also förmliche Verfahren im Zusammenhang mit rechtsextremistischen Tendenzen, die vor allem gegen männliche, eher junge Polizeibeschäftigte geführt wurden.[96] Gemessen an den mehr als 50.000 Beschäftigten der NRW-Polizei klingt das nicht nach sonderlich viel – es ist aber eben nur das Hellfeld bekannt gewordener und verfolgter Verdachtsfälle.

Strukturen, Taten, Ursachen

Rechtsextremismus ist eine mehr oder weniger explizite politische Einstellung, die sich aber ebenso wie Rassismus auch in konkreten Praktiken niederschlagen kann. Wo Menschen mit solchen Einstellungen zusammentreffen, können sich rechtsextreme Strukturen herausbilden. Diese können eine unterschiedliche Dichte aufweisen – von WhatsApp-Gruppen, Stammtischen oder Kontakten in sozialen Medien bis hin zu organisierten rechtsextremen Netzwerken in der Polizei oder sogar dem Versuch rechtsextremer Gruppierungen, die Polizei zu unterwandern. Mindestens ebenso bedeutsam wie das Ausmaß rechtsextremer Einstellungen scheint also, welche Rolle diese Einstellungen in der internen Kultur spielen und wie es sich in der polizeilichen Praxis auswirkt, wenn Verwalter:innen des Gewaltmonopols sich mit demokratie- und menschenfeindlichen Positionen gemein machen.

Schon die zahlreichen Fälle der Chat-Gruppen, aber auch die angesprochenen Prepper-Gruppen zeigen: Polizist:innen mit rechtsextremen Tendenzen oder Einstellungen leben ihre Gesinnung keineswegs nur vereinzelt für sich und im Geheimen aus. Gleichgesinnte finden sich zusammen und bilden gemeinsame Strukturen, die für Zusammenhalt sorgen und Identität stiften. Ab wann sich dabei von einem »Netzwerk« sprechen lässt, ist letztlich eine Frage der Definition. Schon über lose Zusammenschlüsse können sich einschlägige Einstellungen oder Inhalte in Dienstgruppen breitmachen. In welchem Ausmaß es darüber hinaus feste, organisierte rechtsextreme Netzwerke in der Polizei gibt oder sogar erfolgreiche Bestrebungen aus der rechtsextremen Szene, Teile der Polizei zu unterwandern, kann niemand genau sagen. Der derzeit bereits bekannte Umfang erscheint allerdings schon bedrohlich.[97] Zwar sind so weitreichende Fälle wie »Hannibal« und »Nordkreuz« vereinzelt geblieben. Andererseits zeichnen sich solche Strukturen gerade durch ihre verdeckte Vorgehensweise aus, die von außen schwer zu erkennen ist.[98]

Daneben gibt es regelmäßig Hinweise auf Verbindungen von Polizeibeamt:innen in die rechtsextreme Szene und ihre Beteiligung an entsprechenden Straftaten. Bei einem Berliner Polizisten, der als Kontaktbeamter für Betroffene einer Serie rechtsextremer Anschläge in Berlin-Neukölln ab 2016 zuständig war, stellte sich später heraus, dass er im April 2017 an einem rassistischen Angriff auf einen afghanischen Asylbewerber beteiligt gewesen sein soll.[99] Als ein lettischer Mann im Juni 2021 in Freiburg von einer Gruppe von Männern rassistisch beleidigt, verfolgt und angegriffen wurde, war unter den Beschuldigten ebenso ein Polizeibeamter wie bei dem rassistischen Übergriff einer achtköpfigen Gruppe auf einen Somalier in der Nähe von Chemnitz im Juli 2021.[100] Im Dezember 2017 wurden Drohbriefe an Angehörige der linken Szene in Berlin verschickt, die unter anderem Fotos aus Polizeidatenbeständen enthielten. Später gestand ein Berliner Polizist die Taten.[101] Im Laufe des 2021 begonnenen Prozesses um den brutalen Überfall durch Neonazis auf zwei Journalisten im thüringischen Fretterode wurden interne Ermittlungen gegen einen Polizeibeamten aufgenommen, der als Zeuge in dem Verfahren ausgesagt hatte: Er soll vor dem

Gerichtssaal einen der Verteidiger gefragt haben, ob seine Aussage in Ordnung gewesen sei.[102] Und im Fall der wegen Angriffen auf Rechtsextreme in Leipzig angeklagten Studentin Lina E. leitete die Generalstaatsanwaltschaft Dresden im Herbst 2021 ein Strafverfahren wegen des Verrats von Dienstgeheimnissen ein, nachdem interne Informationen aus Ermittlungsakten im rechten *Compact*-Magazin erschienen waren.[103] Der Vorsitzende des Berliner Landesbezirks der DPolG, Bodo Pfalzgraf, war nach Medienrecherchen Anfang der 1990er-Jahre Mitglied der rechtsextremen Republikaner und Gründungsmitglied des Vereins »Hoffmann-von-Fallersleben-Bildungswerk«, der dem Berliner Landesamt für Verfassungsschutz zufolge als »›Tarnorganisation‹ für Veranstaltungen von Rechtsextremisten und Neonationalsozialisten« gedient haben soll.[104]

Wie beim Rassismus lässt sich auch bei rechtsextremen Einstellungen darüber diskutieren, ob sie durch das Personal in die Organisation getragen werden oder im Laufe der beruflichen Sozialisation erst entstehen. Vermutlich spielt auch hier beides eine Rolle. Welche Menschen interessieren sich für einen Job bei der Polizei? Welche davon werden für die Ausbildung ausgewählt und welche nicht? In Kapitel 2.1 haben wir schon gesehen, dass die Motivationen der Bewerber:innen durchaus divers sind und es bei den Auswahlprozessen nicht durchgehend gelingt, problematische Bewerber:innen auszufiltern. Zugleich ist nicht zu übersehen, dass die Polizei als Organisation und Tätigkeit Merkmale aufweist, die einer rechtsextremen Orientierung jedenfalls nicht abträglich sind: Mit ihrer hierarchischen Struktur aus Befehl und Gehorsam, Uniform und Diensträngen kann sie einen gewissen Autoritarismus fördern, der auch zentrales Merkmal des Rechtsextremismus ist; Macht und Kontrolle sind Aspekte, die in beiden Feldern prägend sind; rechtsextremistische Feindbilder überschneiden sich mit bestimmten Abneigungen der *Cop Culture*, Männlichkeit und Gewalt spielen ebenso für beide eine wichtige Rolle; Recht und Ordnung gelten auch dem Rechtsextremismus als wichtige Werte.[105]

Im Zuge der Entwicklungen der letzten Jahrzehnte – hin zu einer demokratischeren, professionelleren und akademisierten Organisation – schien die Problematik des Rechtsextremismus zurückgedrängt, die Polizei wirkte moderner und fortschrittlicher. Die traditionsbewussten Generationen, die teilweise überkommene Vorstellungen von Gesellschaft und Staat pflegen, treten in den Ruhestand. Die neuen Generationen sind zunehmend besser ausgebildet, diverser und damit auch soziodemografisch insgesamt weniger anfällig für rechtsextremes Gedankengut. In diese Entwicklung wirkt nun allerdings seit einigen Jahren eine gesamtgesellschaftliche Gegenbewegung hinein, die sich in einer reaktionären Rückwärtsorientierung von Teilen der Bevölkerung und einer damit einhergehenden sozialen und politischen Fragmentierung zeigt. Parlamentarischer Ausdruck dieser Entwicklung ist die Etablierung der AfD, deren Einfluss auch in der Polizei mittlerweile deutlich zu spüren ist.

Die Rolle von AfD & Co.

Rechtsextremismus war in der Polizei der Bundesrepublik lange ein gewisses Tabu. Zwar gab es immer schon rechtsextreme Einstellungen in der Organisation, die bis zu einem gewissen Grad auch sagbar waren. Aber es war weithin verpönt, sich offen zu extrem rechten Parteien oder gar der rechtsextremen Szene zu bekennen. Wie in der Gesellschaft insgesamt, gab es eine deutliche Grenze, einen klaren Abstand zwischen rechtem Konservatismus und der extremen Rechten, die es verhinderten, dass sich in den Sicherheitsbehörden extrem rechte Flügel offen und in größerem Umfang herausbilden konnten. Rechtsextreme Bekenntnisse blieben eher unter dem Radar. Diese Grenze ist in den vergangenen Jahren zunehmend verschwommen. Die AfD und Pegida sowie ähnliche Zusammenschlüsse sind ebenso Produkt wie Motor dieser Entwicklung, die die extreme Rechte in Deutschland wieder salonfähig macht und zu ihrer politischen Etablierung geführt hat. Das geht auch an der Polizei nicht spurlos vorüber: Extrem rechte und rassistische Einstellungen werden auch hier sagbarer und lauter. Die Abgrenzung nach rechtsaußen vor allem an der Basis schwindet.[106]

Dies äußert sich zunächst in einer gewissen Nähe zwischen AfD und Teilen der Polizei. Die Partei bemüht sich mit ihrer Propaganda gezielt um Polizist:innen und kann dabei einige Erfolge verzeichnen: Schon 2019 saßen rund 20 (ehemalige) Polizist:innen für die AfD in Bundestag und Länderparlamenten, was den Anteil an Ordnungshüter:innen in den Fraktionen der anderen Parteien deutlich übersteigt.[107] Dabei bestehen große Unterschiede zwischen den Bundesländern und insbesondere zwischen Ost- und Westdeutschland: Wo die Gesellschaft stärker von rechten Parteien, Strukturen und Aktivitäten geprägt ist, wie in Teilen Ostdeutschlands, in denen die AfD bei Bundes- und Landtagswahlen zahlreiche Direktmandate erringt und teilweise die nach Zweitstimmenanteil stärkste Kraft ist, wirkt das offenbar auch auf die dortigen Polizeien. In Thüringen beispielsweise standen bei der Landtagswahl 2019 gleich fünf Polizeibeamte auf der Landesliste der AfD.[108] Vor diesem Hintergrund muss man für die neuen Bundesländer befürchten, dass die Zustimmungswerte für die AfD in der Polizei ähnlich hoch sind wie in der Bevölkerung insgesamt. Eine Expertenkommission in Sachsen etwa befragte im Jahr 2021 Polizist:innen zu dem Thema, von denen nach einem Bericht des MDR in den Gesprächen viele davon ausgingen, dass die AfD in der sächsischen Polizei »eine signifikante Anzahl von Anhängern und Wählern haben könnte«.[109]

Ganz aufgelöst ist die Grenze zur extremen Rechten in der Polizei aber (noch) nicht. Polizist:innen, die offen für die AfD oder andere extrem rechte Organisationen auftreten, gelten in der Organisation nach wie vor eher als Außenseiter:innen. Wer in rechten Medien wie *Tichys Einblick* oder *PI-News* publiziert, tut dies häufig anonym. Eine Ausnahme stellt ausgerechnet der langjährige Vorsitzende der DPolG Rainer Wendt dar, der sich bereits in mehreren Interviews mit *Tichys Einblick* positionierte. Viele rechte Polizist:innen scheuen sich hingegen offenbar noch, offen und offensiv mit ihren Einstellungen nach außen zu gehen. Aber hinter den lauten Funktionär:innen und Aktivist:innen steht eine Menge eher stiller Mitglieder, Wähler:innen und Sympathisant:innen, die bei einer zunehmenden Normalisierung der AfD sichtbarer und lauter werden dürften – und diese Normalisierung damit auch selbst befördern. Auch die DPolG, die am deutlichsten nach rechts offene Polizeigewerkschaft, ist in der Öffentlichkeit darauf bedacht, nicht mit der AfD zusammen aufzutreten oder in Zusammenhang gebracht zu werden. Rechts von Hans-Georg Maaßen (CDU), der sich im Bundestagswahlkampf 2021 reger Unterstützung durch DPolG-Chef Rainer Wendt erfreuen konnte, der *Jungen Freiheit* und der WerteUnion ist (öffentlich) Schluss.

Gleichwohl sind die inhaltlichen Überschneidungen zwischen diesen Kreisen, die im öffentlichen Auftritt auf Abgrenzung bedacht sind, immens: Wortmeldungen der DPolG und insbesondere die scharfen Töne des lautstarken Wendt werden in rechten und rechtsextremen Medien von *Junger Freiheit* bis *PI-News* und *Compact* in steter Regelmäßigkeit aufgegriffen und breit zitiert. Wendt, der seit Jahrzehnten CDU-Mitglied ist, gehört heute zum rechten Flügel der Partei. Die SZ hat ihn als »Mini-Maaßen« tituliert.[110] Wie wenige andere versteht der schillernde Funktionär es, durch zugespitzte Formulierungen und Provokationen Öffentlichkeit zu schaffen – und ist so in den Medien ein gern gesehener O-Ton-Lieferant. Seine eigenen Bücher tragen Titel wie *Deutschland wird abgehängt: Ein Lagebericht* oder *Deutschland in Gefahr: Wie ein schwacher Staat unsere Sicherheit aufs Spiel setzt.* Dort zeichnet Wendt drastische Bedrohungsszenarien, mitunter in einem Duktus, der sonst eher rechts der Union zu finden ist.

Das rechte Milieu greift diese Positionen zu Polizei, Migration und Kriminalpolitik mit Freuden auf. Umgekehrt drücken die rechten Blogs und Zeitschriften nicht nur Sympathie für die Polizei als Ordnungsinstrument aus, sondern zeigen auch viel Verständnis für die Alltagsprobleme der Polizeiarbeit und kritisieren – wie auch die Gewerkschaften – eine Unterfinanzierung und die schlechte Ausrüstung. Dass dies zum Teil eher vordergründig geschieht, zeigte sich beispielsweise bei den Polizeieinsätzen gegen die verbotenen Demonstrationen der Corona-Leugner:innen im Sommer 2021: Hier wurde in der rechten Presse nicht gezögert, einseitig die Gewalt der Polizei zu skandalisieren, als deren Verteidigerin man sich doch üblicherweise geriert.

Aber die Grenzen bröckeln nicht nur inhaltlich. Hinter den Kulissen, in Telegram- und Facebook-Gruppen treffen sich schon heute Konservative, Rechte und Rechtsextreme zu Themen der Inneren Sicherheit, darunter auch solche aus Polizei und anderen Sicherheitsbehörden. Und auch offene Überschneidungen zwischen polizeilichen Strukturen und dem rechten Rand nehmen zu. Ein Beispiel dafür ist Daniel Zerbin, Professor für Kriminalwissenschaften an der privaten Northern Business School in Hamburg und Lehrbeauftragter für Kriminologie an der Hochschule für Polizei und öffentliche Verwaltung (HSPV) NRW am Studienort Münster. Zuvor war Zerbin seinem Lebenslauf zufolge unter anderem Offizier der Feldjäger und als wissenschaftlicher Angestellter bei der Polizei Hamburg tätig. Heute tritt er zu Anträgen der AfD als Sachverständiger in parlamentarischen Anhörungen auf und kandidiert nach Angaben der Partei auf Listenplatz 11 bei der NRW-Landtagswahl 2022. Im September 2021 stellte ihn der AfD-Bundestagsabgeordnete Roger Beckamp auf seiner Facebook-Seite mit einem Video als AfD-Mitglied und »AfD-Kriminologen« vor. Das Video kommentierte Beckamp mit den Worten: »Natürlich wird solchen wirklichen Experten niemals im GEZ-Zwangsgebührenfernsehen ein Mikrofon angeboten werden. Diesen Mut zur Wahrheit gibt es nur bei der AfD und in der medialen Gegenöffentlichkeit zum Mainstream!« Im Oktober 2021 gab Zerbin dann dem rechtsextremistischen, vom Verfassungsschutz beobachteten Magazin *Compact* ein Interview.

Zugleich ist Daniel Zerbin seit 2021 Mitautor von zwei Lehrbüchern, die eine wichtige Rolle in der Polizeiausbildung in Nordrhein-Westfalen spielen und die im C.H. Beck Verlag erschienen sind, immerhin der in Deutschland führende juristische Fachverlag. Die Bücher *Kriminalwissenschaften I* und *Kriminalwissenschaften II* werden inzwischen in der 3. beziehungsweise 5. Auflage publiziert und richten sich gezielt an Polizei-Anwärter:innen an der HSPV NRW. Sie sollen die dortigen »Lehrveranstaltungen begleiten und ergänzen«, wie der Verlag auf seiner Webseite wirbt.

Angesichts solcher Beispiele scheint es fraglich, wie lange die ohnehin schon durchlässige und verwischte Grenze zur extremen Rechten in der Polizei halten wird. Chat-Gruppen, die diskriminierende Inhalte und geschmacklose Bilder teilen, erscheinen demnach nicht als größtes Problem. Gefährlicher sind rechte Ausbilder:innen, sind die inhaltlichen Übereinstimmungen zwischen Teilen der Polizei und extrem rechten Akteur:innen, sind die hohen Zustimmungswerte für die AfD, von denen man für manche Länderpolizeien ausgehen muss. Diese vergiften die Polizei langsam, wenn es an einer Brandmauer fehlt, die dieser Entwicklung entgegensteht.

Wie geht es weiter in der Polizei?

Angesichts dieser Entwicklungen steht die Polizei vor einer grundlegenden politischen Auseinandersetzung über den Umgang mit rechten und rechtsextremen Einstellungen in den eigenen Reihen. Während es in den alten Bundesländern bei dieser Auseinandersetzung tatsächlich um die Isolierung einer Minderheit geht, steht in den östlichen Bundesländern mit den sehr hohen Zustimmungswerten für die AfD in der Bevölkerung deutlich mehr auf dem Spiel. Hier ist unklar, ob und wie es der Organisation gelingen kann, einen klaren Abgrenzungskurs zur AfD oder zumindest zu deren rechtsextremen Teilen zu entwickeln.

Wie dieser Konflikt ausgehen wird, muss sich erst noch zeigen. Aber es zeichnet sich immerhin ab, dass Teile der Organisation seine Brisanz erkannt haben. Die Gewerkschaft der Polizei (GdP) etwa hat zu diesen Fragen eine klare Linie entwickelt und im März 2021 beschlossen, dass eine Mitgliedschaft in AfD und GdP sich ausschließen. In der Erklärung der Gewerkschaft zum Beschluss ihres Bundesvorstands heißt es:

> »Die AfD ist nach Auffassung der Gewerkschaft der Polizei eine im Kern rassistische, nationalistische, menschenverachtende, demokratie- und gewerkschaftsfeindliche Partei, deren politische Bestrebungen den Grundsätzen und Werten eines demokratischen und sozialen Rechtsstaats und dem solidarischen Prinzip der Gewerkschaft der Polizei konträr entgegenstehen.«[111]

Deutlich schwerer tun sich Politik und Verwaltungen. In den meisten Bundesländern gehen Ideen für Strategien gegen Rechtsextremismus in der Polizei nicht darüber hinaus, im Einstellungsverfahren eine Regelanfrage beim Verfassungsschutz vorzusehen oder sogenannte Extremismusbeauftragte einzusetzen.[112] Ein Tropfen auf den heißen Stein: Da die Truppe um Weidel, Höcke & Co. das Parteienprivileg genießt, darf ein Engagement für die AfD nicht ohne Weiteres Konsequenzen nach sich ziehen. Selbst wenn Parteien vom Verfassungsschutz beobachtet werden, genügt eine bloße Mitgliedschaft in der Regel (und zu Recht) nicht für entsprechende Maßnahmen. In verschiedenen Ländern zeichnet sich daher eine Unterscheidung ab zwischen einem Engagement für beziehungsweise einer Mitgliedschaft im ehemals sogenannten »Flügel« der Partei oder vergleichbar extremen Strömungen einerseits und sonstigen AfD-Mitgliedern andererseits.

Schwerwiegender als die formelle Parteizugehörigkeit ist indes die inhaltliche Bedrohung, die von der Verbreitung rechtsextremer Vorstellungen in der Polizei ausgeht. Gerade in den Ländern mit hohen Zustimmungswerten für die AfD in der Bevölkerung ist von der dort daher besonders wichtigen offensiven inhaltlichen Auseinandersetzung mit der Thematik in der Polizei bislang wenig zu sehen. Dabei zeigt sich schon jetzt: Je länger man diese Auseinandersetzung aufschiebt und je alltäglicher extrem rechte Positionen in diesen Bundesländern werden, umso schwieriger wird es, in der Polizei eine klare Linie der Abgrenzung zu etablieren.

Für die Frage, ob und wie sich extrem rechte Positionen in der Polizei entwickeln können, ist entscheidend, wie sich die Mehrheit der Polizist:innen gegenüber solchen Positionen und Vorfällen verhält. Also welches Umfeld sich innerhalb der Organisation insgesamt wie auch in den einzelnen Dienststellen der rechtsextremen Minderheit bietet. Werden rechtsextreme Polizist:innen von den Kolleg:innen und Vorgesetzten konfrontiert und erfahren sie Widerspruch – oder wird ihre Position stillschweigend toleriert? Eine Behörde, in der rechtsextreme Einstellungen und Äußerungen von einer schweigenden Mehrheit geduldet und damit akzeptiert werden, kann ihnen nicht nur keinen Einhalt gebieten, sondern bestärkt diese letztlich sogar und wird zu einem Resonanzraum rechter Ideologien, die sich auf die polizeiliche Arbeitsweise auswirken können.

Tatsächlich tut sich die Organisation im Alltag mit dieser Abgrenzung schwer. Zunächst wird in der Polizei wenig über politische Einstellungen geredet; vielerorts kennt man die politischen Ansichten der Kolleg:innen gar nicht so genau, will sie vielleicht auch nicht kennen, vielmehr gelten sie (trotz des auch außerhalb des Dienstes verpflichtenden politischen Mäßigungsgebots) als Privatsache. Im Vordergrund steht das Gemeinsame, das Verbindende. Die anderen Beamt:innen sind in erster Linie

Kolleg:innen, denen man entsprechend der polizeilichen Binnenkultur mit Loyalität und Zusammenhalt begegnet, nicht mit Misstrauen. Wird in dieser Lage dann im Laufe der Zeit politische Uneinigkeit sichtbar, fällt vielen Polizist:innen die notwendige Abgrenzung und der damit verbundene Konflikt nicht leicht. Wo zieht man in einem Prozess der Öffnung nach rechtsaußen und der Radikalisierung die Grenze? Vor allem die Führung ist in solchen Auseinandersetzungen zudem meist auf die Außenwirkung bedacht. Auf diese Weise kann eine schweigende Mehrheit entstehen, die es verpasst, sich hinreichend deutlich nach rechtsaußen abzugrenzen und extrem rechten Positionen in der Polizei offensiv entgegenzutreten. Im Sommer 2019 zum Beispiel untersuchte eine Kommission in Mecklenburg-Vorpommern das dortige SEK, nachdem die Verstrickungen mit der Nordkreuz-Gruppe öffentlich geworden waren. Dass sich rechtsextreme Beamte dort hatten »festsetzen« können, erklärte das Gremium unter anderem damit, diese hätten aufgrund »ihres persönlichen Auftretens [...] die Meinungsführerschaft übernehmen« können, was mit der »Konfliktscheu« anderer Beamter korrespondiert habe.[113]

3.4 FEHLVERHALTEN, AUFARBEITUNG, KONTROLLE

Wo Menschen arbeiten, werden Fehler gemacht, so auch bei der Polizei. Fehler (von einzelnen Irrtümern bis zu bewussten Rechtsverstößen) sind normaler Bestandteil des polizeilichen Alltags. Die Gründe für diese Fehler – das wurde bereits deutlich – können ganz unterschiedlich sein: unzureichende Ausbildung, individuelle Defizite, Überlastung oder Überforderung, Vorurteile und Stereotype. Manchmal muss es einfach schnell gehen, weshalb Dinge übersehen oder Situationen falsch eingeschätzt werden. Es gibt allerdings auch Polizist:innen, die mit ihren Befugnissen und der Machtposition, die sie innehaben, nicht umgehen können und sie missbrauchen.

Transparenz und Kontrolle der Exekutive insbesondere bei der Ausübung des Gewaltmonopols sind im demokratischen Rechtsstaat theoretisch eine Selbstverständlichkeit. Sie schützen vor Willkür und sollen die Gewaltenteilung sicherstellen. Die Gesellschaft hat einen Anspruch darauf zu wissen, wie es um die Organisation bestellt ist, die sie mit erheblicher Macht ausstattet. Und tatsächlich gibt es auch eine ganze Reihe von Mechanismen, die das sicherstellen sollen. Dazu gehört nicht zuletzt die öffentliche Debatte über die Polizei. In der Praxis tun sich Staat und Polizei mit diesen Mechanismen indes alles andere als leicht.

Fehlerkultur zwischen »Einzelfällen« und »Generalverdacht«

Für den Staat ist es generell herausfordernd, seine Institutionen zu kontrollieren und Fehlverhalten der eigenen Bediensteten zu ahnden. Aber auch die Polizei als Organisation tut sich schwer damit, ihre eigene Praxis transparent zu kontrollieren beziehungsweise kontrollieren zu lassen – obwohl dies für eine demokratische Polizei eigentlich zur DNA gehören müsste. Nun könnte man sagen: Niemand lässt sich gern auf die Finger schauen. Im Fall der Polizei kommen aber weitere Umstände hinzu, die zu einem ausgeprägten Widerwillen gegenüber externer Kontrolle, aber auch dem Ansprechen von Problemen innerhalb der Organisation führen.

Zum Teil wird dies schon als Widerspruch zum Selbstverständnis der Polizei empfunden, wonach sie stets professionell und rechtmäßig handelt. Wie im Kapitel über die *Cop Culture* gesehen, lebt die Organisation mit dem Selbstbild, Gutes zu tun; Polizist:innen sehen sich als die Guten in einer bedrohlichen Welt – auch dann, wenn sie Fehler begehen. Mitunter werden diese gar nicht (als solche) gesehen, manchmal werden sie auch als unvermeidliche Kollateralschäden im Kampf für die gute Sache betrachtet. Das Bild von der ganz überwiegend makellosen Organisation besteht aber nicht nur innerhalb der Polizei. Die Politik erwartet, dass die Polizist:innen ihre Arbeit möglichst geräusch- und problemlos erledigen. Und auch weite Teile der Gesellschaft möchten sich auf sie verlassen können und haben entsprechende, oft idealisierte Erwartungen.

Unterlaufen Fehler, treten Mängel zutage oder wird in der öffentlichen Debatte Kritik an der Polizei geäußert, irritiert das zum einen das Selbstbild der Polizei und führt zu einem Rechtfertigungsdruck. Das von der *Cop Culture* geprägte Kollektiv reagiert darauf häufig mit Abschottung und Abwehr. Zum anderen sorgt sich die Polizei in dieser Lage schnell, dass das Vertrauen der Bevölkerung, das für effektive Polizeiarbeit so wichtig ist, beschädigt werden könnte. Es herrscht die Vorstellung, dass ein transparenter Umgang mit Missständen und eine kritische öffentliche Debatte das Bild der Polizei in der Bevölkerung negativ beeinflussen könnten. Daher wird oft versucht, die Organisation vor Kritik abzuschirmen, indem man sie als weitgehend unfehlbar darstellt und Probleme intern klärt. Dabei sind es neben dem Fehlverhalten selbst gerade dessen mangelnde Aufarbeitung und die fehlende Transparenz, die das Vertrauen der Gesellschaft in die Polizei gefährden.

Charakteristisch für das schwierige Verhältnis der Polizei zu Fehlern und Kritik und für die häufig pauschalen Abwehrreaktionen ist dann auch das Bild des »Einzelfalls« und der »schwarzen Schafe«, das bei Fehlverhalten gern bemüht wird. Das Problem wird damit auf einzelne Beamt:innen geschoben, klein gemacht und letztlich außerhalb der Organisation verortet. Immer wieder wird auch versucht, Kritik zu delegitimieren, indem man sie auf bestimmte Interessen zurückführt: Politiker:innen würden sich auf Kosten der Polizei profilieren, Linke die Polizei nur aus Hass auf den deutschen Staat kritisieren, Medien von Vorwürfen berichten, weil ihnen dies Klicks und Auflage bringe.[114] In der Organisation ist zum Teil gar eine gefährliche Antihaltung gegenüber all jenen festzustellen, die polizeiliche Praxis kontrollieren und infrage stellen – von Medien und Zivilgesellschaft bis hin zu Justiz und Rechtsstaat. Nachdem beispielsweise das Oberverwaltungsgericht Rheinland-Pfalz im Jahr 2012 entschieden hatte, dass polizeiliches *Racial Profiling* gegen das Grundgesetz verstößt, kritisierte der Vorsitzende der Deutschen Polizeigewerkschaft, Rainer Wendt, die Gerichte betrieben »schöngeistige Rechtspflege, aber richten sich nicht an der Praxis aus«.[115]

Wer ein solches Selbstbild und einen derartigen Umgang mit Kritik pflegt, dem müssen Kontrollmechanismen für die eigene Praxis als Zumutung erscheinen. Auf Bestrebungen nach einer solchen Kontrolle – sei es in Form von Antidiskriminierungsgesetzen, Kennzeichnungspflicht oder Beschwerdestellen – reagieren Polizei und Teile der Politik daher schnell mit dem Vorwurf eines vermeintlichen Generalverdachts. Paradigmatisch dafür ist die nun schon Jahrzehnte währende Diskussion um die sogenannte Kennzeichnungspflicht. Diese in vielen Ländern übliche und vom Europäischen Gerichtshof für Menschenrechte geforderte individuelle Kennzeichnung der Uniform von Beamt:innen soll es ermöglichen, handelnde Beamt:innen im Nachhinein zu identifizieren, um Fehlverhalten verfolgen zu können.[116] Eigentlich eine Selbstverständlichkeit, die wir zum Beispiel auch allen Kfz-Halter:innen zumuten. Gleichwohl wehren sich erhebliche Teile der Polizei, die Gewerkschaften und bestimmte Teile der Politik seit Langem vehement gegen die Einführung der Kennzeichnung, die in der Regel anonymisiert mit individuellen Nummern erfolgt. In NRW ist sie sogar wieder abgeschafft worden, nachdem sie bereits eingeführt worden war. Der bayerische Innenminister Joachim Herrmann (CSU) beklagte beispielsweise, Polizist:innen »würden durch eine Kennzeichnungspflicht unter Generalverdacht gestellt, sich unrechtmäßig zu verhalten«.[117] Dabei ist die mangelnde Identifizierbarkeit in der Praxis tatsächlich ein gravierendes Problem. Gerade bei größeren Einsätzen zeigen Betroffene Verdachtsfälle von Körperverletzung im Amt häufig nicht an, weil sie die handelnden Beamt:innen nicht identifizieren können. Wird gleichwohl Anzeige erstattet und daher ein

Strafverfahren eingeleitet, so wird auch dieses oft deswegen eingestellt, weil die Beschuldigten nicht ermittelt werden können.[118]

Die Makel der Polizei sind von innen gut sichtbar – von Sexismus und Rassismus über Überforderung und Mobbing bis zu Gewalt und Rechtsextremismus. Die Frage ist nicht, ob Polizeibeamt:innen von diesen Dingen wissen, sondern ab wann sie etwas sagen und wo die Führung einschreitet. Dieser interne Umgang wird als Fehlerkultur bezeichnet. Sie ist ungemein wichtig dafür, in welche Richtung sich eine Organisation entwickelt, ob sie mit gesellschaftlichen Veränderungen Schritt hält und ob es ihr gelingt, Probleme selbst anzugehen und daran zu wachsen – oder ob sie sich verfestigen. Eine gute Fehlerkultur schafft auch Vertrauen in die Organisation und stärkt die Beamt:innen, die sich um Fehlervermeidung bemühen. Umgekehrt sendet es ein fatales Signal nach innen, wenn Fehler nicht aufgearbeitet werden.

Voraussetzung einer guten Fehlerkultur ist, offen und transparent mit Fehlern umzugehen. In einem Klima wie dem beschriebenen fällt der konstruktive Umgang mit Kritik und Fehlern indes schwer und kann sich keine professionelle Fehlerkultur entwickeln. Wo es offiziell keine Fehler und Probleme geben darf, wo die Organisation als solche unfehlbar ist und wo die *Cop Culture* Loyalität verlangt, sehen sich viele Polizist:innen nicht in der Lage, ihren Vorgesetzten Missstände auf dem Dienstweg zu melden. Meist fehlt es zudem aber auch an anonymen Möglichkeiten für *Whistleblowing*; wo sie bestehen, führen sie oft nicht weit – weil sich die Sachverhalte dann nur schwer aufklären lassen und an der Basis auf den polizeilichen Korpsgeist treffen. Und auch Führungskräfte haben nicht selten nur ein geringes Interesse daran, im eigenen Verantwortungsbereich nach »Dreck zu wühlen«, und gehen Missstände daher nicht offen an. Stattdessen wird versucht, sichtbare Harmonie und Ruhe herzustellen, um sie nach innen den Vorgesetzten und nach außen der Bevölkerung präsentieren zu können.[119]

Schließlich wird bei der Diskussion um Fehler und Probleme bei der Polizei auch um die Deutungshoheit gerungen, also die richtige Lesart des streitigen Geschehens, mit wenig Raum für eine offene Analyse. Als die Polizei wegen der massiven Gewalt, die sie am Rande des G20-Gipfels 2017 in Hamburg gegen Protestierende einsetzte, öffentlich in die Kritik geriet, begegnete sie dieser mit einer wirkmächtigen Gegenerzählung von der Gewalttätigkeit der Protestierenden. An vielen dieser polizeilichen Darstellungen kamen später erhebliche Zweifel auf. Einer der medienträchtigsten Vorfälle war der angebliche Angriff auf einen Polizeihubschrauber. Der Beschuldigte verbrachte Monate in Untersuchungshaft und wurde wegen versuchten Mordes angeklagt, weil er mit einem Laserpointer die Piloten des Hubschraubers geblendet haben soll. Die Gewerkschaft der Polizei zog dies als einen Beleg für die »ungehemmte Gewalt« der Gipfelgegner:innen heran.[120] Vor Gericht blieb, nachdem sich die G20-Hysterie gelegt hatte, von der Geschichte der beiden Piloten nicht mehr viel übrig, da Sachverständige deren Darstellung als ausgeschlossen erachteten und der Höhenmesser des Hubschraubers belegte, dass der von ihnen behauptete Höhenverlust nicht eingetreten war.[121] Dennoch prägten derartige Geschichten die öffentliche Erzählung um die Proteste und die polizeiliche Reaktion darauf entscheidend.

Diese Dynamik ist problematisch für die Entwicklung der Polizei, ihre Positionierung im demokratischen Rechtsstaat und ihr Verhältnis zur Gesellschaft. Denn eine kritische Auseinandersetzung über und mit der Polizei wäre wichtig. Stattdessen legt die Polizei als Organisation zwar Wert darauf, die Staatsgewalt zu repräsentieren, reagiert aber sensibel auf den damit einhergehenden prüfenden Blick der Öffentlichkeit (mehr dazu in Kapitel 4.3). Weil sie so sehr damit beschäftigt ist, Kritik zu unterbinden, verliert sie die tatsächlichen Probleme aus dem Blick.

Fehler und ihre Folgen

Auch wenn Probleme und Fehler für Organisationen normal sind, können sie im Fall der Polizei aufgrund ihrer umfangreichen Befugnisse besonders gravierende Folgen nach sich ziehen. Erstens können sie beeinträchtigen, wie erfolgreich die Polizei ihre Aufgaben, also Gefahrenabwehr und Strafverfolgung, erfüllt. Wird eine Anzeigeerstatterin nicht ernst genommen, dann wird die von ihr berichtete Tat nicht verfolgt; wird statt eines gesuchten Attentäters die falsche Person verhaftet, kann der eigentlich Gesuchte entkommen.

Als besonders drastisches und gut untersuchtes Beispiel von Fehlern bei der Polizeiarbeit gelten die Ermittlungen zum rechtsterroristischen Netzwerk des NSU, bei denen die Ermittler:innen nicht nur jahrelang einen falschen Ermittlungsansatz verfolgten (s. Kapitel 3.2), sondern auch zahlreiche weitere Fehler machten. Das beginnt bereits im Januar 1998, als die Polizei drei Garagen, die vom NSU-Kerntrio angemietet worden waren, nach Sprengstoff durchsuchte, weil sie Uwe Böhnhardt als Verantwortlichen für mehrere Bombenattrappen verdächtigte. Dabei ließen die Beamt:innen den von ihnen informierten und zunächst anwesenden Böhnhardt (der alsbald eine mehrjährige

Jugendstrafe wegen vorheriger Verurteilungen hätte antreten sollen) in seinem Auto wieder davonfahren – kurz bevor in einer der anderen Garagen mehrere Rohrbomben und 1,4 Kilogramm TNT gefunden wurden.[122] Erst zwölf Jahre und zehn Morde später sollte die Polizei Böhnhardts wieder habhaft werden – als er bereits tot war. Auch eine damals in der Garage gefundene Liste mit Kontaktdaten aus der bundesweiten Neonazi-Szene wurde nicht weiter verfolgt.

Nachdem der NSU 2007 in Heilbronn zwei Polizist:innen angegriffen und dabei die Beamtin Michèle Kiesewetter erschossen hatte, ging die Polizei einer angeblich heißen Spur ins »[Z-Wort]-Milieu« nach: Am Tag des Mordes sei ein Bus eines von »Sinti- und Roma-Clans« genutzten Unternehmens nach Rumänien gefahren und in der Nähe des Tatorts hätten sich mehrere Sinti:zze- und Rom:nja-Familien mit ihren Wohnwagen aufgehalten. Ein Beamter schrieb später intern: »Vernehmung aller [Z-Wort], die zur Tatzeit auf der Theresienwiese campiert haben!«.[123] Dass im Polizeifahrzeug der beiden überfallenen Beamt:innen DNA gefunden wird, die auch an 40 anderen Tatorten in ganz Deutschland und sogar Österreich gefunden wurde – mit Bezug zu Tötungsdelikten, Einbrüchen, Familienstreitigkeiten und in einem Fall an einer Heroin-Spritze –, lässt die Polizei zwei Jahre nach dem »Phantom von Heilbronn« fahnden, wobei es sich um eine äußerst gewalttätige drogenabhängige »Landfahrerin« handeln soll. Sie entpuppt sich später als Mitarbeiterin des Betriebs, in dem die Wattestäbchen für die DNA-Probengewinnung zusammengebaut wurden, die die Proben unwissentlich verunreinigt hatte.[124] Dieser Komplex aus Ermittlungspannen, Stereotypen und Fehlentscheidungen hat dazu geführt, dass die Mordserie des NSU vor der Selbstenttarnung von Zschäpe, Böhnhardt und Mundlos nicht aufgeklärt werden konnte und damit auch nicht früher unterbunden wurde.

Zweitens greifen polizeiliche Maßnahmen regelmäßig in die Grundrechte der betroffenen Bürger:innnen ein, etwa wenn Beamt:innen Gewalt anwenden, Personen kontrollieren oder Telefone abhören. Passieren dabei Fehler, wiegt das besonders schwer und kann schlimme Konsequenzen für die betroffenen Bürger:innen haben. Wenn etwa bei Hausdurchsuchungen die Türen verwechselt werden und die falsche Wohnung gestürmt wird, kann das eine Traumatisierung der (fälschlicherweise) Betroffenen nach sich ziehen. Nicht zuletzt hat polizeiliches Handeln oft eine stigmatisierende und eine gesellschaftliche Signalwirkung. Wer von polizeilichen Maßnahmen betroffen ist, gilt als gefährlich oder kriminell. Selbst wenn sich das Vorgehen im Nachhinein als unberechtigt herausstellt, lässt sich die damit verbundene Rufschädigung selten vollständig rückgängig machen.

Solche Fehler können sogar fatale Folgen haben. Traurige Bekanntheit erlangte der Fall von Amad A.: Der 26-jährige Syrer starb im September 2018 nach einem Brand in seiner Gefängniszelle in der JVA Kleve. Ob er den Brand – wie von den Behörden vermutet – selbst gelegt hat und wieso er nicht gerettet wurde, obwohl er den Alarmknopf betätigt hatte, wurde in einem Verfahren wegen fahrlässiger Tötung durch Unterlassen untersucht. Es konnte die Umstände wie in vergleichbaren anderen Fällen nicht abschließend aufklären. Dabei hätte Amad A. niemals in dieser Zelle sitzen dürfen, denn im Nachhinein stellte sich heraus, dass A., der zum Zeitpunkt seines Todes bereits zwei Monate in Haft verbracht hatte, aufgrund einer Verwechslung im Gefängnis war. Er war nicht der, für den die Polizei ihn gehalten hatte. Polizist:innen hatten A. kontrolliert, zur Überprüfung der Personalien mit auf die Wache genommen und inhaftiert. Als Grund dafür gaben sie an, dass sie ihn nach Abgleich mit dem polizeilichen Datensystem für einen per Haftbefehl gesuchten Mann namens Amedy G. gehalten hätten, weil dieser laut Datenbank den Aliasnamen »Amed A.« verwenden würde. Später stellte sich heraus, dass dieser Aliasname erst nach der Verhaftung nachträglich in das System eingetragen worden war.[125] Auch passte die Personenbeschreibung von Amedy G. nicht auf Amad A. Selbst als drei Wochen nach der Verhaftung eine Staatsanwältin bemerkte, dass es sich bei A. nicht um G. handelte, und die Polizei darüber informierte, war dies kein Grund, seine Freilassung zu veranlassen.[126]

Drittens können Fehler bei der Polizeiarbeit schwere gesamtgesellschaftliche Auswirkungen haben: Rechtswidrige Polizeigewalt erschüttert das Vertrauen in den Staat, nicht aufgeklärte Tötungsdelikte wecken Ängste in der Bevölkerung, und die ungerechtfertigte Auflösung von Demonstrationen (etwa weil ihnen der politische Gehalt abgesprochen oder sie zu Unrecht als unfriedlich eingestuft werden) gefährdet demokratische Teilhabe und Willensbildung. Mit Feststellungen wie »Polizist:innen sind auch nur Menschen« ist es deshalb ebenso wenig getan wie mit dem unerfüllbaren Anspruch einer fehlerfreien Polizei. Entscheidend ist vielmehr, wie mit der Realität, mit der faktischen Normalität von Fehlern bei der Polizei und Fehlverhalten von Beamt:innen umgegangen wird.

Weil Fehler bei der Polizei sich besonders gravierend auswirken, bedarf es dort wirksamer Mechanismen, um Fehlern und Missbrauch vorzubeugen, sie festzustellen, aufzuklären und aufzuarbeiten. Diese Aufgaben liegen zunächst in der Führungsverantwortung von Vorgesetzten. Führungskräfte in der Polizei müssen sicherstellen, dass Fehler in ihrem Verantwortungsbereich nach Möglichkeit vermieden werden. Dort, wo sie vorkommen, müssen sie aufgearbeitet werden. Daneben gibt es verschiedene Mechanismen, die Fehler bearbeiten und auch nebeneinander angewendet werden können.

In den meisten Polizeibehörden gibt es interne Beschwerdemechanismen, also polizeiliche Stellen, an die sich Bürger:innen mit ihren Anliegen wenden können, die dann entsprechend bearbeitet werden. Häufig stellen Fehler von Beamt:innen aber auch Dienstvergehen dar, nämlich dann, wenn sie eine Verletzung der beruflichen Pflichten bedeuten. Hierfür ist das Disziplinarrecht zuständig, das wir gleich genauer betrachten. Es ermöglicht dem Staat berufliche Sanktionen gegen seine Beschäftigten in Form von sogenannten Disziplinarmaßnahmen wie der Kürzung von Bezügen, die in förmlichen Verfahren verhängt werden. Der Fokus liegt dabei nicht auf der Bestrafung oder Aufklärung, sondern in erster Linie darauf zu gewährleisten, dass der öffentliche Dienst funktioniert. Steht sogar ein Straftatverdacht im Raum, ist (auch) das Strafrecht gefragt. Hier unterliegen Polizeibeamt:innen prinzipiell denselben Verboten und Rechtsfolgen wie alle anderen Bürger:innen. In solchen Fällen werden die Ermittlungen in der Regel an eine andere Polizeidienststelle abgegeben, sodass nicht unmittelbare Kolleg:innen gegen die Beschuldigten ermitteln müssen. In einigen Bundesländern gibt es sogar spezielle Dienststellen für solche internen Ermittlungen. Stets ermitteln aber Polizist:innen gegen Polizist:innen. Auch bei den Staatsanwaltschaften, die das Strafverfahren führen, gibt es teilweise spezielle Abteilungen für solche Verfahren. Wird ein:e Beamt:in wegen einer vorsätzlichen Tat zu einer Freiheitsstrafe von mindestens einem Jahr verurteilt, endet das Beamtenverhältnis automatisch mit Rechtskraft des Urteils.

So weit die Theorie. Tatsächlich führen die bestehenden Mechanismen jedoch nur zu einer recht lückenhaften Fehleraufarbeitung.

Disziplinarrecht

Das Disziplinarrecht ist zwar ein wichtiges, aber auch ein ziemlich sperriges Instrument im Umgang mit polizeilichem Fehlverhalten. Es ist vor allem für die Aufrechterhaltung der polizeiinternen Ordnung gedacht, nicht für eine umfassende Kontrolle polizeilichen Handelns. Wie es angewendet wird, hängt stark von der jeweiligen Polizeibehörde ab.

Steht der Verdacht im Raum, dass eine Beamtin gegen Pflichten verstoßen hat, kann dies in einem Disziplinarverfahren näher untersucht und gegebenenfalls sanktioniert werden. Ein solches Dienstvergehen kann sowohl gegeben sein, wenn sie ihre Dienstpflichten verletzt hat, etwa indem sie ohne Genehmigung einer Nebentätigkeit nachgegangen ist, pornografische Bilder auf Dienstrechnern geteilt oder Dienstgeheimnisse nach außen weitergegeben hat, als auch wenn sie schwerwiegendes privates Fehlverhalten an den Tag gelegt hat, indem sie sich beispielsweise an Schlägereien beteiligt hat oder Nazi-Tätowierungen trägt. Letztlich muss immer entschieden werden, ob durch das fragliche Verhalten die Eignung für den Polizeiberuf in Zweifel steht oder das Ansehen der Dienststelle gefährdet ist.

Das Disziplinarverfahren wird durch die jeweiligen Vorgesetzten eingeleitet und hat eine klar geregelte Form: Die Betroffene wird von der Einleitung des Verfahrens informiert, kann sich innerhalb einer bestimmten Frist dazu äußern und wird dann zu einer Anhörung geladen, hat aber ein Schweigerecht. Es können Zeug:innen und Sachverständige gehört werden, und es gilt die Unschuldsvermutung. In der Praxis finden Disziplinarverfahren allerdings relativ selten statt. In Berlin mit seinen rund 18.000 Polizeibeamt:innen wurden 2020 laut polizeiinterner Statistik beispielsweise 182 Verfahren eingeleitet und 156 abgeschlossen.[127]

Wird nach der Prüfung keine Pflichtverletzung festgestellt oder zeigt sich die Beamtin so einsichtig, dass eine Rüge ausreicht, wird das Verfahren eingestellt. Im Falle einer Sanktionierung gibt es einen festgelegten Maßnahmenkatalog, der typischerweise aus den fünf Stufen Verweis (ein förmlicher Tadel, der einige Zeit in der Personalakte sichtbar bleibt), Geldbuße, Kürzung der Dienstbezüge, Zurückstufung und Entfernung aus dem Beamt:innenverhältnis besteht. Während die ersten drei Stufen intern von den Vorgesetzten verfügt werden können, muss den sogenannten Laufbahnstrafen – der Zurückstufung und der Entfernung – ein Gerichtsverfahren vorausgehen. In der Praxis machen Polizeibehörden von diesen Maßnahmen eher zurückhaltend Gebrauch. Der Großteil der Verfahren endet ohne Sanktion oder mit leichten Maßnahmen wie Verweis oder Geldbuße. Von den 2020 in Berlin abgeschlossenen Verfahren etwa wurden knapp 58 Prozent (90) eingestellt, gut 14 Prozent (22) endeten mit Verweisen, zwölf Prozent (19) mit Geldbußen, weniger als zwei Prozent (4) mit einer Kürzung der Dienstbezüge, kein Verfahren endete mit einer Zurückstufung und drei mit der Entfernung.[128] Nicht zu den Disziplinarmaßnahmen gehört die Versetzung, von der in Fällen möglichen Fehlverhaltens oft zu lesen ist. Hierbei handelt es sich nicht um eine Sanktion, sondern um eine organisatorische Maßnahme, die der Dienstherr treffen kann.

Versetzungen unterliegen deshalb nicht den strengen Anforderungen des Disziplinarrechts.

Disziplinarmaßnahmen werden nach »pflichtgemäßem Ermessen« verhängt und sind nach der Schwere des Dienstvergehens zu bemessen. Dabei ist einerseits die Persönlichkeit der Beamtin (gemeint ist insbesondere, ob das Vergehen zu der Beamtin »passt« oder eher eine Ausnahme war), andererseits das Ausmaß des Vertrauensverlusts beim Dienstherrn zu berücksichtigen. Eine Entfernung aus dem Beamtenverhältnis ist nur für Fälle vorgesehen, in denen die Beamtin durch ein *schweres* Dienstvergehen dieses Vertrauen endgültig verloren hat. Schließlich begründet das Beamtenverhältnis eine enge Bindung, die nur bei außergewöhnlichen Umständen aufgelöst werden soll. Wann ein Vergehen derart schwer wiegt, ist einzelfallabhängig. Angenommen wurde dies beispielsweise für einen Polizisten, der die rechtsextremen Ansichten der Reichsbürger vertrat, und für einen Beamten, der während einer langen Krankschreibung im Restaurant seiner Familie arbeitete.[129]

Unter anderem an diesen Besonderheiten des Beamtenverhältnisses und des Disziplinarrechts liegt es, dass die Sanktionierung von Beamt:innen wegen Dienstvergehen, etwa nach der Aufdeckung rassistischer Chat-Gruppen, in der Praxis meist zurückhaltend ist. Um das Versenden eines rassistischen Witzes zu ahnden, muss zunächst der Sachverhalt unter Einhaltung aller genannten Förmlichkeiten und Betroffenenrechte aufgeklärt werden. Eine WhatsApp-Nachricht wird zudem meist nicht als schweres, mit einem endgültigen Vertrauensverlust einhergehendes Vergehen gewertet, auf das mit der schwersten Sanktion reagiert werden müsste – etwa weil es sich um einen erstmaligen Verstoß handelte oder das Verhalten nicht als repräsentativ für die Persönlichkeit der Beamt:innen angesehen wird. Stattdessen werden leichtere Maßnahmen gewählt.

Weil sie unterschiedliche Zwecke verfolgen, können Disziplinarverfahren auch dann stattfinden, wenn es zugleich ein Strafverfahren wegen des Vorfalls gibt. Das passiert relativ oft. Schließlich steht bei dem Verdacht einer Straftat, zu dem ein strafrechtliches Ermittlungsverfahren eingeleitet wird, regelmäßig auch eine mögliche Dienstpflichtverletzung im Raum; umgekehrt bedeutet ein Dienstvergehen nicht selten auch einen Verstoß gegen Strafgesetze. In der Praxis wird in diesen Konstellationen das Disziplinarverfahren zunächst ausgesetzt, bis das Strafverfahren abgeschlossen ist. Damit soll vermieden werden, dass beide Verfahren mit unterschiedlichen Feststellungen und Ergebnissen enden, obwohl das lange dauern kann. Tatsächlich wird das Disziplinarrecht im Bereich der Polizei allerdings sehr viel seltener angewendet als das Strafrecht. So standen in Berlin 2019 der überschaubaren Zahl von 157 Disziplinarverfahren 1.255 Strafverfahren gegen Polizist:innen gegenüber, das ist mehr als das Siebenfache.[130] Von den abgeschlossenen Strafverfahren wurden wiederum knapp 98 Prozent eingestellt, und es verblieben 15 Verurteilungen. Das viel seltener angewendete Disziplinarrecht endete zwar auch häufig ohne Maßnahme, führt aber doch wesentlich öfter zu förmlichen Sanktionierungen als das Strafrecht.

Rechtswidrige Polizeigewalt und das Strafrecht

Strafverfahren gegen Polizist:innen wegen Handlungen im Rahmen ihrer Dienstausübung gibt es vor allem bei Verdacht auf Körperverletzung im Amt. Ein genauerer Blick auf diese Verfahren zeigt jedoch, dass sie solche Vorfälle nicht gut aufarbeiten können. Für Betroffene problematischer polizeilicher Gewaltausübung ist es äußerst schwierig, gerichtlich feststellen zu lassen, dass rechtswidrig gehandelt wurde und die betreffenden Beamt:innen sich strafbar gemacht haben. Von den mehr als 2.000 Verdachtsfällen aus dem Hellfeld, die jährlich von den deutschen Staatsanwaltschaften bearbeitet werden, kommen die wenigsten überhaupt vor Gericht: Nur in etwa zwei Prozent dieser Fälle erheben die Staatsanwaltschaften Anklage und übergeben den Fall damit an die zuständigen Strafrichter:innen. Der absolute Großteil der Verfahren wird eingestellt, ohne dass es zu einer Verhandlung kommt, meist weil es aus Sicht der Staatsanwaltschaften nach Abschluss der polizeilichen Ermittlungen am hinreichenden Tatverdacht fehlt. Das kann der Fall sein, weil das Vorgehen der Beamt:innen als rechtmäßig eingestuft wird, aber auch weil die Täter:innen nicht eindeutig identifiziert werden konnten oder nicht genügend Beweismittel in Form von Videos oder Zeug:innenaussagen vorlagen. Während Staatsanwält:innen bei gewöhnlichen Körperverletzungsverfahren nur in weniger als der Hälfte der Fälle schon den hinreichenden Tatverdacht verneinen, tun sie dies bei der Körperverletzung im Amt in etwa 90 Prozent der Fälle.[131]

Die Gründe für die besondere Erledigungsweise bei diesen Verfahren sind vielfältig. Zunächst tut sich der Staat generell schwer damit, seine eigenen Amtsträger:innen für Fehlverhalten zu belangen. Dies gilt nicht nur aktuell und nicht nur für Deutschland, sondern lässt sich länder- und zeitübergreifend beobachten. Wie andere Organisationen hält auch der Staat seine Mitarbeiter:innen im Grundsatz für vertrauenswürdig, ist zudem auf sie angewiesen und möchte ihnen den Rücken stärken. Festgestelltes Fehlverhalten fällt außerdem auch auf ihn selbst zurück. Hinzu kommt, dass Polizist:innen in Strafverfahren eine ziemlich starke Position einnehmen und eine angesehene und machtvolle Organisation hinter sich haben. Kolleg:innen, Vorgesetzte sowie Gewerkschaften, die sie nicht nur mit Rechtsbeistand, sondern auch mit Öffentlichkeitsarbeit unterstützen, stellen sich an ihre Seite.

Weiterhin weisen derartige Strafverfahren verschiedene Besonderheiten auf, die erklären können, warum so auffallend wenig Fälle angeklagt werden und überwiegend eingestellt wird.[132] Die Justiz scheitert häufig bereits daran, den jeweiligen Sachverhalt im Nachhinein hinreichend genau aufzuklären. Vor allem bei größeren Einsätzen ist es oft schwierig zu ermitteln, welche Beamt:innen an einer Szene beteiligt waren und wer wie genau gehandelt hat. Selbst wenn dies gelingt, ist das Geschehen nachträglich schwer zu rekonstruieren. In der Regel ist zwar unstreitig, dass es zu Auseinandersetzungen zwischen Beamt:innen und Bürger:innen gekommen ist, aber die Erinnerung und Bewertung der Abläufe fällt natürlich unterschiedlich aus. Da es oft keine anderen Beweise gibt, steht dann immer wieder Aussage gegen Aussage und die Justiz vor der Wahl, wem sie glaubt. Hierbei wirkt sich das enge institutionelle Verhältnis von Polizei, Gerichten und Staatsanwaltschaft aus sowie der Umstand, dass Polizist:innen vor Gericht als besonders glaubwürdig gelten, obwohl es hierfür keine empirische Grundlage gibt. Aber selbst wenn es Filmaufnahmen von dem Vorfall gibt, was heute immer häufiger der Fall ist, lässt sich mit einem solchen Ausschnitt nicht ohne Weiteres eine rechtswidrige Körperverletzung im Amt mit all ihren juristischen Voraussetzungen belegen.

Die Polizei stellt in diesen Verfahren überdies nicht nur die Beschuldigten, sondern meistens auch wichtige Zeug:innen:

Polizeibeamt:innen sind praktisch nie allein vor Ort, sondern mindestens zu zweit unterwegs. Obwohl sie die fragliche Gewaltanwendung der Kolleg:innen daher mit großer Wahrscheinlichkeit mitbekommen haben, tun sich Beamt:innen in dieser Zeug:innenrolle meist schwer. Sie betrachten das Geschehen aus der polizeilichen Perspektive und sind durch die *Cop Culture* geprägt.[133] Das Gleiche gilt übrigens für die Polizist:innen, die die Ermittlungen für die Staatsanwaltschaft führen.

Der Blick von Polizist:innen ist nicht darauf trainiert, fehlerhaftes Polizeiverhalten auszumachen und in einer gewaltsamen Auseinandersetzung die Beweggründe des Gegenübers nachzuvollziehen, sondern darauf, strafbares Handeln anderer zu entdecken. Und im Zweifelsfall tendieren viele Beamt:innen dazu, sich schützend vor die Kolleg:innen zu stellen. Deshalb nehmen Beamt:innen manche Erscheinungsformen rechtswidriger Polizeigewalt oft schon nicht als solche wahr. Die Ohrfeige für den Troublemaker, der die Polizist:innen anschreit und beleidigt, der kräftige Schubser für die hartnäckige Journalistin, die ihnen den letzten Nerv raubt, der Stockstoß in die Nierengegend der Demonstrantin, die lauthals »Fuck the Police!« ruft, das alles erscheint vielen zu niedrigschwellig, zu gerechtfertigt oder schlicht zu alltäglich, um es »rechtswidrige Polizeigewalt« zu nennen, geschweige denn die Kolleg:innen deshalb anzuzeigen oder in einer Aussage zu belasten.[134]

Aber auch bei klaren Verstößen und schwerer Gewalt bestehen innerhalb der Polizei erhebliche Hemmungen, Kolleg:innen anzuzeigen oder belastend auszusagen. Der stillschweigende Konsens der *Cop Culture* verlangt, dass Probleme nicht nach außen dringen und Kolleg:innen nicht angeschwärzt werden. Wer davon abweicht, muss mit sozialem Ausschluss rechnen. Das kann zu einem Loyalitätskonflikt führen: Beamt:innen wissen zwar, dass das Verhalten der Kolleg:innen nicht in Ordnung war, verspüren aber gleichzeitig den Druck der Organisation, dies nicht offenzulegen. Andere halten eine Bestrafung der polizeilichen Täter:innen und eine öffentliche Debatte über das Fehlverhalten schon nicht für wünschenswert, aus sehr unterschiedlichen Motiven: Wenn das Vertrauen in die Polizei weiter abnimmt, werde die Arbeit der Polizei schwerer. Wo gehobelt wird, fallen Späne. Und hat man nicht selbst auch schon mal etwas getan, das einem dann vorgehalten werden könnte?

In dieser komplexen Gemengelage kommt es vor, dass Polizist:innen falsch aussagen, um Kolleg:innen zu entlasten. Im September 2019 kam es zum Beispiel in Brandenburg zu einem SEK-Einsatz, den ein Journalist von dem dafür vorgesehenen Platz hinter einer Polizeiabsperrung filmte. Dort geriet er mit dem an dieser Stelle positionierten Polizeibeamten in einen Streit, der in eine körperliche Auseinandersetzung mündete. Der Journalist, der Verletzungen an Hals und Armen davongetragen hatte, fünf Wochen krankgeschrieben war und dessen Kamera zu Bruch gegangen war, zeigte den Beamten an.

Das Verfahren wurde bald eingestellt, und plötzlich musste sich der Anzeigeerstatter selbst wegen Widerstands gegen Vollstreckungsbeamte und versuchter Körperverletzung vor dem Strafgericht verantworten. Dort bekundeten der Polizist und ein Kollege übereinstimmend, der Journalist habe den Beamten mit seinem Kamerastativ angestoßen und sei dabei selbst zu Boden gefallen. Das hätte für eine Verurteilung des Journalisten genügen können. Allerdings gab es noch ein weiteres Beweismittel: Seine am Boden liegende Kamera war bei dem Vorfall weitergelaufen. Das dort gespeicherte Video bestätigte vor Gericht eindeutig die Darstellung des Journalisten. Um Absprachen zwischen den Beamten zu verhindern, hatte sein Anwalt die

Aufnahme dem Gericht erst nach den Aussagen der Polizisten präsentiert. In der folgenden erneuten Befragung brach einer der Beamten ohnmächtig zusammen und musste ins Krankenhaus eingeliefert werden. Der Journalist wurde freigesprochen.[135]

Schließlich spielen die Staatsanwaltschaften eine Schlüsselrolle in Strafverfahren wegen Körperverletzung im Amt. Immerhin entscheiden sie darüber, ob Verfahren gegen Polizist:innen eingestellt oder zur Anklage gebracht werden. Ihre Praxis ist es also, die dazu führt, dass nur zwei Prozent der angezeigten Fälle bis zum Gericht gelangen.[136] Die Staatsanwaltschaften arbeiten tagtäglich mit der Polizei zusammen, sind bei ihren Ermittlungen auf die Arbeit der Beamt:innen angewiesen, erleben sie im Alltag als Menschen, die in der Regel professionell und seriös einen Job machen, der viel mit ihrem eigenen zu tun hat. Das prägt das Bild, das Staatsanwält:innen von der Polizei haben, und bildet die Grundlage für das Vorverständnis, mit dem sie Anzeigen gegen Polizist:innen bearbeiten. Zugespitzt könnte man es so ausdrücken: Nicht wenige Staatsanwält:innen gehen an solche Akten mit der Erwartung heran, dass die Vorwürfe unberechtigt sind. Ein solches Vorverständnis wirkt sich gerade dann besonders stark aus, wenn – wie oft in diesen Fällen – der Sachverhalt unklar oder umstritten ist. Dann wird eher den Polizist:innen als den Bürger:innen geglaubt. Wo in anderen Fällen Verfolgungseifer an den Tag gelegt wird, kann in solchen Verfahren gegen Polizist:innen immer wieder ein erstaunliches Bemühen beobachtet werden, Verfahrenseinstellungen juristisch zu begründen.

Hinzu kommt die routinierte und pragmatische Arbeitsweise der Staatsanwält:innen. Praktisch täglich landen neue Akten auf ihren Schreibtischen, die möglichst zügig, ressourcenschonend und nach Priorität abzuarbeiten sind. Verfahren gegen Polizist:innen erfreuen sich dabei nicht nur wegen der oft schwierigen Beweislage und dem daraus folgenden Aufwand eher geringer Beliebtheit. Im Fall der Anklage kommt es auch seltener zu Verurteilungen als in anderen Verfahren, denn auch manche Richter:innen haben eine hohe psychologische Hemmschwelle, Polizist:innen zu verurteilen. Die Verurteilungsquote gilt der Staatsanwaltschaft aber als wichtiger Erfolgsmaßstab. Man wird dort für erwartungsgemäße Erledigungen befördert, nicht für kritisches Hinterfragen.

Zusammenfassend betrachtet führen diese Strukturen dazu, dass es in Verfahren gegen Polizist:innen wegen Körperverletzung im Amt nur höchst selten zu einer Anklage und noch seltener zu einer Verurteilung kommt. Das ist in manchen Fällen richtig, insbesondere wenn das polizeiliche Vorgehen von den rechtlichen Befugnissen gedeckt und daher gerechtfertigt war. Diese Strukturen – Vorverständnis, besondere Glaubwürdigkeit von Polizist:innen, pragmatische Erledigungsstruktur – werden aber auch in den Fällen wirksam, wo die polizeiliche Gewaltausübung tatsächlich rechtswidrig und strafbar war, und verhindern dort die notwendige Aufklärung. Es ist kein Zufall, dass diese Vorkommnisse nicht als Kriminalität verstanden, erfasst und abgeurteilt werden, sondern es ist Ausdruck der geringen Beschwerdemacht der Betroffenen und der Definitionsmacht, die der Polizei an dieser Stelle zukommt.[137] Ob diese Strukturen im Einzelfall wirksam werden, hängt neben der Beweislage stark davon ab, wer als Staatsanwalt oder Richterin zuständig ist. Wie genau schauen sie hin? Wie viel Zeit nehmen sie sich, um zu hinterfragen? Lösen sie sich von dem Bild, das sie von der Polizei haben, und versuchen sie, den Fall möglichst unvoreingenommen zu betrachten? Sind sie bereit, die Unbill auf sich zu nehmen, die mit der Strafverfolgung von Polizist:innen unter Umständen einhergeht?

Für Betroffene rechtswidriger polizeilicher Gewaltausübung sind diese Strukturen fatal. Die strafrechtliche Aufarbeitung, in der ihr Erleben nicht anerkannt wird, kann sich so als sekundäre Viktimisierung auswirken: Die Betroffenen werden ein zweites Mal zu Opfern. Besonders drastisch sind die Fälle, in denen nicht nur die Täter nicht belangt werden, sondern umgekehrt die Betroffenen auch noch verurteilt werden. In der Praxis ist häufig zu beobachten, dass beide an dem Geschehen beteiligten Seiten Anzeige erstatten und es zu gegenläufigen Verfahren kommt. Während die beteiligten Polizist:innen angesichts der beschriebenen Strukturen mit der Einstellung des Verfahrens rechnen können, werden die Bürger:innen oft wegen Widerstands gegen die Staatsgewalt oder (versuchter) Körperverletzung verurteilt. Teilweise gibt es bei Staatsanwaltschaften Vorgaben der Behördenleitungen, dass solche Verfahren mit Polizist:innen als Geschädigten nicht eingestellt werden dürfen, sondern zur Anklage gebracht werden müssen.

Die ganze problematische Struktur dieser Strafverfahren spiegelt sich im Fall von Sven W. wider, der im Anschluss an den Christopher-Street-Day 2016 in Köln Opfer rechtswidriger Polizeigewalt wurde. Er geriet in einer McDonald's-Filiale in einen Konflikt, zu dem die Polizei hinzugerufen wurde. Als Sven W. den Anweisungen der Beamt:innen nicht gleich Folge leistete, versetzte ein Beamter ihm einen Schlag an den Kopf, der Sven W. kurz ohnmächtig werden ließ. Er wurde dann gefesselt und mit dem Kopf voran von vier Polizist:innen aus dem Schnellrestaurant getragen. Am Polizeifahrzeug ließ man ihn auf den Boden fallen. Dort wurde er von einem weiteren Polizisten mindestens einmal getreten und mindestens einmal geschlagen. Bei der anschließenden Fahrt zum Gewahrsam wurde Sven W. von dem Beamten homophob beleidigt und beleidigte ihn seinerseits. Im Gewahrsam wurde ihm eine Blutprobe entnommen, obwohl der dafür erforderliche richterliche Beschluss fehlte. Zuletzt wurde Sven W. mitten in der Nacht nur in Unterwäsche bekleidet aus dem Gewahrsam entlassen.[138]

Am darauffolgenden Tag schilderte Sven W. seine Erlebnisse auf Facebook. Der Polizeipräsident von Köln stellte daraufhin Strafantrag wegen Beleidigung. Sven W. wurde unter anderem wegen Widerstands und Beleidigung angeklagt. Die Staatsanwaltschaft trieb das Verfahren vom Amtsgericht bis zur letzten Instanz, dem Oberlandesgericht, und scheiterte überall. Das OLG verurteilte Sven W. schließlich zwar, allerdings nur wegen der Beleidigung und verhängte dafür keine Strafe. Doch nicht nur das: Die Richter:innen forderten die Staatsanwaltschaft auch auf, Ermittlungen gegen die beteiligten Polizisten zu führen. In dieser Sache legte die Staatsanwaltschaft allerdings sehr viel weniger Vehemenz an den Tag als gegenüber Sven W.: Erst nachdem dieser rechtskräftig freigesprochen worden war, machte sich die Staatsanwaltschaft im Februar 2021 an das Strafverfahren gegen die Beamten. Anders als bei Sven W. wurde dieses nicht zur Anklage gebracht, sondern gegen Zahlung einer Geldauflage eingestellt.[139]

Dass Sven W. vor Gericht weitgehend erfolgreich war, hat er maßgeblich einer unerschrockenen Kommissaranwärterin zu verdanken, die damals als Praktikantin an der Seite der beschuldigten Polizisten im Einsatz war. Sie hatte vor Gericht als Zeugin ausgesagt und die Übergriffe ihres ehemaligen Vorgesetzten geschildert. Und das, obwohl einer der beschuldigten Polizisten ihr Tutor war. Dieser ließ sie anschließend durch das Praktikum fallen. Die Anwärterin erstritt sich daraufhin vor dem Verwaltungsgericht die Möglichkeit, das Praktikum zu wiederholen.[140]

Filmen und gefilmt werden

Bei der Aufarbeitung von Konflikten zwischen Bürger:innen und Polizist:innen ist es aus den genannten Gründen äußerst hilfreich, wenn es Filmaufnahmen des Geschehens gibt. In Zeiten von Smartphones und Bodycams hat sich die Videoaufzeichnung zu einem wesentlichen Mittel der Kontrolle staatlichen Handelns entwickelt. Wer aber kann solche Filmaufnahmen anfertigen, und wann ist das erlaubt?

Der Staat und damit die Polizei darf nicht ohne Grund filmen. Das in der Verfassung verankerte Recht auf informationelle Selbstbestimmung gibt allen Bürger:innen das grundsätzliche Recht, selbst zu entscheiden, wann Filmaufnahmen von ihnen angefertigt und andere personenbezogene Daten von ihnen erhoben und verarbeitet werden. Würden Versammlungen etwa stets staatlich gefilmt, würde das Menschen davon abhalten, zu demonstrieren und damit ihre Grundrechte wahrzunehmen. Die Polizei darf also nur in bestimmten Fällen filmen, etwa weil eine gefährliche oder besonders beweisbedürftige Situation besteht. Die dafür geltenden Rechtsgrundlagen sind in den Polizei- und Versammlungsgesetzen festgehalten. So heißt es etwa in Artikel 9 Absatz 1 des Bayerischen Versammlungsgesetzes:

> »Die Polizei darf bei oder im Zusammenhang mit Versammlungen Bild- und Tonaufnahmen oder -aufzeichnungen von Teilnehmern nur offen und nur dann anfertigen,

> wenn tatsächliche Anhaltspunkte die Annahme rechtfertigen, dass von ihnen erhebliche Gefahren für die öffentliche Sicherheit oder Ordnung ausgehen.«

Zu diesem Zweck führen vor allem Einheiten der Bereitschaftspolizei heute routinemäßig Kameras mit sich. Außerdem gibt es Fahrzeuge mit ausfahrbaren Kameramasten, und bei sehr großen Versammlungen können sogar Hubschrauber Übersichtsaufnahmen machen.

Parallel dazu haben zahlreiche Polizeibehörden in Deutschland in den vergangenen Jahren sogenannte Bodycams eingeführt oder getestet. Bodycams sind kleine Kameras, die die Beamt:innen sichtbar an der Uniform tragen und manuell ein- und ausschalten können. Polizei und Politik versprechen sich davon neben Beweismitteln auch einen Abschreckungs- und Deeskalationseffekt. Die dazu vorliegenden wissenschaftlichen Studien liefern allerdings ein gemischtes Bild: Grundsätzlich kann das Filmen zwar zu einer Deeskalation beitragen, in anderen Situationen aber auch zu einer weiteren Eskalation.[141]

Unabhängig davon, wie die polizeilichen Filmaufnahmen entstehen, bergen sie ein grundlegendes Problem: Sowohl bei Versammlungen als auch bei Bodycams im Streifendienst entscheiden die handelnden Beamt:innen selbst, wann sie die Kamera einschalten und wann nicht. Dies ist in Deutschland auch nicht anders möglich, da das Recht auf informationelle Selbstbestimmung das staatliche Filmen eben nur bei besonderen Anlässen gestattet, sodass ein generelles Filmen unzulässig wäre. Außerdem verbleiben die Aufnahmen grundsätzlich bei der Polizei, werden also dort gespeichert und bearbeitet. Die Polizei und insbesondere die handelnden Beamt:innen sind in dieser Situation des Konflikts aber keine neutralen Zuschauer:innen, sondern selbst am Geschehen beteiligt.[142] Insbesondere wenn Fehler gemacht wurden oder Einsätze nicht so ablaufen, wie sie es eigentlich sollten, werden sich viele Beamt:innen überlegen, ob sie die Kamera einschalten und wann sie besser ausgeschaltet bleibt. Bei problematischen und umstrittenen Einsätzen kommt es in der Praxis auch immer wieder vor, dass das Filmmaterial an den entscheidenden Stellen fehlt oder die Kamera »zufällig« in eine andere Richtung gehalten wird.

Die zunehmenden Möglichkeiten des polizeilichen Filmens sorgen so für ein Ungleichgewicht: Dort wo es für die Polizei günstig ist, liegen immer häufiger polizeiliche Filmaufnahmen und damit Beweismittel vor; bei problematischen Einsätzen und Fehlverhalten von Polizist:innen hingegen eher nicht. Vor diesem Hintergrund haben einzelne Landesgesetzgeber genauer festgelegt, wann Bodycams eingeschaltet werden müssen. So legt § 24c Absatz 2 ASOG Berlin fest, dass eine Aufzeichnung erfolgen soll, wenn die Beamt:innen unmittelbaren Zwang gegen eine Person anwenden oder wenn Bürger:innen die Aufzeichnung verlangen. Auch hier verbleibt aber die praktische Entscheidungsgewalt darüber, wann die Kamera läuft und was sie aufzeichnet, bei der Polizei. Außerdem zeigen Videos nicht die Realität schlechthin, sondern eine spezifische Perspektive und einen gewählten Ausschnitt. So kann es bei polizeilichen Videos beispielsweise vorkommen, dass eine Aufnahme etwa zum Vorwurf des tätlichen Angriffs auf Vollstreckungsbeamte zeigt, wie Polizist:innen eine Person auffordern, sich auszuweisen, die Aufzeichnung dann kurz aussetzt und eine Minute später wieder damit beginnt, dass der Betroffene von den Beamt:innen davongetragen wird, wobei eine davon ruft: »Hören Sie auf, mich zu kratzen!« Derartiges Bildmaterial inszeniert ein eindeutiges Narrativ, obwohl entscheidende Szenen – insbesondere das beklagte Kratzen – darauf womöglich nicht zu sehen sind.

Aber nicht nur die Polizei hat heute mehr Möglichkeiten zu filmen als früher. Auch die Bürger:innen greifen öfter zur Kamera in Form des allgegenwärtigen Smartphones, das in vielen polizeilichen Einsatzsituationen eine Aufzeichnung ermöglicht. Für sie gelten dabei andere Regeln als für staatliche Behörden. Privatpersonen dürfen Polizeieinsätze grundsätzlich filmen. Das hat auch das Bundesverfassungsgericht 2015 klargestellt.[143] Lediglich die Veröffentlichung ist ohne Einwilligung der von den Aufnahmen betroffenen Personen nicht ohne Weiteres erlaubt. Solange das Filmen die polizeilichen Einsatzmaßnahmen nicht behindert, dürfen die Beamt:innen daher eigentlich nicht dagegen vorgehen. Sie können allenfalls die Personalien der filmenden Personen feststellen, wenn im Einzelfall tatsächlich eine nachträgliche Veröffentlichung des Materials zu erwarten ist.[144]

Vielen Beamt:innen sind diese Filmaufnahmen allerdings ein Dorn im Auge: Zum einen landen sie doch immer wieder auf YouTube und zeigen, wie auch die polizeilichen Aufnahmen, eine bestimmte Perspektive auf das Geschehen. So können diese Materialien die öffentliche Debatte erheblich anheizen. Zum anderen ist es für die jeweiligen Beamt:innen mit Stress verbunden, zu wissen, dass jeder ihrer Schritte festgehalten und dokumentiert wird. Immer wieder gibt es Berichte über Fälle, bei denen die Polizei im Verlauf eines Einsatzes gegen filmende Personen vorgeht[145] oder verlangt, dass die Aufnahmen gelöscht werden.[146] Befragungen zeigen zudem, dass das Filmen auch nicht selten ein Auslöser umstrittener polizeilicher Gewaltanwendung ist.

Außerdem nutzen die Beamt:innen die ihnen zur Verfügung stehenden rechtlichen Befugnisse kreativ aus. Eine Möglichkeit ist etwa, das betreffende Smartphone als Beweismittel zu beschlagnahmen. Wenn der Verdacht einer Straftat besteht – egal ob durch die beteiligten Bürger:innen oder die handelnden Polizist:innen – und die Aufnahmen als Beweismittel dienen könnten, dann dürfen sie nach der Strafprozessordnung sichergestellt werden, auch wenn die filmende Person an dem Konflikt gar nicht beteiligt war. Einen weiteren Weg hat die Polizei in § 201 Absatz 1 des Strafgesetzbuches für sich entdeckt. Diese Vorschrift verbietet es, das »nichtöffentlich gesprochene Wort eines anderen« aufzunehmen – eine Regelung, die Privatsphäre und Vertraulichkeit schützen soll. Da Kameras von Smartphones grundsätzlich auch den Ton des Geschehens festhalten, haben Beamt:innen in den vergangenen Jahren in verschiedenen Fällen Strafanzeigen gegen Personen gestellt, die Einsätze mit ihrem Handy gefilmt haben. Die Gerichte haben diese Fälle bislang unterschiedlich beurteilt, eine einheitliche Linie bildet sich erst langsam heraus.[147] Fraglich ist insbesondere, wann Äußerungen von Polizeibeamt:innen in Einsatzsituationen als »nichtöffentlich gesprochenes Wort« gelten. Hier kommt es auf den Einzelfall an. Jedenfalls dann, wenn kein geschlossener Zuhörerkreis gegeben ist, sondern die Äußerungen durch andere Personen ohne Weiteres wahrgenommen werden können, sind sie öffentlich und ist die Aufzeichnung daher nicht strafbar.[148]

Unabhängige externe Kontrolle

Die Polizei kann sich also weder selbst effektiv kontrollieren, noch gewährleisten die bestehenden staatlichen und zivilgesellschaftlichen Mechanismen eine hinreichende Kontrolle. Das liegt unter anderem daran, dass keine dieser Instanzen speziell auf die Kontrolle der Polizei ausgerichtet ist. Staatsanwaltschaften und Strafgerichte sind dafür da, Kriminalität generell zu verfolgen, stoßen bei der Aufarbeitung von staatlicher Gewalt schnell an ihre Grenzen und sind in ihrer Arbeit selbst eng mit der Polizei verwoben. Das beamtenrechtliche Disziplinarrecht zielt auf die Pflichten gegenüber dem Staat als Dienstherrn ab, aber nicht auf eine demokratische Kontrolle der Polizei. Die politischen Einflussmöglichkeiten bei polizeilichem Fehlverhalten sind begrenzt. Und auch mit Smartphones ausgerüstete Bürger:innen stellen ganz offensichtlich kein Gegengewicht zur Definitionsmacht der Polizei dar.

Um diese Lücke zu schließen, haben andere (europäische) Länder bereits seit Längerem externe Kontrollinstitutionen eingerichtet. Diese unabhängigen Stellen sollen von außen in die Polizei hineinwirken, ihre Praxis kontrollieren, ein gewisses Maß an Transparenz schaffen und dabei die Interessen der Gesellschaft wahren. In Deutschland steckt diese Debatte noch in den Kinderschuhen, sie wird vor allem unter den Stichworten »Beschwerdestellen« und »Polizeibeauftragte« geführt. Damit sind staatliche Stellen gemeint, denen man polizeiliches Fehlverhalten oder auch andere Missstände melden kann, damit sie untersucht werden. Verschiedene Bundesländer haben in den vergangenen Jahren solche Stellen geschaffen. Bei genauerem Hinsehen verbirgt sich hinter dem Begriff aber eine Vielzahl sehr unterschiedlicher Modelle.[149]

Zunächst kommt es darauf an, wie unabhängig eine solche Stelle tatsächlich ist – ob sie zum Beispiel innerhalb oder außerhalb der Polizei angesiedelt ist. Die allermeisten deutschen Polizeibehörden haben zwar Ansprechpartner:innen für Beschwerden, dies sind jedoch gerade keine externen und unabhängigen Einrichtungen. Aber auch bei den Stellen außerhalb der Polizei gilt es, genau hinzusehen: Manche sind bei den Innenministerien untergebracht, die als Teil der Verwaltung der Polizei nahestehen. So ist es in Niedersachsen, Sachsen, Sachsen-Anhalt und Thüringen. Diese Einrichtungen üben weniger eine externe Kontrollfunktion aus, sondern fungieren vor allem als Ansprechpartnerinnen, sollen Konflikte klären sowie Beschwerden bescheiden. Daneben gibt es eine dritte Gruppe von Einrichtungen, die meist auf gesetzlicher Grundlage direkt beim Parlament angesiedelt sind, um eine möglichst große Unabhängigkeit zu garantieren. Solche tatsächlich unabhängigen externen Mechanismen gibt es etwa in Rheinland-Pfalz, Schleswig-Holstein und Baden-Württemberg. Zuletzt wurden sogenannte Polizeibeauftragte auch in Bremen, Hessen und Berlin beschlossen. Diese Einrichtungen berichten in der Regel den Landtagen und legen Wert auf Mediation, partnerschaftliche Konfliktlösung sowie Gesprächsbereitschaft. Auch sie ermitteln zumeist nicht selbst, sondern verlangen Auskunft oder Akteneinsicht.

Wie effektiv eine Beschwerdestelle arbeiten kann, hängt stark davon ab, welche Zuständigkeiten und Befugnisse sie hat.[150] Darf sie lediglich Beschwerden entgegennehmen und weiterleiten? Kann sie die Polizei um Aufklärung bitten und erhält sie Einsicht in die Akten? Oder kann sie selbst umfassende Ermittlungen führen? Welche Konsequenzen kann sie herbeiführen? Manche Stellen dürfen keine anonymen Beschwerden bearbeiten; die meisten werden nicht tätig, wenn auch die Strafverfolgungsbehörden ermitteln, was insbesondere bei Beschwerden über unzulässige Gewaltanwendung häufig der Fall sein wird. Ihre Zuständigkeit ist damit empfindlich eingeschränkt. Umgekehrt sind viele Stellen nicht nur für Beschwerden von Bürger:innen, sondern auch für Eingaben von Polizist:innen zuständig. Es geht dort also nicht allein um die Kontrolle polizeilicher Praxis, sondern handelt sich vielmehr um allgemeine Ansprechpartner:innen im Kontext Polizei.

Maßgeblich bestimmt wird die Tätigkeit von Beschwerdestellen und Polizeibeauftragten schließlich durch ihre finanzielle und personelle Ausstattung. 20 Leute können deutlich mehr leisten als zwei. Und es spielt eine erhebliche Rolle, wie ihre leitenden Positionen besetzt sind und wie sich ihr Personal rekrutiert – Stellen, die überwiegend mit aktiven oder ehemaligen Polizist:innen besetzt sind, haben womöglich einen besseren Zugang zur Polizei und deren Informationen, kennen die Abläufe. Sie müssen aber dem Vorwurf begegnen, dass es ihnen an der nötigen kulturellen Distanz zur Polizei fehlt.

International sind mittlerweile vielfältige Modelle externer Kontrolle entwickelt worden, die dem spezifischen Potenzial für Machtmissbrauch durch die Polizei und ihrer Bedeutung für das staatliche und soziale Gefüge gerecht werden sollen. Eine der bekanntesten und größten Einrichtungen ist das *Independent Office for Police Conduct* (IOPC) für England und Wales. Die lose an das Innenministerium angegliederte, aber institutionell unabhängige Organisation untersucht Beschwerden über polizeiliches Verhalten, indem sie die internen Ermittlungen der Polizei anleitet oder eigene Ermittlungen anstellt. Dafür verfügte sie 2020 über mehr als 1.000 Mitarbeiter:innen (knapp ein Viertel davon ehemalige Polizeibeschäftigte[151]) und ein Budget von 71,5 Millionen Pfund. Bestimmte schwerere Vorfälle müssen die Polizeibehörden von sich aus dem IOPC melden, das anschließend untersucht, ob das Vorgehen der Polizei angemessen war. Ist dies nicht der Fall, können Maßnahmen oder strukturelle Veränderungen vorgeschlagen beziehungsweise teilweise selbst angeordnet werden. Die Umsetzung obliegt aber nach wie vor der Polizei. Strafrechtliche Konsequenzen kann das IOPC nicht veranlassen, sondern es leitet den Fall beim Verdacht einer Straftat an die Staatsanwaltschaft weiter. Jährlich werden etwa 30.000 Beschwerden bearbeitet. Dass Beschwerdestellen eigene strafrechtliche Ermittlungen gegen Polizist:innen führen und dazu beispielsweise Verdächtige festnehmen oder Wohnungen durchsuchen können, ist international gesehen die Ausnahme. Das ist etwa in Dänemark oder Nordirland der Fall.[152] Auch dort wird der abschließende Bericht aber an die Staatsanwaltschaft zur Entscheidung über eine Anklageerhebung übergeben.

Gemessen an diesen internationalen Vorbildern ist Deutschland von einer effektiven externen Kontrolle der Polizei noch weit entfernt. Wo überhaupt unabhängige externe Stellen bestehen, handelt es sich um kleine Einrichtungen, die meist nur mit einer Handvoll Mitarbeiter:innen und einem geringen Budget ausgestattet sind. Sie bearbeiten in der Regel einige Hundert Beschwerden im Jahr. Ihre Aufgabe besteht meist eher in der Klärung von Konflikten und ist weniger als Kontrolle der polizeilichen Praxis formuliert. Für die Bearbeitung schwererer Vorwürfe insbesondere bezüglich polizeilicher Gewaltanwendung sind sie mitunter nicht einmal zuständig.

Wenngleich das britische Modell keineswegs perfekt ist, zeigt das Beispiel des IOPC doch immerhin, wie eine ernst gemeinte externe Kontrollinstanz aussehen könnte. Dass eine solche auch in Deutschland dringend erforderlich wäre, davon zeugen nicht nur zahlreiche unaufgeklärte Fälle von Fehlern und Fehlverhalten in den vergangenen Jahren sowie die Besorgnis in der öffentlichen Debatte darüber. Auch die aktuellen Entwicklungen in Gesellschaft und Polizei, die im folgenden Abschnitt thematisiert werden, dokumentieren, wie drängend eine demokratische und rechtsstaatliche Einhegung der Polizei ist.

KAPITEL 4

POLIZEI IM WANDEL

4.1 NEUE AUFGABEN, NEUE BEFUGNISSE, NEUES SELBSTBEWUSSTSEIN

Das Aufgabenfeld der Polizei scheint mit Gefahrenabwehr und Strafverfolgung von außen betrachtet relativ stabil. Von den gesellschaftlichen und politischen Umwälzungen um ihn herum scheinbar unberührt, regelt der einfache Polizeibeamte den Verkehr, nimmt Anzeigen auf und verweist betrunkene Schreihälse der Straße. Das war in Zeiten des Wirtschaftswunders genauso der Fall wie während der Studierendenrevolte oder in der heutigen neoliberal geprägten Gesellschaft. Schaut man genauer hin, sind aber im Laufe der Zeit erhebliche Veränderungen festzustellen. Ebenso wie die Polizei selbst unterliegen auch die ihr zugewiesenen Aufgaben einem steten Wandel und sind in den vergangenen Jahrzehnten deutlich umfangreicher geworden.[1] Die Gründe hierfür sind auf verschiedenen Ebenen zu suchen: Einerseits verändert sich die Gesellschaft und bringt neue Problem- und Konfliktlagen hervor. Andererseits ist unsere Gesellschaft deutlich empfindlicher gegenüber Gefahren und Bedrohungen geworden, sodass der (inneren) Sicherheit heute ein viel größerer Stellenwert zukommt als in der alten Bundesrepublik: Kriminalität und andere mögliche Bedrohungen erscheinen uns weniger als normale gesellschaftliche Gegebenheiten, als hinzunehmendes Lebensrisiko; auch leichte Straftaten werden heute eher als schwere Eingriffe angesehen. Das geht an der Polizei nicht spurlos vorüber.

Soziale Probleme und soziale Kontrolle in der spätmodernen Gesellschaft

Die Gesellschaft in Deutschland – wie auch in anderen westlichen Ländern – ist in den vergangenen Jahrzehnten unübersichtlicher geworden. Eine neue Diversität (siehe Kapitel 1.4) eröffnet Freiheiten für Lebensweisen, die zuvor marginalisiert waren oder in Subkulturen ausgelebt wurden. Homosexualität, religiöse Vielfalt und Patchworkfamilien gehören heute zur Normalität, Irokesenschnitt und Tätowierungen sind keine großen Aufreger mehr. Wer über die entsprechenden Mittel verfügt, kann sich heute einfacher und vielfältiger selbst verwirklichen, als dies in der alten Bundesrepublik der Fall war. Digitalisierung, neue Technologien und Medien erweitern die Möglichkeiten der Kommunikation und die Teilhabe an sozialem Austausch und gesellschaftlichem Leben. Die Globalisierung hat – jedenfalls für Teile der Gesellschaft – zu einem sehr viel stärkeren internationalen und interkulturellen Austausch geführt.

Diese Entwicklungen bringen nicht nur neue Freiheiten und Chancen für diejenigen, die es sich leisten können. Mit diesem Wandel geht auch eine stärker sichtbare Aufteilung der Gesellschaft in unterschiedliche Teilgruppen einher, was Spannungen und Konflikte erzeugt.[2] Während benachteiligte Gruppen wie Frauen, Nichtweiße oder Menschen mit Zuwanderungsgeschichte mit einigem Erfolg mehr Beteiligung und Gleichberechtigung einfordern, fühlen sich andere als (ökonomische oder auch kulturelle) Verlierer:innen dieser Modernisierungstendenzen und ziehen sich auf gestrige Positionen zurück. So erfahren rechtspopulistische Ansichten und Versprechungen Auftrieb.[3]

Zudem sorgt die wachsende soziale Ungleichheit, die aus der wirtschaftlichen und politischen Entwicklung seit den 1980er-Jahren folgt, für Konflikte, soziale Verunsicherung und Abstiegsängste. Mit der neoliberal geprägten Politik dieser Zeit wurde der Sozial- und Wohlfahrtsstaat abgebaut und ein Niedriglohnsektor geschaffen. In der Folge hat sich ein neues Prekariat herausgebildet. Gleichzeitig haben sich die Verhältnisse der oberen Schichten im selben Zeitraum massiv verbessert. Die Schere zwischen Arm und Reich bei Einkommen und Vermögen geht somit immer weiter auseinander.[4] International betrachtet führen die sich zuspitzende soziale Ungleichheit und ihre Konflikte zu erheblichen Migrationsbewegungen.

Diese Entwicklungen tragen zu veränderten oder ganz neuen gesellschaftlichen Widersprüchen und Problemen bei, die letztlich als Aufgabe bei der Polizei landen können. Denn wenn keine spezielle Einrichtung verantwortlich ist und eine Angelegenheit nicht einfach unter den Beteiligten gelöst werden kann, liegt oft ein Anruf bei der Polizei am nächsten. Auch können sich Konflikte zu akuten Not- oder Gefahrenlagen verschärfen, wenn sie nicht früh genug geklärt werden, und so zur Polizei gelangen. Im Grunde gilt: Was nicht auf anderem Wege gelöst wird, landet im Zweifel irgendwann bei der Polizei – seien es die Drogenabhängigen in der U-Bahn-Station, der vor der eigenen Haustür campierende Obdachlose, die laute »fremdländische« Musik aus der Wohnung nebenan oder die rassistischen Kommentare der Nachbarin im Treppenhaus.

Gleichzeitig gibt es weniger Ressourcen für einen anderen Umgang mit solchen Problemen. Die stärkere Individualisierung und Aufteilung der Gesellschaft in Teilgruppen beeinträchtigt die sogenannte informelle soziale Kontrolle: Statt Konflikte wie etwa Nachbarschaftsstreitigkeiten oder eine Schulhofschlägerei vor Ort und mit eigenen Mitteln zu bearbeiten, wird heute eher die Polizei gerufen. Außerdem haben neoliberal geprägte Politikkonzepte und der Abbau von Sozial- und Wohlfahrtsstaat soziale Einrichtungen geschwächt, die sich professionell mit Drogenmissbrauch, Wohnungslosigkeit oder Armut beschäftigen. Diese Entwicklung fällt in Deutschland sehr viel weniger drastisch aus als etwa in den USA. Dennoch gibt es heute auch bei uns für den in Gewalt und Kriminalität abrutschenden Jugendlichen, für den Alkoholiker, der in seiner Wohnung randaliert, und für die Wohnungslose, die keinen Schlafplatz für die Nacht findet, weniger Hilfe oder zuständige Stellen als im Wohlfahrtsstaat der alten Bundesrepublik. Die Polizei hat es also nicht nur mit neu entstandenen oder größer werdenden Aufgaben zu tun, sondern auch mit solchen, die zu ihr verlagert werden, weil Probleme und Konflikte nicht (mehr) an dafür passenderen Stellen bearbeitet und gelöst werden.

Daher enthält der Polizeialltag mittlerweile viele Elemente der Sozialarbeit und beinhaltet etwa häufig auch den Umgang mit psychisch kranken Menschen. 2.228 Polizist:innen schätzten bei einer aktuellen Befragung in Baden-Württemberg, dass mehr als 18 Prozent ihrer Kontaktpersonen im beruflichen Alltag psychisch krank sind, wobei Sucht, Depression und Schizophrenie im Vordergrund stünden. Als größte Herausforderungen sahen die Befragten es an, einzuschätzen, wie gefährlich die Personen seien und wie sie sich verhalten würden. Deshalb sahen sie sich nur eingeschränkt zu einem professionellen Umgang mit solchen Situationen in der Lage.[5]

Indem wir diese Probleme – beziehungsweise ihre Symptome – in den Aufgabenbereich der Polizei verlagern, werden sie von einer Dienstleisterin mit einem ganz bestimmten, auf Ordnungserhaltung gerichteten Handlungsrepertoire bearbeitet. Für die Beamt:innen vor Ort bedeutet das nicht selten eine Überforderung, da sie für diese Tätigkeiten oft nur unzureichend ausgebildet sind. Denn die Polizei tendiert dazu, solche Situationen nicht als soziale Probleme und Konflikte zu deuten, sondern – entsprechend ihrer Zuständigkeit – als Störungen der Sicherheit und Ordnung oder als Kriminalitätsphänomene. Und sie entsprechend zu behandeln. Denn das sind die klassischen Aufgaben der Polizei, und sie prägen den Blick der Beamt:innen auf die Welt. Das Legalitätsprinzip verpflichtet sie sogar dazu, ein Strafverfahren einzuleiten, wenn sie eine Verdachtssituation wahrnehmen, was es schwieriger machen kann, sich helfend zu nähern. Ein psychisch kranker Mensch ist dann oft in erster Linie eine Gefahr und erst in zweiter Linie ein kranker Mensch; sichtbare Armut vor allem eine Ordnungsstörung, weniger ein soziales Problem, dessen Ursachen die Polizei ohnehin nicht bearbeiten könnte.

Auf diese Weise kann alles zum Sicherheitsproblem werden: Wenn wir beispielsweise Armut kriminalisieren, indem wir ihre Folgen verbieten, also Obdachlose und Bettler:innen aus der Öffentlichkeit verdrängen oder Menschen, die ohne Ticket fahren, inhaftieren, wird die Bekämpfung der Armut nicht als soziale Aufgabe anerkannt. Armut und ihre Ausprägungen erscheinen uns dann vielmehr als etwas Gegebenes, Feststehendes, das es als Abweichung zu unterbinden gilt, nicht als Ausdruck der sozialen Verhältnisse, die man ändern könnte.[6] Und anstatt Drogenabhängigkeit als Gesundheitsproblem, Wohnungslosigkeit als soziales Problem, Islamismus als politisch-religiöses Problem und Rechtsextremismus als gesellschaftlich-politisches Problem anzugehen, werden auch diese Phänomene zuvorderst als Sicherheitsprobleme verstanden. Das wird den Menschen und Problemen häufig nicht gerecht und kann einen wirkungsvollen, angemessenen Umgang mit ihnen erschweren: Suchtepidemien werden nicht gelöst, indem man Konsumierende ins Gefängnis steckt, Wohnungslosigkeit nicht, indem man Wohnungslose aus dem öffentlichen Raum verdrängt, und radikalreligiöse oder rechtsextreme Ideologien verschwinden nicht aus der Bevölkerung, indem man V-Leute in einige Gruppen einschleust. Wenn wir als Gesellschaft mit solchen Phänomenen trotzdem immer öfter nur noch die Polizei betrauen, »verpolizeilichen« wir soziale Missstände und Konflikte zunehmend.

Sicherheitsbedürfnisse und Präventionsstreben

Nicht nur Probleme und Konflikte haben zugenommen. Auch unsere Sicherheitsbedürfnisse und die Erwartungen an den Umgang damit sind heute andere als vor etwa 30 Jahren – ein Prozess, der als *Versicherheitlichung* beschrieben wird. Wir streben stärker und in mehr Bereichen nach Sicherheit als früher, sind weniger bereit, Risiken einzugehen, empfinden Gefahren als weniger hinnehmbar. Diese zunehmende Verunsicherung erfolgt nicht nur obwohl, sondern auch weil wir in einer der sichersten Gesellschaften der Welt leben. Da wir ein hohes Niveau an Sicherheit gewohnt sind, erscheinen uns Einschränkungen auf diesem Gebiet umso weniger akzeptabel. Dies betrifft den Schutz vor Naturkatastrophen, Unfällen und Krankheit, aber ganz besonders vor Kriminalität, Gewalt und Terrorismus. Die Polizei soll vor diesem Hintergrund immer noch mehr Sicherheit schaffen und Risiken sowie Gefahren umfassender und früher begegnen.

Lange Zeit wurde Problemen und Gefahren erst begegnet, wenn sie auftraten – eine Verletzung zum Beispiel ärztlich behandelt, Bankräuber:innen von der Polizei verfolgt. Das genügt mittlerweile nicht mehr. Mögliche Bedrohungen sollen vielmehr vereitelt werden, bevor sie zur Gefahr werden, indem beispielsweise die Gesundheitsvorsorge ausgebaut oder die Bank mit besseren Tresoren und abschreckenden Kamerasystemen ausgestattet wird. Diese Idee der Prävention zielt darauf ab, potenzielle Bedrohungen im Keim zu ersticken, sie also idealerweise gar nicht gefährlich werden zu lassen oder, um es polizeilich auszudrücken: »vor die Lage« zu kommen.[7] Die Bevölkerung zu einem gesunden Lebensstil anzuhalten ist aus dieser Sicht effektiver, als sie im Krankenhaus zu behandeln. Noch effektiver wäre es dann aber, die genetischen Ursachen der Krankheiten zu kennen und bereits vor der Geburt zu identifizieren, um sie frühestmöglich behandeln zu können. Und effektiver als die Videoüberwachung einer Bank ist die Videoüberwachung der Verkehrswege mit intelligenten Kameras, die auffälliges Verhalten bereits auf dem Weg zur Bank erkennen. Diese Logik lässt sich nahezu beliebig fortsetzen. Der Wunsch nach hundertprozentiger Sicherheit führt dazu, dass Risiken möglichst umfassend ausgeräumt werden sollen. Weil das Reservoir möglicher Risiken aber unendlich ist, mündet dieses Sicherheitsstreben in immer neuen Maßnahmen der Prävention und Vorsorge.[8]

Diese Entwicklungen fordern die Polizei sehr heraus: Mit der neuen Bedeutung von Prävention und Vorsorge geht die Erwartung einher, dass Gefahren und Kriminalität auch tatsächlich im Vorfeld unterbunden werden. Die Beamt:innen sollen etwa Anschläge verhindern und Gefährder:innen identifizieren, bevor sie jemals zu einer echten Gefahr geworden sind. Entsprechende Erwartungen werden aus allen Teilen der Gesellschaft und dem gesamten politischen Spektrum an die Polizei herangetragen: Schulen melden ihr gewalttätige Tendenzen bei

Kindern, um eine frühe Intervention zu ermöglichen, potenzielle Islamist:innen sollen ihr bekannt sein, lange bevor diese gefährlich werden, und Rechtsextremist:innen soll sie so umfassend auf dem Schirm haben, dass ihr keine Mordfantasie verborgen bleibt. Wo dies nicht gelingt, wird es rasch als Versäumnis der Polizei aufgefasst; ein gelungener Anschlag wird so zum Versagen polizeilicher Prävention.

Als etwa bekannt wurde, dass der LKW-Anschlag auf den Weihnachtsmarkt am Berliner Breitscheidplatz 2016 geschehen konnte, obwohl der spätere Attentäter bereits beobachtet worden war, wurden der Polizei aus Politik und Medien schwere Vorwürfe gemacht. Eine wirksame Früherkennung fordert jedoch nicht nur erhebliche Ressourcen, sondern verwandelt die Gesellschaft auch zunehmend in eine Abwehrfestung. Terrorismus, aber auch andere Straftaten sind nur sehr schwer zu prognostizieren, die Vorhersagen also entsprechend fehleranfällig. Was zunächst verlockend klingt – Schäden verhindern, bevor sie eintreten –, ist in der Praxis daher kaum umzusetzen oder hat zumindest einen hohen Preis: für die Freiheitsrechte und die Stimmung in der Gesellschaft, aber auch für die Polizei. Der Wunsch nach umfassender, vorsorglicher Sicherheit verlangt von ihr mehr, als sie leisten kann.

Eine ähnliche Überforderung zeigt sich, wenn die Polizei heute mit Aufgaben konfrontiert ist, die eigentlich eine besondere Ausbildung erfordern und daher von entsprechend spezialisierten Stellen bearbeitet werden sollten. Sowohl viele soziale Probleme als auch psychische Erkrankungen können von der Polizei nicht sinnvoll behandelt oder gar gelöst beziehungsweise geheilt werden.[9] Die Beamt:innen auf der Straße begegnen den Betroffenen immer nur kurz, auch wenn sie sie unter Umständen häufiger treffen. Nach einigen Minuten oder manchmal auch Stunden ist der Anlass für den Einsatz zwar erledigt, die Bürger:innen bleiben jedoch in ihrer Situation zurück. Im besten Fall haben die Polizist:innen sie an eine andere Stelle weitervermittelt, die ihnen längerfristig helfen kann. Im schlimmsten Fall kommt es zu folgenschweren Eskalationen, weil die Problemlage und die Mittel der Beamt:innen nicht zusammenpassen.

Kurz nach Weihnachten 2009 zum Beispiel wandte sich die Mutter des psychisch kranken Dirk P. an die Polizei. Nachbar:innen ihres Sohnes hatten sie angerufen, weil er allein in seiner Wohnung randaliere, und ihr war es am Telefon nicht gelungen, ihn zu beruhigen. Die eintreffenden Polizist:innen traten die Tür ein und trafen auf den mit einem Küchenmesser bewaffneten P., der auf sie losging. Weil er sich von Pfefferspray nicht stoppen ließ, erschossen sie ihn.[10] Die tödlichen Schüsse wurden als Notwehr eingestuft, weil den Beamt:innen in diesem Moment keine andere Verteidigung möglich gewesen sei. Mit Pfefferspray und Schusswaffen waren sie nicht angemessen ausgestattet für eine Situation, die psychologisches Fachwissen und entsprechende Erfahrung erfordert hätte.

Neue Bedeutung und größere Handlungsspielräume

Gleichzeitig eröffnen Aufgabenzuwachs und zunehmende Sicherheitsbedürfnisse der Polizei neue Möglichkeiten und stärken ihre Bedeutung. Wo Gefahren mehr wahr- und weniger hingenommen werden, wo auf Probleme schnell und unmittelbar reagiert werden soll, wird sie häufiger gerufen und erscheint wichtiger denn je.

Die zunehmende Bedeutung der Polizei spiegelt sich in

ihrer Personalentwicklung. Schon in der alten Bundesrepublik war die Zahl der Vollzeitbeschäftigten von Bund, Ländern und Gemeinden im Bereich Öffentliche Sicherheit und Ordnung, der neben der Polizei etwa auch Feuerwehr und Katastrophenschutz umfasst, von 184.000 im Jahr 1960 auf 312.400 im Jahr 1990 gestiegen. Der Bereich verzeichnete damit ein stärkeres Wachstum als andere Gruppen und der öffentliche Dienst insgesamt.[11] Im vereinigten Deutschland gab es zwar – wie auch sonst im öffentlichen Dienst – sparsame Phasen bei der Polizei. So kam es zwischen 1998 und 2008 zu einem vorübergehenden Stellenabbau, der in verschiedenen Bundesländern sehr unterschiedlich und insgesamt vergleichsweise moderat ausfiel. Auf lange Sicht blieb es jedoch auch seit 1990 bei einer sehr konstanten Personalentwicklung mit Aufwärtstrend.[12]

So zählte das Statistische Bundesamt 1991 bei der ersten gesamtdeutschen Erfassung gut 305.000 Beschäftigte bei Polizei und Bundesgrenzschutz.[13] 2020 arbeiteten 341.400 Menschen im Aufgabenbereich Polizei. Gerade in der jüngeren Vergangenheit hat die Polizei einen deutlichen Personalzuwachs erlebt, der wesentlich auf die gesteigerten Ausbildungskapazitäten zurückzuführen ist. Allein zwischen 2010 und 2020 ist die Zahl der Beschäftigten bei der Polizei um etwa 11 Prozent gestiegen.[14] Die Zahl der Vollzeitäquivalente – wo Teilzeitbeschäftigte nur mit ihrem jeweiligen Arbeitsanteil berücksichtigt werden, um Verzerrungen zu vermeiden – hat im gleichen Zeitraum von 295.585 auf 329.500 zugenommen.[15] Das ist der mit Abstand höchste Wert, seit das Statistische Bundesamt diese Form der Erfassung 1998 eingeführt hat.

Parallel dazu werden auch die Kompetenzen der Polizei stetig ausgeweitet. In den 1980er-Jahren wurden die Aufgaben der Vorsorge und Verhütung von Gefahren in die Polizeigesetze aufgenommen. Die Polizei soll seitdem auch dafür sorgen, dass Gefahren gar nicht erst entstehen. Seit den 1990er-Jahren wurden dann die Befugnisse in den Polizeigesetzen des Bundes und der Länder massiv ausgebaut. Es wurden zahlreiche neue Rechtsgrundlagen geschaffen oder bestehende Vorschriften erweitert, die den Beamt:innen in bestimmten Situationen die Erlaubnis geben, in Grundrechte einzugreifen, indem sie beispielsweise Telefone abhören oder Menschen in Gewahrsam nehmen.

Viele Eingriffe, die bis dahin nur zur Strafverfolgung erlaubt waren, also wenn ein konkreter Tatverdacht vorlag, dürfen nun auch zur Gefahrenabwehr vorgenommen werden. Hinzugekommen sind zuletzt unter anderem Befugnisse zur Nutzung von Staatstrojanern, zu intelligenter Videoüberwachung, der automatisierten Kennzeichenerfassung, elektronischen Fußfesseln oder zur Anordnung von Kontaktverboten und längerem Präventivgewahrsam, etwa um die Begehung einer Straftat zu verhindern. In vielen Landespolizeigesetzen sind heute auch Regelungen zu »gefährlichen« oder »kriminalitätsbelasteten Orten« zu finden. Die Polizei kann danach festlegen, welche Orte in diese Kategorien fallen, wie zum Beispiel der Alexanderplatz und das Kottbusser Tor in Berlin, und hat dort dann besondere, weiter reichende Befugnisse. Insbesondere darf sie Personen ohne konkreten Anlass kontrollieren.[16]

Polizeiliches Handeln darf heute – ganz im Sinne der Präventionslogik – vor allem früher einsetzen. Am besten erkennbar wird diese Logik, die sich nach den Terroranschlägen vom 11. September 2001 erheblich verschärfte, an der Figur des »Gefährders« und der Kategorie der »drohenden Gefahr«, die in den vergangenen Jahren in die Polizeigesetze aufgenommen wurde. Als Gefährder:innen gelten Personen, die Anhaltspunkte dafür geben, dass in Zukunft einmal eine Gefahr durch erhebliche Straftaten von ihnen ausgehen könnte, während das aber derzeit noch nicht der Fall ist. Die Polizei versucht solche Personen zu identifizieren, um sie zu überwachen und dann einschreiten zu können, sobald eine konkrete Gefahr absehbar wird.

Zu diesem Zweck werden potenzielle Gefährder:innen nach Checklisten bewertet. Die dort erfassten Merkmale etwa zu Biografie, Vorstrafen oder auch zur Einbindung in bestimmte Szenen sollen es der Polizei ermöglichen, einzuschätzen, mit welcher Wahrscheinlichkeit die jeweiligen Personen in Zukunft tatsächlich einmal eine Gefahr begründen werden. Personen, bei denen die Prüfung eine hohe Wahrscheinlichkeit ergibt, werden dann genauer überwacht, zum Beispiel mittels Observation. Je nach Bundesland können auch elektronische Fußfesseln oder Gefährderansprachen möglich sein.[17]

Dieses neue Konzept wurde zunächst auf Personen im Bereich des Islamismus und auf entlassene Sexualstraftäter angewendet. Heute wird es ebenfalls für Rechtsextremist:innen genutzt und lässt sich im Prinzip auf weitere Bereiche übertragen. Eng verbunden damit ist das Konzept der »drohenden Gefahr«.[18] Diesem zufolge müssen Beamt:innen nicht mehr warten, bis eine konkrete Gefahr vorliegt, sondern haben bereits in deren Vorfeld gewisse Eingriffsbefugnisse. Die ihnen zur Verfügung stehenden Mittel unterscheiden sich dabei von Bundesland zu Bundesland.

Diese Entwicklung ist problematisch: Die Verfassung garantiert Grundrechte, in die die Exekutive nur begrenzt eingreifen darf. Je klarer diese rechtsstaatlichen Grenzen gezogen sind, desto besser können sie polizeiliches Handeln lenken, einhegen und den Gerichten als Maßstab dienen, um polizeiliche Maßnahmen im Nachhinein zu überprüfen. Je unbestimmter die Voraussetzungen sind, unter denen die Polizei in Grundrechte eingreifen darf, desto unklarer ist für alle Beteiligten, was die Polizei wann tun darf. Das ist schon beim überkommenen Gefahrenbegriff und der in dessen Rahmen notwendigen Prognose problematisch, weil es dabei relativ große Spielräume gibt, wann man eine Gefahr annimmt und wann nicht.

Im Herbst 2018 etwa wurden bei den Umweltprotesten im Hambacher Forst die Leinwände und Farben zweier Künstler:innen beschlagnahmt, die dort großformatige Bilder malen wollten. Die Begründung war fadenscheinig: Aus dem Holz könnten Speere und aus der Farbe Molotowcocktails hergestellt werden.[19] Dass zehn leere Flaschen Wein in den Augen der Polizei schnell zehn »Mollis« werden können, besangen schon Ton Steine Scherben in ihrem »Rauch-Haus-Song« von 1972. Auch bei der internationalen Automesse IAA im September 2021 in München ging die Polizei vehement gegen Protestierende vor und reizte ihre präventiven Befugnisse nicht nur bis zur Grenze des Zulässigen aus, sondern überschritt sie. Nach Mitteilung des Anwaltlichen Notdienstes beantragten die bayerischen Beamt:innen bereits in den ersten Tagen der Messe für 20 Klimaaktivist:innen präventiven Gewahrsam, der bis zum Ende der Ausstellung und damit mehrere Tage dauern sollte. Fast alle dieser Anträge wurden jedoch von den Gerichten abgelehnt, da es an den rechtlichen Voraussetzungen für den Gewahrsam fehlte. Die Aktivist:innen mussten wieder entlassen werden.[20]

Wenn polizeiliches Handeln immer weiter vorverlagert wird, dann werden die Anlässe dafür automatisch immer vager – die »drohende Gefahr« zum Beispiel lässt sich sehr weit auslegen, hat noch unklarere Grenzen als das bisherige Konzept der konkreten Gefahr. Die ohnehin bestehenden Spielräume für polizeiliches Handeln werden also größer, ihre Kontrolle schwieriger. Das schmälert die begrenzende und kontrollierende Wirkung des Rechts.[21]

Die Ausweitung polizeilicher Befugnisse ist keine Momentaufnahme, sondern eine stete Entwicklung. Einmal geschaffene Befugnisse werden kaum wieder zurückgenommen, sondern erweitern das Handlungsrepertoire der Exekutive dauerhaft. Mit ihrem Bedeutungszuwachs geht zudem eine konsequente Professionalisierung der Großorganisation Polizei einher. Hierfür steht der schon dargestellte Wandel in der Polizeiausbildung ebenso wie eine zunehmende Verwissenschaftlichung der Polizei. Die meisten jungen Polizist:innen haben heute die Hochschulreife, viele haben ihre Ausbildung als Bachelor-Studium absolviert. Die polizeiliche Praxis hat immer mehr den Anspruch *evidence-based* zu sein, sich also auf wissenschaftliche Befunde zu stützen. Dafür betreibt die Polizei selbst Forschung an den Fachhochschulen, greift bei der Entwicklung von Strategien und Techniken aber ebenso auf externen Sachverstand zurück. Letztlich rüstet sich die Polizei damit auch für die neue gesellschaftliche Bedeutung, die ihr zugedacht wird.

Neues Selbstbewusstsein der Polizei

Mit der gestiegenen Bedeutung, die sich in Personal- und Aufgabenzuwachs, Professionalisierung und ausgeweiteten Befugnissen niederschlägt, verändert sich auch das Selbstverständnis der Polizei. Die Organisation löst sich ein Stück weit von ihrer überwiegend dienenden Funktion innerhalb des rechtsstaatlichen Gesamtgefüges und entdeckt sich als selbstbewusste, aktive Akteurin sozialer Diskurse und der Politik. Gegenüber der Justiz und anderen gesellschaftlichen Institutionen hat sie deutlich an Gewicht gewonnen.

Lange hielt sich die Polizei auf den Bühnen der öffentlichen Debatte und der Politik weitgehend zurück, und dieser Auftritt blieb dann meist den Polizeigewerkschaften vorbehalten. Polizeibehörden als Teil der Exekutive beschränkten sich auf klassische Pressearbeit mittels Pressemitteilungen und Erklärungen von Pressesprecher:innen. Das verändert sich. Zum einen hat die Polizei ihre Pressearbeit im Zuge der genaueren öffentlichen Beobachtung intensiviert und professionalisiert. Dabei gerät die Rolle der Polizei als eigentlich neutrale staatliche Stelle in ein Spannungsverhältnis mit den eigenen Interessen der Organisation (mehr dazu im nächsten Kapitel). Der Deutsche Journalisten-Verband beispielsweise sah sich im Juli 2019 dazu veranlasst, darauf hinzuweisen, dass Informationen der Polizeibehörden in allen Fällen kritisch zu hinterfragen seien. Anlass war, dass die Polizei in ihren Pressemeldungen zur Besetzung eines Tagebaus durch Klimaaktivist:innen deutlich überhöhte Zahlen verletzter Beamt:innen verbreitet hatte, die aber von vielen Medien für bare Münze genommen worden waren.[22]

Auf der anderen Seite haben die sozialen Medien die Maßstäbe für Pressearbeit und Marketing verschoben. Etwas verzögert hat auch die Polizei festgestellt, dass es sich auf die Wahrnehmung der Öffentlichkeit auswirkt, wenn man hier nicht vertreten ist.[23] Seitdem sind unzählige offizielle Accounts ganz verschiedener Polizeibehörden auf unterschiedlichen Plattformen entstanden, die die polizeiliche Sicht auf die Welt wirkmächtig verbreiten, dabei aber deutlich anders vorgehen als die klassische Pressearbeit. Erstens ist die Form der Kommunikation hier eine andere. Die lockere Flapsigkeit sozialer Medien verträgt sich nur schlecht mit den Geboten der Sachlichkeit und der Neutralität, denen polizeiliche Öffentlichkeitsarbeit eigentlich verpflichtet ist, und den traditionellen Vorstellungen seriöser staatlicher Informationspolitik. Zweitens wendet sich die Organisation so auf direktem Weg an das Publikum, nicht vermittelt durch klassische Medien, die die Stellungnahmen einordnen. Drittens gelten auf Twitter, Facebook und Co. andere Kommunikationsanlässe. Hier wird nicht nur gepostet, wenn es einen Einsatz mit Nachrichtenwert gibt, der auch eine Pressemitteilung rechtfertigen würde. Stattdessen bestimmen auch mehr oder weniger lustige Tweets aus dem Polizeialltag die Social-Media-Präsenzen, die ein bestimmtes Bild polizeilicher Tätigkeit transportieren sollen und so das Image der Organisation erheblich mitprägen.[24]

So sorgte die Münchner Polizei vor einigen Jahren mit Tweets in Jugendsprache für Aufsehen: »Wer 1 Car oder 1 Bike mit high level vong Rausch im Face drived, dem helped auch 1 sorri pollizeiman nit out.«[25] Der ungewohnte Stil sollte einen locker-lustigen Eindruck erwecken, was wohl nur bedingt gelungen ist. Die sächsische Polizei musste sich im September 2020 dafür rechtfertigen, dass ihr offizieller Twitter-Account nach der Räumung mehrerer besetzter Häuser einen anderen Tweet geteilt hatte, in dem es hieß: »Gestohlene Räume von Leuten, die sich das erarbeitet haben. Davon hat das linke Pack natürlich keine Ahnung.«[26] Und die Deutsche Polizeigewerkschaft in Berlin warnte im Vorfeld einer *Black-Lives-Matter*-Demonstration im Juni 2020 mit einem Tweet: »Die Aggressivität der Berufsempörer & gewaltbereiten Krawallmacher der #Polizei gegenüber hat einen neuen Höhepunkt erreicht«, was Zweifel an der polizeilichen Neutralität gegenüber den Demonstrierenden aufkommen ließ.[27]

Aber auch an den einzelnen Beamt:innen geht der Wandel

des polizeilichen Berufsbildes nicht spurlos vorüber. Neue Aufgaben und Bedrohungen sowie die Unübersichtlichkeit der Gesellschaft können bei Polizist:innen zu einer gewissen Verunsicherung führen. In dieser Situation bietet die *Cop Culture* ein Gefühl der Zusammengehörigkeit und wird so wichtiger. Zugleich prägt der Bedeutungszuwachs der polizeilichen Tätigkeit die berufliche Selbstwahrnehmung vor allem junger Polizist:innen und der großen Zahl an Anwärter:innen, die derzeit ausgebildet werden. Sie haben die Vorstellung, einen ganz besonders wichtigen, praktisch unentbehrlichen Beruf auszuüben, und verinnerlichen die neuen, weitgefassten Aufgabenfelder und Erwartungen.

Es lässt sich festhalten: Zunehmende soziale Probleme und Konflikte treffen auf abnehmende gesellschaftliche Ressourcen, um damit umzugehen, sowie auf ein zunehmendes Sicherheitsbedürfnis. Auf diese Weise entstehen mehr und neue Aufgaben für die Polizei, deren Bedeutung als gesellschaftliche Institution wächst.

4.2 POLIZEI UND POLITIK – UND DIE ROLLE DER GEWERKSCHAFTEN

Die Polizei ist angesichts ihrer gesellschaftlichen Rolle und Bedeutung ein hochpolitisches Thema. Gesetzgeber, Regierungen und Verwaltungen bestimmen die Bedingungen polizeilichen Handelns – durch gesetzliche Befugnisse, inhaltliche Vorgaben und die Ausstattung mit Ressourcen. Damit hat die Politik großen Einfluss auf die Arbeit der Polizei. Sie bestimmt die Personalpolitik maßgeblich mit, macht Zielvorgaben, gibt die Linie vor, wie die Polizeiarbeit aussehen soll, wo Schwerpunkte zu setzen sind. Die Polizeiführung muss wichtigere Entscheidungen und grundlegende Fragen mit dem Innenministerium abstimmen, das über die abschließende Entscheidungsgewalt verfügt. Dieser sogenannte Primat der Politik wird immer wieder auch auf der Straße sichtbar, vor allem dort, wo es zu Meinungsverschiedenheiten zwischen Politik und Polizei kommt.

Die Berliner Polizei beschwerte sich etwa im Sommer 2021, dass die Politik, um unschöne Bilder vor den Bundestagswahlen zu vermeiden, zu große Polizeiaufgebote für die Begleitung von gerade stattfindenden Umweltprotesten fordere und damit die Kapazitäten unnötig überstrapaziere.[28] Umgekehrt wurde der politische Versuch, bestimmte Bundesligapartien als Nichtrisikospiele zu definieren und so künftig mehr Fußballspiele unter geringerer Polizeipräsenz als bislang zu ermöglichen, von den Polizeigewerkschaften ebenfalls als sachfremde politische Vorgabe empfunden.[29] Das bayerische Innenministerium betont regelmäßig, jedes besetzte Haus müsse innerhalb von 24 Stunden von der Polizei geräumt werden, und gibt damit eine Null-Toleranz-Politik vor.[30] Das Verhältnis zwischen Polizei und Politik ist neben anderen Aspekten also durchaus von Auseinandersetzungen um Einfluss geprägt. Im Alltag der Polizei, bei konkreten taktischen Entscheidungen setzt die deutsche Politik ihre Weisungsbefugnisse indes zurückhaltend ein und belässt der Polizei erhebliche Spielräume.[31]

In der Praxis ist das Verhältnis zwischen Polizei und Politik noch komplexer. Die formelle Rollenaufteilung, wonach die Politik die Regeln macht und die Polizei verpflichtet ist, diese neutral und unpolitisch umzusetzen, ist nur eine Seite der Medaille und eine recht theoretische Betrachtungsweise. Denn umgekehrt ist die Politik ihrerseits abhängig von der Polizei – nicht nur weil diese die politischen Entscheidungen notfalls mit Gewalt durchsetzt und die bestehende Ordnung sichert. Die Polizei ist auch selbst eine machtvolle Akteurin mit eigenen Interessen, zu der sich die Politik verhalten muss. Als Trägerin des staatlichen Gewaltmonopols und Repräsentantin des wichtiger werdenden Aufgabenkomplexes »Sicherheit« nimmt die Polizei eine zentrale Rolle im Staat ein. Polizeifunktionär:innen werden an politischen Entscheidungen beteiligt, Polizist:innen in Gremien gehört, und die Polizei betreibt zunehmend eigene Medienarbeit. In der Bevölkerung genießt sie mehr Vertrauen als jede politische Partei. Auf der Straße und in den Medien ist die Organisation allzeit präsent. Die Polizeigewerkschaften gehören mit über 300.000 Mitgliedern und ihrer hervorgehobenen öffentlichen Stellung an der Schnittstelle von Polizei und Politik zu den einflussreichsten in Deutschland. Sie vertreten nicht nur die Interessen der Beschäftigten gegenüber der Führung und machen über ihre Personalräte Politik in der Organisation, sondern streiten auch öffentlich für einen größeren Einfluss der Polizei und tragen ihre spezifischen Sichtweisen in die Gesellschaft.

Politische Akteur:innen müssen zudem stets berücksichtigen, welche Folgen ihre wahrgenommene Beziehung zur Polizei bei der Wahlbevölkerung haben könnte. Wer sich – was insbesondere Akteur:innen des linken politischen Spektrums häufig zugeschrieben wird – nicht rückhaltlos für die Polizei einsetzt oder sie gar kritisiert, kann sich den Vorwurf einhandeln, Sicherheit und »Verbrechensbekämpfung« zu vernachlässigen. Nachdem die SPD-Vorsitzende Saskia Esken im Sommer 2020 gesagt hatte, es gebe auch in Deutschland »latenten Rassismus in den Reihen der Sicherheitskräfte«,[32] war das für die politische Konkurrenz ein gefundenes Fressen. Sie verurteilte diese – inhaltlich, wie gesehen, durchaus zutreffende – Äußerung als »polizeifeindliches Klima« und Ausdruck eines Generalverdachts gegen Polizist:innen.[33] Auch aus den eigenen Reihen wurde Esken für das Statement heftig angegriffen.[34]

Wer »Recht und Ordnung« zum Kern des eigenen politischen Programms macht, für den kann es umso nachteiliger sein, von der Polizei kritisiert zu werden. Als die baden-württembergische CDU Anfang 2021 ihr zentrales Thema Innere Sicherheit mit dem vermeintlich polizeifreundlichen Vorschlag bespielen wollte, an jedem Polizeipräsidium einen eigenen Einsatzzug der Bereitschaftspolizei einzurichten und dem SEK einen zweiten Standort zuzuteilen, störte sich ausgerechnet die Deutsche Polizeigewerkschaft an dem Vorschlag: Das Personal reiche nicht aus, denn in Sachen Personalausstattung befinde sich das Bundesland auf den hinteren Rängen, und im Fall der Umsetzung drohe ein »Kollaps der Inneren Sicherheit«.[35] Durchaus problematisch für eine Partei, die sich auf genau diesem Gebiet hervortun möchte und seit 2016 das dortige Innenministerium führt. Es ist also nicht ohne Weiteres möglich, Politik ohne oder gegen die Polizei zu machen.

Ein Wechselspiel von Interessen und Akteur:innen

Als politische Akteurin vertritt die Polizei nicht neutral die Gesamtgesellschaft, sondern ist in verschiedener Hinsicht befangen. Zunächst hat sie eigene Interessen und setzt sich besonders auch für eigene Belange ein – für Maßnahmen und Projekte, die aus polizeilicher Perspektive hilfreich oder erforderlich sind, ebenso wie für solche, die sich zugunsten ihrer Beschäftigten auswirken. Dazu können mehr und höher qualifiziertes Personal gehören, eine bessere Ausstattung, eine höhere Besoldung, attraktivere Arbeitsbedingungen, weitreichendere Befugnisse, mehr Respekt und gesellschaftliche Anerkennung oder positive mediale Darstellungen und politische Rückendeckung.

Zugleich ist die Polizei, wie in vorigen Kapiteln gezeigt, an vielen gesellschaftlichen Konflikten und Debatten selbst beteiligt und keine objektive Beobachterin. Sie steckt gewissermaßen selbst mittendrin. Auch wenn sie für die betreffenden Themen manchmal einen besonderen Sachverstand hat, der sich aus Fachwissen und praktischen Erfahrungen speist, so ist ihre Sicht doch auch von den Eigeninteressen und Wahrnehmungen geprägt, die sie als Beteiligte der Auseinandersetzung mitbringt.

Schließlich ist die Polizei eine Organisation mit einer spezifischen Sichtweise auf die Welt, die wesentlich durch ihre praktischen Erfahrungen geprägt ist (siehe Kapitel 2.4). Ein Streifenpolizist wird auf die Frage, ob Gewalt gegen Polizist:innen zunimmt, womöglich eine andere Antwort geben als eine wissenschaftlich fundierte Betrachtung der Fallzahlen. Neue, weiter reichende Befugnisse hält die Polizei meist für unproblematisch oder sogar unbedingt notwendig, während die Zivilgesellschaft sie womöglich als überschießend kritisiert. Forderungen nach externer Kontrolle und Kritik an polizeilichem Vorgehen werden hingegen als ungerechtfertigt abgetan oder gar als Angriff empfunden. Und obwohl in der kriminologischen Forschung anerkannt ist, dass die Verschärfung von Strafgesetzen nicht dazu führt, dass weniger Straftaten begangen werden, fordern Polizist:innen und polizeiliche Interessenvertretungen regelmäßig höhere Strafen für Angriffe auf Beamt:innen – als Zeichen staatlicher Anerkennung der Problematik, aber auch der Bedeutung und Schwierigkeiten der polizeilichen Tätigkeit allgemein.

Es ist nicht ungewöhnlich oder gar verwerflich, sondern ganz selbstverständlich, dass die Polizei als Behörde wie auch die einzelnen Polizist:innen eigene Interessen verfolgen und eine bestimmte Sichtweise entwickeln. Allerdings erschwert das eine unbefangene Analyse und politische Bewertung gesellschaftlicher Sachverhalte. Wer jahrelang gegen internationale Drogenkartelle ermittelt, hat vermutlich wenig Verständnis dafür, dass Telefonate nur abgehört werden dürfen, soweit sie nicht die Intimsphäre der Beschuldigten betreffen, und wird es eher richtig finden, wenn Überwachungsbefugnisse ausgebaut werden. Wer einmal aus einer Demonstration heraus mit Steinen beworfen wurde, kann oft weniger nachvollziehen, weshalb Versammlungen nicht grundsätzlich mit Panzerwagen begleitet oder wenigstens durchweg gefilmt werden.

Die auf Erfahrung basierende berufliche Perspektive der Polizei lässt die Bedeutung der rechtsstaatlichen Grenzen der eigenen Arbeit in den Hintergrund treten und macht ein Feingefühl dafür schwierig. Es zeichnet einen Rechtsstaat jedoch gerade aus, dass diese Grenzen immer eingehalten werden. Umso wichtiger ist es deshalb, dass ein solches Bewusstsein durch Gesellschaft, Medien und Politik an die Polizei herangetragen wird und die Rahmenbedingungen für polizeiliches Handeln von außen festgelegt werden.

Bei all diesen Fragen sind die Positionen auch innerhalb der zahlreichen Polizeibehörden keineswegs einheitlich. So vielfältig die polizeilichen Tätigkeitsfelder sind, so unterschiedlich sind die Bedürfnisse der dort tätigen Polizist:innen. Und die Beamt:innen an der Basis haben grundsätzlich andere Themen und Zielsetzungen als die Polizeiführung – letztlich nicht anders als in einem Unternehmen oder anderen Behörden. Während an der Basis die Alltagssorgen von Beschäftigten wie Gehalt, Vereinbarkeit von Familie und Beruf sowie praktische Probleme eine größere Rolle spielen, geht es auf der Führungsebene um die Verwaltung der Organisation als Ganzes und die Verantwortung gegenüber den politischen Entscheidungsträger:innen. Dazu gehört es, polizeiliche Bedürfnisse etwa nach zusätzlichem Personal, besserer Ausrüstung oder mehr Anerkennung an die politische Ebene zu vermitteln, aber auch, deren Vorgaben umzusetzen und die dort bestehenden Vorstellungen und Prioritäten zu verinnerlichen.

Erwartungen und Zielvorgaben aus der Politik können erheblichen Druck auf die Polizeiführung ausüben und mitunter zu nicht beabsichtigten Ergebnissen führen. Mitte der 2000er-Jahre beispielsweise war man in Sachsen-Anhalt darum bemüht, die Anzahl rechter Straftaten zu senken, um in dieser Statistik nicht länger den imageschädigenden Spitzenplatz unter den Bundesländern zu belegen. Schon bald wurde tatsächlich ein dramatischer Rückgang der Fälle verzeichnet: Im LKA hatte man schlicht die Zählweise umgestellt und Taten ohne bekannte Verdächtige wie etwa Hakenkreuzgraffiti nicht länger als rechtsmotiviert gewertet. Das Innenministerium distanzierte sich schnell von der Vorgehensweise; es habe »Fehler in der Kommunikation zwischen dem LKA und dem Innenministerium« gegeben, am Ende musste der LKA-Direktor gehen.[36]

Die für die Polizei zuständigen Politiker:innen und Verwaltungen wiederum – insbesondere die Innenministerien – müssen einer doppelten Rolle gerecht werden: Auf der einen Seite müssen sie die Bedürfnisse der Polizei befriedigen und deren Interessen vertreten, ohne dort besonders beliebt zu sein. Auf der anderen Seite sollen sie stellvertretend für die Allgemeinheit die politische Kontrolle über die Polizei ausüben, deren Funktionsfähigkeit gewährleisten und Missständen begegnen. Die damit verbundene Gratwanderung wird anschaulich, wenn Minister:innen rechtsextreme Vorfälle in der Polizei scharf verurteilen, aber zugleich vehement betonen, dass es sich um Einzelfälle handele, die keinen Zweifel an der Verfassungstreue von Polizeibeamt:innen insgesamt aufkommen lassen würden. Welche Folgen solche Fälle für die verantwortlichen Politiker:innen haben, hängt auch davon ab, wie es ihnen gelingt, diese zu framen: Als im Juni 2021 Rücktrittsforderungen gegen den hessischen Innenminister Peter Beuth (CDU) aufkamen, nachdem rechte Chat-Gruppen im Frankfurter SEK aufgedeckt worden waren, ließ er die betroffene Einheit auflösen.[37] Im obigen Beispiel der geschönten Statistiken schasste der damalige Innenminister Sachsen-Anhalts den Direktor des LKA. Nach den Vorwürfen rassistischer Polizeigewalt, die 1994 als »Hamburger Polizeiskandal« für Schlagzeilen sorgten, trat der damalige Innensenator Werner Hackmann (SPD) hingegen zurück.[38]

Während das Verhältnis der Polizei zur Allgemeinheit, wie

in den vorangegangenen Kapiteln gezeigt, zwiespältig ist und teilweise zwischen verschiedenen Bevölkerungsgruppen erheblich variiert, verbindet Polizei und Politik beziehungsweise Verwaltung eine relativ beständige politische Allianz: Innenministerien, Regierungen und auch hochrangige Parlamentarier:innen stellen sich grundsätzlich hinter die Polizei, stärken ihr den Rücken und äußern sich anerkennend über ihre Arbeit. Die Polizeiführung weiß umgekehrt, wie sie gegenüber der Politik auftreten muss, um den dort gestellten Ansprüchen gerecht zu werden, sich die gewünschte Unterstützung zu sichern und die eigenen Interessen durchzusetzen.

Diese Beziehung folgt zum Teil aus einer tatsächlichen inhaltlichen Übereinstimmung, erinnert mitunter aber auch an einen Nichtangriffspakt. Die Politik steuert die Polizei zwar, ist aber eben auch auf sie angewiesen und von der Sorge getrieben, das Vertrauen der Bevölkerung in die Organisation zu beschädigen und zugleich selbst den Rückhalt in der Organisation zu verlieren. Im Vergleich zur eher kurzlebigen politischen Macht hat die Polizei dabei einen deutlich längeren Atem, der wechselnde Regierungskoalitionen und politische Umwälzungen überdauert: »Minister kommen und gehen, der Apparat bleibt bestehen.« Nicht zuletzt sind es in dieser Perspektive vor allem unterschiedliche gesellschaftliche Minderheiten, die von problematischen Fehlentwicklungen in der Polizei unmittelbar betroffen sind. Um politische Mehrheiten zu erzielen, sind hingegen die Befindlichkeiten der Mehrheitsgesellschaft maßgeblich. Entsprechend fällt es Politik und Verwaltung oft deutlich leichter, sich schützend vor die Polizei zu stellen, als ihre Aufsicht auszuüben. Im Ergebnis geht die Politik Probleme in der Polizei häufig nicht oder nur oberflächlich an, solange der Laden läuft.

Wie viel Einfluss und Raum die Polizei in diesem Verhältnis hat, ist nicht in Stein gemeißelt, sondern Ergebnis eines stetigen Ringens um gesellschaftliche Kräfteverhältnisse. So ist es der Polizei und ihren Gewerkschaften in den vergangenen Jahrzehnten etwa gelungen, mit der schon beschriebenen Akademisierung der Organisation eine wesentlich bessere Bezahlung sowie eine erhebliche gesellschaftliche Aufwertung des Berufs zu erreichen. Und in Folge des gegenwärtigen Bedeutungszuwachses der Polizei und ihrer Aufgaben nimmt sie eine zunehmend stärkere und selbstbewusstere Position gegenüber der Politik ein.

Die Schlüsselrolle der Polizeigewerkschaften

Gewerkschaften und vergleichbare polizeiliche Interessenverbände nehmen eine besondere Rolle im Zusammenspiel von Polizei und Politik, bei der öffentlichen Darstellung der Polizei wie auch für ihre interne Entwicklung ein. Sie vertreten nicht nur die Interessen ihrer Mitglieder gegenüber den jeweiligen Dienstherren. Mindestens ebenso bedeutsam ist ihre Rolle in der gesellschaftlichen und politischen Auseinandersetzung. Die größte dieser Vereinigungen ist die 1950 gegründete Gewerkschaft der Polizei (GdP), die mit ihren rund 200.000 Mitgliedern im DGB organisiert ist und als SPD-nah gilt.[39] Sie ist in den Personalräten der Polizei prominent vertreten und eine machtvolle Kraft in der Polizei. Letzteres gilt ähnlich für die kleinere Deutsche Polizeigewerkschaft (DPolG), die 1951 (damals als Bund Deutscher Polizeibeamter) gegründet wurde und heute mit – nach eigenen Angaben – rund 100.000 Mitgliedern die zweitgrößte Berufsvertretung der Polizei ist.[40] Sie steht traditionell rechts von der GdP, gilt als CDU-nah und hat als Dachverband den Deutschen Beamtenbund gewählt. Daneben gibt es als deutlich kleinere Organisationen noch den Bund Deutscher Kriminalbeamter (BDK) und den Verband PolizeiGrün e. V., die im Vergleich aber eine untergeordnete Rolle spielen.

Der gewerkschaftliche Organisierungsgrad in der Polizei ist hoch, es sind also sehr viele Polizist:innen Mitglied in einer der Gewerkschaften. Zwischen den verschiedenen Berufsvertretungen besteht dabei ein intensives Konkurrenzverhältnis. Viele Mitglieder zu haben bedeutet nicht nur politische Schlagkraft. Gewerkschaftsarbeit ist auch ein Millionengeschäft. Wenn junge Anwärter:innen ihren Dienst oder ihr Studium antreten, belagern die Gewerkschaften die neuen Kolleg:innen nicht selten vom ersten Tag an, umwerben sie mit den Vorteilen und Sonderangeboten, die eine Mitgliedschaft mit sich bringt, um die begehrte Unterschrift auf dem Mitgliedsantrag zu ergattern.

Trotz der hohen Mitgliedszahlen bleibt im Alltag oft unklar, für wen die Gewerkschaften wirklich sprechen (können). Einerseits werden viele Polizist:innen einfach zu Beginn ihrer beruflichen Tätigkeit Mitglied in einer der Gewerkschaften und bleiben es dann ihr Leben lang. Oft geht es dabei eher um die individuellen Vorteile, die mit einer Mitgliedschaft verbunden sind, wie zum Beispiel Rechtsschutz und Versicherungsleistungen. Andererseits greifen die Gewerkschaften natürlich Stimmungen in der Polizei auf und berücksichtigen diese in ihren Aktivitäten und Themensetzungen. Auf diese Weise stehen sie in einer intensiven Wechselwirkung mit der *Cop Culture*: Die Gewerkschaften nehmen sich der Motive und Perspektiven an, die dort wichtig sind, und werden so zum Sprachrohr der *Cop Culture*, die sie damit zugleich verstärken. Folglich sprechen die Gewerkschaften zwar nicht für »die Polizei« und auch nicht für alle Polizist:innen, dürften aber Positionen vertreten, die ein erheblicher Teil der Polizist:innen ähnlich sieht.

Die Gewerkschaften wirken zunächst in der Polizei selbst. Vor allem die beiden großen Verbände vertreten hier die Interessen der Basis gegenüber der Führung: zum einen durch Lobby- und Öffentlichkeitsarbeit, zum anderen durch ihre Vertreter:innen in den Personalräten. Diese Personalvertretungen achten zum Beispiel darauf, dass Regeln zum Beschäftigtenschutz eingehalten werden. Und sie müssen bei bestimmten Maßnahmen und Vorgängen vom Dienstherrn beteiligt werden, wie zum Beispiel Einstellungen, Beförderungen und Entlassungen oder organisatorischen Angelegenheiten. Auf diese Weise haben Personalräte eine recht machtvolle Position und können unliebsame Entwicklungen gegenüber dem Dienstherrn verhindern. Diese Personalräte stellen zudem wichtige Schnittstellen zwischen Polizei und Politik dar. Sie sind oft mit SPD- oder CDU-nahen Vertreter:innen besetzt, die parteipolitische Interessen in die Polizei transportieren können. Die Gewerkschaften sind, so könnte man sagen, Gatekeeper für die polizeiliche Welt. Innerpolizeiliche Veränderungen, politische Vorhaben, aber auch wissenschaftliche Forschung sind häufig nicht ohne oder gar gegen die Gewerkschaften zu machen.[41] Zugleich sind sie Ansprechpartnerinnen für Politiker:innen und die Innenministerien, die Medien, die Polizeiführung und viele Polizist:innen.

Für das Innenleben der Organisation kann die Stärke der Polizeigewerkschaften durchaus positive Effekte haben. Das gilt nicht nur im Hinblick auf Beschäftigtenrechte, sondern auch aus demokratietheoretischer Sicht. Die Polizeigewerkschaften sind manchmal unbequem, hinterfragen oder stören an gewissen Punkten den Ablauf in der Exekutive und sorgen damit für ein Maß an interner Kontrolle. Insbesondere die GdP steht als größte Polizeigewerkschaft für den Demokratisierungsprozess der Polizei in der alten Bundesrepublik. Sie war erheblich an der Entmilitarisierung und Demokratisierung der Organisation seit den 1970er-Jahren beteiligt. So hat sie auch die damit verbundene Entwicklung hin zur Bürger:innenpolizei geprägt und versteht es als Teil ihrer Aufgabe, das Vertrauen der Bevölkerung in die Polizei zu stärken.[42]

Gleichzeitig setzen sich die Gewerkschaften für spezielle polizeiliche Interessen ein, die nicht unbedingt denen der sonstigen Gesellschaft entsprechen. Hier kommt es mitunter zu harten politischen Auseinandersetzungen um Befugnisse und Spielräume für die Polizei, die die Gewerkschaften quasi gegenüber der Politik für die Organisation erstreiten. Schwierigkeiten können außerdem auftreten, weil die Gewerkschaftsarbeit eng mit der Polizist:innenkultur verbunden ist und teilweise Befindlichkeiten und Ressentiments der *Cop Culture* aufgreift, reproduziert und verstärkt. Als etwa das Berliner Abgeordnetenhaus 2020 das bundesweit erste Antidiskriminierungsgesetz auf Landesebene beschloss – ein Gesetz, das bei Diskriminierungen durch öffentliche Stellen Schadensersatz- und Entschädigungsansprüche vorsieht –, sollte dies auch für die Polizei gelten. Was wie eine Selbstverständlichkeit klingt, war für die Gewerkschaften ein rotes Tuch. Sie liefen Sturm gegen die neuen Regelungen.

Ihnen war insbesondere eine Regelung zur Beweiserleichterung ein Dorn im Auge: § 7 Landesantidiskriminierungsgesetz (LADG) bestimmt, dass es bei einem glaubhaft gemachten Vorwurf verbotener Diskriminierung an der jeweiligen öffentlichen Stelle liegt, diesen zu widerlegen. Im Antidiskriminierungsrecht sollen solche Beweiserleichterungen der bestehenden Machtverteilung, vor allem den unterschiedlichen

Beweismöglichkeiten der beteiligten Parteien gerecht werden und sind insofern nicht unüblich. Denn für die Betroffenen von Diskriminierungen ist es sonst oft nur schwer möglich, diese nachzuweisen.[43] Gewerkschaften und Polizei befürchteten jedoch eine Welle ungerechtfertigter Klagen. Unterstützung fanden die Gewerkschaften mit ihrer Kampagne nicht nur bei der Berliner CDU. Sie organisierten gleich bundesweit Widerstand, um die gewählte Berliner Legislative unter Druck zu setzen. Andere Bundesländer drohten daraufhin, in Zukunft keine Einsatzhundertschaften mehr zur Unterstützung nach Berlin zu entsenden, wenn diese dem neuen Gesetz unterworfen sein sollten. Das Berliner Abgeordnetenhaus ließ sich hiervon nicht beirren. Ein Jahr nach Inkrafttreten des LADG, im Juni 2021, haben sich die Schreckensbilder, die die Gewerkschaften im Rahmen ihrer Kampagne gezeichnet hatten – von einer Klagewelle bis zur Handlungsunfähigkeit der Polizei angesichts erfundener Diskriminierungsvorwürfe – als vollkommen haltlos erwiesen: Eine Klagewelle ist ausgeblieben, die von der Justizverwaltung eingerichtete Ombudsstelle erledigt professionell ihre Aufgabe und die Polizeiarbeit in Berlin sieht nicht viel anders aus als im Vorjahr.[44]

Manchmal versuchen die Polizeigewerkschaften auch, ihnen unliebsame Veranstaltungen zu verhindern. Der sogenannte »Antifa-Kongress«, der im November 2017 in Räumen des Deutschen Gewerkschaftsbunds in München stattfinden sollte, wurde beispielsweise auf Druck der Polizeigewerkschaften zunächst ausgeladen, konnte nach der empörten Reaktion der Öffentlichkeit aber doch stattfinden.[45] Im März 2018 sollte im IG-Metall-Haus in Berlin ein Vortrag einer Anwältin zu den G20-Ereignissen in Hamburg stattfinden. Nach Einspruch der GdP bei der ebenfalls im DGB organisierten IG Metall musste die Veranstaltung verlegt werden.[46] Die Polizeigewerkschaften haben also nicht nur innerhalb der Polizei und zu unmittelbar polizeilichen Belangen großen Einfluss, sondern wirken auch darüber hinaus in die Gesellschaft.

Gewerkschaft und Gesellschaft

Diesen Einfluss machen die Gewerkschaften in vielfacher Weise geltend. Indem sie sich zu allen denkbaren polizeilichen und gesellschaftlichen Themen zu Wort melden – von der Flüchtlingspolitik über die Vorratsdatenspeicherung bis hin zu *Racial Profiling* –, prägen sie ganz wesentlich das öffentliche Bild von der Polizei. Dabei springen sie auch dort ein, wo sich die Polizei selbst aus Gründen der Neutralität und Objektivität nicht äußern kann oder möchte. Die Medien sind daher ein Stück weit auf die Vertreter:innen der Gewerkschaften angewiesen, weil diese auch in solchen Situationen einen markigen O-Ton liefern, in denen die offiziellen Pressesprecher:innen der Polizei einsilbig bleiben oder schweigen. Dabei werden die Gewerkschaften oft als objektive Repräsentantinnen der Polizei wahrgenommen, obwohl ihre Stellungnahmen keinen amtlichen Charakter haben und häufig nicht objektiv oder neutral sind, sondern Eigeninteressen und eine recht spezifische Sicht auf die Dinge transportieren. Außerdem ist trotz der hohen Mitgliederzahlen nicht klar, wie viele Polizist:innen die geäußerten Ansichten tatsächlich teilen. Auch von Journalist:innen werden sie dennoch nicht selten als neutrale Expert:innen missverstanden.

Wo sich die Polizeigewerkschaften öffentlich äußern, tragen sie auch den für die Polizei so bedeutsamen Kampf um die Deutungshoheit und die öffentliche Meinung aus. Dabei bringen sie polizeiliche Belange und Forderungen mit besonderer Vehemenz ein. Manche Vertreter:innen, insbesondere aus der DPolG, treten ziemlich offensiv auf, greifen zum Beispiel Personen in den sozialen Medien heftig an und wählen mitunter einen Ton, den man als hetzerisch bezeichnen kann. Wenn sie sich über politische Aktivist:innen unterschiedslos als »Extremisten«, über »polizeifeindliche Gesetze« oder auch über »kriminelle Ausländer« auslassen, zeugt dies von wenig Zurückhaltung. Manche Funktionär:innen bedienen sich auch sehr drastischer Darstellungen: 2012 etwa lud der damalige Vorsitzende des Berliner Landesbezirks der DPolG, Bodo Pfalzgraf, im Rahmen der schon damals kontroversen Diskussion um die Einführung der Kennzeichnungspflicht zu einer legendären Pressekonferenz. Er bezeichnete die geplante Kennzeichnung als »lebensgefährlichen Murks«, durchtrennte zur Veranschaulichung mit der Kante eines Kennzeichnungsschildes zunächst ein Blatt Papier und begann sodann, mit dem Schild an einem Eisbein herumzuschneiden, das er zu diesem Zweck mitgebracht hatte.[47] Ein skurril anmutender Versuch, den Widerstand gegen die Kennzeichnungspflicht zu rechtfertigen.

Einer wesentlichen Erzählung der gewerkschaftlich vermittelten Weltsicht nach ist der Polizeiberuf eine außerordentlich wichtige, anstrengende, beschwerliche und gefährliche Tätigkeit. Diese Charakterisierungen treffen zwar teilweise auf die Polizeiarbeit zu, sie gelten allerdings auch für viele andere Berufe. Und in seiner Gesamtheit ist der Polizeiberuf nicht gefährlicher als viele andere: Wie bereits beschrieben, stehen den mitunter gefährlichen Einsätzen eine weitaus größere Zahl unproblematischer, ungefährlicher oder regelrecht langweiliger Tätigkeiten und Arbeitsbereiche gegenüber. Die Gewerkschaften präsentieren mit ihrem Narrativ also keine Abwägung von

Vorzügen und statistischen Risiken, sondern vielmehr eine Verklärung und Idealisierung des Berufs nach innen und außen.

Über diese Darstellungen erhalten wir einen Einblick in die *Cop Culture* und in die Vorstellungswelten der Polizei, denn die Positionen der Gewerkschaften können in gewissem Maße als deren Spiegel verstanden werden. Die Polizeivertretungen beschränken sich anders als viele andere Gewerkschaften nicht auf Forderungen nach besseren Arbeitsbedingungen, sondern versuchen, die Gesellschaft sehr viel umfassender zu beeinflussen. Sie betonen die Eigeninteressen der Polizei und ihre tendenziell konservative Weltsicht und fungieren insofern als deren wirkmächtiger Verstärker. Gerade dort, wo aufgrund des gesellschaftlichen Wandels die kritische Debatte über die Polizei stärker wird, melden die Gewerkschaften sich mit teils schrillen Tönen zu Wort. Damit tragen sie zu einer Polarisierung der Diskussion bei. Sie pochen darauf, dass polizeiliche Privilegien beibehalten werden, und verteidigen die überkommene Vorstellung von der Polizei und ihrer Rolle in der Gesellschaft.

In Bezug auf die seit einigen Jahren viel diskutierten Themen Rassismus und rechtswidrige Polizeigewalt haben sich die großen Gewerkschaften einer vehement vorgetragenen Totalopposition verschrieben. Diese Haltung steht im Einklang mit der Praxis der *Cop Culture*, Kritik oder Infragestellung polizeilicher Autorität aus der Gesellschaft heraus recht pauschal abzulehnen. Und auch die rechtsstaatliche Kontrolle polizeilichen Handelns, wie zum Beispiel in Form der Kennzeichnungspflicht, suchen die Berufsvertretungen weitgehend abzublocken, sodass jeder Schritt in diese Richtung gegen sie durchgesetzt werden muss und stets ein politischer Machtkampf droht.

Wohin eine solche Entwicklung führen kann, zeigt der Blick

in die USA, wo sich die Gewerkschaften im Laufe der Zeit zu äußerst machtvollen politischen Akteurinnen entwickelt haben. Sie üben starken Einfluss auf Politik und Gesetzgebung aus, können den Ausgang von Wahlen durch finanzkräftige *Political Action Committees* und Wahlempfehlungen beeinflussen und haben einen sehr weitreichenden Schutz für Polizist:innen vor Strafverfolgung und dienstrechtlichen Konsequenzen etabliert. In den vergangenen Jahren haben Polizeigewerkschaften weit mehr als 100 Millionen US-Dollar ausgegeben, um Wahlkandidat:innen zu unterstützen, die als polizeifreundlich gelten, oder Stimmung gegen als problematisch empfundene Amtsinhaber:innen zu machen.[48] Mit dieser Arbeit haben die Gewerkschaften in den vergangenen Jahrzehnten zugleich ganz entscheidend zur Polarisierung des Verhältnisses zwischen der Polizei und großen Teilen der US-Gesellschaft beigetragen. Sie gelten mit ihrer Blockadepolitik heute als größter Hemmschuh für die dringend notwendigen Reformen der Polizeien in den USA. Macht und Einfluss der Polizeigewerkschaften – und wie sie eingesetzt werden – werden auch in Deutschland für die weitere Entwicklung der Polizei von erheblicher Bedeutung sein.

Polizei und Gewerkschaften machen Politik

Die Gewerkschaften, aber auch die Polizei insgesamt nutzen ihre einflussreiche Stellung nicht nur für die Umsetzung der an anderer Stelle getroffenen politischen Entscheidungen. Sie wirken auch auf die Prozesse der Entscheidungsfindung ein und machen so selbst Politik. Sie beziehen Position zu einer großen Bandbreite politischer Themen von Migration und der

Kriminalität ausländischer Menschen über die angeblich zunehmenden Messerangriffe bis hin zur Gesundheitspolitik oder der Strafgesetzgebung zum Diebstahl bei Wohnungseinbrüchen – oft nach dem Motto »Hier muss die Politik tätig werden!«. Sie zeichnen so ein spezifisches Bild von gesellschaftlichen Problemen und ihrer Rolle darin und adressieren sie häufig als Sicherheitsthemen mit entsprechender Dringlichkeit.

Die so geäußerten Sichtweisen der Polizei stoßen auf offene Ohren in Politik und Gesellschaft, ihre Verlautbarungen haben erhebliches Gewicht in der öffentlichen Debatte. So twitterte die Berliner Polizei im Juni 2017 zum Beispiel während der von weitläufigen Protesten begleiteten Räumung des Kiezladens *Friedel 54* ein Foto von einem Türknauf in dem Gebäude, der unter Strom gesetzt worden sei. Für die Kolleg:innen vor Ort habe Lebensgefahr bestanden. In Medien, Politik und den Polizeigewerkschaften war daraufhin von einem Anschlags- oder Mordversuch auf Polizist:innen die Rede.[49] Dass kurz darauf festgestellt worden war, dass der Knauf doch nicht unter Strom stand, twitterte die Polizei erst am nächsten Tag. Dieser Fakt wurde öffentlich folglich wenig beachtet.[50]

Mit ihrer Arbeit ist es Polizei und Gewerkschaften in den vergangenen 20 Jahren zum Beispiel auch gelungen, massive Strafrechtsverschärfungen für Widerstand gegen die Staatsgewalt durchzusetzen. In der Bundesrepublik war es lange Zeit politisch wie rechtlich anerkannt, dass jemand, der sich gegen Polizeimaßnahmen wehrt, milder bestraft werden soll als derjenige, der dieselben Mittel gegen gewöhnliche Bürger:innen einsetzt und diese mittels Drohung oder Gewalt zu einem bestimmten Tun oder Unterlassen drängt (also eine Nötigung begeht). Den Bürger:innen sei, wenn sie sich der Staatsgewalt gegenübersehen, die eine Maßnahme gegen sie durchsetzen will, ein »gewisser Erregungszustand zugute zu halten«,[51] formulierte der Gesetzgeber noch 1970. Deshalb hatte in solchen Fällen ein milderer Paragraf Vorrang: der Widerstand gegen Vollstreckungsbeamte. Dieses Konzept ist heute nahezu in Vergessenheit geraten. Stattdessen hat sich die Idee durchgesetzt, dass Widerstand gegen die Polizei als besonders schweres Unrecht gelten soll. Die entsprechenden Strafandrohungen wurden seit 2011 wiederholt in die Höhe geschraubt. Nach § 114 Strafgesetzbuch (Tätlicher Angriff auf Vollstreckungsbeamte) soll seit 2017 selbst bei sehr leichten Taten wie etwa dem Schubsen – das, gegenüber Bürger:innen ausgeführt, regelmäßig straflos ist – grundsätzlich keine Geldstrafe mehr verhängt werden. Vielmehr ist auch bei nicht vorbestraften Bürger:innen eine Mindeststrafe von drei Monaten Freiheitsstrafe vorgesehen.

Eine ähnliche, polizeilich beeinflusste Diskursverschiebung ist beim Thema Bodycams zu sehen, deren problematische Praxis im letzten Teil bereits vorgestellt wurde: Während die mobilen Kameras in den USA und anderen Ländern vorrangig als Mittel zur Kontrolle polizeilichen Handelns gesehen werden, sollen sie in Deutschland in erster Linie Beweise gegen Bürger:innen sammeln. Bei Ermittlungen gegen Polizist:innen sollen die Aufzeichnungen hingegen nur sehr eingeschränkt verwendet werden dürfen. Dafür haben sich die polizeilichen Interessenvertretungen vielerorts stark gemacht.[52] Selbst in Berlin, wo die landesgesetzliche Regelung zu Bodycams noch vergleichsweise differenziert ist, trägt sie den unzweideutigen Titel »Bild- und Tonaufnahmen und -aufzeichnungen zum Schutz von Polizeivollzugsbeamtinnen und Polizeivollzugsbeamten oder Dritten«.

Der Ampel-Koalition auf Bundesebene ließen Polizei- und

Gewerkschaftsvertreter:innen ihren Ratschlag sogar zuteil werden, noch bevor die Koalition überhaupt besiegelt war. Schon anlässlich der Sondierungsgespräche im Oktober 2021 warnten die Vorsitzenden der beiden großen Gewerkschaften die Parteien eindringlich vor einer Legalisierung von Cannabis[53] – obwohl es sich dabei um eine rein politische Entscheidung handelt und der Weg der Prohibition als gescheitert bezeichnet werden muss. Als der Koalitionsvertrag dann veröffentlicht worden war, titelte der Berliner *Tagesspiegel*: »Der Ampel-Koalitionsvertrag sorgt in den Sicherheitsbehörden für Unruhe: Sie fürchten um Befugnisse.«[54] Für manchen Gewerkschaftsvertreter war es gar ein »rabenschwarzer Tag für die Innere Sicherheit«.[55] Auf diese Weise machen die Interessenvertreter:innen deutlich, was sie von der neuen Regierung erwarten.

Das beschriebene Verhältnis von Politik und Polizei (und den Gewerkschaften) ist in mehrfacher Hinsicht problematisch: Wo Gesetzgeber, Regierungen und Verwaltung von der Polizei abhängig sind, sind sie nur eingeschränkt in der Lage, die Organisation zu steuern und zu kontrollieren. Weiterhin hindert dieses Abhängigkeitsverhältnis sie daran, Probleme innerhalb der Polizei oder in den Beziehungen der Polizei zur Bevölkerung adäquat zu bearbeiten. Und auch ihre Möglichkeiten zur Einhegung der Polizei, zur Begrenzung ihrer Macht, sind limitiert. Zudem treten Polarisierungseffekte auf, wenn Teile von Politik und Gesellschaft sich nahezu bedingungslos hinter die Polizei stellen, wenn Probleme verschwiegen werden und Kritik abgewehrt wird, während andere Teile der Bevölkerung immer vehementer gegen die von ihnen wahrgenommenen Missstände protestieren. Die Haltung zur Polizei wird dann von der notwendigen gesellschaftlichen Auseinandersetzung zum Glaubensbekenntnis, die Polizei selbst zum Politikum. Wer Fehlentwicklungen anspricht oder die Polizei kritisiert, wird schnell zur Polizeihasserin erklärt; wer als Vertreter:in von »Recht und Ordnung« gelten möchte, verzichtet lieber ganz auf Kritik.

In dieser Lage will und kann die Politik den Entwicklungen der Polizei nur eingeschränkt entgegentreten. Das ist ein grundlegendes Problem für die staatliche Gewaltenteilung, denn damit verlieren eine der drei staatlichen Gewalten – die Legislative – sowie Regierungen und Verwaltung ein Stück weit die Fähigkeit, die Polizei als wichtigen Teil der Exekutive effektiv zu kontrollieren. Das Prinzip der Gewaltenteilung, auf dem immerhin der demokratische Staat aufbaut, droht so in eine Schieflage zu geraten, die die Polizei in eine Verselbstständigung entlässt, wie wir in Kapitel 4.4 genauer sehen werden.

4.3 DIE EMPFINDLICHE ORGANISATION

»Wir fühlen uns verfolgt und stigmatisiert. ... Das erschüttert uns. Wir sind an diesem 9. Juni gebrochen worden.«[56] Mit diesen drastischen Worten äußerte sich im August 2021 ein Beamter des im Juni 2021 aufgelösten Spezialeinsatzkommandos Frankfurt gegenüber der *Hessenschau*. Er und zwei seiner Kollegen können die Konsequenzen, die der hessische Innenminister Peter Beuth (CDU) aus einem neuerlichen Fall rechter Chat-Gruppen in der hessischen Polizei gezogen hat, nicht nachvollziehen. Strafverfolgungsbehörden waren im Zuge anderer Ermittlungen zufällig auf die Chats gestoßen, an denen auch 20 Beamte des Frankfurter SEK beteiligt gewesen sein sollen. Nach Angaben der Staatsanwaltschaft wurden in dieser Gruppe in den Jahren 2016 bis 2019 unter anderem NS-Symbole und volksverhetzende Inhalte ausgetauscht.[57] Es folgten Hausdurchsuchungen bei beteiligten Polizisten, das Frankfurter SEK wurde aufgelöst, und die beschuldigten Beamten durften vorerst nicht mehr arbeiten.[58]

Der Rollentausch fällt den SEK-Beamten sichtlich schwer – von Verfolgern zu Verfolgten, von gefeierten zu gefallenen Helden. Das Geschehen in den Chats wird kleingeredet. Hakenkreuz- und Hitler-Bilder, die dort verschickt worden sein sollen, werden in dem Interview als »vermeintlich satirisch-lustig gemeint« bezeichnet.[59] Ein echtes Problembewusstsein scheint sich nicht entwickelt zu haben. Das Interview ist einer der seltenen öffentlichen Auftritte von Angehörigen von Spezialeinheiten, die darin zudem nicht nur offizielle Polizeipositionen wiedergeben. Es gibt daher einen kleinen Einblick in das Selbstbild dieser abgeschotteten Verbände, die sich als leistungsstarke, unentbehrliche Elite verstehen. Die Beamten heben im Gespräch die Leistungen des SEK hervor und beschreiben die dienstlichen Belastungen anschaulich. Zum Schluss schildern sie die Lücke, die durch die Auflösung des SEK für die Polizei entstanden und kaum zu füllen sei.[60] Es klingt so, als seien die Beamten Opfer, nicht Tatverdächtige. Als dürfe man sie angesichts ihrer Rolle und Leistungen nicht für die Chats zur Verantwortung ziehen. Etwas trotzig heißt es: »Zwei Tage vorher waren wir noch die Helden. Dafür wurden wir noch gebraucht, bevor wir dann zu Verbrechern wurden. Wenn das alles so schlimm ist, warum hat man uns noch so lange in den Kampf geschickt?«[61]

Es ist offensichtlich, dass die Beamten mit der Reaktion aus dem Innenministerium nicht gerechnet, solche Folgen nicht für möglich gehalten haben. Das spricht nicht nur Bände über das Selbstverständnis von Spezialeinheiten, sondern auch über das Verhältnis der Innenverwaltungen zu ihren Elitetruppen. Die *Hessenschau* war übrigens nicht das erste Medium, dem beschuldigte Beamte des SEK ihr Leid klagten: Bereits im Juni hatten sich mehrere Beamte in der neurechten Postille *Tichys Einblick* zu Wort gemeldet.[62] Vielleicht kein Zufall, dass sie sich eher dort als bei einem etablierten Medium ohne rechte Schlagseite gut aufgehoben fühlten.

Schattenseiten der Macht

An diesem Beispiel werden Mechanismen im Verhältnis von selbstbewusster Polizei und interessierter Öffentlichkeit deutlich, die nicht nur für das Frankfurter SEK gelten, sondern die auch an anderen Stellen innerhalb der Polizei beobachtet werden können. Einerseits zeigt sich die gewachsene Kultur innerhalb der Einheit, die sich als verschworene Gemeinschaft versteht. Die bedenklichen Auswüchse dieses normalerweise nicht einsehbaren Mikrokosmos erschienen den darin sozialisierten Beteiligten offenbar normal und blieben nach außen lange unbemerkt. Außerdem wird das ausgeprägte Selbstbewusstsein der Beamten deutlich, die sich als Helden sehen, die für die Gesellschaft in den Kampf ziehen und sich aufopfern. Auf der anderen Seite besteht in der Öffentlichkeit ein großes Interesse an Informationen über die Missstände in der Polizei, die zu einem skandalträchtigen medialen Thema geworden sind. Damit wird die in der Gesellschaft verbreitete Schwarz-Weiß-Mentalität befeuert, die ihre Polizei nur als gut oder schlecht, aber kaum differenziert betrachten kann.

In der beschriebenen Reaktion der Beamt:innen stoßen diese beiden Seiten aufeinander und rufen eine trotzige, beleidigte Reaktion hervor, die so gar nicht zur gesellschaftlichen Position der Organisation und dem eigenen Selbstbild passen will. Diese Kombination ist typisch für den derzeitigen gesellschaftlichen, medialen und polizeilichen Umgang mit Missständen und Fehlverhalten in der Polizei.

Die wachsende Bedeutung der Polizei, ihre umfangreichen rechtlichen Befugnisse und das damit einhergehende Selbstbewusstsein als dominante Institution und eigenständige politisch-soziale Kraft gehen zwar mit Anerkennung und Einfluss einher. Diese Faktoren führen aber eben auch dazu, dass die Polizei medial und gesellschaftlich mehr im Fokus steht und prüfenden Blicken ausgesetzt ist. Dabei sieht sie sich nicht nur klaglos-treuen Untertanen, sondern auch durchaus selbstbewussten Bürger:innen gegenüber. Die Polizei hat keinen absoluten Vertrauensvorschuss mehr, sondern muss es aushalten, dass ihr Handeln hinterfragt und kritisiert wird sowie Begründungen für ihre Maßnahmen gefordert werden. Die hohen Ansprüche, die an die Polizei gestellt werden, und das hohe Maß an Rückhalt, Vertrauen und Dankbarkeit, das die Polizei von Bevölkerung und Politik erwartet, führen dabei immer häufiger zu beidseitiger Enttäuschung.

Auf diese Weise entsteht eine paradoxe Situation: Die Polizei sieht sich zunehmend als Prügelknabe oder zu Unrecht misstrauisch beäugt und tritt mit dieser Haltung in die gesellschaftliche Debatte – diese Selbstwahrnehmung entspricht aber in keiner Weise den realen Zuständen. Die Polizei ist in vielerlei Hinsicht machtvoll und privilegiert wie selten zuvor und bleibt es auch dann, wenn sie kritisiert wird oder Fehlverhalten ihrer Angehörigen zur Diskussion steht. In den vorangegangenen Kapiteln haben wir gesehen, dass der Organisation (wie sie selbst unablässig betont) trotz allem viel gesellschaftliche Anerkennung zuteilwird, dass sie außerdem stets von der Politik umsorgt wird und großen gesellschaftlichen, politischen und diskursiven Einfluss hat. Sie ist keineswegs marginalisiert, sondern ihre Bedeutung wächst im Gegenteil weiter.

Die kritisierte Organisation

Wir haben schon gesehen, dass es der Polizei generell nicht leichtfällt, mit Fehlern und Kritik von außen umzugehen. Auch mit Niederlagen oder Einlenken tut sie sich schwer. Nun betrifft die gesellschaftliche Debatte längst nicht mehr nur einzelne Vorfälle oder Maßnahmen, sondern Strukturen der Polizei und die gesellschaftliche Funktion der Organisation insgesamt. Symptomatisch hierfür steht der Hashtag #Polizeiproblem, der sich seit 2020 in den sozialen Medien verbreitet hat. Einen derart kritischen Blick – auch aus der Mitte der Gesellschaft –, wie zuletzt vor allem bei den Themen Gewalt und Rassismus, ist die Polizei nicht gewohnt.

Die Organisation kann sich angesichts solcher Unruhe professionell den veränderten Bedingungen anpassen und sich der gesellschaftlichen Auseinandersetzung stellen, die im demokratischen Rechtsstaat als Selbstverständlichkeit gilt. Oder abwehrend reagieren und sich der Debatte entziehen. In konkreten Situationen kann das auch bedeuten, autoritär durchzugreifen und polizeiliche Maßnahmen unter Umständen auch gewaltsam durchzusetzen. In der Polizei sind beide Wege zu finden. Welcher überwiegt, hängt stark davon ab, wo man hinschaut: In welches Bundesland, ob auf Führung, Pressestelle, Basis oder die Verlautbarungen der Gewerkschaften.

Die bereits dargelegte Strategie der Abwehr (Kapitel 3.4), die auf der Führungsebene, bei den Pressesprecher:innen und in der Politik lange ganz vorherrschend war, soll nicht zuletzt die Loyalität der Beamt:innen sicherstellen, indem man sich vor sie stellt und ihnen symbolisch den Rücken stärkt. Darüber hinaus soll so auch die Legitimität polizeilichen Handelns bewahrt werden, deren Beschädigung durch kritische Debatten befürchtet wird. Diese Herangehensweise ist auch heute noch häufig zu finden. Allerdings hat in den vergangenen Jahren langsam ein Umdenken eingesetzt. Die Polizeiführung reagiert zumindest stellenweise nicht mehr nur mit Abwehr, sondern greift die kritische gesellschaftliche Debatte mitunter auch auf und versucht sie für die Organisation konstruktiv zu nutzen.

An der Basis und bei den Gewerkschaften werden diese Bemühungen mit gemischten Gefühlen betrachtet: Die Reaktion auf die gesellschaftliche Debatte wird hier weniger von bewussten politischen Abwägungen bestimmt. Im Vordergrund steht vielmehr das durch die *Cop Culture* geprägte Selbstverständnis. Wenn beispielsweise eine Polizistin bei einer Personenkontrolle nach ihrem Dienstausweis gefragt oder von Umstehenden gefilmt wird, wird sie vermutlich so reagieren, wie es die eingeübten Verhaltensmuster und ihr Erfahrungswissen nahelegen, und nicht fußend auf einer gründlichen Betrachtung der sich verändernden gesellschaftlichen Rolle der Polizei. Und wie ein Polizeibeamter die mediale Berichterstattung über rechtswidrige Polizeigewalt und *Racial Profiling* wahrnimmt und was er von der Forderung nach unabhängigen Beschwerdestellen oder Studien über Rassismus in der Polizei hält, ist stark von der Kultur innerhalb der Organisation und den dort vermittelten Auffassungen beeinflusst. Diese an der Basis bestehenden Stimmungen werden von den Gewerkschaften aufgegriffen und verstärkt. Sie werden von Funktionär:innen in politische Formulierungen verpackt und in die Arena der gesellschaftlichen Debatte eingebracht. Was diese für vorherrschend an der Basis halten, wirkt so wiederum in die Organisation zurück und bestärkt dort eine ablehnende Haltung gegen Kritik von außen.

Polizeiliches Handeln steht heute anders im Fokus der Öffentlichkeit als früher. Viele Beamt:innen zeigen sich davon irritiert oder genervt, manche haben das Gefühl, dem ohnmächtig gegenüberzustehen. Kritische Medienberichterstattung und skeptische Fragen, die Allgegenwart von Smartphones und die teilweise rasante Verbreitung entsprechender Aufnahmen in den sozialen Medien führen bei manchen zu dem unliebsamen Eindruck, ständig kontrolliert und kritisiert zu werden. So klagte die DPolG in Hannover im August 2020 nach Vorwürfen rechtswidriger Polizeigewalt bei einer Festnahme, die gefilmt worden war: Mittlerweile werde »fast jede polizeiliche Maßnahme in der Öffentlichkeit kritisiert, pauschal als rassistisch und überzogen bewertet, von scheinbar Unbeteiligten gefilmt und natürlich in den sozialen Medien online gestellt«.[63] Diese Reaktion veranschaulicht, wie viele Polizist:innen die gesteigerte öffentliche Aufmerksamkeit für ihr Handeln wahrnehmen. Die eigene Erfahrung mit Bürger:innen auf der Straße verschwimmt dabei mit den gesellschaftlichen Debatten über Gewalt, Rassismus und Kontrolle. In der Folge kommt es bei polizeilichen Maßnahmen wie Festnahmen immer wieder zu Konflikten zwischen Polizist:innen und Umstehenden, die die Maßnahme physisch nicht gefährden, aber verbal kritisieren oder filmen.[64]

Daneben ist in der Polizei die Auffassung verbreitet, von der Gesellschaft – Bevölkerung, Medien, Justiz und Politik – zu wenig unterstützt und an der Arbeit eher gehindert zu werden. Als die sächsische Polizei im November 2020 wegen eines zu laxen Vorgehens gegen Demonstrationen von Coronaleugner:innen kritisiert wurde, beschwerten sich die Polizeigewerkschaften über die Gerichte, die die Demonstrationen zugelassen hatten und deren Entscheidungen die Beamt:innen nun auszubaden hätten.[65] Funktionär:innen kritisieren regelmäßig »unfassbar milde Urteile«[66] der deutschen Strafjustiz, bei denen die Täter:innen »glimpflich davonkommen«.[67] Und viele Polizist:innen fühlen sich vom Dienstherrn oder der Politik hängen gelassen. Mitunter distanzieren sich gar Teile der Polizei von der politischen Führung, wenn diese die Polizei kritisiert. So beschwerte sich die GdP Hessen nach der einleitend beschriebenen Auflösung des SEK Frankfurt wegen rechter Chat-Gruppen öffentlich über die »Vorverurteilung« durch Innenminister Beuth, warf diesem »Hau-drauf-Methoden« vor und kündigte an, man werde dafür sorgen, »dass zu Unrecht beschuldigte Beschäftigte reputiert werden und das Bild der Polizei Hessen nicht weiter in den Schmutz gezogen wird«.[68] Auf diese Weise wird neben dem »wir gegen die« ein »alle gegen uns« kultiviert, demzufolge niemand die Polizei versteht.

Fragilität in der Burg

An der polizeilichen Basis kommen so verschiedene Entwicklungen zusammen, die in Teilen der Behörden zu befremdlichen Reaktionen führen. Erstens treffen gesellschaftliche Debatte, Kritik und Kontrolle auf eine Organisation, die zu wenig Anerkennung und Respekt, Bezahlung und Unterstützung bemängelt, ihre Leistungen also nicht angemessen wertgeschätzt sieht. Zweitens identifizieren sich viele Polizist:innen ausgesprochen intensiv mit der Organisation und der in ihr gelebten *Cop Culture*. Dies führt dazu, dass die an die Institution gerichtete Kritik nicht nur als ungerechtfertigter Angriff auf einen Beruf aufgefasst wird, dessen Leistungen ohnehin zu wenig Anerkennung finden würden, sondern darüber hinaus auf die eigene Person bezogen wird. Drittens fällt der Polizei auf die Füße, dass sie bislang keinen konstruktiven Umgang mit Fehlern und Überforderung etabliert hat (siehe Kapitel 3.4).

Nun könnte man sagen: (Zu) starke Identifikation mit dem Job, mangelhafte Fehlerkultur und vor allem fehlende Anerkennung sind auch in anderen Berufen zu finden, die ebenfalls schwierig sind, von der Krankenpflege über die Feuerwehr bis zur sozialen Arbeit. Ebenso treffen Kontrolle und Kritik nicht nur die Polizei: Insbesondere Rassismus und Diskriminierung werden derzeit in vielen gesellschaftlichen Bereichen und Arbeitsfeldern thematisiert, was dort dann nicht selten Unsicherheit und Abwehr hervorruft. Die Widerstände sind aber selten so vehement, die Klagen über einen vermeintlichen Generalverdacht nirgends so laut wie in der Polizei – und das, obwohl praktisch keine andere Stelle derart weitgehende Befugnisse hat, sodass Kontrolle und ein kritischer Blick gerade hier besonders notwendig sind.

Was die Polizei aber von anderen Berufen unterscheidet, ist ihre besondere gesellschaftliche Stellung, die auch den einzelnen Beamt:innen Autorität, Anerkennung und in alltäglichen Interaktionen eine durchaus machtvolle Position verschafft. Diese Privilegien lassen sich als Anerkennung oder Belohnung verstehen, die dem Polizeiberuf praktisch innewohnen. Gerade diese Privilegien und der erworbene polizeiliche Habitus werden durch Kritik und generell durch eine Gesellschaft infrage gestellt, die das Handeln der Exekutive stärker und selbstbewusster hinterfragt, als das früher der Fall war.[69] Während die Polizei als Organisation bedeutsamer und mächtiger wird, drohen die Polizist:innen ihre überlegene, unangefochtene Stellung im Alltag ein Stück weit einzubüßen. Dabei wird eine erstaunliche Fragilität sichtbar, deren Ursachen auf verschiedenen Ebenen zu suchen sind.

Die Polizeikultur ist von dem Gefühl geprägt, ganz selbstverständlich berechtigt zu sein zu den Handlungen und Maßnahmen des Polizeiberufs, zu Eingriffen in die Sphären anderer, um gesellschaftliche Ordnung herzustellen, und diesbezüglich über die Deutungshoheit zu verfügen.[70] Die Beamt:innen sollen Autorität ausstrahlen, Situationen dominieren und Probleme regeln. Das wird von ihnen erwartet, so werden sie ausgebildet, und es prägt ihr Berufsverständnis. Für dieses Verhalten erwarten sie Anerkennung. Ein solches Selbstbild lässt wenig

Raum dafür, diese als natürlich angesehenen Ermächtigungen von anderen hinterfragen zu lassen. Dass die Polizei in die demokratische Gewaltenteilung eingebunden ist, mag in dieser Weltsicht hübsch auf dem Papier anzusehen sein. In der Praxis gibt es aber kaum Akteur:innen, deren Kritik an der Polizei grundsätzlich als legitim akzeptiert und nicht als anmaßend oder unzutreffend abgewehrt würde. Diese Rolle und dieses Selbstverständnis sowie die damit verbundenen besonderen Privilegien drohen durch die gesellschaftliche Kritik infrage gestellt zu werden und sind damit gefährdet. Nicht wenige Beamt:innen sehen sich in ihrem Streben nach Dominanz nicht mehr ernst genommen, wenn polizeiliches Handeln in konkreten Situationen oder auch in der gesellschaftlichen Debatte hinterfragt wird, wenn die Definitionsmacht der Polizei nicht hingenommen, sondern herausgefordert wird.

Symptomatisch für diese Lage ist die seit einigen Jahren währende Debatte um den (vermeintlich) abnehmenden Respekt gegenüber der Polizei. Diese von den Gewerkschaften beharrlich vorgetragene Erzählung ist mittlerweile auch von Teilen der Politik und den Medien aufgegriffen worden und ist in die tradierten Wissensbestände der *Cop Culture* übergegangen, obwohl sie der dortigen Betonung des hohen Vertrauens der Bevölkerung in die Polizei zu widersprechen scheint. Ob der Respekt gegenüber Polizist:innen tatsächlich abgenommen hat, lässt sich nur schwer empirisch untersuchen und ist daher kaum belastbar festzustellen. Mindestens ebenso plausibel ist, dass der auf Polizeiseite wahrgenommene abnehmende Respekt ein Symptom des selbstbewussteren und kritischeren Umgangs der Gesellschaft mit der Organisation ist. Dieser Eindruck entsteht jedenfalls, wenn man feststellt, dass Polizist:innen mitunter schon Kritik und das Hinterfragen von polizeilichen Maßnahmen als Respektlosigkeit verstehen und stattdessen eine überkommene Erwartung von Gehorsam haben.[71]

Auf diese Weise verfestigt sich in Teilen der Polizei eine Opferrolle, die wir auch schon beim Thema Gewalt gesehen haben (siehe Kapitel 3.1). Sie entspricht zwar nicht den realen Machtverhältnissen, wird aber im Mikrokosmos Polizei und den Erzählungen der *Cop Culture* zur sozialen Wirklichkeit der Organisation. Polizist:innen fühlen sich zu Unrecht beschuldigt, mit ihrem Arbeitsalltag und Problemen nicht gesehen und gehört. Sie erwarten öffentliche Anteilnahme, was durch kritische Darstellungen oder unliebsame politische oder gerichtliche Entscheidungen enttäuscht wird. Davon zeugen die mitunter bis ins Wehleidige getriebene Fokussierung auf die angeblich fehlende Anerkennung und die Beschwerlichkeiten des eigenen Berufs ebenso wie das teilweise obsessiv anmutende Klagen über jede Form externer Aufsicht (»Generalverdacht!«).

Dieser Opfergestus ist zum Teil von der US-amerikanischen Polizeidebatte inspiriert und übernimmt dortige Themen und Symbole wie den angeblichen »Polizeirassismus« oder »Polizismus«, die Kritik an der Polizei als Diskriminierung und Polizist:innen als benachteiligte Gruppe darzustellen versuchen. Vergleichbares gilt für die bereits angesprochene »Blue Lives Matter«-Kampagne, die eine die Mehrheitsgesellschaft repräsentierende Polizei mit der benachteiligten Schwarzen Minderheit gleichsetzt. Phänomene gruppenbezogener Menschenfeindlichkeit werden auf die Polizei bezogen, und es wird suggeriert, sie (und nicht die von ihr diskriminierten Menschen) hätte einen besonderen Schutz nötig. So wird die gesellschaftliche Debatte über die Polizei auf den Kopf gestellt und für die Polizei ein besonderer Opferstatus gefordert.[72]

Zusammengenommen führen diese Entwicklungen zu einer

Entfremdung von Polizei und Gesellschaft und zu einem Rückzug von Teilen der Polizei auf sich selbst. Denn die Polizei ist der einzige Ort, an dem das eigene Bild von der Institution unangetastet bleibt. Das Selbstbild von der überforderten und verkannten Organisation, die von den Polizeigewerkschaften bedienten Unzufriedenheiten, die mangelnde Kompetenz im Umgang mit Kritik und die intensiv geführte gesellschaftliche Debatte um die Rolle der Polizei tragen so zu einer Burgmentalität bei – »Polizeifamilie« und »thin blue line« gegen alle, die die Polizei nicht so nehmen, wie sie ist.

Wirkungen und Folgen

Diese Entwicklung kann zunächst zu Konflikten innerhalb der Organisation führen, etwa wenn die Führung nach Fehlverhalten durchgreift. Womöglich gehen die Beamt:innen an der Basis auf Abstand zur Polizeiführung, da sie darin ein praxisfernes Schauspiel auf ihre Kosten erahnen, das in erster Linie den schönen Schein wahren soll. Im Juni 2017 sorgten kurz vor dem G20-Gipfel in Hamburg Aufnahmen für Aufsehen, die angeblich zeigten, wie dorthin beorderte Berliner Polizist:innen in ihrer Container-Unterkunft eine wilde Party feierten: eine Polizistin soll mit Waffe und im Bademantel auf dem Tisch getanzt haben, Beamt:innen hätten Sex in der Öffentlichkeit gehabt und gemeinsam an Zäune gepinkelt. Wie viel davon der Wahrheit entspricht, ist umstritten. Der Hamburger Einsatzleiter Hartmut Dudde schickte die drei beteiligten Hundertschaften jedenfalls umgehend zurück nach Berlin. Vor allem (aber nicht nur) die Berliner Polizei hielt die Reaktion für übertrieben. Ein anwesender Polizist berichtete der Boulevardpresse in einem viel beachteten Interview, er könne die Empörung nicht verstehen, denn der geplante Einsatz habe stattfinden können, und alle seien am nächsten Tag einsatzfähig gewesen.[73] Auch Gewerkschaftsfunktionäre äußerten Verständnis für das Verhalten der Beamt:innen.[74]

Eine gereizte Burgmentalität zeigt sich auch in der Auseinandersetzung mit Kritik vonseiten der Gesellschaft. Teile der Polizei begegnen gerade solcher Beanstandung nicht mit Selbstkritik oder Offenheit für Gespräche, sondern abwehrend. Ganz in der Tradition eines »Wir gegen die«-Denkens sieht man sich in einem Kampf um das Ansehen der Polizei. Kritik wird dann zum Beispiel einer ohnehin polizeifeindlichen Minderheit zugeschrieben und so vermeintlich entkräftet. Mit Kampfbegriffen wie »Polizeibashing« wird der Hinweis auf Missstände in der Organisation als unbegründet und voreingenommen abgetan. Bestimmte Kreise hätten ein Interesse daran, die Polizei schlechtzureden. So wird eine inhaltliche Auseinandersetzung mit Kritik von Vornherein als unnötig dargestellt. Hinter diesen emotionalen, in der *Cop Culture* verankerten Trotzreaktionen steckt oft eine festgefügte Haltung, die sich mit der Intensität der gesellschaftlichen Auseinandersetzung um die Polizei noch verstärkt.

Schließlich kann sich die beschriebene Haltung auch in der polizeilichen Praxis niederschlagen. Dass Bürger:innen beispielsweise das Recht haben, patzig oder unfreundlich zu sein, oder dass sie die Polizei und den Staat nicht respektieren müssen, dafür besteht in der fragilen Welt der kritisierten Polizei mitunter wenig Raum. Stattdessen wird der eigene Wunsch nach Respekt und Anerkennung mit dem Autoritätsanspruch des Staates verquickt, wodurch die gesetzlichen Vorgaben und Grenzen des eigenen Handelns in den Hintergrund rücken können. Solange Bürger:innen Maßnahmen nicht aktiv behindern, niemanden beleidigen und nicht gewalttätig werden, dürfen sie die Polizei aber nicht nur kritisieren und hinterfragen, sondern sogar respektlos behandeln. Polizeibeamt:innen müssen das wiederum nicht gut finden, sie müssen es sich aber in dem Sinne gefallen lassen, dass sie dagegen keine Handhabe haben, ihr Missfallen nicht ihr weiteres Vorgehen in der konkreten Situation bestimmen darf und sie erst recht nicht zu Gewalt greifen dürfen.

In der Gesellschaft hat sich derweil das Verständnis von der Rolle der Polizei gewandelt und damit auch, wie ihr begegnet wird. Auch sie wird gefilmt, kritisiert, hinterfragt. Der Konflikt mit dem überkommenen Autoritätsverständnis innerhalb der Polizei und den daraus resultierenden Erwartungen an die Bürger:innen bei Polizeikontakten (Gehorsam und Unterordnung) und in der öffentlichen Debatte (Anerkennung und Unterstützung) ist vorprogrammiert. Die Polizei muss einen Umgang damit finden, der weder aus Gewalt und verbalen Gegenangriffen noch aus trotzigem Rückzug besteht. Innerhalb der Organisation müssten Lösungen für die von den Beamt:innen wahrgenommene mangelnde Anerkennung ihrer Leistung gefunden werden, aber auch eine Offenheit für und Akzeptanz von Kritik aus der Gesellschaft.

Das gilt auch für den Umgang mit der Presse, die den Unmut mancher Beamt:innen seit einigen Jahren häufiger zu spüren bekommt. Als wichtige Kontrollinstanz staatlichen und polizeilichen Handelns schauen die Medien der Polizei bei ihrer Arbeit auf die Finger und machen Missstände öffentlich. Nicht umsonst wird die Presse häufig als »Vierte Gewalt« beschrieben. Weil gesellschaftliches Wissen heute vor allem medial vermitteltes Wissen ist, liefert die Presse damit die Grundlage für gesellschaftlichen Austausch über die Polizei. Auch wenn Pressevertreter:innen diese Aufgabe durchaus unterschiedlich interpretieren, können sie zum Feindbild werden, weil sie diese Kontrollfunktion ausüben und die Polizei nicht ungestört arbeiten lassen.

Gerade im Kontext von Versammlungen beklagen journalistische Vereinigungen zunehmend eine Behinderung der Pressearbeit und auch Übergriffe auf Journalist:innen. So wurden bei einer Demonstration gegen das geplante Versammlungsgesetz in Düsseldorf im Juni 2021 mehrere Journalist:innen von der Polizei angegriffen. Ein dpa-Fotograf berichtete, mehrfach mit dem Schlagstock geschlagen worden zu sein. Presseverbände und Politiker:innen forderten Aufklärung.[75] Im Oktober 2021 kritisierte die Deutsche Journalistinnen- und Journalisten-Union (DJU) mehrere Verstöße gegen die Pressefreiheit am Rande einer Demonstration gegen die Räumung des »Köpi«-Wagenplatzes in Berlin, bei der unter anderem ein Pressefotograf, der einen Bundespolizisten beim Vorgehen gegen Demonstrierende aufgenommen hatte, in Gewahrsam genommen worden war.[76] Und die Organisation Reporter ohne Grenzen bemängelte in ihrer jährlichen Bewertung der Pressefreiheit 2021 für Deutschland nicht nur den teilweise unzureichenden Schutz von Journalist:innen durch die Polizei vor Übergriffen auf Demonstrationen, sondern auch, dass die Polizei selbst Berichterstattung behindert habe und gegenüber Journalist:innen gewalttätig geworden sei.[77]

Langfristig droht die Polizei mit ihrer Abwehrhaltung, Fragilität und Burgmentalität das Verhältnis zur Gesellschaft nachhaltig zu beeinträchtigen. Obwohl im Spätsommer 2020 in einer repräsentativen Umfrage beispielsweise eine Mehrheit der Befragten die kontrovers diskutierte Rassismus-Studie für erforderlich hielt und die Problematik nicht mehr von der Hand zu weisen war, verkündete der stellvertretende Bundesvorsitzende der GdP, Dietmar Schilff, lapidar: »Eine Studie zu Rassismus in der Polizei lehne ich ganz klar ab, denn wir haben kein Rassismusproblem.«[78] Indem sich die Polizei kritischen Fragestellungen derart entzieht und die Auseinandersetzung verweigert, weil sie ihre eigene Autorität ungerechtfertigt hinterfragt sieht und einen Vertrauensverlust in der Bevölkerung befürchtet, geht sie auf Distanz zur Gesellschaft – anstatt mit Transparenz und Aufgeschlossenheit zu reagieren. Damit wird eine Entfremdung riskiert, die nicht nur unter demokratietheoretischen Gesichtspunkten problematisch ist, sondern letztlich auch das Vertrauen in die Polizei nachhaltiger beschädigen kann als der offene Umgang mit Kritik.

4.4 VERSELBSTSTÄNDIGUNG DER POLIZEI

Ihre Berechtigung zieht die Polizei im demokratischen Rechtsstaat allein aus dem Umstand, dass sie – als spezialisierte staatliche Stelle – von der Allgemeinheit mit den Aufgaben betraut worden ist, die zu Beginn dieses Buches beschrieben wurden. Nur um diese Aufgaben zu erfüllen, verfügt sie über ihre umfangreichen Befugnisse, die also an einen übergeordneten Auftrag gekoppelt sind. Diese Koppelung erfolgt im Wesentlichen durch das Recht, das die Polizei beauftragt, gleichzeitig bindet und das durch den demokratisch legitimierten Gesetzgeber geschaffen wird. Zudem ist die Polizei den Innenverwaltungen und so der Regierung unterstellt, wie wir schon thematisiert haben, und ihr Handeln wird gegebenenfalls von der Justiz kontrolliert. Im Folgenden soll es um die Bestrebungen der Organisation gehen, aus dem damit vorgegebenen, machtbegrenzenden Rahmen auszuscheren, sich von ihren rechtlichen und gesellschaftlichen Bindungen zu lösen und als Institution in eigenem Recht zu erstarken. Diese Tendenz wohnt der Polizei immer inne: Sie neigt ganz grundsätzlich dazu, sich aus der engen Rolle als bloßes staatliches Instrument befreien zu wollen, entwickelt ein Eigenleben und verselbstständigt sich.[79]

Die vorangegangenen Kapitel enthalten viele Beispiele für diese der Organisation eigene und daher durchaus typische Entwicklung: Gesellschaftlich hat die Polizei enorm an Bedeutung gewonnen und erhält deshalb neue Zuständigkeiten und Befugnisse (Kapitel 4.1). Gegenüber der Politik tritt die Polizei als eigenständige, machtvolle Akteurin mit erheblicher Handlungsfreiheit auf, die nur in Maßen hinterfragt werden kann und die zudem selbst Politik betreibt (Kapitel 4.2). Rechtliche Vorgaben unterliegen in der Praxis der polizeilichen Auslegung und belassen dabei große Entscheidungsspielräume, die die Polizei mit eigenen Wertungen ausfüllt (Kapitel 1.3 und 2.3). Im Umgang mit Fehlern und Kritik von außen setzt die Organisation ihre Ressourcen nicht ein, um Transparenz herzustellen, sondern entzieht sich einer kritischen Überprüfung und deren Folgen (Kapitel 3.4). Die *Cop Culture* grenzt die Organisation nach außen ab und stellt die Loyalität gegenüber den Kolleg:innen mitunter über das Recht (Kapitel 2.4). Die Polizeigewerkschaften vermitteln mit großem Einfluss polizeiliche Interessen in der Öffentlichkeit und bei der Gesetzgebung (Kapitel 4.2). Aus all dem ergibt sich: Die Polizei ist keine willenlose Befehlsempfängerin übergeordneter Stellen. Sie ist zwar Teil des Staates und in dessen Hierarchie eingebunden, existiert aber trotzdem als Apparat immer auch »neben« diesem.

Politische und kulturelle Verselbstständigung

Die Verselbstständigung der Polizei zeigt sich etwa darin, wie selbstbewusst sie sich, eigenständig oder vermittelt durch die Gewerkschaften, in gesellschaftliche Debatten einmischt und selbst politisch Einfluss nimmt. Zum Beispiel, wenn sie härtere Strafen und neue Befugnisse fordert, ihr missfallende gerichtliche und politische Entscheidungen kritisiert, sich externer Kontrolle und Untersuchungen erwehrt und offensiv eigene Medienarbeit betreibt. Auf diese Weise beeinflusst sie auch Politik und Gesetzgebung, denen sie eigentlich untersteht. Die Politik ihrerseits sieht sich verpflichtet, der Polizei den Rücken zu stärken, während ihre Spielräume für einen kritischen Umgang mit der Polizei begrenzt sind.

Die Verselbstständigung hat auch eine kulturelle Komponente, wenn sich die ohnehin nicht sonderlich diverse Polizei in Vorstellungen, Werten und Praktiken von der Gesellschaft entfernt und eine wirkmächtige Selbstidentität als »Polizeifamilie« entwickelt. Eine starke polizeiliche Subkultur und eine zu intensiv ausgeprägte Identität sind problematische Befunde für eine Organisation, deren Legitimation sich überhaupt nur aus ihrem gesamtgesellschaftlichen Auftrag herleitet. Verpasst es die Polizei, sich mit den kulturellen Veränderungen der Gesamtgesellschaft weiterzuentwickeln, dann ist sie nicht länger die Polizei dieser Gesellschaft, sondern ein in überkommenen sozialen Zuständen verhafteter Apparat.

Vor allem kann eine solche kulturelle Verselbstständigung die konkrete Aufgabenerfüllung der Polizei beeinflussen: Diversität wird dann unter Umständen als bedrohlich wahrgenommen, türkisch- oder arabischstämmige Menschen erscheinen als Fremdkörper, die man nur mithilfe einer »Anleitung« verstehen kann. Und wenn sich die Polizei vor dem Hintergrund gesellschaftlicher Fragmentierung und sozialer Spannungen weniger als freundliche Bürger:innenpolizei begreift, sondern sich fortwährend in einer großen gesellschaftlichen Auseinandersetzung sieht, in der sie die Gewalt gegen sich als steigend und den Respekt als sinkend empfindet, dann geht es in ihren Einsätzen immer mehr um die Wahrung ihrer Dominanz und weniger um die Klärung der Probleme und sozialen Konflikte, mit denen sie konfrontiert wird. Anzeichen einer solchen Entwicklung zeigen sich in der in Kapitel 3.1 beschriebenen Hinwendung zu einer neuen »Gewaltfähigkeit«, die mit einer besonderen Betonung von Eigensicherung, Kampf- und

Waffentraining und der entsprechenden Ausrüstung (von Schutzanzügen bis zu Panzerfahrzeugen) einhergeht.[80] Neue Einheiten wie die erwähnten »BFE+«-Gruppen stehen für eine Polizei, die sich von den traditionellen Polen der Ordnungserhaltung und Hilfeleistung entfernt hat und mit den Soldat:innen der Bundeswehr mehr gemein hat als mit einem Streifenpolizisten oder einer Kriminalkommissarin.[81]

Verselbstständigung vom Recht

Die Verselbstständigung zeigt sich aber auch in der Anwendung des Rechts.[82] Gesetze verkörpern die Vorstellungen der Gesellschaft (zumindest ihrer durchsetzungsstarken Teile), sollen die Polizei an diese Vorstellungen binden, ihre Befugnisse begrenzen und mit den Rechten der Bürger:innen in Einklang bringen. Diese rechtlichen Begrenzungen schränken den Handlungsspielraum der Polizei ein und erschweren damit ihre Arbeit, aber genau darin liegt ihr Sinn. Vor einer Wohnungsdurchsuchung muss ein Durchsuchungsbeschluss angeregt, mit einer Begründung beantragt und von einem Gericht erlassen werden, um sicherzustellen, dass dieser Eingriff angemessen ist. Und Beamt:innen müssen immer damit rechnen, dass ihr Vorgehen später auf dem Rechtsweg überprüft wird. Die Polizei setzt den Rechtsstaat also durch, steht aber in der Praxis auch in einem permanenten Interessenkonflikt mit ihm.

Wie eng die Polizei durch solche rechtlichen Vorgaben gebunden sein soll, ist eine politische Frage und Gegenstand gesellschaftlicher Aushandlungsprozesse: Wie weitreichend sollen die Befugnisse sein, wie detailliert müssen die Verdachtsgründe für die Wohnungsdurchsuchung dargelegt werden, wie gewichtig ihr Anlass sein und wie genau muss eine möglicherweise erfolgende Festnahme dokumentiert werden? Strafnormen wie der 2017 geschaffene § 114 des Strafgesetzbuches zum Beispiel eröffnen der Polizei erhebliche Handlungsspielräume. Die Vorschrift trägt zwar den Titel »Tätlicher Angriff auf Vollstreckungsbeamte«, erfasst aber tatsächlich auch schon bagatellhafte Handlungen wie Schubsen. Sie zieht trotz ihrer erheblichen Strafdrohung (mindestens drei Monate Freiheitsstrafe) keine klare juristische Grenze zwischen passivem Ungehorsam und aktivem, gewaltsamem Angreifen. Das gibt der Polizei ein machtvolles Instrument in die Hand: Im Konflikt mit Bürger:innen können die Beamt:innen die fließenden Grenzen dieser Strafnormen schnell als überschritten ansehen, was sie dann zu weiteren Maßnahmen wie etwa einer Festnahme befugt.[83] Wer beispielsweise seine Hände dem polizeilichen Griff entzieht oder einem Polizeibeamten nicht aus dem Weg geht und dabei störend mit den Armen wedelt, läuft Gefahr, verhaftet und zu einer Freiheitsstrafe verurteilt zu werden.[84] Eine Regelung mit wenig klaren Grenzen, die daher die Polizei in entsprechend geringem Maße rechtlich bindet und Freiräume zur Verselbstständigung eröffnet.

Wo für polizeiliche Maßnahmen eher hohe und klar bestimmte Anforderungen gelten, ist die rechtliche Bindung relativ stark. Sind die Hürden dagegen geringer und die Befugnisse weiter, kommt der Polizei ein größeres Maß an Eigenständigkeit zu. Auf dieser Ebene der rechtlichen Rahmenbedingungen ist seit einigen Jahren eine Tendenz des Gesetzgebers hin zu niedrigeren Hürden und damit größeren polizeilichen Handlungsspielräumen zu beobachten: Weitreichende Befugnisse oder solche, die kaum Eingrenzungen vorsehen, etwa die Vorschriften zu verdachtsunabhängigen Kontrollen, bedeuten, dass die rechtliche Bindung der Polizei gelockert wird und ihre Handlungsspielräume wachsen.

Zu dieser Entgrenzung trägt auch eine zunehmende Vorverlagerung polizeilicher Zuständigkeiten und Befugnisse bei. Vor allem dort, wo schwere Folgen drohen, soll die Polizei möglichst schon im Vorfeld von Gefahren auf Basis vager Anhaltspunkte oder Vermutungen eingreifen. Konzepte wie die »drohende Gefahr«, die einen frühen Eingriff bei geringen Anforderungen ermöglichen, Maßnahmen wie die bereits erwähnten Gefährder-Checklisten und der Präventivgewahrsam zeugen ebenso von dieser Entwicklung wie der Ausbau von Videoüberwachung, automatisierte Kennzeichenerfassung und Technologien wie das sogenannte *Predictive Policing*. Diese automatisierte Auswertung von Massendaten durch Algorithmen soll die Wahrscheinlichkeit von Straftaten oder Gefahren an bestimmten Orten oder von Personen berechnen und so Bedrohungen vor ihrem Eintritt vorhersagen. Solche weit in die Zukunft gerichteten Maßnahmen lassen sich naturgemäß besonders schwer eingrenzen und kontrollieren. Zugleich führt die Vorverlagerung dazu, dass die Voraussetzungen, ab wann solche Eingriffe stattfinden dürfen, im Gesetz nur sehr schwammig formuliert werden können.

Im Fall eines potenziellen terroristischen Anschlags soll nicht erst das Anbringen und Zünden des Sprengsatzes verhindert werden, sondern bereits dessen Konstruktion und der Erwerb der notwendigen Chemikalien. Im präventivlogischen Idealfall wird sogar schon erfasst, wenn irgendwo ein Entschluss gefasst, eine Bombenbauanleitung gelesen oder ein Plan entwickelt wird. Die konsequente Weiterführung dieses Vorfeldvorgehens besteht darin, schon bei der Entstehung einer Motivation oder einer ideologischen Radikalisierung anzusetzen.

Damit richtet sich die Aufmerksamkeit schließlich auf Faktoren, die eine inhaltliche Radikalisierung unter Umständen begünstigen und infolgedessen dann später zu Anschlägen führen könnten, wie Sozialisation, Herkunft, Wohnort oder Musik. Einer mit solchen Aufgaben betrauten Polizei lassen sich nur schwerlich konkrete Grenzen ziehen.

Zudem ist dem Verhältnis von Polizei und rechtlichen Begrenzungen inhärent, dass die Polizei danach strebt, ihren Spielraum auszuweiten und die ihr auferlegten Grenzen zu dehnen. Dies tut sie zum einen, indem sie rechtliche Regelungen weit auslegt und mitunter auch über ihren eigentlich vorgesehenen Anwendungsbereich hinaus anwendet – etwa die Voraussetzungen einer Personenkontrolle, die Möglichkeiten zur Verhängung von Auflagen für Versammlungen oder die Befugnis zum Einsatz unmittelbaren Zwangs. Zum anderen haben wir in den Kapiteln 1.2 und 2.3 schon gesehen, dass Gesetze die Polizei in der Praxis nicht streng binden können, sondern immer nur bedingt bestimmen. Wie stark die Wirkung des Rechts ist und wie groß die faktischen Freiräume der Polizei sind, hängt auch davon ab, welche Definitions- und Beschwerdemacht den anderen an einer Situation beteiligten Personen zugemessen wird, wie sehr diese also die Situation mitbestimmen und sich gegebenenfalls auch gegen polizeiliche Maßnahmen wehren können.[85]

Der Streit um Rolle und Kontrolle der Polizei ist für eine Demokratie nicht an sich problematisch, sondern Ausdruck eines grundlegenden Prinzips: der Gewaltenteilung. Die Aufspaltung der staatlichen Gewalt in Bereiche, die sich gegenseitig kontrollieren, soll einer zu hohen Machtkonzentration in staatlichen Institutionen vorbeugen und die demokratische Verteilung von Macht gewährleisten. In eine Krise gerät der demokratische Rechtsstaat allerdings, wenn dieser Widerstreit zwischen den verschiedenen Instanzen geglättet und aufgehoben werden soll – was der Aufhebung der Gewaltenteilung gleichkäme und deshalb eine antidemokratische Forderung ist – oder wenn eine Säule zu mächtig wird und so einer effektiven Kontrolle durch die anderen, dem Prinzip aus *Checks and Balances* (einem System effektiver wechselseitiger Kontrolle, dem die Vordenker:innen der Demokratie stets große Bedeutung zugemessen haben) entwächst.

Legislative, Judikative und Exekutive stehen hierbei jedoch von vornherein ungleiche Mittel und Möglichkeiten zur Verfügung. Die Parlamente können weitreichende Gesetzesänderungen beschließen und vermögen damit die gesellschaftlichen Verhältnisse in einer Weise umzuwälzen, wie es die anderen Gewalten nicht ohne Weiteres können, wenn sie zum Beispiel Gesetze für Corona-Schutzmaßnahmen bis hin zum Lockdown beschließen oder einen Mindestlohn einführen. Andererseits können weder Rechtsetzung noch Rechtsprechung ihre Entscheidungen selbst durchsetzen und sind hierfür auf die Organe der Exekutive angewiesen. Ob und wie das Gesetz »auf der Straße« angewandt wird, entscheidet in großen Teilen die Exekutive in Form der Polizei. Ihre Macht ist deshalb *faktischer* und *unmittelbarer* als die der anderen Instanzen.[86] Wenn die Polizei durch die beschriebenen Prozesse der rechtlichen Verselbstständigung mehr rechtliche sowie faktische Befugnisse erhält und ihre Position gegenüber den anderen Gewalten stärker wird, kann dies ein ernstes Problem für die Gewaltenteilung bedeuten. Die Polizei ist dann weniger stark gebunden, dient weniger der Gesellschaft und deren Vorstellungen, die in den rechtlichen Regelungen festgehalten sind, sondern setzt vermehrt ihre eigenen Sichtweisen und Interessen um. Und sie steht dabei unter weniger intensiver Kontrolle, als wenn sie stärker in das Geflecht der Gewaltenteilung eingebunden ist.

Letztendlich birgt die Polizei, so paradox dies auf den ersten Blick scheinen mag, also ein strukturelles Risiko für die rechtsstaatliche Demokratie.[87] Das bedeutet nicht, dass die Polizei die Demokratie abschaffen möchte, sondern erst einmal nur, dass es sich bei ihr um eine Kraft handelt, die naturgemäß eine größere Unabhängigkeit von den sie begrenzenden Aspekten des demokratischen Staates anstrebt. Denn Gewaltenteilung, rechtliche Begrenzung und Kontrolle sind Konzepte, die die Exekutive in ihren Möglichkeiten einschränken und damit ihre Tätigkeit erschweren. Dementsprechend strebt sie in der Praxis tendenziell danach, sich diesen zu entziehen. Die anderen Gewalten wiederum versuchen, die Polizei an sich zu binden und unter Kontrolle zu behalten.[88]

Verselbstständigung als Prozess

Die Verselbstständigung der Polizei ist ein Prozess. Die Organisation emanzipiert sich nicht umfassend von der Politik oder sagt sich plötzlich von einer gewählten Regierung los. Auch ist hier kein dramatischer Polizeiputsch zu erwarten, mit dem die Polizei selbst unmittelbar nach der Macht greifen würde. Verselbstständigung zeigt sich vielmehr schrittweise und fließend auf den verschiedenen beschriebenen, teilweise auch subtilen Ebenen: In Verschiebungen der Gewaltenbalance hin zur Exekutive, in deren aktiverer Rolle im öffentlichen Diskurs, in einem wachsenden Selbstbewusstsein ihrer Protagonist:innen, in dem selbstverständlichen Ausüben von Macht und Dominanz bei abnehmender Reflexion darüber, dass die Befugnisse der Polizei besondere Ausnahmebefugnisse sind, die sie von der Gesellschaft verliehen bekommt. Verselbstständigung ist ein langsamer, schleichender Prozess, der mittelfristig dazu führen kann, dass die Polizei gegenüber den anderen staatlichen Gewalten sowie im gesellschaftlichen Leben eine größere und weniger kontrollierbare Rolle einnimmt. Sie wird zu einem eigenständigeren und machtvolleren Player, dessen rechtliche Bindung und damit demokratische Legitimation gleichzeitig an Kraft verliert.

Die Prozesshaftigkeit der Verselbstständigung zeigt sich deutlich in der Wechselwirkung der bisher dargestellten, sich gegenseitig bestärkenden Tendenzen: Wo Prävention und Sicherheit wichtiger werden, gewinnt die Polizei an Bedeutung, erhält neue Befugnisse und mehr Handlungsspielraum. Wo die Spielräume der Polizei zunehmen, wird sie weniger kontrollierbar. Und wo sie an Bedeutung gewinnt, spricht sie sich öffentlichkeitswirksam für Prävention und Sicherheit aus, womit der Kreislauf geschlossen wird.

Gleichzeitig wächst die Gefahr von Überforderung, wo die Polizei neue Befugnisse und Zuständigkeiten erhält. Und wenn die Institution bedeutsamer wird, erwarten die Beamt:innen mehr Rückhalt und Anerkennung aus der Gesellschaft; weil sie aber gleichzeitig mehr im Fokus der öffentlichen Aufmerksamkeit stehen, sind sie auch mit mehr Kritik konfrontiert. Beides gerinnt zur paradoxen Selbstwahrnehmung als darbende Organisation in einer undankbaren Gesellschaft und begünstigt eine Abschottung der Polizei von der Gesellschaft. Wenn die Gesellschaft sich von der Polizei nicht vertreten fühlt, wendet sie sich ihrerseits ebenfalls ab. Diese Entwicklungen drohen, eine Spirale zu bilden, in der sich Polizei und Gesellschaft weiter voneinander entfernen, sodass ihr Verhältnis zunehmend von Polarisierung und Entfremdung geprägt ist.

Wohin diese Prozesse führen können, lässt sich mit einem Blick über Deutschland hinaus erahnen: In den USA sind die zahlreichen Polizeiorganisationen auf Bundes-, Bundesstaaten- und kommunaler Ebene ebenso wie die Polizeigewerkschaften seit Mitte des 20. Jahrhunderts zu einem gewaltigen Machtfaktor geworden. In einer polarisierten, von sozialer Ungleichheit geprägten Gesellschaft haben sie immer mehr Aufgaben übertragen bekommen, eine erhebliche Militarisierung erfahren und sich auch kulturell stark verselbstständigt. In der Summe haben diese Entwicklungen dazu geführt, dass die Polizei in den Vereinigten Staaten zu einer höchst umstrittenen Institution geworden ist, die in erheblichen Teilen der Bevölkerung ihre Legitimität eingebüßt hat, aber zugleich nur noch schwer von außen zu kontrollieren ist.[89] Nachdem der 18-jährige Michael Brown im August 2014 in Ferguson, Missouri, von Polizisten erschossen worden war und tagelange Ausschreitungen sowie eine monatelange Debatte um rassistische Polizeigewalt folgte, nahm das US-Bundesjustizministerium eine umfassende Untersuchung des dortigen Polizeiapparates vor. Der Abschlussbericht attestiert der Polizei eine systematisch rechtswidrige Praxis, die eindeutig rassistisch diskriminierend sei und das Vertrauen der Bevölkerung zum Teil nachhaltig beschädigt habe.[90] Nachdem im Mai 2020 der unbewaffnete George Floyd von Polizisten in Minneapolis, Minnesota, ermordet worden war, diskutierte der dortige City Council unter dem Eindruck der landesweiten Proteste und der offensichtlich werdenden Unzufriedenheit mit der Polizei in der Stadt, das Minneapolis Police Department aufzulösen und durch eine Public Safety-Behörde zu ersetzen. Bei einem Volksentscheid im November

2021 stimmten 44 Prozent der Bürger:innen dafür, 56 Prozent lehnten des Vorhaben ab.[91]

Auch das Beispiel Frankreich veranschaulicht, wie eine Verselbstständigung der Polizei aussehen kann: In den Banlieues, den Außenbezirken der Großstädte, ist das Verhältnis zwischen Polizei und erheblichen Teilen der Bevölkerung seit Jahrzehnten zerrüttet. Gewalthafte Konfrontationen, diskriminierende Kontrollen und rechtswidrige polizeiliche Praktiken haben sich dort zu einer spiralhaften Entwicklung verdichtet, die kaum umkehrbar zu sein scheint. Bei Demonstrationen und Protesten prägen Gummigeschosse, militarisierte Ausrüstung und brutale Gewalt gegen Protestierende mit schweren Verletzungen das Bild. Allein von November 2018 bis November 2019 verloren 25 Protestierende ein Auge durch Hartgummigeschosse oder Splittergranaten, anderen wurden Hände abgerissen.[92] Gleichzeitig ermorden islamistische Attentäter Polizist:innen und verüben Anschläge auf die Polizei, für die die Möglichkeit eines tödlichen Angriffs so ständig präsent ist. Die Stimmung innerhalb der Organisation ist angesichts dieser Konflikte und der dauerhaften Überlastung katastrophal. Diese Prozesse prägen eine starke *Cop Culture* und führen zu einer Abschottung der Organisation, die bestimmte Teile der Bevölkerung als feindlich wahrnimmt. Die Polizeigewerkschaften wenden sich mitunter offen gegen das Rechtssystem und damit eine andere staatliche Gewalt. Die Vertrauenswerte der französischen Polizei sind deutlich schlechter als in Deutschland und anderen westeuropäischen Staaten. Aber die Politik stellt sich trotz aller Konflikte bedingungslos hinter die Organisation.[93]

In Deutschland mag uns die Verselbstständigung der Polizei im Gegensatz dazu noch nicht besonders dramatisch erscheinen. Aber auch hier gibt es, wie eingangs beschrieben, politisch, kulturell und rechtlich eine ganze Reihe von Anzeichen dafür, dass sich die Polizei stärker verselbstständigt und sich dabei auch vom Leitbild der offenen, der Gesellschaft dienenden Bürger:innenpolizei abwendet. Ob und wie sich dieser Prozess fortgesetzt, wird ganz wesentlich auch von der Entwicklung der gesellschaftlichen Bedingungen abhängen.

Die Beispiele Frankreich und USA verdeutlichen, dass die Rolle wie auch die Verfasstheit der Polizei stark von den jeweiligen sozialen und gesellschaftlichen Verhältnissen geprägt sind, in denen sie aktiv ist. Wo es vergleichsweise wenig Konflikte und Spannungen gibt, ist es einfach, Polizeiarbeit gut aussehen zu lassen, das Leitbild der offenen Bürger:innenpolizei zu verfolgen und sich infolgedessen eines großen Rückhalts in der Bevölkerung sicher zu sein. Umgekehrt schwinden Legitimität und Akzeptanz in erheblichen Teilen der Bevölkerung, wenn gesellschaftliche Spannungen, Polarisierung und soziale Konflikte zunehmen und sich im Zuge dessen die polizeiliche Praxis, die Organisation selbst und ihr kulturelles Selbstverständnis wandeln. Die Verselbstständigung der Polizei ist sowohl Folge als auch Motor dieser Entwicklungen. Die sich abzeichnenden gesellschaftlichen Herausforderungen und Konflikte der kommenden Zeit – wie die kontinuierlich zunehmende soziale Ungleichheit, eine stärkere politische Polarisierung und die Klimakrise mit ihren globalen Verwerfungen und den daraus resultierenden Migrationsbewegungen – werden nicht folgenlos an der Polizei vorübergehen.

Je weiter der Prozess der Verselbstständigung fortgeschritten ist, desto schwerer lässt er sich wieder einfangen. Da er sich auf vielen Ebenen zugleich abspielt – in der Politik, dem Recht und der Polizei selbst – und auf allen Ebenen seine Spuren hinterlässt, kann er nicht einfach durch isolierte Maßnahmen rückgängig gemacht werden. Er muss langfristig umgekehrt werden. Einer stärker entfesselten, mit erheblicher, auch politischer Macht ausgestatteten Polizei können nicht nach Belieben wieder Fesseln angelegt werden.

Die Verselbstständigung besteht gerade darin, dass sich die Polizei von den rechtlichen, politischen und sozialen Bindungen löst, durch die die Institution eigentlich eingehegt werden soll. Je mächtiger die Polizei ist und je eigenständiger sie agiert, desto schwerer ist es für Politik, Justiz und Gesellschaft, sie wieder einzugrenzen. Das liegt zum einen daran, dass eine selbstbewusste Polizei gegen solche Versuche arbeitet und – etwa gegen die Einführung von Kontrollmechanismen oder die Beschneidung von Befugnissen – wirkmächtige Lobbyarbeit betreibt. Wie in Kapitel 4.2 dargelegt, wird es mit einer stärkeren Stellung der Polizei zunehmend schwierig, legislative Vorhaben oder organisatorische Veränderungen ohne oder gegen die polizeilichen Interessenvertretungen durchzusetzen.

Gleichzeitig lassen die zunehmende Sensibilität für Bedrohungen, ein gewandeltes Verständnis von (Un-)Sicherheit und ein neues, umfassendes Präventionsstreben die Polizei unerlässlich erscheinen. Die Tendenz der Versicherheitlichung prägt auch die gesellschaftliche Sicht auf soziale Probleme und politische Entwicklungen. Dies steht einem Kurswechsel in Sachen Polizei im Weg. Wer die Welt als einen durch Terror, Kriminalität und Gewalt bedrohten Ort sieht, wer nach höchstmöglicher physischer Sicherheit strebt, wer erwartet, dass die Polizei jedes potenzielle Risiko im Vorfeld identifiziert und alle denkbaren Gefahren im Keim erstickt, muss sie mit weitreichenden Befugnissen ausstatten und will ihren Aktionsradius ausweiten, nicht beschränken.

Verselbstständigung vs. Einhegung

Die Gegenbewegung zur Verselbstständigung ist die Einhegung, die ebenfalls als ständiger Prozess zu verstehen ist. Unterschiedliche Kräfte innerhalb von Staat und Gesellschaft ringen permanent um die Stellung der Polizei. Dezentralisierung, strenge rechtliche Bindung und das Beharren auf der Gewaltenteilung sind wichtige Aspekte solcher Bemühungen um die Begrenzung der Exekutive, denen sich die Polizei im Rahmen dieses Widerstreits eher zu entziehen sucht. Aber auch Teile von Politik und Gesellschaft wollen ihr mehr Freiräume verschaffen.

Im Frühsommer 2018 erlebte Deutschland eine immer noch nachhallende Auseinandersetzung über die in mehreren Bundesländern geplanten Ausweitungen der Polizeigesetze, unter anderem um die schon beschriebene »drohende Gefahr«, aber auch um neue Überwachungsbefugnisse, Präventivgewahrsam oder eine vielerorts als militärisch wahrgenommene Aufrüstung mancher Landespolizeien. Während die Vorhaben zunächst ohne Weiteres politische Mehrheiten gefunden hatten und von den polizeilichen Interessenvertretungen als notwendige Maßnahmen im Kampf gegen Kriminalität und Terrorismus präsentiert wurden, standen nun die Missbrauchsgefahren im Zentrum der Debatte. In München protestierten damals 40.000 Menschen gegen das neue Polizeiaufgabengesetz. In Bremen und Nordrhein-Westfalen wurden Gesetzentwürfe aufgrund von Protesten zwischenzeitlich zur Überarbeitung zurückgezogen. Letztlich haben seitdem jedoch sehr viele Bundesländer ihre Gesetze wie geplant verschärft und der Polizei mehr Befugnisse eingeräumt – von der Ausweitung des Gefahrenbegriffs und der Erleichterung von Polizeikontrollen über Staatstrojaner, mehr Videoüberwachung und freiheitsbeschränkende Maßnahmen bis zu elektronischen Fußfesseln und neuen Waffen.[94] Diese auf- und abschwingende Dynamik, die politische Auseinandersetzung um die Macht der Polizei und ihre Begrenzung veranschaulicht, wie das Verhältnis zwischen Polizei, Staat und Gesellschaft fortlaufend austariert wird.

Der Polizei selbst fällt es schwer, die Tendenzen der Verselbstständigung zu begrenzen oder umzukehren, denn sie hat als Organisation daran kein eigenes Interesse. Zwar befürwortet ein Teil der Beamt:innen derartige Schritte durchaus. Die Polizei selbst aber strebt wie andere Organisationen aus sich heraus danach, ihren Einfluss zu mehren und ihre Position zu stärken. Dementsprechend gibt es in der Polizei eher wenige Stimmen, die sagen: Es wäre gut, wenn es all diese Überwachungsbefugnisse, Waffen und großen Polizeibudgets nicht bräuchte, sie sind derzeit ein notwendiges Übel; aber wir arbeiten daran, sie möglichst schnell überflüssig zu machen. Stattdessen wird eine starke Polizei zumeist als Selbstzweck und Idealzustand präsentiert. Aus Perspektive der Organisation kann es nur eine Richtung geben: mehr Personal, Befugnisse, Geld, Waffen, Technik, nicht weniger.

Und auch Politik und Gesetzgebung sind nicht besonders gut darin, der Verselbstständigung der Polizei Grenzen zu setzen. Das ergibt sich zum einen aus der Dynamik zwischen Polizei und Politik, die dazu führt, dass Politiker:innen es sich genau überlegen, ob sie sich die Einhegung der Polizei auf die Fahnen schreiben. Zum anderen ist die Ausweitung polizeilicher Möglichkeiten von erheblichen Teilen der Politik, wenngleich in unterschiedlichem Ausmaß und mit divergierenden Konzepten, auch gewollt. Angesichts der beschriebenen Versicherheitlichung geht man davon aus, dass die Bürger:innen dies befürworten. Für die Ausweitung polizeilicher Befugnisse, wie sie oben dargestellt wurde, finden sich einfacher politische Mehrheiten als für deren Begrenzung oder Kontrolle. Wie sich der Ausbau von solchen Zuständigkeiten und Befugnissen langfristig auswirkt, wird dabei meist nicht berücksichtigt.

Auf lange Sicht betrachtet, stellt die Verselbstständigung der Polizei die Grundbedingungen von Rechtsstaat und Gewaltenteilung infrage. Der Begriff »Rechtsstaat« beschreibt nicht nur einen Staat, der Regeln durchsetzt und ihnen Geltung verschafft. Das Konzept meint vor allem einen Staat, dessen Organe durch das Recht gebunden sind, die nur innerhalb der für sie geltenden Gesetze handeln und sich einer unabhängigen Kontrolle durch die Justiz unterwerfen. Seine Essenz besteht also in der Begrenzung der staatlichen Gewalt, dem Schutz der Bürger:innen und ihrer Rechte nicht nur vor Gefahren von außen, sondern auch vor dieser Gewalt selbst. Mit Blick auf die Polizei – die verkörperte Staatsgewalt – bedeutet Rechtsstaatlichkeit folglich die Begrenzung von Befugnissen und deren klare Formulierung.[95] Sie bedeutet die Kontrolle polizeilichen Handelns, um zu gewährleisten, dass die Polizei sich an die ihr durch das Recht gezogenen Grenzen hält.

KAPITEL 5

PERSPEKTIVEN

5.1 DIE POLIZEI ALS AMBIVALENTE ORGANISATION

Die Polizei ist eine ambivalente Organisation. So banal diese Feststellung klingen mag, so schwer zu akzeptieren scheint sie für viele zu sein. Auf der einen Seite leistet die Polizei Hilfe und bearbeitet Gefahren, schützt Menschen, zum Beispiel in bedrohlichen Situationen, und setzt sich für deren Rechte ein. Dafür genießt sie gesellschaftliches Ansehen und Vertrauen. Auf der anderen Seite unterstützt die Polizei nicht alle Menschen in gleichem Maße und bringt grundlegende Probleme mit sich, von denen sie nicht getrennt werden kann, wie Gewalt, Verselbstständigung und mangelnde Kontrolle. Indem sie die gesellschaftliche Ordnung bewahrt, reproduziert sie zugleich deren Ungleichheitsverhältnisse und Konflikte. Diese dunklen Seiten der Polizeiarbeit sind in den letzten Jahren stärker in die öffentliche Wahrnehmung gerückt.

In diesem Kapitel soll es nun darum gehen, was diese Befunde bedeuten und wie die Zukunft der Polizei angesichts dessen aussehen könnte. Zu diesem Zweck stellen wir zunächst die zentralen Erträge der bisherigen Kapitel noch einmal pointiert dar, denn sie sollen als Ausgangspunkt für die anschließenden Überlegungen dienen.

Das Nebeneinander der verschiedenen Seiten der Polizei ist weder bloß Ausdruck von praktischen Fehlern noch lediglich eine Frage der Sichtweise, sondern in der Institution und ihrem gesellschaftlichen Auftrag angelegt. Die Zwiespältigkeit wohnt der Organisation als Ganzes und damit auch dem Verhalten ihrer Angehörigen inne. Als Katalysatoren einer Kritik an der Polizei dienen derzeit vor allem rassistische Vorkommnisse, exzessive Gewalt und rechtsextreme Verdachtsfälle, die Probleme sind allerdings grundsätzlicherer Natur. Das sind unangenehme Einsichten, die sich nicht mit dem Bedürfnis vertragen, die Polizei entweder als durch und durch gute Macht oder aber als eindimensionales Herrschaftsinstrument sehen zu wollen.[1]

Gesichter der Polizeiarbeit

Wie wir gesehen haben, hat sich die Polizei in Deutschland im Laufe ihrer Geschichte deutlich gewandelt. Sie tritt ziviler auf, ist in demokratische Strukturen eingebettet, und ihr Handeln ist heute stärker an rechtliche Voraussetzungen gebunden als in früheren Zeiten. Die Funktion der Ordnungsproduktion und Kontrolle wird durch die Rolle der freundlichen Helferin im Alltag ergänzt; neben kämpferischen Aspekten beinhaltet die Arbeit von Polizist:innen viele Tätigkeiten, die eher an die von Sozialarbeiter:innen erinnern. In den zurückliegenden drei Jahrzehnten ist die Organisation in Deutschland zudem diverser und akademischer geworden (was ihre Kultur und ihr Selbstverständnis beeinflusst), ihre Praxis wurde professioneller.[2] Viele Polizist:innen wollen »Gutes tun« und einen Dienst an der Gesellschaft leisten; sie machen professionell ihre Arbeit und würden es vermutlich weit von sich weisen, jemals Bestandteil einer entfesselten Exekutive sein zu können.

Die Hauptfunktion der Polizei besteht gleichwohl auch heute noch in der Aufrechterhaltung der bestehenden sozialen

Ordnung. Sie ist ein Instrument (und ein Produkt) der Macht, also der politischen, sozialen und wirtschaftlichen Kräfteverhältnisse. Zwar hat die Polizei heute einen gesetzlich konkret festgelegten Auftrag. Doch auch während sie diesem Auftrag, Gefahrenabwehr und Strafverfolgung, nachkommt, reproduziert sie die bestehende soziale Ordnung – nicht nur indem sie die geltenden rechtlichen Vorschriften durchsetzt, sondern auch durch die spezifische Art und Weise, wie sie dies tut. Die Funktion der Ordnungsproduktion und der rechtliche Auftrag der Polizei sind im polizeilichen Handeln miteinander verschränkt. Dass beispielsweise Diebstahl strafbar ist, entspricht der Eigentumsordnung unserer Gesellschaft und bekräftigt diese mitsamt ihren Ungleichheiten. Und welche Straftaten in der Praxis tatsächlich verfolgt werden, wie die Polizei wem in welcher Weise gegenübertritt, das ist wesentlich durch die gesellschaftlichen Verhältnisse, die Vorstellungen der Mehrheitsgesellschaft und die Definitionsmacht der Beteiligten bestimmt. Die Polizei ist daher in doppelter Hinsicht nicht neutral: Die Ordnung, die sie durchsetzt, ist nicht neutral, und sie setzt diese Ordnung nicht neutral um.

Die Praxis der Polizei stellt so die gesellschaftliche Sicht auf soziale Probleme her. Indem sie bestimmte Phänomene herausgreift und in einer jeweils spezifischen Weise bearbeitet – politische Straftaten und »Clan-Kriminalität« beispielsweise anders als Steuerdelikte der Mittelklasse –, definiert sie, was wie problematisch und bearbeitungsbedürftig ist. Offizielle Statements aus Polizei und Politik zeigen, dass man sich dieser übergesetzlichen Funktion, dieser nur zwischen den Zeilen zu lesenden Rolle durchaus bewusst ist. In amtlichen Internetauftritten heißt es etwa, die Polizei orientiere sich »am Sicherheitsgefühl und den Erwartungen der Bürgerinnen und Bürger«.[3] Der bayerische

Innenminister Joachim Herrmann betonte bei einem Gottesdienst für Polizist:innen unlängst, Polizei und Kirche teilten die gleichen Werte.[4] Während der Corona-Pandemie kündigten Bürgermeister an, die Polizei zur Unterbindung von »asozialen Hamsterkäufen« einzusetzen.[5] Sicherheitsempfinden, kirchliche Werte, Kampf gegen »Asozialität« – nicht gesetzlicher Auftrag der Polizei, aber Ausdruck der bestehenden sozialen Ordnung.

Die Praxis der Polizei ist damit zum einen von sozialen Machtverhältnissen geprägt. Zum anderen ist sie per se konfliktbehaftet: Ein erheblicher Teil ihrer Aufgaben besteht in der Reaktion auf konkrete Konflikte oder problematische Situationen – die sie aber meist nicht inhaltlich oder gar dauerhaft lösen, sondern nur vorerst aufhalten oder unterdrücken kann.[6] Ihr Einsatz ist, wenn man so will, eine Notlösung, wenn es der Gesellschaft nicht auf andere Weise gelungen ist, Probleme zu klären. Er ist kurzfristig angelegt. Ebenso wie die auftretenden Probleme selbst ist auch ihre Bearbeitung durch die Polizei Ausdruck der sozialen Ordnung, deren Wertungen und Kategorien die Polizei (im Zweifel mit Gewalt) durchsetzt. Sie begibt sich tief in die zwischenmenschlichen Konflikte und gesellschaftlichen Fragmentierungen hinein, trägt durch ihre Intervention zugunsten der bestehenden Ordnung zur Zementierung dieser Situationen bei oder spitzt Spannungen sogar zu – ihren Ursachen steht sie jedoch weitgehend machtlos gegenüber: Die Polizei hat nicht festgelegt, dass manche Menschen reich sind und andere zu wenig zum Leben haben; dass der Besitz und Verkauf mancher Drogen strafbar ist, anderer nicht; dass Menschen aus ihren Heimatländern vor Krieg, Not und Hunger fliehen, jedoch aus Europa ferngehalten werden sollen. Sie ist aber tagtäglich mit der Aufrechterhaltung dieser

Zustände befasst. In der Praxis bleibt ihr wenig anderes übrig, als die bestehende Ordnung mit all ihren Ungleichheiten und Ungerechtigkeiten durchzusetzen. Die Polizei soll Personen festnehmen, gegen die ein Haftbefehl besteht, und nicht hinterfragen, warum ein solcher gegen rumänische Bauhelfer eher ausgestellt wird als gegen deutsche Medizinstudentinnen.

Zugleich macht die Ordnungsfunktion die Arbeit der Polizei zur Gratwanderung: In der Praxis bestimmt die soziale Ordnung ebenso wie das Gesetz, was die Polizei darf, wie sie arbeiten soll, was von ihr erwartet oder gutgeheißen wird. Wo Polizist:innen zum Handeln ansetzen, müssen sie gewissermaßen das Mandat abschätzen, das ihnen die Gesellschaft, insbesondere die Mehrheitsgesellschaft verleiht, damit sie ihre Legitimität behält.[7] Ein Beispiel für eine grobe Fehleinschätzung dieses Mandats liefert der heute als »Schwarzer Donnerstag« bezeichnete Polizeieinsatz gegen Protestierende in Stuttgart am 30. September 2010 mit Hunderten von Verletzten. Er führte zu 380 Strafanzeigen gegen Polizist:innen, wurde in zwei parlamentarischen Untersuchungsausschüssen aufgearbeitet, und sogar der Sturz der schwarz-gelben Landesregierung bei den baden-württembergischen Landtagswahlen im folgenden Jahr wird mit den Ereignissen in Verbindung gebracht.

Aktivist:innen hatten damals den Schlossgarten besetzt, um Rodungsarbeiten im Rahmen des umstrittenen Großbauprojekts »Stuttgart 21« zu verhindern. Die Polizei begann vormittags mit der gewaltsamen Räumung der Parkfläche, hatte jedoch offenbar unterschätzt, wie breit der Zulauf zu den Protesten sein würde – unter anderem, weil eine zeitgleich stattfindende Schüler:innendemo sich anschloss. So richteten sich Schlagstockeinsatz, Wasserwerfer und Pfefferspray auch gegen viele Minderjährige, Bildungsbürger:innen und Senior:innen. Diese Gewalt sorgte für weitläufige Empörung; insbesondere das Bild eines 66-jährigen Demonstranten mit blutenden Augen, der von einem Wasserwerfer im Gesicht getroffen worden war und in der Folge fast vollständig erblindete, ging bundesweit durch die Medien.[8]

Am nächsten Tag demonstrierten rund 100.000 Menschen in Stuttgart gegen das Vorgehen, die Polizei sah sich wochenlang heftiger Kritik ausgesetzt.[9] Mehrere Polizeibeamt:innen wurden im weiteren Verlauf wegen Körperverletzung im Amt verurteilt. Das Verwaltungsgericht Stuttgart erklärte den Polizeieinsatz später für rechtswidrig. Besonders bemerkenswert ist, dass der damalige Polizeipräsident von Stuttgart, Siegfried Stumpf, nicht nur im April 2011 in den Ruhestand versetzt wurde, sondern nachträglich der fahrlässigen Körperverletzung im Amt für schuldig befunden wurde, weil er einen Wasserwerfereinsatz nicht unterbunden hatte – ein justiziell nahezu einmaliger Vorgang.[10] Das Geschehen hat unter anderem in Form von Romanen, Sachbüchern und Theaterstücken Eingang in das Gedächtnis der Region gefunden.

Polizeiliche Gewalt gegen Demonstrationen, Besetzungen und politische Aktivist:innen ist nicht ungewöhnlich und schließt häufig den Einsatz von Wasserwerfern und Pfefferspray ein. Zumeist kann die Polizei dabei davon ausgehen, dass sie im Sinne der Mehrheitsgesellschaft handelt, weil es deren Ordnung ist, die sie durchsetzt, und sich das Vorgehen in der Regel gegen Gruppen richtet, die marginalisiert sind oder (vermeintlich) Minderheitenpositionen vertreten. Bei den Ereignissen in Stuttgart lag die Polizei mit ihrer Einschätzung falsch und hat die gewohnte Rückendeckung in einem atemberaubenden Tempo verloren – unter anderem, weil viele Menschen ein Gesicht der Polizei kennengelernt haben, das sie zuvor nicht aus eigener Erfahrung kannten.

Dunkle Seiten

Die Polizei und ihre Praxis weisen also verschiedene problematische Seiten auf, die wir angesichts des vorherrschenden positiven Bilds der Organisation leicht übersehen: Ihre Praxis trifft verschiedene Menschen entsprechend ihrer gesellschaftlichen Positionierung unterschiedlich, sie ist von der Befugnis zur Gewalt geprägt, und die ihr begegnenden sozialen Konflikte kann sie in der Regel nur verwalten, nicht aber lösen.

Die Polizei soll nicht alle Menschen gleichermaßen kontrollieren, sondern vor allem diejenigen, von denen eine Gefahr für die bestehende Ordnung ausgehen könnte. Bei wem das der Fall ist und was überhaupt als verwerflich oder kriminell angesehen wird, wird aber nicht überall in der Gesellschaft gleich beurteilt. Manche Wertungen werden von praktisch allen geteilt, andere sind eher umstritten. Eine Kassiererin, die gefundene Leergutbons im Wert von 1,30 Euro selbst einlöst; Studierende, die weggeworfene Lebensmittel aus Müllcontainern verwerten; Prominente, die ihr Geld in Steueroasen parken; Autofahrer:innen, die beim Ausparken ein anderes Auto touchieren, aber nicht die Polizei rufen; Politiker:innen, die ihre Beziehungen nutzen, um Staatsaufträge an ihre Kontakte zu vermitteln; geflüchtete Menschen, die mit falschen Papieren einen Aufenthaltstitel beantragen; Restaurants, in denen Beschäftigte schwarz beschäftigt werden; Café-Betreiber:innen, die unverzollten Tabak verkaufen; ein irakischer Jugendlicher, der in der Silvesternacht 2015 eine Frau begrapscht; ein konservativer österreichischer Politiker, der verkündet: »Pograpschen kann übrigens zur Hochzeit führen. So war's zum Beispiel bei mir«;[11] ein Bürger, der einer Polizeibeamtin im Streit einen unbedachten Schlag versetzt; eine Polizeibeamtin, die einem Bürger im Streit einen unbedachten Schlag versetzt – wie gewichten wir diese abweichenden Verhaltensweisen?

Was bearbeitungsbedürftig ist, wird über die Ordnungsvorstellungen der Mehrheitsgesellschaft und Mittelschicht definiert, deren Repräsentantin die Polizei ist. Manches Verhalten, das dort als problematisch gesehen wird, ist in anderen Milieus weniger verpönt. Dass junge Männer mit Zuwanderungsgeschichte aus sozial benachteiligten Vierteln besonders im Fokus der Polizei stehen, hat primär damit zu tun, dass sie von der Mehrheitsgesellschaft als bedrohlich empfunden werden, die sich in ihren Annahmen wiederum durch die polizeiliche Praxis bestätigt sieht. Die unterschiedliche Behandlung solcher Gruppen ist nicht zufällig, sondern entspricht der sozialen Macht und Stellung der Betroffenen. Indem die Polizei diese wahrgenommenen Bedrohungen bearbeitet, indem sie besonders sichtbare Formen von Straßen- und Alltagskriminalität wie niedrigschwellige Betäubungsmitteldelikte oder Einbrüche und Diebstähle durch Angehörige benachteiligter Milieus verfolgt, wird das entsprechende Bild von Kriminalität in der Gesellschaft als Kriminalität der »Anderen« gestärkt.

Zugleich ist das Vorgehen der Polizei nicht einfach aus der sozialen Ordnung abgeleitet. Die Organisation bewegt sich zwar in einer von rassifizierenden Kategorisierungen, Schichtzugehörigkeiten und Machtverhältnissen geordneten Welt, setzt diese aber auf ihre eigene Art und Weise um: Wenn Polizist:innen *Racial Profiling* betreiben oder gegen manche Versammlungen mit anderen Mitteln vorgehen als gegen andere, ist das ein polizeispezifischer Ausdruck dieser Verhältnisse. Eine solche Polizeipraxis gestaltet die von ihr durchzusetzende Ordnung auf diese Weise selbst mit, wenn sie sie bebildert, reproduziert und bekräftigt.

Im Ergebnis treffen die Schattenseiten polizeilichen Vorgehens besonders häufig stark marginalisierte, ohnehin verletzliche Gruppen, wie zum Beispiel arme und in prekären Verhältnissen lebende Menschen, Geflüchtete, aber auch politische Aktivist:innen – Gruppen, die als am Rand oder außerhalb der Mehrheitsgesellschaft stehend wahrgenommen werden. So werden erhebliche polizeiliche Ressourcen aufgewendet, um Kleindealer von Marihuana oder Kokain zu verfolgen, während die dahinterstehenden Strukturen kaum zu fassen sind. Schwere Wirtschafts- und Umweltkriminalität oder illegale Waffenexporte von gesellschaftlich etablierten Personen hingegen bekommen es trotz ihrer enormen Sozialschädlichkeit anders als der jugendliche Ladendieb eher selten mit der Polizei zu tun.

Diese ungleiche Praxis ergibt im Hinblick auf die soziale Ordnung Sinn: Sie erhält sie aufrecht und sichert ihre Abläufe. Die im polizeilichen Fokus stehenden Gruppen bedürfen unter dem Gesichtspunkt der Ordnungsproduktion besonderer Aufmerksamkeit, weil sie in der mehrheitsgesellschaftlichen Sicht eine potenzielle Gefahr für das Bestehende darstellen. Wie man zu dieser polizeilichen Praxis steht, hängt in erheblichem Maße davon ab, wie man selbst gesellschaftlich positioniert ist und welche Einstellung man (deshalb) zu dieser Ordnung hat.

Gleichzeitig steht diese Praxis im Widerspruch zu dem Versprechen von Recht und Politik, dass die Polizei für die gesamte Gesellschaft gleichermaßen da sei. Dieses Versprechen ist eine der fundamentalen Voraussetzungen dafür, dass die Polizei eine so zentrale Rolle einnehmen kann, so großes Vertrauen genießt und mit weitreichenden Befugnissen ausgestattet wird. Es ist jedoch nicht einzuhalten – und steht sogar im Gegensatz zu der beschriebenen Funktion der Polizei. Denn diese ist von Beginn an auf die Aufrechterhaltung einer ungleichen Ordnung ausgerichtet, ihre Aufgaben sind aus der Perspektive der Mehrheitsgesellschaft formuliert und fordern von ihr letztlich eine besonders intensive Auseinandersetzung mit gesellschaftlichen Minderheiten und Marginalisierten. Das hindert die Polizei nicht daran, mit vielen Bürger:innen vertrauensvoll umzugehen, gute Arbeit zu leisten und auch unter Minderheiten hohes Ansehen zu genießen. Aber eine Polizei, die für alle gleich ist und niemanden benachteiligt, wäre gemessen an dieser Funktion keine Polizei.

Diese strukturelle Ambivalenz findet nicht nur in Politik und Gesellschaft, sondern auch innerhalb der Polizei wenig Beachtung. In der Organisation herrscht vielerorts ein Schwarz-Weiß-Denken in Bezug auf die eigene Arbeit und die soziale Umwelt vor: »wir gegen die«, »Gut gegen Böse«, »für uns oder gegen uns«. Praxis, Aufbau und Kultur der Polizei lassen wenig Raum für Grautöne. Die polizeiliche Welt und ihr Auftreten unterscheiden vielmehr eindeutig zwischen denen, die dazugehören, die vermeintlich normal sind, und den »Anderen«. Mit diesen Zuschreibungen, die auf gesellschaftlich vorgegebenen Kategorien und Hierarchien basieren, teilt die Polizei die Gesellschaft in verschiedene Bereiche und Gruppen, die unterschiedlich behandelt werden.[12] Das ist kein vermeidbarer Fehler, sondern tief verwurzeltes Resultat der polizeilichen Funktionen und Aufgaben.

Ähnlich wie die Polizei nicht darauf ausgelegt ist, für alle gleich zu sein und es deshalb auch nicht sein kann, sind auch die mitunter schockierenden Szenen polizeilicher Gewalt nicht bloß überschießende Momente, sondern Ausdruck ihres Wesens. Für die meisten Tätigkeiten, mit denen die Polizei befasst ist, bräuchte es streng genommen keine gewaltbefugte Polizei. Kriminalfälle aufklären könnten die Staatsanwaltschaften bei entsprechender Ausstattung, den Verkehr leiten und Unfälle bearbeiten eine Verkehrsbehörde, mit drogenabhängigen und psychisch kranken Menschen können soziale und psychiatrische Dienste wohl weitaus besser umgehen. Dass die Polizei im Zweifelsfall Gewalt anwenden darf und dass alle Kenntnis über diese Befugnis haben, macht sie als Institution aus. Auch wenn sich in der Polizei vielfältige Fähigkeiten und Spezialisierungen finden: Gerade die Gewaltlizenz verbindet diese vielfältigen Tätigkeiten, die hier in einer Organisation zusammengeführt sind; sie ist das Alleinstellungsmerkmal der Polizei.

Wie die polizeiliche Aufmerksamkeit, Verdachtsbildung und Kontrolle ist auch ihre Gewalt ungleich auf die Bevölkerung verteilt. Erstens führt die erhöhte polizeiliche Aufmerksamkeit, das *Overpolicing* bestimmter Gruppen und der sich daraus ergebende häufigere Polizeikontakt, schon rein statistisch zu einer höheren Wahrscheinlichkeit, in eine eskalierende Situation zu geraten und Gewalt zu erleben. Zweitens führen die Merkmale, Zuschreibungen und Vorurteile, die den Umgang der Polizei mit Minderheiten, Marginalisierten und den »Anderen« der Gesellschaft prägen, gleichzeitig auch dazu, dass diese Betroffenen eher für gefährlich sowie Zwangsmaßnahmen gegen sie für erforderlich gehalten werden.

Schließlich liegen zwischen der Lösung von Problemen einerseits und ihrer Verwaltung oder der Bearbeitung ihrer Symptome andererseits Welten. Die Polizei kann, wie wir schon gesehen haben, vor allem Letzteres, aber kaum Ersteres leisten. Das bedeutet nicht unbedingt, dass die polizeiliche Symptombearbeitung nicht sinnvoll sein kann. Aber sie vermag die eigentliche Lösung des Problems nicht zu ersetzen. Symptomverwaltung und Problemlösung bestehen jedoch nicht unabhängig voneinander. Wo Konflikte und Probleme polizeilich verwaltet werden, gerät das Bemühen um langfristige Lösungen schnell in den Hintergrund: Der Wohnungslosen, die von einem öffentlichen Platz vertrieben wird, kann die Polizei keine Sozialwohnung verschaffen, dem Dealer aus dem Stadtpark kein besseres Jobangebot und der Frau, die ohne Fahrschein Bahn fährt, weil sie kein Geld hat, kein ÖPNV-Ticket, das sie sich leisten kann. Steigen die Kriminalitätsraten, wird dies in der Regel nicht zum Anlass genommen, sich den gesellschaftlichen Ursachen zuzuwenden, sondern die Strafverfolgung auszuweiten. Und nimmt die Zahl der unerlaubten Grenzübertritte durch Geflüchtete zu, werden weder mehr Aufnahmekapazitäten geschaffen noch die globale soziale Ungleichheit und Unsicherheit angegangen, sondern die Grenzkontrollen verstärkt. Die Polizei ergänzt dann nicht die gesellschaftliche Antwort auf Probleme, sie *ist* die gesellschaftliche Antwort.

Probleme und Konflikte tatsächlich anzugehen, anstatt nur Symptome zu verwalten, erfordert einen gesellschaftlichen Wechsel der Perspektive und Prioritäten. Die Polizei bearbeitet problematisierte Phänomene als Fragen der Sicherheit, denen mit Zwang und Gewalt begegnet werden kann oder muss. Eine echte gesellschaftliche Auseinandersetzung damit verlangt, dass sie als Missstände anerkannt werden, die einer inhaltlichen Bearbeitung bedürfen und diese auch wert sind. Themen wie beispielsweise islamistischer Terrorismus, Wohnungseinbrüche, Rechtsextremismus oder Drogenmissbrauch können nicht beseitigt werden, indem die Polizei ihre Oberflächenerscheinungen bearbeitet, indem sie Terrorzellen unterwandert, Einbruchsbanden verfolgt und Konsument:innen und Dealer:innen kontrolliert. Die Bedrohung liegt nicht (allein) im polizeilichen Gegenüber, das Problem nicht in der polizeilichen Auffälligkeit, sondern in den sozialen Verwerfungen, Spannungen und Konflikten dahinter. Diese werden durch die oberflächliche Bearbeitung durch die Polizei (bestenfalls) unsichtbar gemacht und stumm gestellt. Funktionell betrachtet ist das kein Fehler der Polizei, sondern so lautet letztlich ihre Aufgabe.

Besonders problematisch ist die Rolle der Polizei derzeit dort, wo sie nicht mit dem stattfindenden sozialen Wandel mithalten kann und deshalb in ihrer Arbeit den veränderten gesellschaftlichen Bedingungen nicht gerecht wird. Die zunehmende Diversität, die sich verändernden politischen Lager und die wirtschaftlichen Umwälzungen haben die sozialen Machtverhältnisse verschoben und machen es für die Polizei schwieriger, sich gesellschaftlich zu verorten und ihr Handeln entsprechend auszurichten. Ihr Vorgehen wirkt dann mitunter anachronistisch, parteiisch und polarisierend. Wenn umweltbewegte Jugendliche und Senior:innen von Wasserwerfern umgefegt und Menschen mit Zuwanderungsgeschichte als Fremdkörper behandelt werden oder Forderungen nach der Ahndung von Polizeigewalt als ungerechtfertigter Generalverdacht gelten, wird eine ganz bestimmte Vorstellung des gesellschaftlichen Gefüges vertreten, die mit den sich wandelnden gesellschaftlichen Verhältnissen immer weniger in Einklang ist.

Gleichzeitig verändern sich, wie gezeigt, die Aufgaben der Polizei und die Erwartungen an sie: Wo das Streben nach Sicherheit, die Prävention von Bedrohungen und insbesondere die Bekämpfung des als allgegenwärtig wahrgenommenen Terrorismus als besonders wichtige Aufgaben angesehen werden, steigt auch die Bedeutung der Polizei. Dabei ist allerdings nicht die freundliche Bürger:innenpolizei gefragt, die im Alltag Hilfe leistet, sondern die kämpferische und gewaltbereite Seite der Polizei, die diesen Gefahren mit allen notwendigen Mitteln begegnen soll. Rigides, autoritäres Vorgehen gewinnt an Bedeutung. Diese Entwicklungen befördern zudem Tendenzen der Verselbstständigung der Polizei wie die Emanzipation von rechtlichen Vorgaben und demokratischer Bindung, den Ausbau polizeilicher Befugnisse und einen Machtzuwachs der Exekutive.

Ein solcher Wandel verändert das Auftreten und die Praxis der Polizei sowie ihre Wahrnehmung in der Bevölkerung, wirkt sich auf ihr Verhältnis zur Gesellschaft aus und bringt sie in einen Rollenkonflikt. Sie soll einerseits helfen, beschützen, Gutes tun. Für viele Polizist:innen ist dies ein zentraler Bestandteil ihres Selbstbildes und ihres Berufsverständnisses. Auch rechtlich ist die Polizei als ausführende Gewalt dazu verpflichtet, Grund- und Menschenrechte zu schützen und sich beispielsweise vor Menschen zu stellen, die von Rassismus betroffen sind. Andererseits soll die Organisation die bestehende soziale Ordnung bewahren, notfalls mit Gewalt, und ist strukturell auf diese Funktion ausgerichtet. Wo die Polizist:innen dies tun, reproduzieren sie die soziale Wirklichkeit mit all ihren Schattenseiten. Sie festigen, verstärken und bedingen so auch die bestehenden gesellschaftlichen Probleme – soziale Ungleichheit, Rassismus, Positionszuweisungen in der Gesellschaft. Diese Probleme sind nicht primär solche der Polizei, sondern der Gesellschaft. Aber es ist die Polizei, die diese Probleme nicht nur nicht lösen kann, sondern durch ihre Praxis auch fortführt und beständig neu hervorbringt.

No Way Out?

Für diese Ambivalenz gibt es keine echte Lösung. Eine Institution, die die soziale Ordnung aufrechterhalten soll und hierfür gegebenenfalls Gewalt anwendet, kann es nicht ohne diese dunklen Seiten geben. Das ist der Grundkonflikt der Polizei. Zum Beispiel Rassismus: Die Diversifizierung des Polizeipersonals, eine bessere Personalauswahl und Anti-Rassismus-Trainings können viele positive Auswirkungen haben und der Polizei helfen, der diversen Gesellschaft besser gerecht zu werden. Den entscheidenden Umstand, dass die Polizei rassifizierte Personen anders behandelt, können sie aber nicht endgültig beseitigen, solange diese Rassifizierung Ausdruck der gesellschaftlichen Verhältnisse ist. In den USA haben etwa die Einstellung von mehr Polizist:innen *of Color* oder Fortbildungen zu interkultureller Kompetenz nicht dazu geführt, dass weniger Gewalt gegen Minderheiten angewandt wird.[13]

Der Soziologe Alex S. Vitale formuliert diese Erkenntnis in seinem Buch *The End of Policing* für die USA folgendermaßen:

> »Auch gut ausgebildete Polizist:innen, die alle Vorschriften befolgen, werden immer noch Menschen [...] verhaften, und dies wird weiterhin in erster Linie zulasten von Communities of Color geschehen, *weil das System so konzipiert ist* – nicht wegen der Vorurteile oder Missverständnisse der Polizist:innen.«[14]

Phänomene wie Diskriminierung, Rassismus oder rechtswidrige Gewalt sind letztlich Symptome der gesellschaftlichen Rolle der Polizei. Eine Polizei nach dem heutigen Verständnis wird immer zu einem gewissen Grad eingreifend und gewalttätig sein, weil sich ihre Aufgaben sonst nicht erfüllen lassen. Und sie setzt immer die Ordnungsvorstellungen der Mehrheitsgesellschaft durch und tut dies in besonderer Weise gegen Minderheiten. Dabei besteht zwangsläufig ein Spannungsfeld zwischen dem gesetzlichen Auftrag und der darüber hinausgehenden gesellschaftlichen Ordnungsfunktion, in dem Letztere prägt, wie Ersterer umgesetzt wird.

Die Anerkennung – oder Nichtanerkennung – dieser unauflöslichen Ambivalenz im Kern der Polizei beeinflusst, in welchem Rahmen sie diskutiert werden kann. Wer nur die unproblematische Seite der Polizeiarbeit sieht, wird aufkommende Missstände allenfalls als Einzelfälle, als nichtrepräsentative Verfehlungen »schwarzer Schafe« ansehen und nicht als grundsätzlich bearbeitungsbedürftig wahrnehmen. So war die im Sommer 2020 aufbrandende Diskussion um das Ausmaß von Rassismus und Rechtsextremismus innerhalb der deutschen Polizei von Statements wie dem des Thüringer Innenministers Georg Maier geprägt, der angab, man wisse zwar von »Einzelfällen« und gehe diesen mit aller Härte nach, es gebe aber keinen Anlass, »die Integrität unserer Polizei strukturell infrage zu stellen«.[15] Die damit vorgenommene Gegenüberstellung von hart zu verfolgenden Vorfällen mit einer unantastbaren strukturellen Integrität ignoriert genau jene innere Ambivalenz, in der die rassistischen Vorfälle eben keine zufälligen Einzelfälle sind, sondern Ausdruck eines strukturellen Problems. Das Verständnis solcher Probleme als äußerliche, individuelle Flecken auf der weißen Weste, die durch eine lokale Fleckenbehandlung beseitigt werden könnten, ist hierfür symptomatisch: Politik und Polizei, aber auch erhebliche Teile der Mehrheitsgesellschaft wollen nur die »gute« Seite der Organisation sehen, stellen diese in den Vordergrund und negieren die Schattenseiten.

Das ist problematisch, werden so doch die Gefahren und Probleme, die mit dem Konzept Polizei notwendig einhergehen, systematisch ausgeblendet.

Neue Perspektiven

Wie könnten Perspektiven für die Zukunft einer Institution aussehen, deren Probleme so fest in ihre Struktur eingewoben sind? Erstens stellt sich die Frage, wie zuverlässig gewährleistet werden kann, dass die Organisation der Gewaltenteilung unterworfen bleibt und durch die Zivilgesellschaft kontrollierbar wird, insbesondere durch Demokratisierung und rechtsstaatliche Einhegung. Diese Bemühungen können zwar keine unproblematische Polizei ohne Ambivalenzen schaffen, aber die problematischsten Aspekte abschwächen und die öffentliche Aufmerksamkeit womöglich auf die zugrundeliegenden gesellschaftlichen Ursachen richten. Beispiele wie die USA oder Frankreich, aber auch die deutsche Vergangenheit in Weimarer Republik und nationalsozialistischer Diktatur zeigen, dass es einen erheblichen Unterschied macht, welche Richtung diesbezüglich eingeschlagen wird. Demokratisierung, Zivilisierung und Rechtsstaatlichkeit von Polizeiorganisationen fluktuieren und werden in einem ständigen Prozess immer wieder aufs Neue ausgehandelt. Für diejenigen, die die Polizei als »Polizei für alle« ausrichten möchten – entsprechend dem von ihr heute vorgetragenen Versprechen, aber in dem Bewusstsein, dass es sich dabei um ein unerreichbares Ziel handelt –, bedeutet das beständige und ausdauernde Anstrengungen.

Zweitens folgt aus der Feststellung, dass sich die dunklen Seiten der Polizei zwar einhegen, aber nicht auflösen lassen, die Frage, wie viel und welche Polizeiarbeit die Gesellschaft wirklich benötigt.[16] Beziehungsweise, wie viel sie sich unter den realen Bedingungen leisten möchte. Schließlich ist es die Gesellschaft selbst, die der Polizei ihre Funktion und Aufgaben überträgt. Will sie die Schattenseiten vermeiden, die strukturell mit der Polizeiarbeit verbunden sind, gilt es auch darüber zu sprechen, inwieweit Funktion und Aufgaben der Polizei auf andere Weise oder von anderen Institutionen erfüllt werden können. Oder ob sie überhaupt im aktuellen Umfang erforderlich sind. Ist polizeiliche Überwachung unsere beste Antwort auf islamistische Radikalisierung? Inwiefern löst es Probleme, wenn Obdachlose von der Polizei vertrieben werden? Was genau wird bekämpft, wenn die Kleindealer im Park verhaftet werden? Müssen Polizist:innen für all ihre Tätigkeiten Gewalt anwenden dürfen und bewaffnet sein? Ist die Polizei die beste Ansprechpartnerin für Notfälle mit psychisch kranken Menschen? Derartigen Fragen gehen wir im Folgenden nach, bevor wir im abschließenden Kapitel vorstellen, welche Schlussfolgerungen sich aus diesen verschiedenen Perspektiven ziehen und welche Zukunftsvisionen sich entwerfen lassen.

5.2 DEMOKRATISIERUNG ALS PROZESS

Die Polizei in Deutschland ist heute rechtlich vergleichsweise stark eingerahmt und unterliegt auch einer gewissen Kontrolle. Es sind diese Begrenzungen, die vor Willkür und einer ungezügelten Exekutivgewalt schützen. Und es macht das Wesen des demokratischen Rechtsstaats aus, nicht auf die guten Absichten der einzelnen Beamt:innen angewiesen zu sein, sondern die Exekutive rechtlich zu binden und dem Willen der Mehrheit mittels robuster Mechanismen zu unterstellen.

Zugleich haben wir gesehen, dass diese Einhegung nur eingeschränkt funktioniert und es in der Organisation erhebliche Gegenbewegungen zu den Bemühungen gibt, der Exekutivgewalt Fesseln anzulegen. Alles in allem ist die Polizei nicht nur eine der mächtigsten Organisationen in unserer Gesellschaft, sondern auch eine, die besonders schwer zu kontrollieren ist. Die formale Eingrenzung der Polizei durch das Recht genügt angesichts dessen allein nicht, um eine hinreichende Anbindung zu gewährleisten. Vielmehr bedarf es dafür auch einer aktiven Zivilgesellschaft, deren Bürger:innen der Organisation bei der Arbeit auf die Finger schauen und so das Selbstverständnis einer demokratischen, demütigen, dienenden Polizei stärken. Demokratisierung der Polizei meint insofern nicht bloß die Begrenzung einer sonst überschießenden Exekutive. Zum Beispiel indem sie rechtsstaatlich überprüft und im Notfall wieder »eingefangen« wird. Sie umfasst vielmehr auch die weitergehende Ausgestaltung des die Polizei umgebenden gesellschaftlichen Rahmens sowie den organisatorischen Aufbau und die kulturelle Ausrichtung der Organisation selbst an den entsprechenden gesellschaftlichen Werten.

Polizei und Demokratie

Demokratie und Polizei scheinen uns heute wie selbstverständlich zusammenzugehören. Ein Trugschluss. Bei genauerer Betrachtung passen Polizei und Demokratie nicht einmal besonders gut zusammen: Die Organisation weist wie gezeigt eher autoritäre Charakteristika auf, da ihr Aufbau und ihre Funktion nicht auf Vielfalt und demokratische Teilhabe ausgerichtet sind, sondern auf Hierarchie und Dominanz. Manche polizeilichen Tätigkeiten und Logiken stehen sogar im Widerspruch zu zahlreichen Grundprinzipen des demokratischen Rechtsstaats. Nicht umsonst heißt der Polizeistaat Polizeistaat. Dieser Widerspruch zeigt sich nicht nur dort, wo die Praxis der Polizei rechtswidrig ist, sondern auch wenn die Polizei ihre Funktion so erfüllt, wie sie es dem Recht nach soll.[17]

Ein erstes zentrales Prinzip der Demokratie ist die Freiheit der Einzelnen. Zwar kommt der Polizei gerade die Aufgabe zu, die Freiheit der Bürger:innen zu sichern und ihre Rechte zu wahren, dies erfolgt aber eben regelmäßig in Form der Beschneidung der Freiheiten anderer. Die Betroffenen müssen diese Eingriffe dulden. Die Zwangsräumung einer Wohnung, deren Miete nicht bezahlt wurde, das Aufhalten einer verbotenen Demonstration oder die Festnahme eines mit der Beute flüchtenden Ladendiebs sollen bestimmte Rechtsgüter schützen – dafür wird in Grundrechte eingegriffen. Deutlich werden Freiheitsbeschränkungen auch bei breiter angelegten Maßnahmen wie Fahrzeugüberprüfungen, verdachtsunabhängigen

Identitätskontrollen, der Abfrage großer Datenmengen bei Kommunikationsanbietern oder der Überwachung politischer Aktivitäten. Gegenwärtig verfügt die deutsche Polizei über ein in der Bundesrepublik nie da gewesenes Repertoire an Eingriffs- und Überwachungsbefugnissen, mit denen sie früh und umfassend in das Leben der Bürger:innen eindringen kann.

Ein weiteres demokratisches Prinzip, das mit der Praxis der Polizei in Konflikt gerät, ist die Gleichheit. Polizeiarbeit ist nicht nur von Hierarchien nach innen und außen bestimmt, sondern behandelt auch nicht alle Menschen gleich, wie wir bereits gesehen haben. Schon die von der Polizei durchzusetzende Ordnung ist von Ungleichheitsverhältnissen geprägt, die von der polizeilichen Praxis perpetuiert werden. Darüber hinaus müssen die praktischen polizeilichen Abläufe regelmäßig auf Kategorien, Schubladen und subjektive Bewertungen zurückgreifen, was sie anfällig für entsprechende Diskriminierung macht.

Demokratische Gesellschaften basieren zudem auf Transparenz, öffentlicher Teilhabe und diskursiver Auseinandersetzung. Die konkrete Arbeit der Polizei hingegen ist oft nicht auf Debatte ausgerichtet, sondern im Gegenteil auf die Durchsetzung bestimmter Maßnahmen im Zweifel auch gegen den Willen oder die Bedenken anderer. Ob die Polizei jemanden verhaftet oder eine Versammlung auflöst, unterliegt keiner vorherigen Abstimmung oder Debatte und wird mit den Anwesenden nicht gleichberechtigt erörtert. Polizeiliche Praxis übt Herrschaft aus – zwar im Namen der Gesellschaft, aber in einem in der jeweiligen Situation ganz klaren Hierarchieverhältnis. Und auch auf der abstrakteren Ebene gesellschaftlicher Debatten, in ihrem Auftreten, Selbstverständnis und ihrer Kommunikation mit anderen sozialen Akteur:innen ist die Organisation, wie gezeigt, oft nicht durch eine offene und selbstkritische Bereitschaft zur Diskussion oder eine dienende Ein- und Unterordnung in das gesellschaftliche Gefüge gekennzeichnet, sondern eher durch selbstbewusste Abschottung.[18]

Nicht zuletzt geraten auch rechtsstaatliche Grundsätze mit polizeilichen Interessen und Praxen aneinander. Der Rechtsstaat strebt danach, die staatlichen Organe zu binden und zu kontrollieren, ihre Eingriffsmöglichkeiten zu beschränken und so die Rechte und Sphären der Bürger:innen zu wahren. Die Polizei hingegen wünscht sich ihrerseits möglichst viel Freiraum für die Erfüllung ihrer Aufgaben und versucht daher, sich den Beschränkungen zu entziehen, die ihre Arbeit erschweren. Zudem fallen die theoretische Konzeption der Polizei und die Praxis auf der Straße immer zu einem gewissen Grad auseinander: Dass die Polizei das Gesetz als flexible Ressource mit Spielräumen verwendet, dass sie soziale Verhältnisse durchsetzt, die selbst in vielerlei Hinsicht nicht mit demokratischen Prinzipien übereinstimmen, und dass sie dies in einer Weise tut, die wiederum diskriminierend und ungerecht sein kann, wird in keinem Polizeigesetz und keinem amtlichen Leitfaden erwähnt, ist aber tatsächlich die stillschweigend akzeptierte Voraussetzung dafür, überhaupt eine Polizei haben zu können. Insofern stellt die Polizei eine ständige Herausforderung für die Gewaltenteilung dar.

Im polizeilichen Handeln fließen für einen Moment alle staatlichen Gewalten zusammen.[19] Die Polizei entscheidet mit ihrer im Augenblick einer Maßnahme unwiderleglichen Rechtsanwendung, was als verboten gilt, wer dafür verantwortlich ist und welche Maßnahmen zu ergreifen sind. Erst wenn dieses Handeln nachträglich einer öffentlichen Kenntnisnahme und rechtlichen Überprüfung unterworfen wird, unterliegt es faktisch wieder dem Zugriff des demokratischen Rechtsstaats: Der zu Unrecht mit dem Wasserwerfer beschossene Demonstrant oder die Bewohnerin der irrtümlich gestürmten Wohnung müssen den Eingriff, während er sich abspielt, dulden und können erst später versuchen, ihn für rechtswidrig erklären zu lassen. Für den von einem öffentlichen Platz vertriebenen Wohnungslosen, die Schwarze Autofahrerin, die übermäßig oft kontrolliert wird, und den libanesischen Cafébetreiber, der mehr Razzien erlebt hat als jeder andere Kneipier, verspricht auch die nachträgliche Beschwerde oft wenig Erfolg.

Bestimmte Charakteristika und praktische Aspekte der Polizei und ihrer Arbeit stehen also in einem grundsätzlichen Spannungsverhältnis zu demokratischen Prinzipien. Daraus ergeben sich zwei Probleme. Erstens gerät die demokratische Kultur durch diese permanente Praxis einer so einflussreichen Behörde unter Druck. Zweitens prägen die beschriebenen Aspekte nicht nur die Tätigkeit der Polizei, sondern auch den polizeilichen Habitus und die *Cop Culture*. Diese Entwicklungen haben bei mangelnder Eindämmung das Potenzial, die Organisation als Ganzes in eine problematische Richtung zu führen. Wie es in dieser Hinsicht um die Polizei bestellt ist, wirkt sich nicht nur auf ihre innere Verfasstheit, ihre Arbeit und ihre Interaktionen aus. Im schlechtesten Fall könnte eine solche Entwicklung auch den Übergang in eine weniger demokratische Gesellschaft ermöglichen und die Polizei dann für autoritäre Bestrebungen und Umwälzungen (aus)genutzt werden, anstatt ein Bollwerk dagegen darzustellen.[20]

Lange stand die Polizei tatsächlich weniger für mündige Bürger:innen und eine lebendige Gesellschaft, sondern vor allem für Ruhe und Ordnung. Das ist mancherorts auch heute noch der Fall – in der alten Bundesrepublik musste sie diesbezüglich erst einmal einen Kulturwandel durchmachen. Dass die

Polizei heute rechtlich zuvorderst an die Grund- und Menschenrechte gebunden ist, die einen zentralen inhaltlichen Bezugspunkt der polizeilichen Tätigkeit darstellen sollen, hat sich in der Organisation, die bis in die 1980er-Jahre hinein ganz auf die Ordnungsproduktion gepolt war, erst langsam durchgesetzt.[21] Demonstrationen etwa wurden lange noch ausschließlich als Sicherheitsproblem im Sinne der Aufstandsbekämpfung gesehen, nicht als zu schützende Form der Grundrechtsausübung. Aus der Politik heißt es häufig, die Polizei stehe fest auf dem Boden des Grundgesetzes. Aber was heißt das konkret? Natürlich muss man in Deutschland nicht morgen mit einem Umsturz rechnen. Aber in welchem Maße macht die polizeiliche Praxis tatsächlich die Grundrechte der Bürger:innen, die etwa auch die Diskriminierungsverbote umfassen, im Alltag zur Maxime ihres Handelns?

Eine demokratische Polizei ist also – auch ohne den Blick auf ausländische Militärdiktaturen oder autoritäre Regime zu richten – alles andere als eine Selbstverständlichkeit. Zwar kann sich die Polizei hin zu einer demokratischen beziehungsweise der Demokratie dienenden Organisation entwickeln. Aber ihre Ursprünge liegen nüchtern betrachtet außerhalb der demokratischen Tradition, und sie kann sich auch wieder in diese Richtung entwickeln. Aktuell zeigt die deutsche Polizei, die historisch bereits eine erhebliche Entmilitarisierung und Demokratisierung erfahren hat, etwa eine vorsichtige neue Offenheit für unabhängige Forschung und teilweise einen aktiveren Umgang mit Problemen wie rechtswidriger Gewalt und Rassismus. Der Blick in die Geschichte wie auch in andere Länder zeigt jedoch, dass diese Momentaufnahme nicht von Dauer sein muss, sondern die Entwicklung auch wieder in eine andere Richtung gehen kann.

Eine demokratische und zivilisierte (also in Personal, Aufbau und Auftreten entmilitarisierte, der Zivilgesellschaft zugewandte) Polizei ist vor allem dann opportun, wenn sich gesellschaftliche Spannungen und soziale Probleme im Rahmen halten. Wo soziale Ungleichheit und Konflikte zunehmen oder dominieren, da gewinnen die Schattenseiten der Polizei schnell an Bedeutung, wie die Beispiele Frankreich, Hongkong oder Chile in den vergangenen Jahren gezeigt haben. Die nackte Gewalt tritt in den Vordergrund, die Verselbstständigung der Organisation nimmt mit der gesellschaftlichen Polarisierung und der nahezu unvermeidlichen Rückendeckung durch die Politik zu, Demokratisierung und Zivilisierung verlieren an Stellenwert.

Demokratisierung und Zivilisierung der exekutiven Gewalt sind also keine festgefügten Zustände, sondern werden ständig neu erarbeitet. Es handelt sich um einen permanenten Prozess, in dem die Kontrolle, Begrenzung, Bindung und inhaltliche Ausrichtung der Polizei auf die Grund- und Menschenrechte von der Zivilgesellschaft dauernd neu erstritten werden müssen – gegen die Tendenzen der Verselbstständigung und immer wieder auch gegen Widerstand in der Organisation Polizei. Die gesellschaftlichen Auseinandersetzungen um Kritik an der Polizei, die Kennzeichnungspflicht, das Filmen von Polizeieinsätzen oder eine unabhängige Kontrolle polizeilichen Handelns haben dies auch in Deutschland in den vergangenen Jahren deutlich gemacht.

Aspekte der Demokratisierung

Was erfordert dieser permanente Prozess der Demokratisierung und Zivilisierung, wenn die rechtliche Bindung ihn nicht allein sicherstellen und zugleich nur einen Teil der Probleme angehen kann, die die Organisation mit sich bringt? Entscheidend ist erstens eine aktive und kritische Zivilgesellschaft, die sich um ihre Polizei bemüht. Zweitens muss es im Selbstverständnis der Polizei verankert sein, dass sie dieser Zivilgesellschaft verbunden und verpflichtet ist und dass es gilt, sich der Verselbstständigung entgegenzustellen. Und drittens müssen die Strukturen polizeilicher Tätigkeit noch stärker auf Demokratisierung und Zivilisierung ausgerichtet werden.

Der Polizei selbst fällt es schwer, sich zu begrenzen, einzuschränken und zu kontrollieren sowie sich der Politik zu unterwerfen, das haben wir schon an verschiedenen Stellen gesehen (s. Kapitel 3.4 und 4.2). Wie andere Organisationen strebt sie eher nach einer Ausweitung ihrer Rolle und ihrer Möglichkeiten. Zivilisierung und Demokratisierung müssen daher von außen angestoßen und unterstützt werden. Die Gesellschaft muss sich mit ihrer Polizei auseinandersetzen, mit ihrer Rolle und ihrem Vorgehen, ihren Befugnissen und Problemen. Sie muss sich für die Organisation, die Polizist:innen und ihre Aufgaben interessieren und sich in die Diskussion begeben; aktiv werden, wo es Fehlentwicklungen gibt.[22]

Das kann bedeuten, in der politischen Debatte auf eine echte statt einer nur polizeilichen Bearbeitung von Problemen zu dringen, die kontinuierliche Ausweitung polizeilicher Befugnisse gesellschaftlich stärker zu hinterfragen und zur Diskussion zu stellen. Es setzt voraus, selbst ein reflektiertes Verständnis von der Polizei als Organisation zu entwickeln, sich von der Vorstellung der ausschließlich »guten Polizei« zu verabschieden. Und es kann darin bestehen, diejenigen innerhalb der Polizei zu unterstützen, die auf Missstände hinweisen, indem man ihnen zuhört. Kurzum: Es braucht also auch die echte Bereitschaft, über eine demokratische Polizei zu verfügen. Das ist mitunter anstrengend und herausfordernd. Und doch ist es gerade die Aufgabe der Gesellschaft, die Organisation in dem ihr eigenen Bestreben der Verselbstständigung zu bremsen und einzubinden. Das setzt voraus, auch unbequem zu sein, dafür zu sorgen, dass es nicht »wie geschmiert« läuft – ebenso wie die Gewerkschaften für die Belange von Beschäftigten muss die Gesellschaft für die Demokratisierung und Zivilisierung in der Polizei eintreten.

Diese Aufgabe erscheint nicht allen selbstverständlich: Die Mehrheitsgesellschaft, deren Ordnung die Polizei erhält, ist von vielen Problemen der Polizeiarbeit nicht betroffen, sondern profitiert in mancherlei Hinsicht sogar davon und ist insofern privilegiert. Da die Polizei zudem eine Instanz ist, die der Gesellschaft eigentlich Probleme abnehmen soll, gibt es vielerorts nur ein geringes Interesse dafür, ausgerechnet hier kritisch hinter die Kulissen zu schauen und womöglich Missstände zu entdecken, von denen man lieber nichts gewusst hätte. Hinzu kommt, dass auch in Teilen der Zivilgesellschaft autoritäre Einstellungen verbreitet sind[23] und deshalb nicht zwangsläufig nach einer Demokratisierung der Institutionen gestrebt wird.

In als unsicher empfundenen, angespannten Zeiten sehnen sich viele Menschen nach einer Institution, die zumindest den Anschein hat, dieser Unsicherheit etwas entgegensetzen zu können, und befürworten insofern ein Tätigwerden der Polizei. Anderen ist das Vorgehen der Polizei egal, solange sie selbst nicht auf sie angewiesen oder von polizeilichen Problemen betroffen sind. Zwar besteht, wie gezeigt, kein bedingungsloses Vertrauen in die Polizei, sondern die Gesellschaft erwartet, dass die Organisation sich mit ihren Missständen auseinandersetzt (siehe Kapitel 1.4). Sie lernt gleichwohl erst langsam, dass es für Demokratisierung und Zivilisierung bedeutsam ist, die dunklen Seiten der Polizei kontinuierlich in den Blick zu nehmen.

Letztlich sind nachhaltige Zivilisierung und Demokratisierung nicht ohne oder gegen die Polizei möglich, können also nur greifen, wenn die Polizei ein entsprechendes Selbstverständnis entwickelt, das die eigene Rolle und die Legitimität des eigenen Handelns ständig kritisch hinterfragt. Es braucht eine Polizei mit einem Bewusstsein für die eigene Macht, ihre Privilegien und die Folgen ihres Handelns für andere. Eine offene und reflektierende Polizei, die im permanenten Austausch mit der Gesellschaft ist, Kritik aushält und sich konstruktiv damit auseinandersetzt, anstatt sich in die eigene Wagenburg zurückzuziehen. Denn die demokratische Polizei ist immer eine kontrollierte Polizei. Dass die Gesellschaft die Polizei angeblich unter Generalverdacht stellt, sollte nicht vorwurfsvoll zurückgewiesen werden, wie es die Gewerkschaften häufig tun, sondern umgekehrt fester Bestandteil des polizeilichen Selbstverständnisses sein. In dem Zuge würde die Kontrolle der Polizei nicht als mangelnde Wertschätzung der Arbeit der Beamt:innen missverstanden, sondern als Ausdruck der Gewaltenteilung und so als rechtsstaatliche Selbstverständlichkeit anerkannt.

Wie es diesbezüglich in der Polizei aussieht, zeigt sich nicht in Broschüren und Leitbildern, sondern im innerpolizeilichen Diskurs und ihrer alltäglichen Praxis. Am besten sichtbar wird es dort, wo die Dinge nicht so klar und einfach sind, wo sich ihre Arbeit gegen Marginalisierte richtet, und darin, wie sie mit Tatverdächtigen und als problematisch geltenden Bürger:innen umgeht.

Eine Demokratisierung der Polizei verlangt zudem einen Wandel ihrer Strukturen. Organisationssoziologisch betrachtet, stecken diese den Rahmen dafür ab, wie sich die Polizei entwickeln kann und wie ihre Angehörigen handeln. Fortbildungen, Reformen und Personalentwicklung können Schritte in die richtige Richtung sein, werden aber an den grundlegenden Problemen polizeilicher Tätigkeit, wie wir sie herausgearbeitet haben, wenig ändern, wenn sich nicht zugleich auch die strukturellen Bedingungen dieser Tätigkeit verändern.[24] Dies gilt schon allein deswegen, weil solche Veränderungen Ressourcen, Zeit und Geld kosten, die auch bei der Polizei als Mangelware gelten. Verteilt werden sie dorthin, wo sie aus Sicht der Organisation selbst am notwendigsten erscheinen.

Ein naheliegender strukturbezogener Ansatz besteht darin, der Polizei externe Instanzen zur Seite zu stellen, um eine unabhängige Kontrolle zu gewährleisten, aber auch Demokratisierung und Zivilisierung als interne Prozesse zu unterstützen. Wir haben schon gesehen, dass eine effektive und unabhängige Kontrolle der Exekutive rechtsstaatlich unabdingbar, in Deutschland aber nur unzureichend ausgestaltet ist. Weder Politik noch Disziplinarverfahren oder Strafverfolgung sind hinreichend auf die besondere Situation eingestellt, dass der Staat seine eigene Organisation, seine eigenen Bediensteten kontrollieren soll.

An dieser Stelle bedarf es daher anderer Kontrollstrukturen, die für diese besondere Aufgabe im Sinne von *Checks and Balances* ausgelegt und unabhängig organisiert sind. Während andere Länder entsprechende Behörden der Polizeiaufsicht bereits seit Langem etabliert haben, befindet sich die Diskussion in Deutschland noch in einem frühen Stadium. Die mittlerweile in einzelnen Bundesländern eingerichteten unabhängigen Polizeibeauftragten sind ein erster wichtiger Schritt. Angesichts der breiten Zuständigkeiten, mangelnden Ressourcen und Befugnisse dieser Einrichtungen kann aber tatsächlich nur von einem ersten Schritt gesprochen werden. Nicht hinreichend umgesetzt sind bislang auch individuelle Kennzeichnungen von Polizeibeamt:innen, mit denen Fehlverhalten nachverfolgt werden kann. Damit würde zugleich signalisiert, dass die Zivilgesellschaft nicht als Gegnerin, sondern als vertrauensvolle Partnerin wahrgenommen wird und dass in der Organisation eine gewisse Bereitschaft zu Transparenz, Kommunikation und Fehleraufarbeitung besteht. Dazu beitragen könnten auch Dokumentationspflichten beispielsweise in Form von Kontrollquittungen oder der amtlichen Registrierung und Veröffentlichung der Häufigkeit polizeilicher Gewaltausübung.

Weitere Ansätze richten den Blick auf Aufgaben, Befugnisse und Vorgehensweisen der Polizei. Klare, bestimmte und beschränkte rechtliche Befugnisse sorgen nicht nur für eine stärkere Bindung der polizeilichen Praxis, die sich wiederum auf die dortige Kultur auswirkt, sondern zugleich für eine bessere Kontrollierbarkeit selbiger. Insbesondere die Abkehr von der zunehmenden Vorverlagerung des polizeilichen Zugriffs würde Polizeimaßnahmen wieder leichter überprüfbar machen. Demilitarisierung und eine Verminderung der Bewaffnung könnten in der Praxis für einen anderen Umgang mit Gewalt sorgen. Außerdem könnten viele Aufgaben, die heute der Polizei zugewiesen sind oder bei ihr landen, nachhaltiger und einfacher durch andere Instanzen erledigt werden, wie die Ansätze zeigen, die wir im folgenden Kapitel vorstellen, und so der Expansion der Polizei entgegenwirken.

Die Demokratisierung der Polizei ist ein Prozess, bei dem die Gesellschaft in der Verantwortung steht. Wie das Verhältnis von Polizei und Gesellschaft aussehen und wie die Polizei als Institution funktionieren soll, welche Aufgaben und Funktionen sie übernehmen und wie ihre Arbeit gestaltet sein soll, das alles sind Entscheidungen, die nicht die Polizei zu treffen hat.[25] Sie obliegen der Gesellschaft: Die Polizei ist nicht Selbstzweck, sondern soll der Gesellschaft dienen und ihr unterworfen sein. Zivilgesellschaft und Politik müssen diese Verantwortung ihrerseits annehmen und sich der Auseinandersetzung darüber stellen, was für eine Polizei sie wollen.

5.3 *DEFUND* AND *ABOLISH*

Als im Sommer 2020 die Proteste gegen Rassismus und Polizeigewalt in Form der *Black-Lives-Matter*-Bewegung aus den USA nach Deutschland übersprangen, faszinierte ein Slogan Medien, Polizei und Gesellschaft in besonderer Weise: »Defund the Police«, also die Forderung nach einer Umverteilung polizeilicher Ressourcen. Polizeiliche Interessenvertretungen schlugen Alarm, man wolle die Polizei abschaffen, polizeikritische Aktivist:innen griffen den Debattenvorstoß enthusiastisch auf, bei Medien und Öffentlichkeit war das Interesse geweckt. Dabei ist die sich dahinter verbergende Idee keineswegs neu und auch in Deutschland schon seit Jahrzehnten Bestandteil der Diskussion über die Rolle der Polizei.[26]

Im Prinzip geht es bei diesen Ansätzen um die Frage, ob all die gesellschaftlichen Aufgaben, die der Polizei derzeit zufallen, in ihrer Verantwortung wirklich am besten aufgehoben sind. Könnten sie – einschließlich des dafür vorgesehenen Budgets – nicht anderen, spezialisierten Stellen übertragen werden? Die Gelder könnten demnach dafür eingesetzt werden, soziale Probleme nachhaltig zu lösen, anstatt immer größere Polizeiorganisationen zu finanzieren, die nur die Symptome der Probleme verwalten. In den USA, wo die Polizeien in den vergangenen Jahrzehnten immer riesiger, die Probleme aber nicht kleiner geworden sind, ist die Forderung »Defund the Police« zuletzt unüberhörbar geworden. Stellenweise ist sie dort auch bereits umgesetzt worden: So gibt es heute mancherorts spezialisierte Stellen, die statt der Polizei zu Konflikten mit psychisch kranken oder drogenabhängigen Menschen geschickt werden können und dort unbewaffnet und ohne strafrechtliches Mandat Hilfe leisten, während einige größere Städte wie New York und Los Angeles ihre Ausgaben für die Polizei (zumindest vorübergehend) kürzten.[27]

Noch einen Schritt weiter als die *Defund*-Ansätze geht der sogenannte Abolitionismus, ein Ansatz, der in seinen unterschiedlichen Formen auch dafür streitet, Gefängnisse oder das Strafen allgemein abzuschaffen. Abolitionist:innen argumentieren, dass es insgesamt bessere und sinnvollere Mittel gibt, um gesellschaftliche Probleme zu lösen. Daher solle die Polizei nicht nur reduziert, sondern als solche gänzlich abgeschafft (*abolished*) und durch alternative Instanzen zur Problemlösung ersetzt werden.[28]

Beide Ansätze hinterfragen die Rolle und Notwendigkeit der Polizei in ihrer jetzigen Form. Sie umfassen eine große Bandbreite an Positionen, die ineinander übergehen und von radikalen Anarchist:innen über die Bürgerrechtsbewegung bis zur Polizeiführung selbst reichen. Sie stellen letztlich unterschiedliche Strömungen derselben Diskussion um Alternativen zur Polizei dar, die geführt wird, seit es eine Polizei gibt.

Ausgangspunkte

Obwohl sich *Defund* und *Abolish* als Ansätze unterscheiden, teilen sie eine Reihe von Ausgangspunkten. Sie gehen zum einen davon aus, dass die Anlässe für polizeiliches Tätigwerden vielfach aus gesellschaftlichen Problemen resultieren, die sich auf andere Weise besser und nachhaltiger lösen ließen. Das kann der Umgang mit psychisch kranken Menschen sein, über den wir bereits geschrieben haben und an dem die mitunter dramatischen Folgen des Auseinanderfallens von Problemstellung und polizeilicher Lösungskompetenz besonders deutlich werden. Aber auch die Verhaftung von Drogenkonsument:innen oder die Vertreibung von Obdachlosen aus Bahnstationen zeigen auf, wie weit polizeiliche Bearbeitung und inhaltliche Lösung voneinander entfernt sind – sowohl in der konkreten Situation als auch mit Blick auf die langfristigen Ursachen. Und auch für individuelle soziale Konflikte und Gewalt gibt es den *Defund*- und *Abolish*-Ansätzen zufolge bessere Möglichkeiten der Verständigung als durch Polizei und Strafrecht.

Eine zweite gemeinsame Grundannahme dieser Ansätze besteht darin, dass sich die grundlegenden Probleme an der Polizei kaum beheben lassen. Wie gezeigt, ist die Polizei in ihrer Rolle und mit ihrem Auftrag grundlegend ambivalent. Zwar lassen sich die Folgen ihrer Schattenseiten abmildern, die Probleme selbst sind jedoch untrennbar mit der Organisation und ihrer Funktion verbunden. Solange der Polizei eine Gewaltlizenz erteilt ist, wird es rechtswidrige Polizeigewalt geben, und soll die Polizei die bestehende Ordnung durchsetzen, erhält sie auch die darin enthaltenen Ungleichheiten und Konflikte aufrecht und arbeitet unter dem Einfluss entsprechender Stereotype. Demnach lässt die Polizei sich nur bedingt reformieren, und alle Versuche dessen aus Politik und Polizeiführung kommen nur eingeschränkt gegen die beschriebene Struktur an. Außerdem gehen sie nur Probleme an, die aus polizeilich-funktionaler Sicht tatsächlich fehlerhaft sind und nicht selbst zur Funktion der Polizei gehören, also deren Zweck entsprechen: Ein System, das nicht kaputt ist, kann man nicht reparieren.[29]

Drittens schließlich entwerfen beide Ansätze Vorstellungen einer zukünftigen Gesellschaft mit einer ganz anderen Polizei oder sogar ganz ohne sie. Anstatt die Existenz der Polizei in ihrer jetzigen Form als unumgänglich hinzunehmen, überlegen sie, wie diese beispielsweise durch neue Herangehensweisen an Konflikte, aber auch ein anderes soziales Gefüge überflüssig werden könnte. Solche Überlegungen erscheinen auf den ersten Blick irritierend, denn wir stellen uns die Polizei in erster Linie als Organisation vor, die uns vor massiven, gewaltsamen Bedrohungen schützt und den sozialen Zusammenhalt als solchen bewahrt. Die Idee einer Verringerung oder Auflösung der Polizei ruft schnell drastische Bilder hervor, in denen wir solchen Bedrohungen schutzlos ausgeliefert sind, chaotische Zustände entstehen oder gar die Gesellschaft zusammenbricht. Dass Polizist:innen im Alltag oft zu bagatellhaften Routineeinsätzen gerufen werden, ihre Tätigkeit zu großen Teilen aus unspektakulären, wenig sichtbaren Arbeiten und tatsächlich nur selten in der Bearbeitung schwerer Gewalt oder der Abwehr existenzieller Gefahren besteht, wird dabei nicht berücksichtigt. Eine Welt ohne Polizei können wir uns kaum vorstellen. Die Organisation hat sich in den letzten gut 200 Jahren von einer umstrittenen Idee zu einem festen Bestandteil der Gesellschaft und schließlich zu einer allgegenwärtigen, unverzichtbar scheinenden Institution entwickelt.

Mit Abstand betrachtet sind soziale Strukturen und Instanzen – Staaten, Religionen, Parteien, Unternehmen, Gerichte und auch die Polizei – verfestigte, aber doch geschaffene Konstruktionen.[30] Ihre spezifische Form ist immer Ausdruck einer bestimmten Entwicklungsphase der Gesellschaft; sie sehen heute anders aus als vor 500 Jahren und werden in 500 Jahren wieder völlig anders aussehen. Auch bei unserem gegenwärtigen Konzept von Polizei handelt es sich um eine vorübergehende Erscheinung. Unsere Vorstellungskraft, was die Zukunft angeht, ist aber stark durch die Gegenwart beeinflusst und eingeengt. Utopien sind verlockend, weil sie sich nicht daran orientieren, was heute möglich erscheint, sondern daran, was wir für morgen wollen. Es sind positive Modelle, die der Einstellung »Es geht ja nicht anders« entgegengesetzt werden und uns so daran erinnern, dass es auch ganz anders sein könnte.

Wie wollen sich Menschen mit *Defund*- und *Abolish*-Ansätze ihren Zielen annähern? Wenn der Versuch, sich die Polizei wegzudenken, die Vorstellungskraft übersteigt oder nur apokalyptische Bilder erzeugt, ist sie schon dadurch unverzichtbar geworden. In diese Lücke stoßen vor allem die derzeitigen *Defund*-Ansätze mit konkreten und teilweise sofort umsetzbaren Vorschlägen. Gleichzeitig bietet das breite Spektrum, das sie abbilden, auch Anknüpfungspunkte für einen weitergehenden und nachhaltigeren Wandel, der zum Teil in *Abolish*-Konzepte übergeht. Insofern zeigen beide Varianten Schritte eines ähnlichen Weges auf. Knapp formuliert könnte man sagen: Indem gesellschaftliche Probleme auch als solche bearbeitet werden und für den Umgang mit ihnen andere Instrumente etabliert werden, kann die Tätigkeit der Polizei schrittweise ersetzt und zur Ausnahme werden, um irgendwann vielleicht ganz entbehrlich zu sein.

Polizei ist keine Lösung

Die große Bandbreite der Aufgabenbereiche, für die die Polizei heute zuständig ist, ist nicht das Ergebnis bewusster politischer Entscheidungen und beruht auch nicht darauf, dass auf diese Probleme unbedingt in polizeilicher Form reagiert werden müsste. Stellt man sich als Gedankenexperiment vor, man würde eine Gesellschaft von Grund auf neu planen, würde man vermutlich kaum auf die Idee kommen, eine einzelne Großorganisation einzurichten für Geschwindigkeitsmessungen im Straßenverkehr, den Umgang mit straffälligen Jugendlichen, die Beendigung einer Geiselnahme und die Schlichtung von Auseinandersetzungen darüber, wie laut man um ein Uhr nachts Musik hören darf. Diese Aufgabenfülle folgt vielmehr daraus, dass die Polizei eine Art Auffangbecken ist für Themen und Sachverhalte, für die es keine andere Zuständigkeit gibt. Sie wird oft dann tätig, wenn es der Gesellschaft nicht auf andere Weise gelungen ist, Konflikte zu klären. Polizei ist oft Notlösung. Nicht selten hat ihr Erscheinen sogar eskalierende Wirkung und sowohl die als *first responder* tätigen Beamt:innen als auch die Organisation insgesamt sind mit der Vielfalt der möglichen Konfliktlagen eigentlich überfordert.

Mit dem derzeitigen Aufgabenausbau gewinnen diese Überlegungen weiter an Relevanz. Die gesellschaftlichen Erwartungen an die Polizei sind andere als früher, und wir delegieren mehr Probleme an sie. Wer eine verwirrt wirkende, nicht ansprechbare Person am Bahngleis antrifft, Geräusche aus der Nachbarwohnung hört, die auf häusliche Gewalt hindeuten, oder mitbekommt, wie zwei Gruppen Jugendlicher sich zu prügeln beginnen, ist es in der Regel gewohnt, auf die Polizei zurückzugreifen. Und wo sozial- und wohlfahrtsstaatliche Hilfen fehlen oder abgebaut wurden, wo Mittel für soziale Arbeit, Suchtberatung, therapeutische Anlaufstellen, Jugendarbeit, Bildung usw. unzureichend sind, entwickeln sich soziale Probleme und Konflikte, für deren Klärung letztlich die Polizei gerufen wird. Die Polizei soll dann zumindest für Ordnung sorgen, weil sie ohnehin immer verfügbar und schon eingerichtet ist. Da die Polizei für viele der damit anfallenden Tätigkeiten aber weder speziell ausgebildet ist noch eine nachhaltige Bearbeitung leisten kann, sind sie bei ihr schlichtweg nicht gut aufgehoben.

Das Ausmaß und der mögliche Rückbau polizeilicher Zuständigkeiten werden hierzulande anders diskutiert als in der US-amerikanischen Debatte, denn die Situation in Deutschland lässt sich nicht unmittelbar mit der in den USA vergleichen. Zum einen haben wir eine andere, insbesondere besser ausgebildete und stärker rechtlich eingehegte Polizei. Zum anderen ist der Abbau des Sozial- und Wohlfahrtsstaates in Deutschland in den vergangenen Jahrzehnten deutlich weniger drastisch ausgefallen. Nichtsdestotrotz sind die Fragen und Strukturen doch die gleichen: Je weniger gesellschaftliche Akteur:innen und soziale Instanzen es gibt, um soziale Konflikte und Probleme zu bearbeiten, desto stärker ist die Polizei gefragt, um auf diese Situationen zu reagieren.

Diese polizeiliche Symptombehandlung ist zwar keineswegs zu vernachlässigen, wie sich etwa beim Einschreiten bei schweren Gewaltverbrechen zeigt. Die Bearbeitung der Ursachen wird dadurch aber nicht entbehrlich. Bei sexualisierter Gewalt etwa liegt der Wunsch nach Intervention durch die Polizei für die Betroffenen oft nahe, obwohl die behördlichen Möglichkeiten zu ihrem Schutz beschränkt sind, der mitunter unsensible Umgang der Beamt:innen nicht selten als erneute Viktimisierung empfunden wird und die in Aussicht gestellten strafrechtlichen Konsequenzen selten zufriedenstellend sind. Die darüber hinausgehende Arbeit – an den (meist männlichen) Tätern, an den gesellschaftlichen Vorstellungen zu Geschlecht und Sexualität, an den faktischen Machtverhältnissen – ist damit aber nicht getan.

Wie gefährlich die fortschreitende Verpolizeilichung gesellschaftlicher Reaktionen werden kann, zeigt sich an den vielen

Fällen tödlicher Polizeischüsse gegen unbewaffnete Schwarze Menschen in den USA, aber auch bei einem Blick nach Frankreich: Dort treten Spannungen zwischen marginalisierten Jugendlichen aus den Vorstädten und der Mehrheitsgesellschaft bereits seit Jahrzehnten deutlich zutage, entladen sich immer wieder in Unruhen und gewaltsamen Polizeieinsätzen, werden aber zumeist als polizeiliche Probleme behandelt und diskutiert – man erinnere sich an die stark rassifiziert wahrgenommenen Ausschreitungen im Herbst 2005, als Bilder von brennenden Barrikaden und Straßenschlachten in den Banlieus auch durch die deutschen Medien gingen. Währenddessen wurde zu- beziehungsweise weggesehen, als in der Bevölkerung exkludierte Subkulturen heranwuchsen, deren Angehörige nicht die gleichen wirtschaftlichen Chancen hatten, kulturell als »Andere« stigmatisiert wurden und sich im Ergebnis nicht als Teil der Mehrheitsgesellschaft fühlten. Als sich schließlich folgenschwer zeigte, dass die polizeilichen Lösungen in Wirklichkeit überhaupt keine Lösungen gewesen waren, sondern die Probleme vermutlich nur verschärft hatten, war es bereits zu spät.

Zusammengefasst schlagen die *Defund-* und *Abolish*-Ansätze zwei Dinge vor: Erstens sollen gesellschaftliche Probleme anders bearbeitet werden. Polizei neu zu denken bedeutet insofern, nach echten Lösungen für gesellschaftliche Probleme zu suchen und sich den Konflikten zu stellen. Dafür muss in andere Strategien des Umgangs investiert werden. Zweitens sollen die gesellschaftlichen Bedingungen verändert werden, die überhaupt erst zu diesen Problemen führen. Nicht in erster Linie die Polizei, sondern soziale Gerechtigkeit, echte Teilhabe, die Verbesserung von Bildungschancen, eine gute Versorgung mit bezahlbarem Wohnraum oder die Erhöhung von Sozialleistungen sollen für Sicherheit sorgen.[31]

Die Polizei wäre in diesem Bild nicht mehr die erste Anlaufstelle, kein großer Apparat mit breiter Zuständigkeit, der unzählige Probleme der Gesellschaft verwaltet. Sie könnte stattdessen – so sie überhaupt noch bestehen soll – eine eng abgesteckte Ausnahmebehörde mit wenigen spezifischen Kompetenzen und damit ein Konfliktlösungsmechanismus unter vielen sein. Anstatt die Zuständigkeit für problematische Situationen standardmäßig bei der Polizei zu suchen und diese deshalb rechtlich wie praktisch für eine enorme Bandbreite an Einsatzlagen zu rüsten, wäre zunächst festzulegen, was eine Polizei überhaupt machen soll, wofür sie unbedingt erforderlich ist – und welche Aufgaben bei anderen gesellschaftlichen Instanzen besser aufgehoben sind. Dann würde es gelten, diese Instanzen entsprechend zu entwickeln und mit Ressourcen auszustatten, damit sie wirken können, während im Gegenzug bei der Polizei Befugnisse und Ressourcen auf die dort verbleibenden Aufgaben ausgerichtet und entsprechend reduziert werden könnten.

Wenn ein psychisch kranker Mensch in seiner Wohnung randaliert oder suchtkranke Drogennutzer:innen andere Menschen in der U-Bahn belästigen, können diese Situationen durch einen mobilen psychiatrischen oder sozialen Dienst meist besser gelöst werden als durch die Polizei. Also müssen solche Einrichtungen geschaffen und finanziert werden. Auch Gewalt in der Familie, Wohnungslosigkeit, Nachbarschaftsstreitigkeiten, Verkehrsverstöße, Jugenddelinquenz und viele weitere Aspekte unseres Zusammenlebens könnten durch spezialisierte Stellen früher, besser und nachhaltiger bearbeitet werden. Neben einer breiten Verfügbarkeit mobiler sozialer und psychiatrischer Dienste bräuchte es dafür auch rund um die Uhr erreichbare Sozialarbeiter:innen, einen Ausbau von Drogen- und Schuldenberatungen. Kapazitäten für die Jugendarbeit, für Aggressions- und Suchttherapien, niedrigschwellige Hilfsangebote für Betroffene familiärer und sexueller Gewalt oder Anlaufstellen für Wohnungslose müssten ausgebaut werden.

In mehreren US-amerikanischen Städten werden derzeit bereits alternative Stellen für den Umgang mit psychischen Notlagen und sozialen Problemen etabliert. Im September 2021 wurde in Albuquerque, New Mexico, beispielsweise ein neues *Community Safety Department* eingerichtet. Die Stadt, hierzulande vor allem als Schauplatz der Fernsehserie *Breaking Bad* bekannt, kämpft bereits länger mit Gewaltproblemen; die dortige Polizei unterliegt der Aufsicht der Bundesbehörden, seit ihr eine Untersuchung im Jahr 2014 eine systematische Praxis rechtswidriger Gewaltanwendung attestiert hatte.[32] Mit dem neuen Dienst, der unbewaffnet und ohne Uniform auf Streife geht, bei Notrufen anstelle der Polizei geschickt werden kann und auf psychische Probleme, Suchtkrankheiten und Wohnungslosigkeit fokussiert ist, soll ein neuer Zugang zu bestimmten Teilen der Bevölkerung gefunden werden.[33]

Derartige Ansätze illustrieren, wie eine Neuorientierung der Konfliktbearbeitung aussehen könnte. Folgende Szene verdeutlicht zugleich ihre Verwobenheit mit der gesellschaftlichen Ordnung: Als versehentlich sowohl *Safety Department* als auch Polizei in ein Industriegebiet gerufen wurden, weil ein in seinem Auto lebender Mann angeblich Wasser und Strom von den umliegenden Betrieben abzapfte, handelte es sich für Erstere um ein soziales Problem von Wohnungslosigkeit, Armut und Hilfsbedürftigkeit, für Letztere um eine potenzielle Straftat und einen Verdächtigen.[34] Darauf bedacht, sich keiner Strafverfolgung auszusetzen, entzog sich der Mann der Situation, das Problem blieb ungelöst. Solange es darum geht, die Eigentumsverhältnisse und den staatlichen Strafanspruch durchzusetzen, bleiben alternative Lösungsansätze auf diesen Rahmen begrenzt.

Das Aufgabenfeld der Polizei auf diese Weise zu verringern und bestimmte Tätigkeiten auszugliedern ist nicht unbedingt eine radikale Idee, sondern wird vielerorts auch von der Polizei und ihrer Führung selbst vertreten. Insbesondere in den USA wehren sich Polizeiführungen bereits länger dagegen, für alle sozialen Probleme verantwortlich zu sein und mit einer schier endlosen Bandbreite an Aufgaben konfrontiert zu werden. In Eugene, Oregon, das über eines der ältesten mobilen Krisenteams für psychische Notlagen außerhalb der Polizei verfügt, fasste Polizeipräsident Chris Skinner anlässlich des 2020 gestarteten Versuchs, solche Programme landesweit zu etablieren, zusammen: »Seit Jahren schicken wir Polizisten zu Einsätzen, zu denen wir keine Polizisten schicken sollten«.[35]

Gleichzeitig tut sich die Polizei, wie erläutert, schwer damit, Schwäche und Unzulänglichkeiten einzugestehen, und kann mitunter schlecht damit umgehen, dass ihre Autorität oder Kompetenz infrage gestellt wird. Die oben erwähnte Einführung eines alternativen *Safety Departments* in Albuquerque wurde von der dortigen Polizeiführung beispielsweise ausdrücklich unterstützt; die Polizeibeamt:innen seien über die Ankündigung erleichtert, dass jemand anderes die Zuständigkeit für viele solcher Einsätze übernehme.[36] Ein vor Ort interviewter Polizeibeamter äußerte hingegen Bedenken: Das neue Department unterschätze die Gewalttätigkeit in der Stadt, und die unbewaffneten Mitarbeiter:innen würden sich nur selbst gefährden[37] – ein deutlich spürbares Unbehagen durch die vermeintliche Konkurrenz spezialisierter Dienste, dem mit der Betonung der polizeilichen Spezialkompetenz (der Gewalt) und dem entsprechenden Weltbild der Bedrohung begegnet wird.

Das Schlagwort *Defund* muss nicht als Angriff auf die Polizei verstanden werden. Obwohl die Debatte darum meist lauter wird, wenn Missstände und Vorfälle wie rechtswidrige oder rassistische Polizeigewalt öffentlich werden, geht es bei dem Konzept nicht um eine Sanktionierung der Polizei. Vielmehr sollen finanzielle Ressourcen bei der Polizei eingespart werden, um alternative Institutionen und Zuständigkeiten auf- und ausbauen zu können, die einen besseren Umgang mit gesellschaftlichen Problemen gewährleisten. Je nachdem, wie diese Ideen vermittelt werden, fällt die gesellschaftliche Resonanz aus: In zwei aktuellen US-amerikanischen Umfragen unterstützten 25 Prozent der Befragten das »Streichen« von polizeilichen Mitteln, 18 Prozent waren für die *Defund*-Bewegung und 11 Prozent für die Abschaffung der Polizei. Die »Umverteilung« von Teilen des Polizeibudgets an soziale Dienste hingegen – also der Kern der *Defund*-Ansätze – wurde von zwischen 43 und 49 Prozent der Befragten befürwortet (unter Anhänger:innen der Demokratischen Partei sogar von mehr als 67 Prozent).[38]

Zwei Missverständnisse sind im Kontext von *Defund*-Ansätzen mitunter zu beobachten. Erstens sind ähnliche Forderungen manchmal von neoliberalen Akteur:innen zu hören. Denn bei der Polizeiarbeit handelt es sich um eine staatliche Leistung, die der Idee eines »schlanken Staates« und der Eigenverantwortlichkeit der Einzelnen widerspricht. Die mit solchen Begründungen vorgeschlagenen Kürzungen sind jedoch etwas grundlegend anderes als die *Defund*-Ansätze, die nicht einsparen, sondern Aufgaben und Mittel an anderer Stelle ansiedeln wollen. Ein zweites häufiges Missverständnis steckt in der Annahme, dass der zugrunde liegenden Problematik besser mit mehr Personal, spezialisierter Ausbildung und Trainings für all diese Situationen begegnet werden könnte – also indem die Polizei ausgebaut statt reduziert wird. Zum einen kostet die ständige Fortbildung ebenfalls Geld und Zeit, sodass es bereits effizienter sein kann, die entsprechenden Tätigkeiten auszugliedern. Zum anderen ist es praktisch unmöglich, Polizist:innen zugleich zu Psychotherapeut:innen, Sozialarbeiter:innen, Pädagog:innen, Drogenberater:innen usw. auszubilden und so bleibt letztlich die polizeiliche Perspektive dominant. Studien zu Versuchen, Polizeibeamt:innen im Umgang mit psychisch kranken oder drogenabhängigen Menschen zu schulen und zu »Crisis Intervention Teams« weiterzubilden, zeigen keine eindeutige Verminderung des Gewalteinsatzes – teilweise wurden sogar gegenteilige Effekte gemessen.[39] Das Problem, dass die Polizei für so viele Situationen zuständig gemacht wird, für deren Bearbeitung sie nicht über die geeigneten Werkzeuge verfügt, lässt sich nicht mit Weiterbildungen und Trainings in den Griff bekommen.

Konflikte anders bearbeiten – *Restorative* und *Transformative Justice*

Neben den Folgen gesellschaftlicher Probleme ist die Polizei vielfach mit konkreten Konflikten und Auseinandersetzungen beschäftigt. An dieser Stelle diskutieren *Defund-* und *Abolish-*Ansätze einen Ausbau von Konfliktlösungsmechanismen, die Gewalt und polizeilichen Zwang ersetzen könnten. Die Umsetzung solcher Optionen ist möglicherweise nicht so weit entfernt, wie es auf den ersten Blick scheint. Die Polizei bearbeitet ohnehin nur einen kleinen Ausschnitt der sozialen Wirklichkeit.

Die meisten Streitigkeiten und Konflikte werden also bereits heute ohne die Polizei beigelegt, die meisten Probleme auf andere Weise gelöst, vielfach von den Bürger:innen selbst.[40] Nur denken wir naturgemäß eher an die Fälle, in denen dies (noch) nicht gelingt. Für die meisten alltäglichen Konflikte spielt die sogenannte informelle Sozialkontrolle die bedeutendere Rolle, also der aus der Gesellschaft generierte Anreiz und Druck, sich an die Regeln zu halten, insbesondere durch die allgemeine soziale Missbilligung von Abweichung und Instanzen wie Familie, Schule, Arbeit oder Freundeskreis. Er wirkt in vielen Bereichen weitaus stärker als die formelle polizeiliche und strafrechtliche Kontrolle, die in der Praxis eher als ergänzende, weitgehend symbolische oder potenzielle Erinnerung fungiert.[41]

Als alternative soziale Konfliktlösungsmechanismen werden insbesondere *Restorative Justice*-Ansätze diskutiert. Diese wollen die vorherrschende strafrechtliche Bearbeitung von Konflikten und Verletzungen, die stark von Vergeltung und Schuldausgleich geprägt ist, durch einen integrativen Prozess ersetzen: Dabei sollen Täter:innen die Verantwortung für ihre Taten übernehmen und sie gegenüber den ebenfalls einzubeziehenden Verletzten wiedergutmachen können. Diese Herangehensweise zielt darauf ab, die Beteiligten und letztlich die Gesellschaft in die Lage zu versetzen, Konflikte selbstbestimmt und aktiv zu lösen, anstatt von einem System staatlicher Bestrafung abhängig zu sein. Denn darin sind die beteiligten Parteien häufig nur in einer zuschauenden Rolle zu finden, und der eigentliche Konflikt bleibt oft unbearbeitet, sodass niemand wirklich zufriedengestellt und am Ende womöglich nur mehr Leid verursacht wird.[42]

Diese Ideen haben in Teilen schon Eingang in die Rechtsordnung gefunden, wobei große Unterschiede zwischen verschiedenen Ländern bestehen. In Deutschland gilt dies etwa für Mediation, Familienkonferenzen oder den Täter-Opfer-Ausgleich. *Restorative-Justice*-Projekte wie *Common Justice* in New York bieten den Opfern und Täter:innen schwerer Gewaltdelikte sowie ihren Angehörigen die Möglichkeit, unter professioneller Begleitung miteinander zu sprechen (*restorative circle*) und Vereinbarungen über eine Wiedergutmachung zu treffen. Sie berichten von hohen Zufriedenheitsquoten. Die Täter:innen absolvieren zugleich ein langfristiges Gewaltinterventionsprogramm, dessen erfolgreicher Abschluss eine Freiheitsstrafe ersetzen kann.[43] In Ländern wie Neuseeland bestehen lange indigene Traditionen kollektiver und konsensorientierter Konfliktbearbeitungsmechanismen, deren Fokus nicht auf einer Bestrafung und auch nicht notwendigerweise auf den Opferinteressen oder einer Konfliktlösung liegt, sondern auf der zeremoniellen Reintegration der Täter:innen in die Gemeinschaft und der Herstellung sozialen Friedens.

Auf der überindividuellen Ebene gelten sogenannte Wahrheitskommissionen als zentrales Beispiel, die nach Bürgerkriegen oder Genoziden die Aufklärung der Geschehnisse und die Aussöhnung gesellschaftlicher Gruppen in den Vordergrund stellen und dafür weitgehend von der Bestrafung der Täter:innen absehen, wenn diese an dem Prozess teilnehmen. Prominente Beispiele hierfür finden sich in Südafrika nach dem Apartheidregime oder in Sierra Leone nach dem Ende des Bürgerkriegs um die »Blutdiamanten«.

Hiervon ausgehend hat sich der Ansatz der *Transformative Justice* entwickelt, der darauf abzielt, nicht nur die Beziehungen und Rechtsgüter der Betroffenen wiederherzustellen, sondern Strukturen zu verändern, die den Konflikten zugrunde liegen.[44] Ziel ist es also, die Gesellschaft und die Rolle der Beteiligten darin positiv umzugestalten. Damit werden letztlich Ideale aufgegriffen – effektiver Schutz der Geschädigten, Besserung der Täter:innen und ein normbestärkender Einfluss auf die Gesamtgesellschaft –, die auch das moderne Strafrecht teilt, aber nur eingeschränkt eingelöst hat.

Dem Konzept der *Transformative Justice* nach werden lokale Netzwerke gebildet und Räume eröffnet, die ohne die Beteiligung von Polizei und Justiz funktionieren sollen. Ihr Ziel ist es, dass sich Verletzte dort sicher fühlen und Ansprechpartner:innen und Unterstützung finden, um von ihren Erfahrungen zu berichten und Heilungsprozesse in Gang zu setzen; die Täter:innen sollen wiederum Verantwortung für ihr Handeln übernehmen und sich mit ihrer Tat, deren Folgen und Hintergründen auseinandersetzen. Gleichzeitig sollen die Voraussetzungen für ein sicheres Zusammenleben geschaffen werden, indem an den gesellschaftlichen Bedingungen, unter denen die Taten erfolgt sind, gearbeitet wird. Ein einschlägiges Handbuch zum transformativen Umgang mit Gewalt benennt beispielsweise sechs Schritte für Täter:innen: die akute Gewalt beenden, Gewalt erkennen, die Folgen erkennen, Wiedergutmachung betreiben, schädliche und gewaltfördernde Einstellungen und Verhaltensweisen ändern, ein gesundes Mitglied der Community werden.[45] Zugleich soll aber auch der soziale Kontext verständnisvoll berücksichtigt und gegebenenfalls angegangen werden. Ein Jugendlicher, der ein Geschäft überfällt, ist nach dieser Betrachtungsweise also nicht nur Täter, sondern kann selbst auch Opfer sozialer Ungleichheit, Benachteiligung oder familiärer Gewalt sein, was dazu beiträgt, dass er Straftaten begeht und andere verletzt.

Kern der Überlegungen ist es, die Konflikte und ihre Bearbeitung den strafenden und kontrollierenden staatlichen Instanzen zu entziehen, an die diese ausgelagert worden sind, und sie stattdessen wieder in die Gesellschaft zurückzuführen. Dafür müssen die erforderlichen Kompetenzen entwickelt werden, die vernachlässigt worden sind, weil man sich daran gewöhnt hat, dass die Polizei sich um diese Probleme kümmert. Besonders deutlich werden diese Bemühungen in den Ansätzen der *Community Accountability*,[46] die den Schwerpunkt vollends auf die lokalen gesellschaftlichen Strukturen vor Ort verlagern. Indem kollektive Prozesse und Mechanismen gefunden werden, um mit Konflikten umzugehen, und zugleich die Grundbedingungen verändert werden, die bislang zu Gewalt führen (wie Sexismus oder Rassismus), soll ein neues gemeinschaftliches System der Konfliktbearbeitung ermöglicht werden, das eine Polizei überflüssig machen könnte.

Möglichkeiten und Grenzen

Während einige *Defund*-Ansätze nur manche Aufgabenbereiche bei der Polizei ausgliedern wollen, geht es anderen (und insbesondere den *Abolish*-Perspektiven) darum, die Polizei überflüssig zu machen. Ersteres ließe sich unmittelbar umsetzen. Für eine Vielzahl von Problemen, für die wir heute die Polizei rufen, könnten sofort die aufgezeigten Alternativen auf- und ausgebaut werden und an deren Stelle treten. Grundlegendere Reformen und Umwälzungen sind hingegen nur als Prozess denkbar, erfordern Veränderungen über längere Zeit und einen gesellschaftlichen Wandel. Denn allein der schrittweise Abbau bestimmter Zuständigkeiten, Aufgaben und Befugnisse bei der Polizei genügt nicht. Daneben müssten die Ursachen polizeilich bearbeiteter Probleme angegangen oder eben von Grund auf alternative Instrumente für den Umgang mit Problemen und Konflikten geschaffen werden. Hierzu gehören Chancen- und Verteilungsgerechtigkeit ebenso wie Strukturen sozialer Arbeit, die Stärkung von Communities und der Einzelnen. Gerade die *Abolish*-Ansätze, die von einer Gesellschaft träumen, die keine Polizei braucht, setzen einen umfangreichen Wandel und damit einen recht langen Prozess voraus.

Unabhängig davon, wie lang dieser Weg demnach ist, stoßen die verschiedenen Konzepte auf Grenzen und Herausforderungen, da nicht nur die Polizei von den gesellschaftlichen Verhältnissen und Machtstrukturen, den Ungleichheiten der sozialen Ordnung geprägt ist, sondern eben die Gesellschaft insgesamt und damit auch mögliche alternative Instrumente. Ohne die Polizei als machtvolle Repräsentantin des Staates entstünde zumindest ein vorübergehendes Machtvakuum, das von anderen ausgefüllt würde. Entscheidend ist insofern, wer in diese Lücke stößt. Das gilt für das große Ganze, wo die Polizei zugleich Risiko und Garant für eine funktionierende Demokratie ist.[47] Es gilt aber ebenso bei der Bearbeitung gesellschaftlicher Probleme und sozialer Konflikte im Alltag, bei sozialen Gruppen und Gemeinschaften nicht anders als bei professionellen Instanzen, in deren Praxis sich die bestehenden gesellschaftlichen Strukturen gegebenenfalls in ähnlicher Weise widerspiegeln wie in der polizeilichen Praxis.

Auch die häufig als Alternative zu Polizei und Strafrecht herangezogene Sozialarbeit beteiligt sich zum Beispiel an der Regulierung und Disziplinierung ihrer Klient:innen und leistet damit ihren Teil, um die bestehende soziale Ordnung aufrechtzuerhalten. Sozialarbeiter:innen wenden dabei zwar keine Gewalt an, greifen aber auf andere Weisen in die Lebenswelten der Betroffenen ein, versuchen, Abweichung und Straftaten zu verhindern, und bemühen sich, ihre Klient:innen zu angepassten und nützlichen Mitgliedern der Gesellschaft zu formen. Dabei greifen sie mit Normabweichung (was ist normal, was nicht), Straffälligkeit und Reformbedürftigkeit (wer muss »auf den richtigen Pfad« geführt werden) auf ähnliche Kategorien zurück wie die strafrechtliche und polizeiliche Praxis und sind Teil der »Präventionslandschaft«.[48] Und wo pädagogische oder therapeutische Maßnahmen mit Zwang oder Sanktionen unterfüttert werden (müssen) und Hilfsangebote auf die Kontrolle von Abweichung abzielen, identifizieren sie die Betroffenen als Problem, das es zu bearbeiten gilt.

Es genügt also nicht, die Polizei schlicht durch eine andere Instanz zu ersetzen. Vielmehr gilt es zu erforschen, wie die Bearbeitung von Konflikten und Problemen gelingen könnte, ohne Macht und Ungleichheiten der sozialen Ordnung zu reproduzieren. Dabei legen Recht und Rechtsstaat durchaus einen beachtlichen Status quo vor. Zwar sind sie als Mechanismen zur Verteilung, Legitimierung und Stabilisierung von Macht auch selbst von Ambivalenz geprägt.[49] Das Recht ist zudem an vielen Stellen selbst ungerecht, da es immer auch Ausdruck gesellschaftlicher Machtverhältnisse ist, seine Praxis Menschen nicht gleich behandelt und es nicht für alle gleichermaßen zugänglich ist. Andererseits sorgen Recht und Rechtsstaat aber eben für eine relative Bindung der Polizei und stellen auch sonst sicher, dass die gesellschaftlichen Machtverhältnisse jedenfalls nicht unmittelbar, sondern nur vermittelt über das Recht oder rechtswidrig durchschlagen. In diesem Sinne ist es heute gerade auch Aufgabe der Polizei, schwächere und weniger mächtige Menschen gegebenenfalls vor anderen zu schützen, auch wenn die Praxis dem nicht immer entspricht. *Defund*- und *Abolish*-Ansätze werden daher immer wieder mit der Frage konfrontiert, wie ein Rückfall in das Recht des Stärkeren, eine Durchsetzung von Machtverhältnissen vermieden werden kann.

Unter dem Strich sehen wir: Es ist nicht einfach, die Polizei zu reformieren, und was ihren funktionellen Kern angeht, ist es vielleicht sogar unmöglich. Aber es ist auch nicht einfach, sie zu ersetzen, denn sie erfüllt (auch) Aufgaben für die Gesellschaft, für die es dann andere Lösungen bräuchte. Die *Defund-* und *Abolish-*Ansätze liefern dafür kein bis ins Letzte ausformuliertes Konzept. Aber sie eröffnen konkrete Wege in die Debatte hinein, entwickeln anwendbare Theorien, Vorschläge, Praktiken und die zugehörigen Erfahrungen, zeigen auf, dass eine alternative Praxis bereits jetzt begonnen werden kann. Sie können damit Teil eines Fundamentes sein, auf das die Diskussion darüber, was für eine Polizei wir als Gesellschaft wollen, aufbauen kann.

5.4 POLIZEI NEU DENKEN

Es gibt, wie wir gesehen haben, recht unterschiedliche Ansätze, Polizei neu zu denken. Die einen wollen auf die Ambivalenz und die grundlegenden Probleme der Polizei mit einem Prozess der Demokratisierung reagieren; andere schlagen eine mehr oder weniger weitgehende Übertragung polizeilicher Aufgaben auf andere Institutionen vor; und wieder andere streben eine Abschaffung beziehungsweise eine Ersetzung der Polizei im Zuge eines Transformationsprozesses an. Was zunächst gegensätzlich erscheint, hat bei näherem Hinsehen einiges gemein. Insbesondere teilen die Ansätze die Auffassung, dass es eine Reduktion der Polizei braucht – um sie demokratisch einhegen und kontrollieren zu können, um besser geeignete Stellen schaffen und die Aufgaben an diese delegieren zu können oder als erste Schritte des Wandels hin zu einer Gesellschaft ohne Polizei. Reduktion bedeutet in diesem Sinn eine Einschränkung und eine neue Definition der Aufgaben, aber auch der Mittel und Befugnisse und letztlich der gesellschaftlichen Rolle der Polizei. Und man könnte heute damit beginnen. Anders gesagt: Es geht darum, darüber nachzudenken, wofür wir die Polizei wirklich brauchen.

Weniger Waffen, weniger Gewalt

Als einer der naheliegenden ersten Schritte für eine solche Veränderung könnte das Thema Gewalt in den Blick genommen werden. Denn sie ist für das Wesen der Polizei prägend und in vieler Hinsicht problematisch. Zunächst könnte angestrebt werden, die Gewalt zu mindern – also die Häufigkeit und das Ausmaß ihrer Anwendung, ihre missbräuchliche und rechtswidrige Ausübung und ihre Folgen. Mittelbar würden sich daraus auch Auswirkungen auf das Bild und Selbstbild sowie das Auftreten der Polizei ergeben. Um Gewalt zu reduzieren, könnte der Fokus polizeilicher Ausbildung und Taktik noch stärker als bisher von der Gewaltausübung, der Eigensicherung und der »Gewaltfähigkeit« genommen und auf Deeskalation und Kommunikation gelegt werden; damit könnte und müsste eine entsprechende Veränderung der polizeilichen Selbstdarstellung einhergehen. Zwar verschwände so weder die Gewalt, noch würde sich die Organisation dieses weiterhin prägenden Funktionsmerkmals entledigen. Aber indem man beim Grad ihrer Ausrichtung auf Gewalt ansetzt, könnten ihre Interaktionen, ihr Selbstverständnis, die Art und Weise, wie sie mit Situationen umgeht und wie sie in der Gesellschaft wahrgenommen wird, verändert werden.

Ein bedeutsamerer Hebel wäre es diesbezüglich, bei den Befugnissen, der Ausrüstung und Bewaffnung der Polizei anzusetzen. Ihr Ausmaß prägt nicht nur das Selbstverständnis, sondern kommt beim Einsatz auch ganz praktisch zum Tragen – wer einen Hammer führt, sieht überall Nägel. In den USA wird das unter dem Stichwort der Entwaffnung diskutiert.[50] Eine solche kann über die Beschränkung von Befugnissen zum Gewalteinsatz oder das Verbot bestimmter Techniken wie Würgegriffe, Schmerzgriffe oder Fixierungen durch Knien im Hals- und Kopfbereich erfolgen. Vor allem kann aber eine Entwaffnung im eigentlichen Sinne Veränderungen auslösen. Gemeint ist ein mehr oder weniger weitgehender Verzicht auf schwere Waffen, Panzerfahrzeuge, Wasserwerfer auf der einen und auf

Schusswaffen, Taser, Gummigeschosse, schwere Schlagstöcke wie den Tonfa, verstärkte Handschuhe, Pfefferspray und ähnliche Einsatzmittel auf der anderen Seite. Reguläre Polizist:innen in Ländern wie Großbritannien, Neuseeland, Norwegen oder Island waren beispielsweise lange Zeit überwiegend ohne Schusswaffe unterwegs oder sind es heute noch. In England und Wales waren unter den mehr als 135.000 Polizeibeamt:innen Anfang 2021 beispielsweise nur gut 6.500 »armed officers«, die zum Schusswaffengebrauch befugt sind und Waffen tragen.[51]

Noch entscheidender als die Gewalttätigkeit als Form polizeilichen Handelns ist ihr inhaltlicher Grund, also die Frage, was damit erreicht werden soll. Geht es darum, eine konkret gefährliche Situation zu bewältigen, oder steht eigentlich die Aufrechterhaltung der Ordnung und der von ihr geschaffenen Kategorien innerhalb der Bevölkerung beziehungsweise die Durchsetzung polizeilicher Autorität im Vordergrund? Nicht selten nehmen gewalttätige Verläufe von Polizeieinsätzen ihren Anfang, indem es an irgendeinem Punkt notwendig erscheint, die eigene oder die staatliche Autorität zu wahren und zu zeigen, wer die Lage dominiert. Dann wird mitunter Gewalt angewendet, die nicht unbedingt erforderlich wäre, um den eigentlichen Einsatzzweck zu erreichen.

Kontrollieren Beamt:innen zum Beispiel nachts vorsorglich eine Gruppe feiernder Jugendlicher, zeigen diese sich womöglich wenig erfreut oder beleidigen die Polizist:innen sogar. Sehen sich diese dadurch wiederum in ihrer Autorität infrage gestellt oder persönlich angegriffen, entscheiden sie sich vielleicht dazu, die Jugendlichen eingehender zu durchsuchen, sie auf die Wache mitzunehmen oder ihnen sogar körperlich zu verdeutlichen, wer »Herr der Lage« ist, statt über den Dingen zu stehen. Sie wechseln sozusagen in einen anderen Modus, bei dem der ursprüngliche Grund der Kontrolle in den Hintergrund tritt. Was ist aber der eigentliche Zweck solcher Kontrollen? Ist es hier Aufgabe der Polizei, zu überprüfen, ob eine Straftat oder Gefahr vorliegt, oder soll sie in einem viel weiteren Sinne für Ordnung sorgen und im Zweifel die Dominanz des Staates durchsetzen?

Nicht zuletzt stellt sich an dieser Stelle die weitergehende Frage nach dem Umfang der Aufgaben der Polizei. Eine Polizei, die nicht für eine unüberschaubare Breite von Konfliktsituationen und Einsatzlagen zuständig gemacht wird, sondern nur einen Kern der unbedingt von ihr zu erledigenden Aufgaben übernimmt, wäre eine Polizei, die deutlich weniger Gewalt anwendet, weil sie zum Beispiel feiernde Jugendliche nicht vorsorglich kontrolliert.

Entkriminalisierung

Ein wichtiger Schritt, um die polizeilichen Aufgaben und ihre Rolle zu reduzieren, könnte eine Entkriminalisierung sein, also der Abbau bestimmter Strafgesetze. Damit ist nicht notwendigerweise gleich eine vollumfängliche Legalisierung der fraglichen Verhaltensweisen gemeint; unter den Begriff fällt zum Beispiel auch die Herabstufung eines Verhaltens von der Straftat zur Ordnungswidrigkeit, wie sie etwa für das Fahren ohne Fahrschein vorgeschlagen wird.

Die in Wissenschaft und Kriminalpolitik diskutierten Konzepte einer Entkriminalisierung argumentieren einerseits mit dem geringen Unrecht bestimmter strafbarer Verhaltensweisen: der Joint in der Tasche, die U-Bahn-Fahrt ohne Ticket oder die Mitnahme einer Packung Kaugummis im Supermarkt. Andererseits weisen sie daraufhin, dass das Strafrecht kein geeignetes Mittel ist, um die Probleme anzugehen, die mit diesen Verhaltensweisen oftmals verbunden sind.[52] Die Kriminalisierung ist bequem, weil durch die Strafverfolgung einiger weniger Fälle der Eindruck vermittelt wird, es werde »etwas getan«, obwohl die darunterliegenden Schwierigkeiten unbearbeitet bleiben. Indem solche Problematiken dem strafrechtlichen Zugriff zumindest ein Stück weit entzogen werden, könnte der Weg für ihre gesellschaftliche Bearbeitung durch andere Instanzen eröffnet werden. Zugleich fallen sie so unter Umständen aus dem polizeilichen Aufgabenbereich heraus. Für die Polizei kann eine Entkriminalisierung daher mit einer verringerten Arbeitsfülle einhergehen, sodass Kapazitäten befreit und Überforderungen der Organisation vermieden werden könnten.

Vorschläge reichen dabei von moderaten Entschärfungen bis zur Entkriminalisierung ganzer Lebensbereiche, wie im Fall der Drogenkriminalität. Neben der Legalisierung von Cannabis, die nun in Deutschland tatsächlich zaghaft Realität werden könnte, geht es hier auch in einem weiteren Sinne um die Beendigung des »Kriegs gegen die Drogen«, der mit seinem harten Vorgehen und mit überzogenen Strafen mehr Schaden anrichtet, als er verhindert, und einen gefährlichen globalen Schwarzmarkt befördert. Es wird geschätzt, dass der deutsche Staat für die Repression im Kontext illegaler Drogen mehr als doppelt so viel Geld ausgibt wie für die Drogenpolitik im Sozial- und Gesundheitswesen.[53] Jährlich werden mehr als 430.000 Ermittlungsverfahren wegen Betäubungsmittelstraftaten geführt[54], während etwa 1.500 drogenbedingte Todesfälle registriert werden.[55]

Viel diskutiert wird auch das Streichen des Fahrens ohne Fahrschein (»Erschleichen von Leistungen«) aus dem Strafgesetzbuch, das stattdessen als Ordnungswidrigkeit gelten soll, zumal es für viele Menschen ohnehin als Bagatelle gilt, mal ohne Ticket Bus zu fahren. Die Strafnorm trifft in der Praxis vor allem ärmere Menschen, die wiederholt dabei erwischt und dann mit Geldstrafen belegt werden, die sie nicht zahlen können. Nicht wenige von ihnen sitzen daher schließlich eine Ersatzfreiheitsstrafe von oft mehreren Monaten ab. Ein ziemlich absurder Zustand, da diese Haft die Allgemeinheit weit mehr kostet, als wenn sie die Fahrtkosten übernehmen würde, und letztlich dazu beiträgt, Armut zu kriminalisieren.[56] Andere immer wieder hinterfragte Deliktsbereiche sind leichte Eigentumsdelikte wie Sachbeschädigungen oder der Ladendiebstahl geringwertiger Sachen und moralisch aufgeladene Tatbestände wie (Werben für den) Schwangerschaftsabbruch oder der Beischlaf mit volljährigen Verwandten.

Analog zum Strafrecht stellt sich – wie wir schon gesehen haben – auch für die Polizei die Frage, inwieweit ihre Praxis zur Konfliktbearbeitung tatsächlich geeignet ist oder nur die Symptome gesellschaftlicher Probleme behandelt. Entkriminalisierung regt damit zugleich an, sich auch die Frage zu stellen, inwieweit wir die Polizei in anderen Bereichen als der Strafverfolgung tatsächlich benötigen.

Wofür wir die Polizei brauchen

Die Polizei gewinnt in unserer Gesellschaft kontinuierlich an Bedeutung: Sie erhält mehr Ressourcen, mehr Aufgaben und Zuständigkeiten, mehr Befugnisse. Der Gedanke an eine reduzierte Polizei erfüllt viele Menschen mit Unbehagen, seine Umsetzung erscheint politisch riskant. Warum eigentlich? Wir haben gesehen, dass eine demokratische Polizei eine auf das Notwendige begrenzte Polizei ist, haben von den Vertreter:innen des *Defund*-Ansatzes gehört, wie viele soziale Probleme in die Zuständigkeiten anderer, besser geeigneter Instanzen überführt werden könnten, und haben die Möglichkeiten der Entwaffnung und Entkriminalisierung betrachtet. Verfolgen wir diese Überlegungen weiter, stoßen wir auf die Frage: Welches sind eigentlich die Bereiche, in denen wir die Polizei in ihrer heutigen Form wirklich brauchen? Und wo könnten wir auf sie verzichten? Vieles spricht dafür, dass die Folgen eines solchen Verzichts weit weniger dramatisch wären, als wir uns das gemeinhin ausmalen.

Im Grunde funktioniert das gesellschaftliche Leben ganz überwiegend reibungslos ohne die Polizei. Die meisten Probleme und Konflikte lösen die Bürger:innen selbst, ohne die Polizei zu bemühen. In ihrem Alltag spielt die Organisation nur eine untergeordnete Rolle. Sie leben in ihrer Wohnung, gehen zur Arbeit, nehmen am Straßenverkehr teil, erledigen ihre Einkäufe, verbringen ihre Freizeit und pflegen ihre sozialen Beziehungen Tag für Tag, ohne dabei auf die Polizei angewiesen zu sein, und sie würden es vermutlich zunächst kaum bemerken, wenn es sie nicht mehr gäbe. Die Polizei ist dann in erster Linie bedeutsam als Versprechen, dass bei Bedarf eine Instanz verfügbar ist, die eingreifen kann.

Der Bereich, in dem sich die Polizei tatsächlich einschaltet, ist deutlich kleiner, als die weitreichenden Zuständigkeiten es suggerieren. Anderes würden die Ressourcen der Polizei auch nicht hergeben; sie trifft ständig Entscheidungen darüber, wie sie ihre Kapazitäten verteilt, wo sie interveniert und wo nicht, und nutzt dabei ihre Spielräume. Noch kleiner wäre der Bereich des polizeilichen Zugriffs, würde man ihn auf die Konstellationen beschränken, denen wirklich mit der Polizei begegnet werden muss. Waffenfunde bei militanten Neonazis, mafiöse Schutzgelderpressungsnetzwerke oder seltene herausragende Seriengewalttaten durch psychisch kranke Täter:innen zeigen, dass es durchaus konkrete Bedrohungen gibt, denen man nicht ohne eine wehrhafte Instanz gegenübertreten möchte, während andernorts nach besseren Umgangsweisen mit solchen Problemen gesucht wird. Diesen verbleibenden, sehr begrenzten Sektor gilt es richtig einzuschätzen und darzustellen. Allzu oft dient er in der Diskussion um eine Reduktion der Polizei als Schreckgespenst. Dabei besteht die Polizeiarbeit nur zu einem kleinen Teil aus derartigen Szenarien, die also keineswegs repräsentativ sind.

Auch der polizeilichen Bearbeitung von Straftaten kommt eine geringere Bedeutung zu, als man gemeinhin denken würde. Die Polizei hat nur eingeschränkt Einfluss auf die tatsächliche Entwicklung der Kriminalität, während anderen gesellschaftlichen Bedingungen viel größere Bedeutung dafür zukommt. Das gilt zunächst für die Verhütung von Straftaten. Polizeipräsenz auf der Straße hat Untersuchungen zufolge nur teilweise und sehr eingeschränkt Auswirkungen auf das Straftataufkommen.[57] Zudem würde dies nur für solche Kriminalitätsformen gelten, die auf der Straße sichtbar sind, also beispielsweise für Raub und Einbrüche, während ein Großteil der Delikte (von der Steuerhinterziehung über Computerbetrug bis zu häuslicher Gewalt) überhaupt nicht in einsehbaren öffentlichen Räumen stattfindet. Oft wird Kriminalität damit auch nur verdrängt, also an andere Orte verlagert, zu anderen Zeiten oder in anderer Form begangen.

Auch die Strafverfolgung, also die Bearbeitung bereits begangener Kriminalität, hat vor allem eine symbolische Wirkung für die Gesellschaft und ist weniger dazu geeignet, künftige Straftaten zu verhindern. Ob Menschen Straftaten begehen oder nicht, hängt von vielen Faktoren ab, vor allem von ihrer Sozialisation und ihrer Lebenslage. Der Aussicht auf Strafe kommt demgegenüber nur eine untergeordnete Bedeutung zu.[58] Häufig erfolgt vor Begehung einer Straftat gar keine rationale Abwägung, erst recht nicht im Hinblick auf ein potenzielles Strafmaß, etwa bei Affekttaten und spontanen Handlungen. Außerdem wird der Polizei rein statistisch gesehen stets nur ein geringer Anteil der Gesamtkriminalität bekannt, der Großteil bleibt unentdeckt. Von diesen Verfahren wird wiederum nur knapp ein Viertel vor Gericht gebracht, der Großteil hingegen ohne förmliche Sanktionen eingestellt.[59] Die allermeisten Straftaten werden also schon heute nicht geahndet, ohne dass die Gesellschaft zusammenbricht; es ist nur den meisten Menschen nicht bewusst.

Schließlich hat die Polizei auch auf das Sicherheitsempfinden der Bevölkerung keinen eindeutig positiven Effekt. Die Forderung nach mehr Polizei gehört zwar zu den Klassikern der Inneren Sicherheit. Tatsächlich fühlen sich die Menschen aber nicht unbedingt sicherer, wenn sie mehr Polizei sehen, sondern zum Teil sogar unsicherer, weil ihre Anwesenheit potenzielle Gefahren vor Augen führt.[60] Gefühlte Unsicherheit scheint vorliegenden Forschungsbefunden zufolge zudem weniger eine Folge der objektiven Sicherheitslage zu sein, sondern mehr mit den wirtschaftlichen und sozialen Lebensbedingungen und einer allgemeinen sozialen Verunsicherung zusammenzuhängen. Die Forschung deutet darauf hin, dass dort, wo sozialpolitische und wohlfahrtsstaatliche Maßnahmen zu einem hohen Maß an sozialer Sicherheit und einer gewissen Verteilungsgerechtigkeit führen, auch die kriminalitätsbezogene Unsicherheit geringer ist – und umgekehrt.[61] Kurz gesagt: Für mehr Sicherheitsgefühl müssten wir wahrscheinlich nicht die Polizei, sondern den Sozial- und Wohlfahrtsstaat ausbauen.

Das genaue Hinsehen macht deutlich: Die Polizei ist sehr viel verzichtbarer, als es uns auf den ersten Blick scheint. Viele Probleme löst die Gesellschaft ohne die Polizei, die ohnehin immer nur einen bestimmten, ausgewählten Kreis von Phänomenen bearbeitet. Hinzu kommt, dass nicht wenige Menschen sich mit ihren spezifischen Sorgen bei der Polizei nicht gut aufgehoben fühlen. Eine ganze Reihe der heutigen Aufgaben der Polizei müsste man nicht unbedingt einer bewaffneten Großorganisation übertragen, wie beispielsweise die Regulierung des Straßenverkehrs, weite Teile der Ermittlungstätigkeit bei der Strafverfolgung oder die Hilfeleistung im Alltag. Und schließlich gibt es, das haben schon die *Defund*-Ansätze gezeigt, eine Menge Problematiken, die durch andere Instanzen besser und nachhaltiger bearbeitet werden, ohne sie durch die Brille der Sicherheit zu betrachten: Im Zusammenhang mit Wohnungslosigkeit entstehende Auseinandersetzungen über die Nutzung öffentlicher Räume, Suchterkrankungen, psychische Notlagen, die Folgen sexueller Übergriffe oder der Umgang mit unangepassten Jugendlichen sind beispielsweise Felder, deren inhaltliche Bearbeitung bei anderen Stellen besser gelingen dürfte als bei der Polizei.

Am Ende dieser Überlegungen verbleibt ein eher kleiner Bereich von Tätigkeiten, für die eine Organisation wie die heutige Polizei mit der Lizenz zur Gewaltanwendung tatsächlich unersetzlich scheint. Erstens gibt es Szenarien, in denen man auf eine besonders gewappnete Organisation zurückgreifen können will: Bewaffneten Überfällen, globalen Drogenkartellen, Amokläufer:innen und Ähnlichem will niemand allein gegenüberstehen. Ein Rechtsstaat soll letztlich neben allen Alternativen auch in der Lage sein, sich durchzusetzen, wenn es wirklich keine einvernehmliche Lösung gibt – nicht zuletzt ist es seine Aufgabe, Menschen mit schwächerer Positionierung in der Gesellschaft und vulnerablen Gruppen zu ihrem Recht zu verhelfen.

Zweitens ist auch die symbolische Wirkung der Polizei für die Gesellschaft nicht zu unterschätzen. Bei aller Selektivität gibt ihre Praxis vielen Menschen Orientierung und Halt. Die Aussicht auf Ahndung unerwünschter Verhaltensweisen und die sofortige und verbindliche Klärung umstrittener Situationen stellen klar, was als Recht und was als Unrecht gilt – was im Sinne eines Minimalkonsenses sozial erwartet wird.[62] Zwar ist die Polizei an dieser Stelle nur eine Instanz unter vielen, und auch andere Instanzen können diese Wirkung entfalten, wie zum Beispiel Gesetze, Gerichte, Schulen, sonstige Behörden, Familie oder Freunde. Die Polizei hat momentan aber im Alltag eine wesentliche Position in diesem institutionellen Gefüge, die ansonsten durch andere Instanzen ausgefüllt werden müsste.

Mit einer Reduktion der Polizei auf diesen Kern, auf das, wofür sie derzeit unverzichtbar scheint, könnte man einfach und sofort anfangen, indem man andere Instanzen stärkt und die Polizei Schritt für Schritt von Aufgaben entlastet. So würde der Weg für eine demokratischere, kontrollierbarere Organisation bereitet, und die mit Polizeieinsätzen einhergehenden Gefahren und Problematiken würden in vielen Fällen vermieden. Man könnte die Polizei auf diese Weise aus ihrer so undankbaren wie gefährlichen Rolle als Hauptansprechpartnerin für den Umgang mit Problemen befreien. Und indem wir überhaupt die Debatte darüber führen, ob es einen solchen Kern gibt und was dieser umfassen soll, beginnen wir einen Prozess der gesellschaftlichen Wiederaneignung sowohl der Lösung sozialer Konflikte und Probleme als auch der Polizei. So würde das Vertrauen in die Konfliktlösungskompetenz der Gesellschaft gestärkt und diese in die Lage versetzt, die entsprechenden Fähigkeiten, Mechanismen und Instanzen auszubauen beziehungsweise überhaupt erst herauszubilden.

Was Sicherheit bedeutet

Was bleibt, ist das Problem, dass auch diese Bestimmung des Kerns polizeilicher Tätigkeit geprägt ist durch die bestehende soziale Ordnung, durch die Verteilung von Macht und gesellschaftliche Positionierung. Wenn entschieden wird, mit welchen Aufgaben die Polizei zu betrauen ist, wo sie für die Gewährleistung von Sicherheit unentbehrlich scheint, wird demnach auf ein spezifisches Sicherheitsverständnis zurückgegriffen, das von diesen Vorstellungen und Ungleichheiten geprägt ist.[63] Wir haben bereits beschrieben, wie sich die neue Sicherheitslogik und die zunehmende Versicherheitlichung allgemein auf die Gesellschaft auswirken. Doch um welche und wessen Sicherheit soll es dabei gehen? Die Sicherheit von Rechtspopulist:innen vor Geflüchteten ist eine andere als die Sicherheit dieser Geflüchteten vor Krieg und Verfolgung; die vor Wohnungseinbrüchen eine andere als die vor ungerechtfertigter polizeilicher Gewalt; die Sicherheit vor Anschlägen eine andere als die vor Arbeitslosigkeit.

Will man Sicherheit als essenzielles Element sozialen Zusammenlebens ernst nehmen, muss Sicherheit zunächst die Sicherheit aller bedeuten. Es müsste also angestrebt werden, dass alle Menschen mit ihren unterschiedlichen Sichtweisen und Bedürfnissen in Sicherheit leben und sich sicher fühlen können. Ein Sicherheitsstreben, das vor allem darauf aus ist, zwischen »Freund« und »Feind«, zwischen »normal« und »abweichend« zu unterscheiden, hat hingegen eigentlich zum Ziel, eine bestimmte Ordnung zu bewahren, nicht Sicherheit zu schaffen.

Die Kontrolle von Menschen anhand von rassistisch aufgeladenen Kategorien führt beispielsweise nicht zu mehr Sicherheit, verstärkt aber die Bedeutung solcher Kategorien und verdeutlicht die Einteilung der Gesellschaft in diejenigen, die kontrolliert werden, und diejenigen, die damit nicht rechnen müssen. In solchen Fällen ist die Sicherheit der Betroffenen offensichtlich nicht von Belang, bedeutet die Angst vor Polizeikontrollen doch im Gegenteil Unsicherheit. Vergleichbares gilt für andere polizeiliche Ungleichbehandlungen, bei denen die Sicherheitsbedürfnisse und Ordnungsvorstellungen bestimmter Bevölkerungsteile auf Kosten anderer befriedigt werden – von der Vertreibung von Drogenabhängigen aus den Stadtzentren über das plakative Vorgehen gegen »Clan-Kriminalität«, Kleindealer und illegale Grenzübertritte bis hin zum gewaltsamen Auflösen von bestimmten Demonstrationen. Der Weg, den die Polizei einschlägt, unter den vorgegebenen Rahmenbedingungen auch teilweise einschlagen muss, ist dann kein gesamtgesellschaftlicher, sondern ein spezifischer, der den unterschiedlichen Bedürfnissen nicht gerecht werden kann.

Diese Überlegungen zeigen zugleich, dass wir einem recht eingeschränkten Verständnis von Sicherheit folgen. Obwohl damit ebenso die Sicherheit vor Armut, Krankheit, Einsamkeit oder Naturkatastrophen und den Folgen des Klimawandels gemeint sein könnte, verengt sich die Bedeutung des Begriffs in der Regel auf die Sicherheit vor Gewalt, Kriminalität und Terror, die als Domäne der Polizei gelten. Indes sind diese Phänomene selbst häufig Folgen mangelnder Sicherheit in einem breiteren Verständnis. Damit sind sie eng mit sozialer Gerechtigkeit und anderen gesellschaftlichen Bedingungen verknüpft. Eine sozial ungleiche Gesellschaft führt nicht nur zu mehr Spannungen, Gewalt und Kriminalität. Sie versetzt die durch sie Benachteiligten auch in eine fundamentale soziale Unsicherheit, die dem Versprechen von Sicherheit nur dann nicht widerspricht, wenn man Sicherheit eng und kurzfristig versteht.

Diese Versicherheitlichung – also die gleichzeitige Überbetonung und Verengung von Sicherheit – wird der Gesellschaft nicht von der Polizei aufgezwungen, sondern ist Ausdruck gesellschaftlicher Vorstellungen und Prioritätensetzungen. Dass der Begriff der Sicherheit so unterschiedlich ausgefüllt wird und die Sicherheit der einen manchmal die Unsicherheit der anderen bedeutet, ist kein unschuldiges Missverständnis, sondern auch Ausdruck der unterschiedlichen gesellschaftlichen Interessen, der sozialen Konflikte und der vielen Schwierigkeiten, die sich aus dem Versuch ergeben, mit sehr vielen anderen Menschen zusammenzuleben.

Wie die Polizei der Gesellschaft aussehen soll, wie man sie neu denken kann und was ihre Aufgabe und Rolle sein sollen, muss die Gesellschaft selbst beantworten. Ebenso muss sie entscheiden, nach was für einer Sicherheit sie strebt, ob diese für alle gelten soll und mit welchen Mitteln dieses Ziel erreicht werden kann. Ansonsten finden wir uns mit einem Zerrbild von Sicherheit ab, das vor allem als politische Chiffre dient. Dann ist Sicherheit kein gesamtgesellschaftliches Gut – obwohl doch die Existenz und die Eingriffsbefugnisse der Polizei in erster Linie mit der Gewährleistung dieser Sicherheit begründet und daher im Namen aller samt ihren Schattenseiten weiter ausgebaut werden.

Wir müssen als Gesellschaft offen über die fundamentale Ambivalenz der Polizei sprechen, über die Möglichkeiten und Grenzen ihrer Demokratisierung. Es gilt auszuhandeln, wo ihre Aufgaben und Befugnisse wirklich erforderlich und zweckmäßig sind, was Sicherheit bedeuten soll und für wen sie wie aussieht – das alles ist Teil der Diskussion um die Zukunft der Polizei.

DANKE

Dieses Buch hätte nicht entstehen können ohne die Arbeit und Hilfe zahlloser Menschen und Projekte. Manche haben uns direkt unterstützt mit Rat, Feedback, vielen Diskussionen, Aufmunterung, Kritik, einem wunderbaren Lektorat und vielem anderem mehr. Andere haben durch ihre Arbeit mittelbar dazu beigetragen, dass wir dieses Buch überhaupt erst schreiben konnten: die Forscher:innen, die sich in der Polizeiforschung in Deutschland und international seit Jahrzehnten mit der Organisation befassen und dafür sorgen, dass wir ein fundiertes und differenziertes Bild von der Polizei haben; die NGOs und Aktivist:innen, die sich kritisch mit der Polizei auseinandersetzen, kontinuierlich Daten sammeln und beharrlich auf Missstände hinweisen und diese in die gesellschaftliche Debatte tragen; die Polizist:innen, die sich an einer offenen und reflektierten Debatte über die Polizei beteiligen und dabei ihre Innensicht auf die Organisation und ihre Tätigkeit einbringen. Ausdrücklich danken möchten wir Laila Abdul-Rahman, Hannah Espín Grau, Ilil Friedman, Martin Herrnkind, Silvie Horch, Michael Jasch, Luise Klaus, Hanna Leitgeb, Saskia Murach, Dennis Özmen, Marie-Theres Piening, Solveig Raschpichler, André Schulz, David Wahlen sowie unseren Familien, Freund:innen, Kolleg:innen und Mitarbeiter:innen, die uns in der Zeit der Entstehung dieses Buches jederzeit unterstützt haben.

Benjamin Derin & Tobias Singelnstein

ANMERKUNGEN

Einleitung

1 K.-A. Scholz (09. 06. 2016): »Amnesty kritisiert Rassismus bei Behörden«, in: *DW*, https://www.dw.com/de/amnesty-kritisiert-rassismus-bei-beh%C3%B6rden/a-19317756 (abgerufen am 10. 01. 2022)

Kapitel 1 – Die Polizei in der Gesellschaft

1 Vgl. C. Gusy (2017): *Polizei- und Ordnungsrecht*, 10. Aufl., S. 79 ff.; M. Thiel (2020): *Polizei- und Ordnungsrecht*, 4. Aufl., S. 21, S. 84 ff.

2 Zu dem problematischen Ausmaß präventivpolizeilicher Maßnahmen gegen Fußballfans s. A. Furmaniak (2020): »Testfeld Fußball: Repressiver Alltag im Spieltag«, in: *Bürgerrechte & Polizei/CILIP* 123, S. 55

3 Gusy (2017), S. 113 ff.; C. Gusy & C. Worms (2021): »PolG NRW § 1«, Rn. 111 ff., in: M. Möstl & D. Kugelmann (Hg.), *BeckOK Polizei- und Ordnungsrecht NRW*, 19. Edition

4 BKA (2021): *Polizeiliche Kriminalstatistik. Grundtabelle T01, V1.0.*

5 T. Singelnstein & K.-L. Kunz (2021): *Kriminologie*, 8. Aufl., S. 307

6 Zur Dominanz der Polizei im Ermittlungsverfahren s. etwa U. Eisenberg & R. Kölbel (2017): *Kriminologie*, 7. Aufl., § 27 Rn. 8; N. Pütter (2003): »Polizei und Staatsanwaltschaft«, in: H.-J. Lange (Hg.), *Die Polizei der Gesellschaft*, S. 265

7 Zur inzwischen großen Bedeutung solcher sogenannten Opportunitätseinstellungen s. J. Berberich & T. Singelnstein (2019): »Die Informalisierung der strafprozessualen Verfahrenserledigung als Ausdruck einer ambivalenten Rekonfiguration strafrechtlicher Sozialkontrolle«, in: *KrimJ* 51, S. 192

8 Statistisches Bundesamt (Hg.) (2021): *Verkehr – Verkehrsunfälle 2020, Fachserie 8 Reihe 7*, S. 44

9 European Committee for the Prevention of Torture and Inhuman or Degrading Treatment or Punishment (CPT) (2019): *Report to the German*

Government on the visit to Germany from 13 to 15 August 2018, CPT/Inf, S. 14; se/haz (afp, dpa, ap) (08. 05. 2019): »Europarat prangert Gewalt bei Abschiebung an«, in: *DW*, https://www.dw.com/de/europarat-prangert-gewalt-bei-abschiebung-an/a-48666127 (abgerufen am 03. 01. 2022)

10 R. Michel (15. 04. 2020): »Abschiebungen – nicht nur für Betroffene belastend«, in: *Weser Kurier*, https://www.weser-kurier.de/bremen/abschiebungen-ein-bremer-polizist-erzaehlt-doc7e47v3x4xg0y5tbt8aa (abgerufen am 03. 01. 2022)

11 Deutscher Bundestag (25. 02. 2021): *Antwort der Bundesregierung auf die Kleine Anfrage der Abgeordneten Ulla Jelpke, Dr. André Hahn, Gökay Akbulut, weiterer Abgeordneter und der Fraktion DIE LINKE*, BT-Drucksache 19/26156

12 Ebd., S. 28

13 Oftmals wird das SEK irrtümlich als »Sondereinsatzkommando« bezeichnet. Das war allerdings der Name einer Sondereinheit der SS im Nationalsozialismus (»Sondereinsatzkommando Eichmann«).

14 Bürgerschaft der Freien und Hansestadt Hamburg (2017): *Schriftliche Kleine Anfrage der Abgeordneten Christiane Schneider und Cansu Özdemir (DIE LINKE) vom 08. 09. 17 und Antwort des Senats*, BS-Drucksache 21/10331; M. Wichmann (16. 07. 2017): »G20: Sondereinsatzkommando zielte auf Sanitäter«, in: *Neues Deutschland*, https://www.nd-aktuell.de/artikel/1057516.g-sondereinsatzkommando-zielte-auf-sanitaeter.html (abgerufen am 03. 01. 2022); N. N. (11. 07. 2017): »Das SEK kam mit Gewehren ins Haus«, in: *t-online*, https://www.t-online.de/nachrichten/deutschland/id_81637886/anwohner-ueber-g20-krawalle-sek-kam-mit-gewehren-in-unser-haus-.html (abgerufen am 05. 02. 2022)

15 A. Vitale (2021): *The End of Policing*, 2. Aufl., S. 31 f.

16 DBB (24. 08. 2017): »DPolG-Forderung erfüllt: Richtervorbehalt bei Trunkenheits- und Drogenfahrten entfällt«, in: *dbb.de*, https://www.dbb.de/artikel/dpolg-forderung-erfuellt-richtervorbehalt-bei-trunkenheits-und-drogenfahrten-entfaellt (abgerufen am 10. 01. 2022)

17 A. Vera (2019): *Von der »Polizei der Demokratie« zum »Glied und Werkzeug der nationalsozialistischen Gemeinschaft«*, S. 78 ff.; C. Emsley (2021): *A Short History of Police and Policing*, S. 13 ff.; P. B. Adamson (1991): »Some Comments on the Origin of the Police«, in: *Police Studies: The International Review of Police Development 14(1)*, S. 1; D. M. Pritchard (2018): »The Archers of Classical Athens«, in: *Greece & Rome 65(1)*, S. 86

18 S. zu dieser Frage auch Vera (2019), S. 79 f.

19 D. W. Sutherland (1983): *The Eyre of Northamptonshire, 3–4 Edward III, A.D. 1329–1330*, vol. 1, S. 168 f. zitiert nach: P. Rawlings (2008): »Policing before the police«, in: T. Newburn (Hg.), *Handbook of Policing*, S. 47 (48)

20 R. Reiner (2010): *The Politics of the Police*, 4. Aufl., S. 3 ff.

21 Zur Begriffsgeschichte vgl. K. Härter (2016): »Sicherheit und gute Policey im frühneuzeitlichen Alten Reich«, in: B. Dollinger & H. Schmidt-Semisch (Hg.), *Sicherer Alltag? Politiken und Mechanismen der Sicherheitskonstruktion im Alltag*, S. 29; P. Nitschke (1992): »Von der Politeia zur Polizei«, in: *Zeitschrift für Historische Forschung 19(1)*, S. 1; viel zitiert in diesem Zusammenhang auch stets J. von Sonnenfeld (1770): *Grundsätze der Polizey, Handlung und Finanzwissenschaft*

22 Härter (2016), S. 29 (S. 39 ff.); M. Neocleous (1998): »Policing and pin-making: Adam Smith, police and the state of prosperity«, in: *Policing and Society 8(4)*, S. 425

23 D. Loick (2018): »Was ist Polizeikritik?«, in: D. Loick (Hg.), *Kritik der Polizei*, S. 9 (15)

24 Emsley (2021), S. 78 ff.; G. L. Kelling et al. (2021): »Police«, in: *Encyclopedia Britannica*, https://www.britannica.com/topic/police; Reiner (2010), S. 39 ff.

25 J. Lepore (20. 07. 2020): »The Long Blue Line: Inventing the Police«, in: *The New Yorker*; Vitale (2021), S. 35 ff.

26 Vgl. R. Jessen (2003): »Polizei im Kaiserreich – Tendenzen und Grenzen der Demilitarisierung und ›Professionalisierung‹«, in: H.-J. Lange (Hg.), *Die Polizei der Gesellschaft*, S. 19

27 S. M. Wilz (2012): »Die Polizei als Organisation«, in: M. Apelt & V. Tacke (Hg.), *Handbuch Organisationstypen*, S. 113 (115 f.)

28 J. Knatz (2003): »Polizei in der Weimarer Republik – Orientierungssuche zwischen Tradition und Modernisierung«, in: H.-J. Lange (Hg.), *Die Polizei der Gesellschaft*, S. 37 (39)

29 H.-H. Liang (1977): *Die Berliner Polizei in der Weimarer Republik*, S. 54 ff.

30 Ch. Bowlby (1986): »Blutmai 1929: Police, Parties and Proletarians in a Berlin Confrontation«, in: *The Historical Journal* 29, S. 137 (149 f.)

31 Vera (2019), S. 434 ff.

32 S. Buckel (2008): »Zwischen Schutz und Maskerade: Kritik(en) des Rechts«, in: A. Demirović (Hg.), *Kritik und Materialität*, S. 110 (122) unter Verweis auf Luhmann

33 D. Goldhagen (1997): *Hitler's Willing Executioners*, S. 182 ff.; K. Schneider (2011): *»Auswärts eingesetzt«: Bremer Polizeibataillone und der Holocaust*, S. 456 ff.

34 S. Noethen (2003): »Polizei in der Besatzungszeit – Vorstellungen und Einflüsse der Alliierten«, in: H.-J. Lange (Hg.), *Die Polizei der Gesellschaft*, S. 77 (84 ff.)

35 D. Schenk (2008): »Personelle und organisatorische Verknüpfungen des BKA zu Vorgängerinstitutionen«, in: Bundeskriminalamt (Hg.), *Das Bundeskriminalamt stellt sich seiner Geschichte*, S. 111 (112 ff.); s. auch I. Baumann (2011): »Paul Dickopf (1910–1973): Geheimagent, Spin Doctor und BKA-Präsident«, in: Bundeskriminalamt (Hg.), *Schatten der Vergangenheit. Das BKA und seine Gründungsgeneration in der frühen Bundesrepublik*, S. 69

36 D. Schenk (2003): *Die braunen Wurzeln des BKA*, S. 19

37 Schenk (2008), S. 118

38 R. Behr (2020): »›Policey‹ in der Krise? Zur Neujustierung der Rolle der Polizei und von Sicherheit und Ordnung in einer Gesellschaft im Wandel – ein Essay« in: G. Terizakis, S. Sell & C. Hamm (Hg.), *Innere Sicherheit als geteilte Verantwortung*, S. 19

39 Vitale (2021), S. 31 ff.; E. von Dömming (2021): »Die ganz normale Gewalt«, in: *iz3w 383*, https://www.iz3w.org/zeitschrift/ausgaben/383_Polizeigewalt/vondoemming (abgerufen am 10. 01. 2022)

40 Vitale (2021), S. 34 [eigene Übersetzung]

41 D. Fassin (2018): »Die Politik des Ermessensspielraums: Der ›graue Scheck‹ und der Polizeistaat«, in: D. Loick (Hg.), *Kritik der Polizei*, S. 135; M. Jasch (2019): »Rechtsdurchsetzung durch die Polizei«, in: C. Boulanger, J. Rosenstock & T. Singelnstein (Hg.), *Interdisziplinäre Rechtsforschung*, S. 227; F. Jobard (2013): »Zur politischen Theorie der Polizei«, in: *WestEnd. Neue Zeitschrift für Sozialforschung 10 (1)*, S. 65

42 T. Dangelmaier (2021): »›Den richtigen Riecher haben‹ – Die Bedeutung von Narrativen im Kontext proaktiver Polizeiarbeit«, in: *KrimOJ 3 (4)*, S. 359 (359 ff.)

43 Jasch (2019)

44 Dangelmaier (2021), S. 359 (363 ff.); J. Feest & E. Blankenburg (1972): *Die Definitionsmacht der Polizei. Strategien der Strafverfolgung und soziale Selektion*

45 Loick (2018), S. 9 (22 f.)

46 A. Groenemeyer (2010): *Doing Social Problems: Mikroanalysen der Konstruktion sozialer Probleme und sozialer Kontrolle in institutionellen Kontexten*; D. Negnal (2020): »Gefährliche Gruppen. Zur Personifizierung sozialer Probleme«, in: *SozProb 31 (1–2)*, S. 37

47 F. Neubacher & N. Bögelein (2021): »Kriminalität der Armen – Kriminali-

sierung von Armut?«, in: *MschrKrim 104 (2)*, S. 107; R. Steinke (2022): *Vor dem Gesetz sind nicht alle gleich*

48 N. N. (14. 07. 2017): »Danke, Polizei! Urlaubsreise für jeden verletzten G20-Polizisten«, in: *BILD*, https://www.bild.de/news/inland/g20-gipfel/danke-polizei-52552884.bild.html (abgerufen am 03. 01. 2022)

49 J. Lauterbach (22. 10. 2013): »Prügelpolizist fährt Rentner ins Koma«, in: *Märkische Allgemeine*, https://www.maz-online.de/Lokales/Brandenburg-Havel/Pruegelpolizist-faehrt-Rentner-ins-Koma (abgerufen am 10. 01. 2022)

50 Loick (2018), S. 9 (9 f.)

51 Europäische Kommission (2021): *Standard-Eurobarometer 94, Winter 2020/2021, Anlage – Die öffentliche Meinung in der europäischen Union*; infratest dimap (2020): »Vertrauen in die Polizei«, https://www.infratest-dimap.de/umfragen-analysen/bundesweit/umfragen/aktuell/vertrauen-in-die-polizei/ (abgerufen am 10. 01. 2022); K.-H. Reuband (2012): »Vertrauen in die Polizei und staatliche Institutionen: Konstanz und Wandel in den Einstellungen der Bevölkerung 1984–2011«, in: *SozProb 23 (1)*, S. 5; RTL/ntv-Trendbarometer & FORSA-AKTUELL (2021): »Institutionen-Ranking 2021«, https://www.presseportal.de/pm/72183/4808331 (abgerufen am 10. 01. 2022)

52 infratest dimap (2020)

53 C. Birkel u. a. (2019): *Der deutsche Viktimisierungssurvey 2017*, S. 65

54 N. Leitgöb-Guzy (2021): *Vertrauen in und Erfahrungen mit Polizei und Justiz unter Personen mit Migrationshintergrund*, S. 18 ff.

55 Birkel u. a. (2019), S. 63, 73 ff.; zu den distributiven bzw. prozessualen Dimensionen s. auch D. Baier & K. Ellrich (2014): »Vertrauen in die Polizei im Spiegel verschiedener Befragungsstudien«, in: K. Ellrich & D. Baier (Hg.), *Polizeibeamte als Opfer von Gewalt*, S. 43; R. Martin & B. Bradford (2021): »The anatomy of police legitimacy: Dialogue, power and procedural justice«, in: *Theoretical Criminology 25 (4)*, S. 559; K. Morrell, B. Bradford & B. Javid (2020): »What does it mean when we ask the public if they are ›confident‹ in policing? The trust, fairness, presence model of ›public confidence‹«, in: *International Journal of Police Science & Management 22 (2)*, S. 111; K. Murphy & A. Cherney (2018): »Policing marginalized groups in a diverse society«, in: D. Oberwittler & S. Roché (Hg.), *Police-Citizen Relations Across the World*, S. 153

56 Birkel u. a. (2019), S. 72 ff.

57 Leitgöb-Guzy (2021), S. 17

58 Birkel u. a. (2019), S. 75

59 Leitgöb-Guzy (2021); Sachverständigenrat für Integration und Migration (2020): *SVR-Integrationsbarometer 2020*, S. 22 ff.; s. aber auch Baier & Ellrich (2014) zu Differenzierungen

60 J. Aikins u. a. (2021): *Afrozensus 2020: Perspektiven, Anti-Schwarze Rassismuserfahrungen und Engagement Schwarzer, afrikanischer und afrodiasporischer Menschen in Deutschland*, S. 255

61 M. Schiefer & T. Stichling (2017): »Misstrauen gegenüber der Polizei im Fußball«, in: A. Schneider, J. Köhler & F. Schumann (Hg.), *Fanverhalten im Sport. Angewandte Forschung im Sport, S. 77*

62 infratest dimap (2020): »Polizeivergehen: Mehrheit für polizeiunabhängige Beschwerde- und Ermittlungsbehörde«, https://www.infratest-dimap.de/umfragen-analysen/bundesweit/umfragen/aktuell/mehrheit-fuer-polizeiunabhaengige-beschwerde-und-ermittlungsbehoerde-fuer-polizeivergehen/ (abgerufen am 10. 01. 2022)

63 J. Künkel (2014): »Intersektionalität, Machtanalyse, Theorienpluralität. Eine Replik zur Debatte um kritische Polizeiforschung«, in: *sub\urban 2 (2)*, S. 77 (79 f.); P. Ullrich (2018): »Videoüberwachung von Demonstrationen und die Definitionsmacht der Polizei. Zwischen Objektivitätsfiktion und selektiver Sanktionierung«, in: *Österreichische Zeitschrift für Soziologie 43 (4)*, S. 323 (326 ff.)

64 D. Hunold, T. Dangelmaier & E. Brauer (2021): »Soziale Ordnung und Raum – Aspekte polizeilicher Raumkonstruktion«, in: *SozProb 32 (3)*, S. 19

65 L. Abdul-Rahman, H. Espín Grau, L. Klaus & T. Singelnstein (2020): *Rassismus und Diskriminierungserfahrungen im Kontext polizeilicher Gewaltausübung. Zweiter Zwischenbericht zum Forschungsprojekt »Körperverletzung im Amt durch Polizeibeamt*innen« (KviAPol)*, S. 33 ff.

66 D. Oberwittler, A. Schwarzenbach & D. Gerstner (2011): *Polizei und Jugendliche in multiethnischen Gesellschaften*, S. 38

67 L. Abdul-Rahman (2022): »Vertrauens- und Legitimitätsbrüche: Was bedeutet Rassismus durch die Polizei für die Gesellschaft?«, in: D. Hunold & T. Singelnstein (Hg.), *Rassismus in der Polizei. Eine wissenschaftliche Bestandsaufnahme* (im Erscheinen)

68 Oberwittler, Schwarzenbach & Gerstner (2011), S. 36

69 Aikins u. a. (2021), S. 89 ff.

70 Jobard (2013), S. 65 (70 ff.)

71 J. Ransom (18. 06. 2019): »Trump Will Not Apologize for Calling for Death Penalty Over Central Park Five«, in: *The New York Times*, https://www.nytimes.com/2019/06/18/nyregion/central-park-five-trump.html (abgerufen am 10. 01. 2022)

72 T. Schweer & H. Strasser (2008): »Einblick: Cop Culture und Polizeikultur«, in: T. Schweer, H. Strasser & S. Zdun (Hg.), *»Das da draußen ist ein Zoo, und wir sind die Dompteure«: Polizisten im Konflikt mit ethnischen Minderheiten und sozialen Randgruppen*, S. 11 (24 ff.)

73 C. Skutsch & E. Quinn (2007): »Ireland: The Troubles Since 1968«, in: J. Ciment (Hg.), *Encyclopedia of Conflicts Since World War II*, 2. Aufl., S. 830 (833); House of Commons – Select Committee on Northern Ireland Affairs (1998): *Northern Ireland Affairs – Third Report*; Human Rights Watch (1999): »Briefing paper for the independent Commission on Policing for Northern Ireland«, in: Committee on International Relations (Hg.), *The Need for New and Acceptable Policy in Northern Ireland. Hearing Before the Committee on International Relations, House of Representatives, April 22, 1999, Serial No. 106–16*, S. 243 (244); M. Mates (1993): *Royal Ulster Constabulary, UK Parliament: Written answer, HC Deb 26 January 1993, vol 217 cc660-9W*; G. Moriarty (28. 07. 1998): »Proposed ban on RUC in Orange Order opposed«, in: *The Irish Times*, https://www.irishtimes.com/news/proposed-ban-on-ruc-in-orange-order-opposed-1.177539 (abgerufen am 03. 01. 2022)

74 J. McGarry (2004): »The Politics of Policing Reform in Northern Ireland«, in: J. McGarry & B. O'Leary (Hg.), *The Northern Ireland Conflict: Consociational Engagements*, S. 371

75 N. N. (16. 07. 2019): »›All Cops Are Bastards‹ – Junge Polizisten kämpfen gegen Schmierereien«, in: *WELT*, https://www.welt.de/regionales/nrw/article196931171/Die-Polizei-im-Ruhrgebiet-hat-ein-Imageproblem.html (abgerufen am 03. 01. 2022)

76 P. Stolle (2021): »›Stammbaumforschung‹ in Stuttgart. Die Nationalität der Eltern und die Delinquenz ihrer Kinder als neue Form der rassistischen Zuschreibung«, in: B. Derin u. a. (Hg.), *Grundrechte-Report 2021*, S. 109

77 Statistisches Bundesamt (Hg.) (2021): *Bevölkerung und Erwerbstätigkeit – Ausländische Bevölkerung 2020, Fachserie 1 Reihe 2*, S. 17 f.; Statistisches Bundesamt (Hg.) (2021): *Bevölkerung und Erwerbstätigkeit – Bevölkerung mit Migrationshintergrund 2020, Fachserie 1 Reihe 2.2*, S. 56

78 Loick (2018), S. 9 (11)

Kapitel 2 – Die Polizei als Organisation

1 M. Mielke (26. 10. 2006): »Bundespolizisten zelebrierten Rechtsextremismus«, in: *Welt*, https://www.welt.de/print-welt/article89960/Bundespolizisten-zelebrierten-Rechtsextremismus.html (abgerufen am 03. 01. 2022); T. Rogalla (26. 10. 2006): »Beamte nutzten Symbole und Lieder der Szene / Gericht bestätigt fristlose Entlassung: Rechtsextremisten in Polizeiuniform«, in: *Berliner Zeitung*, https://www.berliner-zeitung.de/beamte-nutzten-symbole-und-lieder-der-szene-gericht-bestaetigt-fristlose-entlassung-rechtsextremisten-in-polizeiuniform-li.46920?pid=true (abgerufen am 03. 01. 2022)

2 Statistisches Bundesamt (Hg.) (22. 06. 2021): »Pressemitteilung Nr. 289 vom 22. Juni 2021: Öffentlicher Dienst 2020: Personalzuwachs bei Kitas und Polizei hält an«, https://www.destatis.de/DE/Presse/Pressemitteilungen/2021/06/PD21_289_741.html (abgerufen am 03. 01. 2022)

3 Jeweils in Vollzeitäquivalenten gerechnet, Statistisches Bundesamt (Hg.) (22. Juni 2021): »Vollzeitäquivalent der Beschäftigten im Aufgabenbereich Polizei in den Kernhaushalten des Bundes und der Länder«, https://www.destatis.de/DE/Themen/Staat/Oeffentlicher-Dienst/Tabellen/beschaeftigten-polizei.html (abgerufen am 03. 01. 2022)

4 Ebd.

5 Ebd.

6 Statistisches Bundesamt (Hg.) (21. 06. 2021): »Bevölkerung nach Nationalität und Bundesländern«, https://www.destatis.de/DE/Themen/Gesellschaft-Umwelt/Bevoelkerung/Bevoelkerungsstand/Tabellen/bevoelkerung-nichtdeutsch-laender.html (abgerufen am 03. 01. 2022)

7 S. M. Wilz (2012): »Die Polizei als Organisation«, in: M. Apelt & V. Tacke (Hg.), *Handbuch Organisationstypen*, S. 113 (121 f.)

8 N. N. (03. 07. 2017): »Tumult bei Polizeieinsatz gegen genehmigtes G-20-Protestcamp«, in: *Tagesspiegel*, https://www.tagesspiegel.de/politik/g-20-gipfel-in-hamburg-tumult-bei-polizeieinsatz-gegen-genehmigtes-g-20-protestcamp/20009806.html (abgerufen am 20. 12. 2021); N. N. (03. 07. 2017): »Polizei zeigt Härte – und räumt Protestcamp«, in: *SPIEGEL*, https://www.spiegel.de/politik/deutschland/g20-gipfel-in-hamburg-tumulte-bei-protestcamp-in-entenwerder-a-1155636.html (abgerufen am 20. 12. 2021). Das Verwaltungsgericht bestätigte das Schlafverbot zunächst, das Oberverwaltungsgericht gestattete mit Beschluss vom 5. Juli (4 Bs 148/17) bis zu 300 Schlafzelte, da war das

Camp allerdings längst geräumt, s. N. N. (05. 07. 2017): »Demonstranten dürfen in Entenwerder übernachten«, in: *Süddeutsche Zeitung*, https://www.sueddeutsche.de/politik/hamburg-demonstranten-duerfen-in-entenwerder-uebernachten-1.3575584 (abgerufen am 20. 12. 2021)

9 M. Koppers & M. Weidling (2021): »Verhältnis der Staatsanwaltschaft zur Polizei«, in: R. P. Anders, K. Graalmann-Scheerer & J. H. Schady (Hg.), *Innovative Entwicklungen in den deutschen Staatsanwaltschaften*, S. 73

10 hut/agr/le/dpa (19. 02. 2019): »Missbrauchsfall in Lügde – Beweismittel bei der Polizei verschwunden«, in: *SPIEGEL*, https://www.spiegel.de/panorama/justiz/luegde-beweismittel-bei-der-polizei-verschwunden-a-1254495.html (abgerufen am 03. 01. 2022)

11 N. N. (03. 04. 2012): »Polizei ermittelt gegen Polizei«, in: *SPIEGEL*, https://www.spiegel.de/panorama/justiz/polizei-raeumt-fehler-in-ermittlungen-gegen-emdener-verdaechtigen-ein-a-825571.html (abgerufen am 03.01.2022)

12 L. Theune (2020): *Polizeibeamte als Berufszeugen in Strafverfahren*

13 M. Wendekamm & T. Model (2019): »Arbeitskultur und Berufsbilder der Polizei«, in: H.-J. Lange, T. Model & M. Wendekamm (Hg.), *Zukunft der Polizei*. Forum für Verwaltungs- und Polizeiwissenschaft, S. 261 (265)

14 Wendekamm & Model (2019), S. 261 (265)

15 Statistisches Bundesamt (Hg.) (18. 09. 2020): »Pressemitteilung Nr. N 057: Zahl der Polizeianwärterinnen und -anwärter seit 2010 mehr als verdoppelt«, https://www.destatis.de/DE/Presse/Pressemitteilungen/2020/09/PD20_N057_742.html (abgerufen am 03. 01. 2022)

16 Statistisches Bundesamt (Hg.) (2021): *Finanzen und Steuern – Personal des öffentlichen Dienstes 2020, Fachserie 14 Reihe 6*, S. 48

17 Dazu die Beiträge in: *Polizei. Wissen*, Ausgabe 01/2020 »Sozialwissenschaften für die Polizei«

18 Expertenkommission »Verantwortung der Polizei in einer pluralistischen Gesellschaft« (2021): *Die gute Arbeit der Polizeibeamten stärken, Fehlverhalten frühzeitig erkennen und ahnden. Abschlussbericht*, https://innen.hessen.de/sites/innen.hessen.de/files/2021-10/20210712_abschlussbericht_experten-kommission.pdf (abgerufen am 03. 01. 2022), S. 51 ff.; B. Opitz (1993): »Ausbildung und ›Praxisschock‹ – Missverhältnis zwischen Berufserwartung, Ausbildung und Berufsalltag«, in: *Bürgerrechte & Polizei/CILIP 46*, S. 42

19 S. Dornfeldt, W. Nettelnstroth & H. Binder (2014): »Motivation für den Polizeiberuf und Werte angehender Polizeibeamter«, in: *Oranienburger Schriften 1/2014*, S. 71; H. Groß (2016): »Grundlagen der Nachwuchssorge bei der Polizei: Wer wird warum Polizist?«, in: *Spectrum 1/2016*, S. 11; H. Groß (2014): »Veränderungen der Berufs- und Studienmotivation von hessischen Polizeistudierenden 2009–2013«, in: *Spectrum 1/2014, S.* 8; C. Scheer (2010): *Hält die Polizei, was sich Polizisten von ihr versprochen haben?*

20 C. Dübbers (2015): *Von der Staats- zur Bürgerpolizei? Empirische Studien zur Kultur der Polizei im Wandel*, S. 55 ff.

21 A. Altis (2018): »Entwicklung der Beschäftigung im Öffentlichen Dienst bis 2017«, in: *WISTA – Wirtschaft und Statistik 5/2018*, S.57 (66)

22 Statistisches Bundesamt (Hg.) (2021): *Finanzen und Steuern – Personal des öffentlichen Dienstes 2020, Fachserie 14 Reihe 6*, S. 48 (65)

23 K. Tielemann (1993): »Frauen in der Schutzpolizei«, in: *Bürgerrechte & Polizei/CILIP 46*, S. 18. In der Volkspolizei der DDR waren Frauen von Beginn an mit einem Anteil von unter zehn Prozent vertreten, zudem gab es eine Phase der frühen BRD bis 1952, in der einige Länder nach alliiertem Vorbild vorübergehend Schutzpolizistinnen einstellten, vgl. B. Blum (2012): »›Frauenwohlfahrtspolizei‹ – ›Emma Peels‹ – ›Winkermiezen‹. Frauen in der deutschen Polizei 1903–1970«, in: *SIAK-Journal – Zeitschrift für Polizeiwissenschaft und polizeiliche Praxis 9 (2)*, S. 74

24 Statistisches Bundesamt (Hg.) (18. 09. 2020): »Pressemitteilung Nr. N 057: Zahl der Polizeianwärterinnen und -anwärter seit 2010 mehr als verdoppelt«, https://www.destatis.de/DE/Presse/Pressemitteilungen/2020/09/PD20_N057_742.html (abgerufen am 03. 01. 2022)

25 Statistisches Bundesamt (Hg.)(2021): *Finanzen und Steuern – Personal des öffentlichen Dienstes 2020, Fachserie 14 Reihe 6*, S. 58

26 Mediendienst Integration (2021): *Interkulturelle Öffnung – Polizist*innen mit Migrationshintergrund*

27 Mediendienst Integration (2014): *Anteil der Beamten mit Migrationshintergrund in Polizei und Verfassungsschutz*; s. auch Daten bei Dübbers (2015), S. 189 ff.

28 Mediendienst Integration (2021)

29 P. Gensing (17. 12. 2018): »Wie tickt die Polizei?«, in: *Tagesschau*, https://www.tagesschau.de/faktenfinder/inland/polizei-einstellungen-101.html (abgerufen 04. 01. 2022); L. Holzki (31. 08. 2018): »Wie rechts ist die Polizei?«, in: *Süddeutsche Zeitung*, https://www.sueddeutsche.de/karriere/polizei-und-rechte-viele-polizisten-der-unteren-dienstraenge-erleben-sich-als-kleine-raedchen-im-getriebe-1.4111545 (abgerufen am 04. 01. 2022); M. Herrnkind (2021a): »Cop Culture meets Bourdieu«, in: A. Ruch & T. Singelnstein (Hg.), *Auf neuen Wegen. Kriminologie, Kriminalpolitik und*

Polizeiwissenschaft aus interdisziplinärer Perspektive. Festschrift für Thomas Feltes zum 70. Geburtstag, S. 345 (358)

30 N. Krott, E. Krott & I. Zeitner (2018): »Xenophobic attitudes in German police officers: A longitudinal investigation from professional education to practice«, in: *International Journal of Police Science & Management 20 (3)*, S. 174; S. Kemme, I. Essien & M. Stelter (2020): »Antimuslimische Einstellungen in der Polizei?«, in: *MschrKrim 103 (2)*, S. 129

31 Hessisches Ministerium des Innern und für Sport (2020): *Polizeiliche Alltagserfahrungen – Herausforderungen und Erfordernisse einer lernenden Organisation. Darstellung erster Ergebnisse der Umfrage*

32 C. Dübbers (2017): »Kultur der Polizei – The Next Generation«, in: J. Stierle, D. Wehe & H. Siller (Hg.), *Handbuch Polizeimanagement*, S. 419

33 T. Peter (08. 12. 2016): »Das Prinzip Rainer Wendt – ein Kommentar«, https://amnesty-polizei.de/das-prinzip-rainer-wendt-ein-kommentar/ (abgerufen am 04. 01. 2022); M. Kiyak (11. 11. 2015): »Die Moslem-Problematisier-Maschine läuft«, in: *Zeit Online*, https://www.zeit.de/kultur/2015-11/muslime-kiayk-deutschstunde/komplettansicht (abgerufen am 04. 01. 2022)

34 T. Schweer & H. Strasser (2003): »›Die Polizei – dein Freund und Helfer?!‹ – Duisburger Polizisten im Konflikt mit ethnischen Minderheiten und sozialen Randgruppen«, in: A. Groenemeyer & J. Mansel (Hg.), *Die Ethnisierung von Alltagskonflikten*, S. 229

35 T. Schweer & H. Strasser (2008): »Einblick: Cop Culture und Polizeikultur«, in: T. Schweer, H. Strasser & S. Zdun (Hg.), *»Das da draußen ist ein Zoo, und wir sind die Dompteure«: Polizisten im Konflikt mit ethnischen Minderheiten und sozialen Randgruppen*, S. 11

36 Wilz (2012), S. 113 (124 f.)

37 Deutscher Bundestag (19. 12. 2018): *Antwort der Bundesregierung auf die Kleine Anfrage der Abgeordneten Dr. Jens Brandenburg (Rhein-Neckar), Benjamin Strasser, Stephan Thomae, weiterer Abgeordneter und der Fraktion der FDP*, BT-Drucksache 19/6631; I. Hofmann (22. 01. 2021): »Polizeidienst steht jetzt auch trans und inter* Personen offen«, in: *Tagesspiegel*, https://www.tagesspiegel.de/gesellschaft/queerspiegel/dienstvorschriften-fuer-die-polizei-geaendert-polizeidienst-steht-jetzt-auch-trans-und-inter-personen-offen/26842606.html (abgerufen am 04. 01. 2022)

38 C. Howe (2016): »Flanierende Polizeiarbeit im Quartier«, in: *SIAK-Journal – Zeitschrift für Polizeiwissenschaft und polizeiliche Praxis 13 (4)*, S. 29 (36 ff.)

39 B. Belina (2018): »Wie Polizei Raum und Gesellschaft gestaltet«, in: D. Loick (Hg.), *Kritik der Polizei*, S. 119; T. Singelnstein & K.-L. Kunz (2021): *Kriminologie*, 8. Aufl., S. 381 ff.

40 J. Nicolas (2022): »›Doing Ordnungspartnerschaft (while doing Corona Crisis)‹ – Eine ethnographische Studie der polizeilichen Ordnungssicherung in der Krise«, in: S. Jakob & N. Obitz (Hg.), *Solidarität und Krise. Sozialpädagogische Perspektiven auf Herausforderungen unter krisenhaften Bedingungen* (im Erscheinen)

41 K. Thorwarth (15. 10. 2021): »#Pimmelgate: Fall um Innensenator Grote geht in die nächste Runde«, in: *Frankfurter Rundschau*, https://www.fr.de/panorama/pimmelgate-hamburg-hausdurchsuchung-pimmel-tweet-innensenator-andy-grote-kritik-beleidigung-90970021.html (abgerufen am 04. 01. 2022)

42 Vgl. etwa A. Roth (2021): »Digitale Gewalt: Überall und nirgends«, in: *Bürgerrechte & Polizei/CILIP 126*, S. 56

43 J. Reichertz (1990): »›Meine Schweine erkenne ich am Gang‹ – zur Typisierung typisierender Kriminalpolizisten«, in: *KrimJ 22 (3)*, S. 194

44 D. Fassin (2018): *Der Wille zum Strafen*, S. 47 ff.; F. Jobard (2013): »Zur politischen Theorie der Polizei«, in: *WestEnd. Neue Zeitschrift für Sozialforschung 13 (1)*, S. 65 (70 ff.)

45 G. Strohmeier (2010): *Studie zur Berufszufriedenheit in der Bundespolizei (Strohmeier-Studie)*, https://www.gdp.de/gdp/gdp.nsf/id/p110402/$file/StrohmeierStudie.pdf (abgerufen am 04. 01. 2022); T. Ohlemacher u. a. (2002): *Polizei im Wandel. KFN-Forschungsberichte Nr. 87*, https://kfn.de/wp-content/uploads/Forschungsberichte/FB_87.pdf (abgerufen am 04. 01. 2022)

46 R. Jurkschat (08. 07. 2021): »Die unsichtbaren Krisen der Berliner Polizei«, in: *RBB24*, https://www.rbb24.de/panorama/beitrag/2021/07/berlin-polizei-suizide-psychologie-psychosozialer-dienst-trauma.html (abgerufen am 04. 01. 2022); GdP (10. 09. 2019): »GdP fordert strukturelle Erfassung von Suiziden in der Berliner Polizei«, https://www.gdp.de/gdp/gdp.nsf/id/de_gdp-fordert-strukturelle-erfassung-von-suiziden-in-der-berliner-polizei (abgerufen 04. 01. 2022)

47 M. Heyman, J. Dill & R. Douglas (2018): *The Ruderman White Paper on Mental Health and Suicide of First Responders*, https://dir.nv.gov/uploadedFiles/dirnvgov/content/WCS/TrainingDocs/First%20Responder%20White%20Paper_Final%20(2).pdf (abgerufen am 04. 01. 2022)

48 J. Navarro (2014): *Die Psychopathen unter uns*

49 D. Bensmail (2021): »Ausgebrannt«, in: *Deutsche Polizei 70 (11)*, S. 5;

J. Jager, T. Klatt & T. Bliesener (2013): *Gewalt gegen Polizeibeamtinnen und Polizeibeamte. Abschlussbericht,* S. 143, 340 f.

50 Stabsstelle Rechtsextremistische Tendenzen in der Polizei NRW (2021): *Abschlussbericht, Band 1 – Auftrag, Lagebild, Datenerhebungen und Handlungsempfehlungen,* https://www.im.nrw/system/files/media/document/file/berichtstrechtsband1.pdf (abgerufen am 04. 01. 2022).

51 Schweer & Strasser (2008), S. 11 (34)

52 R. Behr (2008): *Cop Culture – Der Alltag des Gewaltmonopols: Männlichkeit, Handlungsmuster und Kultur in der Polizei,* 2. Aufl.

53 A. Vera & K. Kölling (2012): »Cop Culture in einer alternden Polizei«, in: A. Vera (Hg.), *Polizei und demographischer Wandel,* S. 1

54 R. Behr (2022): »›Polizeigewalt hat es nicht gegeben‹. Cop Culture als Disposition für Dominanz, Überlegenheit und Grenzüberschreitung im polizeilichen Alltagshandeln«, in: D. Hunold & T. Singelnstein (Hg.), *Rassismus in der Polizei. Eine wissenschaftliche Bestandsaufnahme* (im Erscheinen)

55 Ebd.

56 Herrnkind (2021a), S. 345 (348 ff.)

57 U. Behrendes & M. Stenner (2008): »Bürger kontrollieren die Polizei?«, in: P. Leßmann-Faust (Hg.), *Polizei und Politische Bildung,* S. 45 (66 f.)

58 R. Paul (20. 05. 2015): »Mit der Waffe am Kopf«, in: *taz,* https://taz.de/Polizeigewalt/!5200565/ (abgerufen am 04. 01. 2022)

59 M. Herrnkind (2021): »Polizisten als Kriminelle und das Schweigen der Dienstgruppe«, in: *Forum Politische Bildung und Polizei 1 (1),* S. 42 (43 f.)

60 E. Brauer (2021): »Polizeiliche Raumproduktionen und Geschlecht«, in: *Bürgerrechte & Polizei/CILIP 126,* S. 35 (43)

61 P. v. Bebenburg (27. 08. 2021): »Sexismus bei hessischer Polizei ›nicht akzeptabel‹ – Insider packt aus«, in: *Frankfurter Rundschau,* https://www.fr.de/rhein-main/landespolitik/hessen-sexismus-in-der-polizei-nicht-akzeptabel-90943983.html

62 R. Behr (2008): »Polizeiarbeit – immer noch Männersache? Tradition, Hegemonie und die Folgen der Geschlechterdebatte in der Polizei«, in: P. Leßmann-Faust (Hg.), *Polizei und Politische Bildung,* S. 117 (118 ff.)

63 K. Seidensticker (2021): »Aggressive Polizeimännlichkeit«, in: *Bürgerrechte & Polizei/CILIP 126,* S. 27

64 M. Schöne & M. Herrnkind (2020): »›Alles schwule Themen‹ – Kollektive Selbstaffirmationen im Feld Polizei«, in: *Polizei. Wissen. Themen polizeilicher Bildung 4 (1),* S. 5

65 D. Hunold (2019): »›Wer hat jetzt die größeren Eier?!‹ – Polizeialltag,

hegemoniale Männlichkeit und reflexive Ethnografie«, in: C. Howe & L. Ostermeier (Hg.), *Polizei und Gesellschaft,* S. 47 (59 ff.)

66 Brauer (2021)

67 Schweer & Strasser (2008), S. 11 (20 ff.)

68 T. Feltes, A. Klukkert & T. Ohlemacher (2007): »›... dann habe ich ihm auch schon eine geschmiert.‹ Autoritätserhalt und Eskalationsangst als Ursachen polizeilicher Gewaltausübung«, in: *MschrKrim 90 (4),* S. 285 (289 f.); T. Wall (2020): »The police invention of humanity: Notes on the ›thin blue line‹«, in: *Crime, Media, Culture 16 (3),* S. 319

69 R. Behr (2021): »›Dem Guten verpflichtet, vom Bösen bedroht‹. Was man erkennt, wenn Polizist*innen von ihren Werten sprechen. Eine explorative Skizze aus der verstehenden Polizeiforschung«, in: A. Ruch & T. Singelnstein (Hg.), *Auf neuen Wegen. Kriminologie, Kriminalpolitik und Polizeiwissenschaft aus interdisziplinärer Perspektive. Festschrift für Thomas Feltes zum 70. Geburtstag,* S. 333 (333 f.)

70 M. Fiedler (08. 07. 2020): »Ein Dauerkonflikt: Das linke Spektrum und die Polizei«, in: *Weser-Kurier,* https://www.weser-kurier.de/politik/ein-dauerkonflikt-das-linke-spektrum-und-die-polizei-doc7e4ga6s3r91djy31ihn (abgerufen am 04. 01. 2022); DIE LINKE (2021): *Wahlprogramm zur Bundestagswahl 2021,* S. 121 f.; DIE LINKE Bundesausschuss (2021): »Gegen rechte Netzwerke, institutionellen Rassismus und andere gruppenbezogene Menschenfeindlichkeit. Die Polizei demokratisieren! BA Beschluss 2021/015 G.02 vom 7. Mai 2021«, https://www.die-linke.de/partei/parteidemokratie/bundesausschuss/bundesausschuss-2020-2021/beschluesse-und-erklaerungen/detail/gegen-rechte-netzwerke-institutionellen-rassismus-und-andere-gruppenbezogene-menschenfeindlichkeit-die-polizei-demokratisieren/ (abgerufen am 04. 01. 2022); Grüne Jugend (2020): »Polizei neu aufstellen«, https://gruene-jugend.de/2021/05/21/polizei-neu-aufstellen (abgerufen 04. 01. 2022)

71 Behrendes & Stenner (2008), S. 45 (53 ff.)

72 F. Gathmann (05. 06. 2007): »Attentat mit Pustefix?«, in: *SPIEGEL,* https://www.spiegel.de/politik/deutschland/clown-attacken-attentat-mit-pustefix-a-486816.html (abgerufen am 04. 01. 2022)

73 Ministerium des Innern des Landes Brandenburg (Hg.) (2013): *Feindbild Polizei. Wie reden Rechtsextreme über die Polizei?*

74 Behr (2021), S. 333 (334 ff.)

75 Behr (2022)

76 H.-J. Heuer (2009): »Fremde als Belastung und Gefährdung«, in: K. Liebl

(Hg.), *Polizei und Fremde – Fremde in der Polizei,* S. 45 (56); C. Schwerdtfeger (17. 03. 2016): »Justiz zu lasch gegen Nordafrikaner«, in: *RP ONLINE,* https://rp-online.de/nrw/panorama/nrw-justiz-zu-lasch-gegen-nordafrikaner_aid-9631191 (abgerufen am 04. 01. 2022); D. Banse (30. 01. 2004): »Polizei kritisiert: Justiz zu lasch im Umgang mit Kriminellen«, in: *WELT,* https://www.welt.de/print-welt/article289960/Polizei-kritisiert-Justiz-zu-lasch-im-Umgang-mit-Kriminellen.html (abgerufen am 04. 01. 2022)

77 M. Jasch (2017): »Fehlerkultur und Polizei«, in: B. Frevel u. a. (Hg.), *Facetten der Polizei- und Kriminalitätsforschung. Festschrift für Karlhans Liebl,* S. 99

78 R. Behr (2009): »Warum Polizisten schweigen, wenn sie reden sollten. Ein Essay zur Frage des Korpsgeistes in der deutschen Polizei«, in: T. Feltes (Hg.), *Neue Wege, neue Ziele. Polizieren und Polizeiwissenschaft im Diskurs,* S. 25

79 NDR Info (17. 10. 2019): »›Journalisten sind wie Junkies‹ – #5 | Rekonstruktion eines Medienversagens«, in: *180 Grad: Geschichten gegen den Hass,* https://www.ardaudiothek.de/episode/180-grad-geschichten-gegen-den-hass/journalisten-sind-wie-junkies-5-oder-rekonstruktion-eines-medienversagens/ndr-info/67669566 (abgerufen am 04. 01. 2022)

Kapitel 3 – Polizeiprobleme

1 S. Buchen, R. Pinkert & S. Tadmory (13. 04. 2021): »Warum starb ein 19-Jähriger im Polizeigewahrsam?«, in: *Tagesschau,* https://www.tagesschau.de/investigativ/panorama/tod-polizeieinsatz-101.html (abgerufen am 06. 01. 2022)

2 M. Weber (1926): *Politik als Beruf*; E. Bittner (1990): *Aspects of Police Work,* S. 131

3 J.-P. Brodeur (2010): *The Policing Web,* S. 128 ff.; F. Jobard (2013): »Zur politischen Theorie der Polizei«, in: *WestEnd. Neue Zeitschrift für Sozialforschung 13 (1),* S. 65

4 S. etwa J. Keuchel & C. Zühlke (2021): *Tatort Polizei. Gewalt, Rassismus und mangelnde Kontrolle,* S. 12 f.

5 C. Lorei (2020): *Statistiken zum polizeilichen Schusswaffengebrauch in Deutschland,* http://www.schusswaffeneinsatz.de/download/statistiken.pdf (abgerufen am 06. 01. 2022); vgl. auch die bis 1976 zurückreichende Dokumentation auf https://polizeischuesse.cilip.de/

6 S. etwa Home Office (2021): *Police use of force statistics, England and Wales: April 2020 to March 2021*, https://www.gov.uk/government/statistics/police-use-of-force-statistics-england-and-wales-april-2020-to-march-2021/police-use-of-force-statistics-england-and-wales-april-2020-to-march-2021 (abgerufen am 06. 01. 2022)

7 T. Feltes, A. Klukkert & T. Ohlemacher (2007): »›... dann habe ich ihm auch schon eine geschmiert.‹ Autoritätserhalt und Eskalationsangst als Ursachen polizeilicher Gewaltausübung«, in: *MschrKrim* 90 (4), S. 285 (289 f.)

8 sth/dpa (16. 10. 2018): »Bundesverdienstkreuz für Daniel Nivel«, in: *SPIEGEL*, https://www.spiegel.de/panorama/daniel-nivel-hooligan-opfer-erhaelt-bundesverdienstkreuz-a-1233640.html (abgerufen am 06. 01. 2022)

9 S. Uersfeld (10. 07. 2021): »Boxender Polizist zahlt für brutalen Schlag«, in: *n-tv*, https://www.n-tv.de/sport/fussball/Boxender-Polizist-zahlt-fuer-brutalen-Schlag-article22674085.html (abgerufen am 06. 01. 2022)

10 N. N. (26. 02. 2020): »Land Hessen muss zahlen: Schmerzensgeld für Eintracht-Fan«, in: *Frankfurter Rundschau*, https://www.fr.de/eintracht-frankfurt/eintracht-frankfurt-sieg-fuer-fan-vor-gericht-zr-13560775.html (abgerufen am 06. 01. 2022)

11 J. Correll, B. Park, C. M. Judd & B. Wittenbrink (2002): »The police officer's dilemma: Using ethnicity to disambiguate potentially threatening individuals«, in: *Journal of Personality and Social Psychology 83(6)*, S. 1314; I. Essien u. a. (2017): »The shooter bias: Replicating the classic effect and introducing a novel paradigm«, in: *Journal of Experimental Social Psychology 70*, S. 41

12 T. Feltes & M. Alex (2020): »Polizeilicher Umgang mit psychisch gestörten Personen«, in: D. Hunold & A. Ruch (Hg.), *Polizeiarbeit zwischen Praxishandeln und Rechtsordnung*, S. 279 (280 ff.)

13 O. Diederichs (2016): »Polizeiliche Todesschüsse 2015«, in: *Bürgerrechte & Polizei/CILIP 111*, S. 84; O. Diederichs (2018): »Polizeiliche Todesschüsse 2017«, in: *Bürgerrechte & Polizei/CILIP 117*, S. 74; O. Diederichs (2019): »Polizeiliche Todesschüsse 2018«, in: *Bürgerrechte & Polizei/CILIP 120*, S. 78

14 M. Herrnkind (2021a): »Cop Culture meets Bourdieu«, in: A. Ruch & T. Singelnstein (Hg.), *Auf neuen Wegen. Kriminologie, Kriminalpolitik und Polizeiwissenschaft aus interdisziplinärer Perspektive. Festschrift für Thomas Feltes zum 70. Geburtstag*, S. 345 (354 ff.)

15 R. Behr (2020): »(Polizei-)Gewalt verstehen – Überlegungen zu einer

Ethnographie polizeilichen Überwältigungshandelns«, in: D. Hunold & A. Ruch (Hg.), *Polizeiarbeit zwischen Praxishandeln und Rechtsordnung,* S. 185 (194 f.)

16 T. Naplava, (2020): »›Militarisierung‹ als Antwort auf ›mangelnden Respekt‹? Ein soziologischer Beitrag zur Diskussion um einen Paradigmenwechsel der Polizei in Deutschland«, in: D. Hunold & A. Ruch (Hg.), *Polizeiarbeit zwischen Praxishandeln und Rechtsordnung,* S. 165; S. Schmidt & P. Knopp (2018): »Narrative der Militarisierung: Zum Verhältnis von Wirtschaft und Polizei auf dem Europäischen Polizeikongress«, in: *Bürgerrechte & Polizei/CILIP 116,* S. 30

17 K. Biermann & J. Roth (16. 12. 2015): »Die Polizei spielt Krieg«, in: *Zeit Online,* https://www.zeit.de/politik/deutschland/2015-12/bundespolizei-anti-terror-einheit-thomas-de-maiziere-spezialeinheit/komplettansicht (abgerufen am 06. 01. 2022). BFE steht für »Beweissicherungs- und Festnahmeeinheit« und bezeichnet spezialisierte Einheiten der Bereitschaftspolizeien, die u. a. auf Versammlungen Personen bei möglichen Straftaten filmen und dann festnehmen sollen.

18 Erst im November 2021 bestellte das Bundesinnenministerium 55 weitere Panzerwagen für die Bundes- und Landespolizeien, s. L. Mühlenmeier (11. 12. 2021): »BMI entscheidet sich für ›Survivor R‹ von Rheinmetall«, in: *cilip.de,* https://www.cilip.de/2021/12/11/bundesinnenministerium-kauft-polizeipanzer-survivor-r-von-rheinmetall (abgerufen am 06. 01. 2022)

19 N. N. (15. 12. 2017): »›Survivor R‹ für 1,5 Millionen Euro an Polizei übergeben«, in: *WELT,* https://www.welt.de/regionales/sachsen/article171606240/Survivor-R-fuer-1-5-Millionen-Euro-an-Polizei-uebergeben.html (abgerufen am 06. 01. 2022); Rheinmetall (o. J.): »Survivor R«, https://www.rheinmetall.com/de/rheinmetall_ag/career_1/menschen_bei_rheinmetall/survivor_r/index.php (abgerufen am 06. 01. 2022)

20 T. Hausener (27. 02. 2018): »NRW-Polizei soll robuster auftreten«, in: *Rheinische Post,* https://rp-online.de/nrw/landespolitik/nrw-polizei-soll-robuster-auftreten_aid-16436829 (abgerufen am 06. 01. 2022)

21 Ebd.

22 U. Eisenberg & R. Kölbel (2017): *Kriminologie,* 7. Aufl., § 45 Rn. 15, 31; T. Singelnstein & K.-L. Kunz (2021): *Kriminologie,* 8. Aufl., S. 285

23 Vgl. AG Hamburg, Urteil v. 28. 08. 2017 – 259 Ds 128/17

24 R. Behr (2014): »›Gewalt‹ und ›Zwang‹ – Überlegungen zum Diskurs über Polizei«, in: H. Schmidt-Semisch & H. Hess (Hg.), *Die Sinnprovinz der Kriminalität,* S. 203 (205 ff.)

25 T. Feltes, A. Klukkert & T. Ohlemacher (2008): »Die diskursive Rechtfertigung von Gewaltanwendung durch Polizeibeamtinnen und -beamte. Methoden und Ergebnisse eines empirischen Forschungsprojektes«, in: *Polizei & Wissenschaft 2*, S. 20

26 Behr (2014), S. 203 (212 f.)

27 K. Ellrich, D. Baier & C. Pfeiffer (2012): *Polizeibeamte als Opfer von Gewalt: Ergebnisse einer Befragung von Polizeibeamten in zehn Bundesländern*, S. 34 f.

28 BKA (2010 ff.): *Gewalt gegen Polizeivollzugsbeamtinnen und Polizeivollzugsbeamte. Bundeslagebild*

29 C. Prittwitz (2018): »Angriffe gegen Vollstreckungsbeamte: Strafschärfung als Kriminalpolitik«, in: *KriPoZ 3*, S. 44 (45 ff.), https://kripoz.de/2018/01/15/angriffe-gegen-vollstreckungsbeamte-strafschaerfung-als-kriminalpolitik/ (abgerufen am 06. 01. 2022); J. Puschke (2014): »Gewalt und Widerstand gegen Polizeibeamte – Befunde und Diskurs«, in: *Neue Kriminalpolitik 26*, S. 28

30 Feltes, Klukkert & Ohlemacher (2007)

31 A. Spilcker (25. 11. 2021): »›Gerade einen umgeklatscht‹: Im Chat prahlen Kölner Polizisten von ihren Gewaltexzessen«, in: *Focus*, https://www.focus.de/panorama/skandal-weitet-sich-aus-gerade-einen-umgeklatscht-im-chat-prahlen-koelner-polizisten-von-ihren-gewaltexzessen_id_24461799.html (abgerufen am 06. 01. 2022); N. N. (22. 11. 2021): »Mehrere Kölner Polizisten suspendiert«, in: *Tagesschau*, https://www.tagesschau.de/regional/nordrheinwestfalen/polizeigewalt-koeln-suspendierung-101.html (abgerufen am 06. 01. 2022)

32 M. H. W. Möllers (2019): »Was sind eigentlich sog. ›Widerstandsbeamte‹? Erläuterungen zu einem kriminologischen Begriff«, in: M. H. W. Möllers & R. Chr. van Ooyen (Hg.), *Jahrbuch Öffentliche Sicherheit 2018/2019*, S. 359

33 L. Abdul-Rahman, H. Espín Grau & T. Singelnstein (2020): *Polizeiliche Gewaltanwendungen aus Sicht der Betroffenen. Zwischenbericht zum Forschungsprojekt »Körperverletzung im Amt durch Polizeibeamt*innen« (KviAPol)*, 2. Aufl., S. 80 ff.

34 S. Schmidt (17. 09. 2019): »Noch nicht belastbar«, in: *General-Anzeiger*, https://ga.de/meinung/kommentare/studie-ueber-illegale-polizeigewalt-kommentar_aid-45899791 (abgerufen am 06. 01. 2022); N. N. (17. 06. 2016): »Polizeigewalt vor Gericht«, in: *Stuttgarter Zeitung*, https://www.stuttgarter-zeitung.de/inhalt.prozess-in-karlsruhe-polizeigewalt-vor-gericht.543701c1-c943-4803-ade6-e91ce5e34a52.html (abgerufen am 06. 01. 2022); K. Litschko (23. 11. 2010): »Polizeiprügel kommt vor

Gericht«, in: *taz*, https://taz.de/Gewalt-gegen-Demonstranten/!5131799/ (abgerufen am 06. 01. 2022)

35 B. Derin & M. Winkler (2021): »#Polizeiproblem abschaffen? Einführende Skizzen zur Kritik der Polizei«, in: *Bürgerrechte & Polizei/CILIP 125*, S. 3

36 C. Barskanmaz (2019): *Recht und Rassismus: Das menschenrechtliche Verbot der Diskriminierung aufgrund der Rasse*, S. 51 ff.

37 R. Behr (2018): »Rassismus und Diskriminierung im Polizeidienst. Die Karriere zweier ›Reizworte‹«, in: *SIAK-Journal – Zeitschrift für Polizeiwissenschaft und polizeiliche Praxis 15 (2)*, S. 57

38 N. N. (29. 02. 2021): »Kalender mit rassistischen Karikaturen sorgt für Wirbel«, in: *Frankfurter Rundschau*, https://www.fr.de/politik/kalender-rassistischen-karikaturen-sorgt-wirbel-11320896.html (abgerufen am 06. 01. 2022)

39 A. Funk (1993): »Rassismus: Kein Thema für die deutsche Polizei?«, in: *Bürgerrechte & Polizei/CILIP 44*, S. 34; N. N. (01. 04. 1992): »Neue Vorwürfe gegen Bremer Drogenfahnder«, in: *Süddeutsche Zeitung*; N. N. (03. 07. 1994): »Eine Art Freiwild«, in: *SPIEGEL*, https://www.spiegel.de/politik/eine-art-freiwild-a-72e50523-0002-0001-0000-000013691074 (abgerufen am 06. 01. 2022); Pressestelle des Bundesgerichtshofs (27. 07. 2000): »Verurteilung von Bernauer Polizisten wegen Mißhandlung vietnamesischer Häftlinge bestätigt. Pressemitteilung Nr. 53/2000«; Amnesty International (1995): *Federal Republic of Germany: Failed by the system: police ill-treatment of foreigners, EUR 23/006/1995*; N. N. (18. 09. 1994): »Schwarze Horden«, in: *SPIEGEL*, https://www.spiegel.de/politik/schwarze-horden-a-24c7fe2b-0002-0001-0000-000013692551 (abgerufen am 06. 01. 2022)

40 M. Geis (10. 03. 1995): »Die das Gesetz hüten sollen«, in: *Zeit Online*, https://www.zeit.de/1995/11/Die_das_Gesetz_hueten_sollen (abgerufen am 06. 01. 2022)

41 T. Wolgast (03. 03. 1995): »Staatsanwaltschaft ermittelt gegen zahlreiche Beamte wegen Körperverletzung, Nötigung und Freiheitsberaubung: Scheinhinrichtungen in Hamburger Polizeiwache«, in: *Berliner Zeitung*, https://www.berliner-zeitung.de/staatsanwaltschaft-ermittelt-gegen-zahlreiche-beamte-wegen-koerperverletzung-noetigung-und-freiheitsberaubung-scheinhinrichtungen-in-hamburger-polizeiwache-li.16226 (abgerufen am 06. 01. 2022)

42 M. Mletzko & C. Weins (1999): »Polizei und Fremdenfeindlichkeit«, in: *MschrKrim 82 (2)*, S. 77

43 H.-G. Jaschke (1997): *Öffentliche Sicherheit im Kulturkonflikt – Zur Entwicklung der städtischen Schutzpolizei in der multikulturellen Gesellschaft*, S. 215 ff.

44 T. Schweer & H. Strasser (2003): »Die Polizei – dein Freund und Helfer?! – Duisburger Polizisten im Konflikt mit ethnischen Minderheiten und sozialen Randgruppen«, in: A. Groenemeyer & J. Mansel (Hg.), *Die Ethnisierung von Alltagskonflikten*, S. 229; T. Schweer & H. Strasser (2008): »Einblick: Cop Culture und Polizeikultur«, in: T. Schweer, H. Strasser & S. Zdun (Hg.), *»Das da draußen ist ein Zoo, und wir sind die Dompteure«: Polizisten im Konflikt mit ethnischen Minderheiten und sozialen Randgruppen*, S. 11

45 R. Eckert, J. Jungbauer & H. Willems (1998): »Polizei und Fremde: Belastungssituationen und die Genese von Feindbildern und Widersprüchen«, in: R. Eckert (Hg.), *Wiederkehr des »Volksgeistes«? Ethnizität, Konflikt und politische Bewältigung*, S. 215 (223)

46 N. Krott, E. Krott & I. Zeitner (2018): »Xenophobic attitudes in German police officers: A longitudinal investigation from professional education to practice«, in: *International Journal of Police Science & Management 20 (3)*, S. 174

47 S. Kemme, I. Essien & M. Stelter (2020): »Antimuslimische Einstellungen in der Polizei?«, in: *MschrKrim 103 (2)*, S. 129; zum Thema »Islamisierung« s. auch Hessisches Ministerium des Innern und für Sport (2020): *Polizeiliche Alltagserfahrungen – Herausforderungen und Erfordernisse einer lernenden Organisation. Forschungsbericht 2020*, S. 19 f.

48 Antidiskriminierungsstelle des Bundes (07. 10. 2021): *Vierter Gemeinsamer Bericht der Antidiskriminierungsstelle des Bundes und der in ihrem Zuständigkeitsbereich betroffenen Beauftragten der Bundesregierung und des Deutschen Bundestages*, BT-Drucksache 19/32690, S. 189 ff.

49 *Bericht der Sonderkommission zu institutionellem Antisemitismus, Rassismus und Fremdenfeindlichkeit in der Landespolizei Sachsen-Anhalt* (März 2021), https://mi.sachsen-anhalt.de/fileadmin/Bibliothek/Politik_und_Verwaltung/MI/MI/2._Aktuelles/20210228_Bericht_Sonderkommission_Druckversion.pdf (abgerufen am 27. 01. 2022), S. 133

50 E. Eisenbichler (10. 04. 2013): »Der zweite Schock nach dem Verlust«, in: *BR*, https://www.br.de/nachricht/nsu-prozess/nsu-mordserie-angehoerige-100.html (abgerufen am 06. 01. 2022)

51 *Bericht des NSU-Untersuchungsausschusses*, BT-Drucksache 17/14600, S. 560 ff.; C. Ilius (2018): »Der Mord an Mehmet Kubaşık in Dortmund«,

in: A. von der Behrens (Hg.), *Kein Schlusswort*, S. 27 (38 ff.). Auch eine Kurzanalyse des FBI im Sommer 2007 war zu dem Schluss gekommen, dass der Täter aus Abneigung gegen Menschen türkischer Herkunft gehandelt habe, was der zuständige Abteilungsleiter des BKA aber als »wenig hilfreich« einstufte, s. *Bericht des NSU-Untersuchungsausschusses*, BT-Drucksache 17/14600, S. 577 f.

52 C. Neumann & A. Ulrich (2011): »Düstere Parallelwelt«, in: *SPIEGEL 8/2011*, S. 64; N. N. (09. 09. 2015): »9. September 2000 – Enver Şimşek wird niedergeschossen«, in: *WDR*, https://www1.wdr.de/stichtag/stichtag-430.html (abgerufen am 07. 01. 2022); zum Versagen der staatlichen Aufklärung insgesamt A. von der Behrens (2018): »Das Netzwerk des NSU, staatliches Mitverschulden und verhinderte Aufklärung«, in: A. von der Behrens (Hg.), *Kein Schlusswort*, S. 197

53 Zitiert nach dem *Bericht des NSU-Untersuchungsausschusses*, BT-Drucksache 17/14600, S. 567, 878

54 Zitiert nach dem *Bericht des NSU-Untersuchungsausschusses*, BT-Drucksache 17/14600, S. 878

55 A. Kebaili (2009): »Thema: Frankfurter Modellprojekt ›Polizei und Migrantinnen und Migranten im Dialog‹«, in: K. Liebl (Hg.), *Polizei und Fremde – Fremde in der Polizei*, S. 227 (235)

56 D. Heubrock u. a. (2012): *Türken und Araber verstehen und vernehmen: Empfehlungen zur interkulturellen Vernehmung*, https://www.polizeiwissenschaft.de/schriftenreihen/reihe-polizeipsychologische-praxis#top (abgerufen am 07. 01. 2022)

57 K. Gümüşay (08. 12. 2015): »›Alltagsrassismus‹? Was ist das denn? Wie ein Twitter-Hashtag Vorurteile und Rassismus aufdeckt«, in: *bpb*, https://www.bpb.de/politik/extremismus/rechtsextremismus/213679/alltagsrassismus-was-ist-das-denn-wie-ein-twitter-hashtag-vorurteile-und-rassismus-aufdeckt (abgerufen am 07. 01. 2022)

58 C. Walburg (2022): »Kriminell oder kriminalisiert? Die Rolle der Polizei bei Verdachtsschöpfung und Konstruktion der ›Ausländerkriminalität‹«, in: D. Hunold & T. Singelnstein (Hg.), *Rassismus in der Polizei. Eine wissenschaftliche Bestandsaufnahme* (im Erscheinen)

59 D. Hunold (2015): *Polizei im Revier – Polizeiliche Handlungspraxis gegenüber Jugendlichen in der multiethnischen Stadt*

60 Der Landesbeauftragte für Datenschutz und Informationsfreiheit Mecklenburg-Vorpommern (2019): *Vierzehnter Tätigkeitsbericht zum Datenschutz. Berichtszeitraum 1. Januar 2018 bis 31. Dezember 2018*, S. 46; P. Maxwill (05. 06. 2019): »Polizisten nutzten Ermittlungen, um Mädchen nachzustellen«, in: *SPIEGEL*, https://www.spiegel.de/panorama/justiz/mecklenburg-polizisten-nutzten-ermittlungen-um-maedchen-anzugraben-a-1270616.html (abgerufen am 07. 01. 2022)

61 M. Röhlig (13. 07. 2018): »Leipziger Polizei verharmlost sexuellen Übergriff, schreibt, Täter wurde ›magisch‹ angezogen«, in: *SPIEGEL*, https://www.spiegel.de/panorama/leipzig-polizei-verharmlost-sexuellen-uebergriff-als-magisch-angezogen-a-00000000-0003-0001-0000-000002614774 (abgerufen am 07. 01. 2022)

62 D. Wüstenberg (02. 12. 2020): »Polizist tritt in Meschede Obdachlose samt Fahrrad um: ›Schwerer Verstoß gegen Menschenwürde‹«, in: *Stern*, https://www.stern.de/panorama/stern-crime/polizist-tritt-obdachlose-samt-fahrrad-um---verstoss-gegen-menschenwuerde--9516498.html (abgerufen am 07. 01. 2022)

63 N. N. (12. 06. 2020): »Polizisten sollen Obdachlosen schikaniert und gefilmt haben«, in: *FAZ*, https://www.faz.net/aktuell/gesellschaft/kriminalitaet/polizisten-sollen-obdachlosen-schikaniert-und-gefilmt-haben-16811678.html (abgerufen am 07. 01. 2022)

64 M. Terkessidis (2017): *Nach der Flucht*, S. 54 ff.; B. Basu (2016): »Die Lüge von der Neutralität«, in: Kampagne für Opfer rassistischer Polizeigewalt (Hg.), *Alltäglicher Ausnahmezustand. Institutioneller Rassismus in deutschen Strafverfolgungsbehörden*, S. 86

65 V. E. Thompson (27. 04. 2020): »Racial Profiling, institutioneller Rassismus und Interventionsmöglichkeiten«, in: *bpb*, https://www.bpb.de/gesellschaft/migration/kurzdossiers/308350/racial-profiling-institutioneller-rassismus-und-interventionsmoeglichkeiten?p=0%23bi00 (abgerufen am 07. 01. 2022); L. Abdul-Rahman, H. Espín Grau, L. Klaus & T. Singelnstein (2020): *Rassismus und Diskriminierungserfahrungen im Kontext polizeilicher Gewaltausübung. Zweiter Zwischenbericht zum Forschungsprojekt Körperverletzung im Amt durch Polizeibeamt*innen (KviAPol)*, S. 8

66 B. Belina (2016): »Der Alltag der Anderen: Racial Profiling in Deutschland?«, in: B. Dollinger & H. Schmidt-Semisch (Hg.), *Sicherer Alltag?*, S. 123 (135 ff.)

67 S. etwa Kollaborative Forschungsgruppe Racial Profiling (Hg.) (2019): *Racial Profiling. Erfahrung. Wirkung. Widerstand*, https://www.rosalux.de/fileadmin/rls_uploads/pdfs/Studien/racial-profiling.pdf (abgerufen am 07. 01. 2022); Abdul-Rahman, Espín Grau, Klaus & Singelnstein (2020), S. 31 ff.

68 FRA (2010): *EU-MIDIS. European Union Minorities and Discrimination*

Survey – Main Results Report; FRA (2017): *EU-MIDIS II. Second European Union Minorities and Discrimination Survey – Main results*

69 FRA (2010): *EU-MIDIS. European Union Minorities and Discrimination Survey – Data in Focus Report: Police Stops and Minorities*, S. 8

70 J. Aikins u. a. (2021): *Afrozensus 2020: Perspektiven, Anti-Schwarze Rassismuserfahrungen und Engagement Schwarzer, afrikanischer und afrodiasporischer Menschen in Deutschland*, S. 224

71 Das Polizeipräsidium Köln hatte bereits seit Januar 2013 ein Auswerte- und Analyseprojekt zum Thema »Straftaten durch nordafrikanische Straftäter« unter dem Titel NAFRI geführt, *Schlussbericht des Parlamentarischen Untersuchungsausschusses IV*, LT-Drucksache 16/14450 (NRW), S. 82 ff.

72 A. Förster (05. 01. 2022): »Ein ungesühntes Verbrechen«, in: *Der Freitag*, https://www.freitag.de/autoren/der-freitag/ein-ungesuehntes-verbrechen (abgerufen am 07. 01. 2022)

73 S. Golian (2019): »Spatial Racial Profiling: Rassistische Kontrollpraxen der Polizei und ihre Legitimationen«, in: M. Wa Baile u. a. (Hg.), *Racial Profiling: Struktureller Rassismus und antirassistischer Widerstand*, S. 177 (187 ff.); V. E. Thompson (2018): »›There is no justice, there is just us!‹: Ansätze zu einer postkolonialen Kritik der Polizei am Beispiel von Racial Profiling«, in: D. Loick (Hg.), *Kritik der Polizei*, S. 197 (204 ff.)

74 A. Merx, A. Lewicki, N. Schlenzka & K. Vogel (2021): *Diskriminierungsrisiken und Handlungspotenziale im Umgang mit kultureller, sozioökonomischer und religiöser Diversität. Ein Gutachten mit Empfehlungen für die Praxis*, S. 92

75 M. Bröckling: (02. 07. 2020): »Streit um Kontrollen bei der Bremer Polizei«, in: *Netzpolitik*, https://netzpolitik.org/2020/neues-polizeigesetz-streit-um-kontrollen-bei-der-bremer-polizei/ (abgerufen am 07. 01. 2022)

76 T. Singelnstein (2021): »Rassismus in der Polizei«, in: A. Ruch & T. Singelnstein (Hg.), *Auf neuen Wegen. Kriminologie, Kriminalpolitik und Polizeiwissenschaft aus interdisziplinärer Perspektive. Festschrift für Thomas Feltes zum 70. Geburtstag*, S. 379 (384 f.)

77 Ebd., S. 379 (382 ff.)

78 D. Hunold bei M. Fürstenau (24.08.2021): »Clan-Kriminalität: Realität und Vorurteil«, in: *DW*, https://www.dw.com/de/clan-kriminalit%C3%A4t-realit%C3%A4t-und-vorurteil/a-58971938 (abgerufen am 26. 01. 2022)

79 LKA NRW (2019): *Clankriminalität – Lagebild NRW 2018*, S. 24

80 T. Feltes & F. Rauls (2020): »›Clankriminalität‹ und die ›German Angst‹«, in: *Sozial Extra 44*, S. 372

81 Presse- und Öffentlichkeitsarbeit Polizeipräsidium Essen & D. Dienstbühl (o. J.): *Arabische Familienclans – Historie. Analyse. Ansätze zur Bekämpfung*

82 Thompson (2018), S. 197 (206 ff.)

83 A. Bosch (2021): »Polizei und Rassismus. Rassistische Wissensbestände und -praxen in der Polizei«, in: C. Arzt u. a. (Hg.), *Perspektiven der Polizeiforschung: 1. Nachwuchstagung Empirische Polizeiforschung – 4./5. März 2021*, S. 31 (32 ff.)

84 D. Church & M. Coester (2021): *Opfer von Vorurteilskriminalität. Thematische Auswertung des Deutschen Viktimisierungssurvey 2017, Forschungsbericht, BKA*

85 N. N. (13. 10. 2021): »53 rechtsextreme Verdachtsfälle bei NRW-Polizei bestätigt«, in: *WDR*, https://www1.wdr.de/nachrichten/landespolitik/polizei-rechtsextreme-verdachtsfaelle-100.html (abgerufen am 07. 01. 2022); D. Feber (16. 09. 2020): »›Widerwärtige Hetze‹ in rechtsextremen Chats«, in: *ZDF*, https://www.zdf.de/nachrichten/politik/nrw-rechtsextremismus-polizei-ermittlungen-100.html (abgerufen am 07. 01. 2022)

86 K. Litschko (16. 09. 2020): »Hitlerbilder und Hakenkreuze«, in: *taz*, https://taz.de/Polizeiskandal-in-NRW/!5714629/ (abgerufen am 07. 01. 2022); G. Ismar (16. 09. 2020): »Rechtsextreme Chatgruppen bei Polizei in NRW aufgedeckt«, in: *Tagesspiegel*, https://www.tagesspiegel.de/politik/uebelste-und-widerwaertigste-hetze-rechtsextreme-chatgruppen-bei-polizei-in-nrw-aufgedeckt/26191432.html (abgerufen am 07. 01. 2022)

87 K. Litschko (21. 09. 2021): »Polizistin schrieb Halle-Attentäter«, in: *taz*, https://taz.de/Suspendiert-nach-Brieffreundschaft/!5802560 (abgerufen am 07. 01. 2022)

88 M. Kaul, C. Schmidt & S. Erb (2019): »Hannibals Netz. Wie ein Elitesoldat der Bundeswehr bundesweit für den Tag X mobilisierte«, in: M. Meisner & H. Kleffner (Hg.), *Extreme Sicherheit: Rechtsradikale in Polizei, Verfassungsschutz, Bundeswehr und Justiz*, S. 246; M. Kaul, C. Schmidt & D. Schulz (16. 11. 2018): »Hannibals Schattenarmee«, in: *taz*, https://taz.de/Rechtes-Netzwerk-in-der-Bundeswehr/!5548926/ (abgerufen am 07. 01. 2022); A. Kempen (2021): *Auf dem rechten Weg? Rassisten und Neonazis in der deutschen Polizei*, S. 52 ff.

89 C. Schmidt, S. Erb, N. Meinert & D. Schulz (04. 04. 2020): »Die Spur nach Güstrow«, in: *taz*, https://taz.de/Rechte-Prepper-Gruppe-Nordkreuz/!5674282 (abgerufen am 07. 01. 2022)

90 S. Leber (17. 11. 2020): »Innenminister Caffier tritt zurück«, in: *Tagesspiegel*, https://www.tagesspiegel.de/politik/nach-waffenkauf-im-neonazi-umfeld-innenminister-caffier-tritt-zurueck/26632814.html (abgerufen am 07. 01. 2022)

91 dpa (27. 12. 2021): »13.500 Euro: Strafbefehl gegen Lorenz Caffier«, in: *ZDF*, https://www.zdf.de/nachrichten/politik/caffier-geldstrafe-waffenbesitz-100.html (abgerufen am 07. 01. 2022)

92 M. Kaul, C. Schmidt & S. Erb (10. 03. 2019): »Direkter Draht zum Verfassungsschutz«, in: *taz*, https://taz.de/taz-Recherche-zu-Hannibal-Netzwerk/!5577527 (abgerufen am 07. 01. 2022); C. Schmidt, M. Kaul, S. Erb & A. Nabert (21. 12. 2018): »Hannibals Verein«, in: *taz*, https://taz.de/taz-Recherche-zu-rechtem-Netzwerk/!5557397 (abgerufen am 07. 01. 2022)

93 Allgemein dazu: P. Ullrich (2019): »Polizei im/unter Protest erforschen«, in: C. Howe & L. Ostermeier (Hg.), *Polizei und Gesellschaft*, S. 155

94 Jaschke (1997), S. 212

95 M. Lindner (1995): *Fremdenfeindlichkeit, Rechtsextremismus und Gewalt. Meinungen und Einstellungen von Auszubildenden der Polizei des Landes Nordrhein-Westfalen*, S. 183, zitiert nach Stabsstelle Rechtsextremistische Tendenzen in der Polizei NRW (2021): *Abschlussbericht*, S. 16

96 Stabsstelle Rechtsextremistische Tendenzen in der Polizei NRW (2021): *Abschlussbericht, Band 1 – Auftrag, Lagebild, Datenerhebungen und Handlungsempfehlungen*, https://www.im.nrw/system/files/media/document/file/berichtstrechtsband1.pdf (abgerufen am 04. 01. 2022), S. 9

97 Kempen (2021), S. 64 ff.; S. Wehrhahn & M. Renner (2019): »Schattenarmee oder Einzelfälle? Rechte Strukturen in den Sicherheitsbehörden«, in: *Bürgerrechte & Polizei/CILIP 120*, S. 62

98 H.-G. Jaschke (2021): »Rechtsextreme Netzwerke in der Polizei und anderen Sicherheitsbehörden? Ein Problemaufriss«, in: M. H. W. Möllers & R. Chr. van Ooyen (Hg.), *Jahrbuch öffentliche Sicherheit 2020/2021*, S. 22

99 M. Haarbach (17. 01. 2021): »Der Berliner Polizist, der Asylbewerber – und eine verhängnisvolle Begegnung«, in: *Tagesspiegel*, https://www.tagesspiegel.de/berlin/verpruegelt-und-abgeschoben-der-berliner-polizist-der-asylbewerber-und-eine-verhaengnisvolle-begegnung/26824172.html (abgerufen am 07. 01. 2022)

100 N. N. (22. 06. 2021): »Rassistischer Übergriff? Ermittlungen gegen Polizisten«, in: *Zeit Online*, https://www.zeit.de/news/2021-06/22/rassistischer-uebergriff-ermittlungen-gegen-polizisten (abgerufen am

07. 01. 2022); J. Brosel & D. Soboll (21. 06. 2021): »Mit Erschießung gedroht: Polizei Freiburg ermittelt gegen Polizeibeamten«, in: *SWR Aktuell*, https://www.swr.de/swraktuell/baden-wuerttemberg/suedbaden/ermittlungen-gegen-freiburger-polizeibeamten-100.html (abgerufen am 07. 01. 2022); N. N. (20. 07. 2021): »Polizist an rassistischem Übergriff beteiligt«, in: *ntv*, https://www.n-tv.de/panorama/Polizist-an-rassistischem-Angriff-beteiligt-article22694677.html (abgerufen am 07. 01. 2022)

101 B. Schulz (21. 12. 2018): »Der Verfasser war ein Polizist«, in: *taz*, https://taz.de/Drohbriefe-an-die-linke-Szene-Berlins/!5561710 (abgerufen am 07. 01. 2022); C. Fuchs (2019): »Drohbriefe von der Polizei«, in: M. Meisner & H. Kleffner (Hg.), *Extreme Sicherheit: Rechtsradikale in Polizei, Verfassungsschutz, Bundeswehr und Justiz*, S. 78

102 dpa (09. 10. 2021): »Fretterode-Prozess: Ermittlungsverfahren gegen Polizisten«, in: *Zeit Online*, https://www.zeit.de/news/2021-10/09/fretterode-prozess-ermittlungsverfahren-gegen-polizisten (abgerufen am 07. 01. 2022); K. Ayyadi (06. 10. 2021): »Polizist fragt Nazi-Anwalt in Gerichtspause: ›War das in Ordnung, was ich gesagt habe?‹«, in: *Belltower News*, https://www.belltower.news/fretterode-polizist-fragt-nazi-anwalt-in-gerichtspause-war-das-in-ordnung-was-ich-gesagt-habe-122133 (abgerufen am 07. 01. 2022)

103 K. Litschko (01. 10. 2021): »Ermittlungen gegen die Ermittler«, in: *taz*, https://taz.de/Interna-im-Fall-Lina-E-durchgestochen/!5805155/ (abgerufen am 07. 01. 2022)

104 G. Joswig (20. 07. 2020): »Mitgliedsnummer 11«, in: *taz*, https://taz.de/DPolG-Chef-mit-rechter-Vergangenheit/!5695858/ (abgerufen am 07. 01. 2022); G. Joswig (03. 07. 2020): »Ein Tweet sagt mehr als 1.000 Worte«, in: *taz*, https://taz.de/Kritik-an-Berliner-Polizeigewerkschaft/!5693685/ (abgerufen am 07. 01. 2022); Landesamt für Verfassungsschutz Berlin (Hg.), *Rechtsextremistische Bestrebungen in Berlin. Durchblicke, 4. Jg. Nr. 7*, S. 121 f.

105 E. Groß, J. Clasen & A. Zick (2022): »Ursachen und Präventionsmöglichkeiten bei Vorurteilen und Diskriminierungen in der Polizei. Zur Relevanz des Syndroms der gruppenbezogenen Menschenfeindlichkeit für die Analyse, Prävention und Intervention in Polizeiforschung und -arbeit«, in: D. Hunold & T. Singelnstein (Hg.), *Rassismus in der Polizei. Eine wissenschaftliche Bestandsaufnahme* (im Erscheinen)

106 Kempen (2021); Meisner & Kleffner (2021)

107 A. Hock & A. Naumann (2019): »Die neue Heimat für Law & Order?

Soldaten und Polizisten in den AfD-Fraktionen«, in: M. Meisner & H. Kleffner (Hg.), *Extreme Sicherheit. Rechtsradikale in Polizei, Verfassungsschutz, Bundeswehr und Justiz*, S. 49

108 N. N. (22. 01. 2019): »Gewerkschaft fordert Distanz«, in: *taz*, https://taz.de/Polizisten-auf-AfD-Liste-in-Thueringen/!5567741 (abgerufen am 07. 01. 2022)

109 N. N. (15. 09. 2021): »Sächsische Polizisten vermuten unter Kollegen viele AfD-Anhänger«, in: *mdr*, https://www.mdr.de/nachrichten/sachsen/munitionsskandal-polizei-kommission-100~amp.html (abgerufen am 07. 01. 2022)

110 R. Steinke (24. 11. 2019): »Der Mini-Maaßen«, in: *Süddeutsche Zeitung*, https://www.sueddeutsche.de/politik/rainer-wendt-staatssekretaer-sachsen-anhalt-1.4695462 (abgerufen am 07. 01. 2022)

111 GdP (11. 03. 2021): »Schilff: Wer unser Zusammenleben in Frage stellt oder angreift, ist bei der GdP unerwünscht«, in: *GdP*, https://www.gdp.de/gdp/gdp.nsf/id/DE_AfD-Positionspapier?open&ccm=000 (abgerufen am 07. 01. 2022)

112 D. Hasselmann, J. Bauer, C. Wolf & C. Melchers (14. 10. 2021): »Rechtsextreme in Sicherheitsbehörden«, in: *Mediendienst Integration*, https://mediendienst-integration.de/artikel/rechtsextreme-in-sicherheitsbehoerden.html (abgerufen am 07. 01. 2022); S. Schulz (2020): »Nazis raus – aus dem öffentlichen Dienst«, in: *Bürgerrechte & Polizei/CILIP 124*, S. 24

113 Untersuchungskommission Spezialeinheiten Mecklenburg-Vorpommern (2019): *Zusammenfassung des Untersuchungsberichts*, S. 4

114 H.-G. Jaschke (1998): »Fremdenfeindliche Tendenzen in der Polizei. Anmerkungen zu einem umstrittenen Phänomen«, in: W. Gessenharter & H. Fröchling (Hg.), *Rechtsextremismus und Neue Rechte in Deutschland*, S. 191 (198 ff.)

115 S. Hoffmann (09. 04. 2013): »Dunkelhäutig, männlich, verdächtig«, in: *Deutschlandfunk*, https://www.deutschlandfunk.de/dunkelhaeutig-maennlich-verdaechtig.724.de.html?dram:article_id=242973 (abgerufen am 07. 01. 2022)

116 EGMR, Hentschel and Stark v. Germany, No. 47274/15, Urteil v. 09. 11. 2017, § 91; Wissenschaftliche Dienste des Bundestags (2018): *Kennzeichnungspflicht von Polizeibeamtinnen und -beamten in den Mitgliedstaaten der Europäischen Union, WD 3-3000-105/18*; Amnesty International (2018): *Kennzeichnungspflicht für Polizist_innen. Positionspapier*

117 B. Drefers (12. 07. 2018): »Landtag diskutiert Kennzeichnungspflicht für

Polizisten«, in: *BR*, https://www.br.de/nachrichten/bayern/kennz,QxbaSjj (abgerufen am 07. 01. 2022)

118 Abdul-Rahman, Espín Grau & Singelnstein (2020), S. 73

119 K. Seidensticker (2019): »Fehlerkultur der Polizei. Die Wirkung von Organisationsstruktur und Männlichkeitskonstruktionen auf den Umgang mit Fehlern«, in: *SIAK-Journal – Zeitschrift für Polizeiwissenschaft und polizeiliche Praxis 16 (3)*, S. 78

120 GdP Hessen (09. 07. 2017): »Menschenverachtende Gewalt gegen Polizistinnen und Polizisten«, https://www.gdp.de/gdp/gdphe.nsf/id/DE_hh_gewalt (abgerufen am 07. 01. 2022)

121 M. Carini (20. 06. 2018): »Mildes Urteil am Ende der Hysterie«, in: *taz*, https://taz.de/G20-Prozess-nach-Laserpointer-Einsatz/!5511981/ (abgerufen am 07. 01. 2022)

122 H. Dosdall (2021): *Die NSU-Ermittlungen 1998–2011*, S. 78 ff.; s. auch H. Kleffner (2013): »NSU: Rassismus, Staatsversagen und die schwierige Suche nach der Wahrheit«, in: I. Schmincke & J. Siri (Hg.), *NSU-Terror. Ermittlungen am rechten Abgrund. Ereignis, Kontexte, Diskurse*, S. 29

123 D. Riese (01. 10. 2019): »Pauschal gegen Sinti und Roma«, in: *taz*, https://taz.de/Polizei-unter-Diskrimierungsverdacht/!5626822 (abgerufen am 07. 01. 2022); A. Lipphardt (2017): »Das Phantom von Heilbronn«, in: *Freispruch 11*, S. 8

124 H. Kleffner (2017): »NSU und das ›Phantom von Heilbronn‹. Rassistische Ermittlungen gegen Roma und Sinti«, in: Gen-Ethisches Netzwerk (Hg.), *Identität auf Vorrat – zur Kritik der DNA-Sammelwut*, 2. Aufl., S. 11; N. N. (27. 03. 2009): »›Phantom-Mörderin‹ ist ein Phantom«, in: *SPIEGEL*, https://www.spiegel.de/panorama/justiz/ermittlungspanne-phantom-moerderin-ist-ein-phantom-a-615969.html (abgerufen am 07. 01. 2022)

125 N. N. (27. 01. 2020): »Gutachterin widerspricht Ermittlungen im Fall Ahmed A.«, in: *Zeit Online*, https://www.zeit.de/gesellschaft/zeitgeschehen/2020-01/jva-kleve-amad-a-ermittlungsergebnisse-widerspruch-gutachterin (abgerufen am 07. 01. 2022)

126 N. N. (04. 02. 2021): »Ermittlungen im Fall von unschuldig inhaftiertem Syrer eingestellt«, in: *Zeit Online*, https://www.zeit.de/gesellschaft/zeitgeschehen/2021-02/kleve-ermittlungen-eingestellt-brand-zelle-amad-a (abgerufen am 07. 01. 2022); A. Wyputta (05. 02. 2021): »Polizist für unschuldig erklärt«, in: *taz*, https://taz.de/Feuertod-in-der-JVA-Kleve/!5749281 (abgerufen am 07. 01. 2022)

127 Polizei Berlin (2021): *Disziplinarstatistik der Polizei Berlin 2020 – Statisti-*

sche Erfassung von Disziplinar- und Abmahnverfahren gegen Mitarbeiter der Polizeibehörde für die Monate Januar bis Dezember 2020, https://www.berlin.de/polizei/verschiedenes/artikel.90208.php (abgerufen am 07. 01. 2022)

128 Ebd. Die verbleibenden Fälle betrafen v.a. die gesondert geregelte Entlassung von Beamt:innen auf Probe bzw. auf Widerruf.

129 dpa/imei (06. 07. 2020): »Polizist verliert Beamtenstatus wegen Nähe zu ›Reichsbürgern‹«, in: *Süddeutsche Zeitung*, https://www.sueddeutsche.de/bayern/polizeipraesidium-oberbayern-sued-polizist-reichsbuerger-1.4959236 (abgerufen am 07. 01. 2022); dpa-infocom (08. 12. 2021): »Krankgeschriebener Polizist arbeitet – Beamtenstatus endet«, in: *Süddeutsche Zeitung*, https://www.sueddeutsche.de/karriere/arbeit-koblenz-krankgeschriebener-polizist-arbeitet-beamtenstatus-endet-dpa.urn-newsml-dpa-com-20090101-211208-99-302016 (abgerufen am 07. 01. 2022)

130 Polizei Berlin (2020): *Disziplinarstatistik der Polizei Berlin 2019 – Statistische Erfassung von Disziplinar-, Abmahn- und Strafverfahren gegen Mitarbeiter der Polizeibehörde für die Monate Januar bis Dezember 2019*, https://www.berlin.de/polizei/verschiedenes/artikel.90208.php (abgerufen am 07. 01. 2022)

131 Abdul-Rahman, Espín Grau & Singelnstein (2020), S. 75 ff.

132 T. Singelnstein (2019): »Körperverletzung im Amt durch Polizisten und die Erledigungspraxis der Staatsanwaltschaften – aus empirischer und strafprozessualer Sicht«, in: A. Klukkert, J. Reichertz & T. Feltes (Hg.), *Torn between Two Targets. Polizeiforschung zwischen Theorie und Praxis – zum Gedenken an Thomas Ohlemacher*, S. 139

133 L. Abdul-Rahman, H. Espín Grau & T. Singelnstein (2020): »Strafverfahren gegen Polizeibeamt*innen wegen Körperverletzung im Amt in der Praxis der Justiz«, in: *Betrifft JUSTIZ 141*, S. 221

134 M. Herrnkind (2021): »Polizisten als Kriminelle und das Schweigen der Dienstgruppe«, in: *Forum Politische Bildung und Polizei 1 (1)*, S. 42 (47 ff.)

135 A. Schmalz (08. 09. 2020): »Fotograf bringt mit seinen Aufnahmen Polizisten in Bedrängnis«, in: *Berliner Zeitung*, https://www.berliner-zeitung.de/mensch-metropole/polizist-wuergt-einen-fotografen-kollegen-decken-den-beamten-li.103763?pid=true (abgerufen am 07. 01. 2022); N. N. (06. 09. 2020): »Polizeigewalt gegen Fotograf: Video deckt Vertuschungsversuch auf«, in: *tag24*, https://www.tag24.de/berlin/polizeigewalt-gegen-fotograf-beamte-deckten-sich-gegenseitig-zur-vertuschung-1636331 (abgerufen am 07. 01. 2022)

136 Singelnstein (2019)

137 Jobard (2013), S. 65 (69 ff.)

138 Keuchel & Zühlke (2021), S. 9 ff.

139 dpa (31. 05. 2021): »Ermittlungen gegen Polizei nach CSD: SPD fordert Bericht«, in: *Zeit Online*, https://www.zeit.de/news/2021-05/31/ermittlungen-gegen-polizei-nach-csd-spd-fordert-bericht (abgerufen am 07. 01. 2022); detailliert zu den Verfahren Keuchel & Zühlke (2021), S. 51 ff.

140 U. Kreikebaum (14. 03. 2019): »Nach CSD-Parade. Einsatz könnte schwere Folgen für Kölner Polizisten haben«, in: *Kölner Stadtanzeiger*, https://www.ksta.de/koeln/nach-csd-parade-einsatz-koennte-schwere-folgen-fuer-koelner-polizisten-haben-32215848 (abgerufen am 07. 01. 2022)

141 S. Kersting u. a. (2017): *Die deeskalierende Wirkung von Bodycams im Wachdienst der Polizei Nordrhein-Westfalen: Abschlussbericht*

142 C. Arzt & S. Schmidt (2021): »Bodycam als Objekt staatlichen Sehens und Zeigens – Wie das Recht den polizeilichen Bedürfnissen angepasst wird«, in: A. Ruch & T. Singelnstein (Hg.), *Auf neuen Wegen. Kriminologie, Kriminalpolitik und Polizeiwissenschaft aus interdisziplinärer Perspektive. Festschrift für Thomas Feltes zum 70. Geburtstag*, S. 320

143 BVerfG, Beschluss v. 24. 07. 2015 – 1 BvR 2501/13

144 Ebd.

145 Siehe etwa F. Sötje (31. 08. 2021): »Wann darf ich Polizisten filmen?«, in: *Kieler Neueste Nachrichten*, S. 23

146 M. Schwarzer (19. 08. 2020): »Festnahme in Hamburg: Dürfen Passanten die Polizei im Einsatz filmen?«, in: *RND*, https://www.rnd.de/panorama/polizei-filmen-ist-das-erlaubt-welche-strafen-drohen-und-was-sagt-das-gesetz-L6EUKOW7UJFD5CQVU5ETXPUGHE.html (abgerufen am 07. 01. 2022)

147 M. Sehl (26. 10. 2021): »Darf man Polizeieinsätze filmen?«, in: *Legal Tribune Online*, https://www.lto.de/recht/hintergruende/h/smartphone-polizei-beamte-einsatz-filmen-ton-staatsanwaltschaft-201-stgb-bverfg/ (abgerufen am 07. 01. 2022)

148 D. Ullenboom (2019): »Das Filmen von Polizeieinsätzen als Verletzung der Vertraulichkeit des Worts?«, in: *NJW 72 (43)*, S. 3108 (S. 3109 f.)

149 H. Aden (2019): »Unabhängige Polizei-Beschwerdestellen und Polizeibeauftragte«, in: D. Kugelmann (Hg.), *Polizei und Menschenrechte*, S. 171

150 E. Töpfer (2014): *Unabhängige Polizei-Beschwerdestellen. Eckpunkte für ihre Ausgestaltung*, https://www.institut-fuer-menschenrechte.de/fileadmin/

Redaktion/Publikationen/Unabhaengige_Polizei_Beschwerdestellen.pdf (abgerufen am 10. 01. 2022)

151 IOPC (2020): *IOPC Staff Diversity Report 2020*, https://policeconduct.gov.uk/sites/default/files/Documents/Who-we-are/accountability-performance/IOPC-Staff-Diversity-Report-2020.pdf (abgerufen am 07. 01. 2022)

152 E. Töpfer & T. Peter (2017): *Unabhängige Polizeibeschwerdestellen: Was kann Deutschland von anderen europäischen Staaten lernen?*, https://www.institut-fuer-menschenrechte.de/fileadmin/user_upload/Publikationen/ANALYSE/Analyse_Unabhaengige_Polizeibeschwerdestellen.pdf (abgerufen am 07. 01. 2022), S. 16, 20

Kapitel 4 – Polizei im Wandel

1 M. Wendekamm & T. Model (2019): »Arbeitskultur und Berufsbilder der Polizei«, in: H.-J. Lange, T. Model & M. Wendekamm (Hg.), *Zukunft der Polizei.* Forum für Verwaltungs- und Polizeiwissenschaft, S. 261 (274 ff.)

2 R. G. Heinze (2019): »Sozioökonomische Zersplitterung und Digitalisierung: Auf dem Weg zur granularen Gesellschaft?«, in: H.-J. Lange, T. Model & M. Wendekamm (Hg), *Zukunft der Polizei.* Forum für Verwaltungs- und Polizeiwissenschaft, S. 11

3 D. Loch (2019): »Rechtspopulistische Parteien in Europa. Protektionistisch gegen die Globalisierung«, in: H. U. Brinkmann & I.-C. Panreck (Hg.), *Rechtspopulismus in Einwanderungsgesellschaften*, S. 43; I. C. Panreck (2019): »Rechtspopulismus – historisches Phänomen, politischer Kampfbegriff, analytisches Konzept?«, in: H. U. Brinkmann & I.-C. Panreck (Hg.), *Rechtspopulismus in Einwanderungsgesellschaften*, S. 25 (26 ff.); H. Lengfeld (2017): »Die ›Alternative für Deutschland‹: eine Partei für Modernisierungsverlierer?«, in: *Kölner Zeitschrift für Soziologie und Sozialpsychologie 69 (2)*, S. 209; T. Spier (2010): *Modernisierungsverlierer? Die Wählerschaft rechtspopulistischer Parteien in Westeuropa*; D. Jörke & O. Nachtwey (2017): »Die rechtspopulistische Hydraulik der Sozialdemokratie«, in: D. Jörke & O. Nachtwey (Hg.), *Das Volk gegen die (liberale) Demokratie.* Leviathan-Sonderband 32, S. 163. Das subjektive Gefühl, an der Modernisierung zu »verlieren«, entspricht dabei nicht unbedingt der Realität. Welche Rolle insbesondere ökonomische Gründe für den Rechtspopulismus spielen, ist umstritten.

4 Heinze (2019), S. 11 (21 ff.)

5 K. Lorey & J. M. Fegert (2021): »Polizeilicher Kontakt zu psychisch erkrankten Menschen«, in: *Forensische Psychiatrie, Psychologie, Kriminologie 15 (3)*, S. 239

6 R. Thurn (2020): »›… wollen nicht verstehen, was der Bürger als normal ansieht‹. Das Policing von Armut durch Alkohol- und Bettelverbote am Münchner Hauptbahnhof«, in: D. Hunold & A. Ruch (Hg.), *Polizeiarbeit zwischen Praxishandeln und Rechtsordnung. Edition Forschung und Entwicklung in der Strafrechtspflege*, S. 329

7 A. Kretschmann & A. Legnaro (2019): »Abstrakte Gefährdungslagen. Zum Kontext der neuen Polizeigesetze«, in: *APuZ 69 (21–23)*, S. 11

8 J. Wehrheim (2018): »Kritik der Versicherheitlichung: Thesen zur (sozialwissenschaftlichen) Sicherheitsforschung«, in: *KrimJ 50 (3)*, S. 211

9 T. Feltes & M. Alex (2020): »Polizeilicher Umgang mit psychisch gestörten Personen«, in: D. Hunold & A. Ruch (Hg.), *Polizeiarbeit zwischen Praxishandeln und Rechtsordnung*, S. 279

10 Bürgerschaft der Freien und Hansestadt Hamburg (2010): *Schriftliche Kleine Anfrage des Abgeordneten Dr. Andreas Dressel (SPD) vom 06. 01. 10 und Antwort des Senats*, BS-Drucksache 19/4973; A. Zand-Vakili (28. 12. 2009): »Polizist erschießt 38-Jährigen nach Messerangriff«, in: *Welt*, https://www.welt.de/welt_print/vermischtes/hamburg/article5650421/Polizist-erschiesst-38-Jaehrigen-nach-Messerangriff.html (abgerufen am 05. 01. 2022); K. von Appen (29. 12. 2009): »Kein Krisendienst vorhanden«, in: *taz*, https://taz.de/Todesschuss/!5150224 (abgerufen am 05. 01. 2022)

11 Statistisches Bundesamt (Hg.) (1992): *Finanzen und Steuern – Personal des öffentlichen Dienstes 1990, Fachserie 14 Reihe 6*, S. 208

12 A. Altis (2018): »Entwicklung der Beschäftigung im öffentlichen Dienst bis 2017«, in: *WISTA – Wirtschaft und Statistik 5/2018*, S. 57 (60 f.)

13 Statistisches Bundesamt (Hg.) (1993): *Finanzen und Steuern – Personal des öffentlichen Dienstes 1991, Fachserie 14 Reihe 6*, S. 26

14 Statistisches Bundesamt (Hg.) (22. 06. 2021): »Pressemitteilung Nr. 289 vom 22. Juni 2021: Öffentlicher Dienst 2020: Personalzuwachs bei Kitas und Polizei hält an«, https://www.destatis.de/DE/Presse/Pressemitteilungen/2021/06/PD21_289_741.html (abgerufen am 05. 01. 2022)

15 Statistisches Bundesamt (Hg.) (2016): *Finanzen und Steuern – Personal des öffentlichen Dienstes 2015, Fachserie 14 Reihe 6*, S. 79; Statistisches Bundesamt (Hg.) (22. 06. 2021): *Vollzeitäquivalent der Beschäftigten im Aufgaben-*

bereich Polizei in den Kernhaushalten des Bundes und der Länder, https://www.destatis.de/DE/Themen/Staat/Oeffentlicher-Dienst/Tabellen/beschaeftigten-polizei.html (abgerufen am 05. 01. 2022)

16 T. Singelnstein & K.-L. Kunz (2021): *Kriminologie*, 8. Aufl., S. 394 ff.

17 D. Hunold & J. Raudszus (13. 01. 2020): »Gefährder«, in: *bpb*, https://www.bpb.de/gesellschaft/migration/kurzdossiers/302982/gefaehrder (abgerufen am 05. 01. 2022)

18 N. Austermann & G. M. Schlichte (2018): »Gefährliche Begriffe?! Über ›Gefährder‹ und drohende Gefahren«, in: *Kritische Justiz 51 (4)*, S. 479

19 B. Müllender (04. 09. 2018): »Kartoffelmesser unter Terrorverdacht«, in: *taz*, https://taz.de/Neue-Vorfaelle-im-Hambacher-Forst/!5530057 (abgerufen am 05. 01. 2022)

20 B. Kastner (13. 09. 2021): »Aktivisten bei Protest gegen IAA zu Unrecht eingesperrt«, in: *Süddeutsche Zeitung*, https://www.sueddeutsche.de/muenchen/muenchen-iaa-praeventivhaft-aktivisten-1.5409141 (abgerufen am 05. 01. 2022)

21 T. Singelnstein (2020): »Preventive Turn – Wie Gefahr und Risiko zum zentralen Gegenstand von Strafrecht und sozialer Kontrolle werden«, in: T. Fischer & E. Hilgendorf (Hg.), *Gefahr*, S. 95 (107 ff.)

22 DJV (01. 07. 2019): »Pressemitteilung: Polizeiberichte kritisch hinterfragen«, https://www.djv.de/startseite/profil/der-djv/pressebereich-download/pressemitteilungen/detail/news-polizeiberichte-kritisch-hinterfragen (abgerufen am 05. 01. 2022)

23 P. S. Bayerl & T. G. Rüdiger (2017): »Die polizeiliche Nutzung sozialer Medien in Deutschland: Die Polizei im digitalen Neuland«, in: J. Stierle, D. Wehe & H. Siller (Hg.), *Handbuch Polizeimanagement*, S. 919

24 M. Wegner, D. Wagner, L. vom Feld & J. Struck (2020): »Die Polizei als ›Influencerin‹? – Zum Einfluss der Polizei auf sicherheitspolitische Diskurse: Die Silvesternacht in Leipzig-Connewitz 2019/2020«, in: D. Hunold & A. Ruch (Hg.), *Polizeiarbeit zwischen Praxishandeln und Rechtsordnung*, S. 39

25 A. Fanta (07. 03. 2018): »Twitter und die Hauptstadtbullen: Darf die Polizei eigentlich Ironie?«, in: *Netzpolitik*, https://netzpolitik.org/2018/twitter-und-die-hauptstadtbullen-darf-die-polizei-eigentlich-ironie/ (abgerufen 05. 01. 2022)

26 RND/dpa (06. 09. 2020): »›Linkes Pack‹ – Polizei Sachsen entschuldigt sich für geteilten Beitrag auf Twitter«, in: *Dresdner Neueste Nachrichten*, https://www.dnn.de/Region/Polizeiticker/Linkes-Pack-Polizei-Sachsen-sorgt-auf-Twitter-mit-Retweet-fuer-Kritik (abgerufen am 05. 01. 2022)

27 DPolG Berlin [@DPolGBerlin] (06. 06. 2020): »Liebe Kolleginnen & Kollegen«, in: *Twitter*, https://twitter.com/DPolGBerlin/status/1269227625559572480 (abgerufen am 05. 01. 2022)

28 E. Schütze (16. 08. 2021): »Klima-Protestwoche in Berlin: Die Polizei ist genervt von Vorgaben der Politiker«, in: *Berliner Zeitung*, https://www.berliner-zeitung.de/mensch-metropole/klima-protestwoche-in-berlin-die-polizei-ist-genervt-von-vorgaben-der-politiker-li.177099 (abgerufen am 05. 01. 2022)

29 O. Kupfer (20. 10. 2014): »GdP-Landeschef Plickert: ›Der Polizeiführer hat das Wissen‹«, in: *Westdeutsche Zeitung*, https://www.wz.de/sport/fussball/bundesliga/gdp-landeschef-plickert-der-polizeifuehrer-hat-das-wissen_aid-29397941 (abgerufen am 05. 01. 2022); SID (20. 10. 2014): »Nach Krawallen: Niedersachsens Polizei kritisiert politische Vorgaben bei Einsätzen«, in: *Hannoversche Allgemeine*, https://www.haz.de/Sportbuzzer/Fussball/Nachrichtenticker/Nach-Krawallen-Niedersachsens-Polizei-kritisiert-politische-Vorgaben-bei-Einsaetzen (abgerufen am 05. 01. 2022)

30 dop/Reuters/AFP (11. 07. 2017): »Bayerischer Innenminister Herrmann fordert mehr Polizei«, in: *SPIEGEL*, https://www.spiegel.de/politik/deutschland/csu-im-wahlkampfmodus-joachim-herrmann-fordert-mehr-polizei-a-1157193.html (abgerufen am 05. 01. 2022)

31 M. Winter (1997): *Die Polizei: autonomer Akteur oder Herrschaftsinstrument?, Der Hallesche Graureiher – Forschungsberichte des Instituts für Soziologie 97–3*, S. 4 ff.

32 Zeit Online, dpa, KNA, mp (08. 06. 2020): »Saskia Esken: ›Latenter Rassismus bei Sicherheitskräften auch in Deutschland‹«, in: *Zeit Online*, https://www.zeit.de/politik/deutschland/2020-06/saskia-esken-spd-polizei-rassismus (abgerufen am 05. 01. 2022)

33 A. Niesmann (22. 06. 2020): »Scholz verteidigt Esken gegen CDU-Vorwürfe in Polizeidebatte: ›Billige Polemik‹«, in: *RND*, https://www.rnd.de/politik/polizei-debatte-scholz-verteidigt-esken-gegen-cdu-vorwurfe-billige-polemik-7WQVWL5XZBDOJAFEDDKJZGEDLQ.html (abgerufen 05. 01. 2022); D.-O. Heckmann (08. 06. 2020): »Middelberg (CDU) gegen einen Generalverdacht gegenüber der Polizei«, in: *Deutschlandfunk*, https://www.deutschlandfunk.de/rassismusdebatte-middelberg-cdu-gegen-einen-generalverdacht.694.de.html?dram:article_id=478229 (abgerufen am 05. 01. 2022)

34 M. Szymanski (12. 06. 2020): »SPD-Chefin ohne Freund und Helfer«, in: *Süddeutsche Zeitung*, https://www.sueddeutsche.de/politik/esken-spd-rassismus-polizei-1.4933432 (abgerufen am 05. 01. 2022)

35 N.N. (13. 01. 2021): »Auch Polizei kritisiert Sicherheitspläne der BW-CDU«, in: *Südwestdeutscher Rundfunk*, https://www.swr.de/swraktuell/baden-wuerttemberg/polizeigewerkschaft-kritisiert-sicherheitsplaene-cdu-100.html (abgerufen am 05. 01. 2022)

36 imo/ddp/AFP (28. 11. 2007): »LKA-Chef von Sachsen-Anhalt zurückgetreten«, in: *Tagesspiegel*, https://www.tagesspiegel.de/politik/rechtsextremismus-lka-chef-von-sachsen-anhalt-zurueckgetreten/1107882.html (abgerufen am 05. 01. 2022)

37 U. Gerritz (10. 06. 2021): »Beuth löst SEK Frankfurt nach Polizei-Skandal auf«, in: *Hessenschau.de*, https://www.hessenschau.de/politik/polizei-skandal-innenminister-beuth-loest-sek-frankfurt-auf,beuth-sek-chatgruppen-100.html (abgerufen am 05. 01. 2022)

38 K. v. Appen (15. 09. 1994): »›Der Mann hat Dreck am Stecken‹«, in: *taz*, https://taz.de/!1543136 (abgerufen am 05. 01. 2022)

39 DGB (12. 03. 2021): »Mitgliederzahlen 2020«, https://www.dgb.de/uber-uns/dgb-heute/mitgliederzahlen/2020-2029 (abgerufen am 05. 01. 2022)

40 DPolG (o. J.): »Über uns«, https://www.dpolg.de/ueber-uns (abgerufen am 10. 01. 2022)

41 Zum politischen Einfluss der Polizeigewerkschaften s. J. Fährmann, H. Aden & A. Bosch (2020): »Polizeigewerkschaften und innenpolitische Gesetzgebung – politische Einflussnahme zwischen Symbolpolitik und Interessenvertretung«, in: *der moderne staat. Zeitschrift für Public Policy Recht und Management 13 (2)*, S. 363

42 W. Schulte (2017): »Entwicklung der Polizeiorganisation in der Bundesrepublik Deutschland«, in: J. Stierle, D. Wehe & H. Siller (Hg.), *Handbuch Polizeimanagement*, S. 23 (36 ff.); beispielhaft sei dieses Zitat aus einer Pressemitteilung der GdP Niedersachsen angeführt: »Demokratie ist kein Naturgesetz, sondern muss gelebt und auch verteidigt werden. Deshalb ist es gut, wenn Kolleginnen und Kollegen sich klar positionieren. Sie sind die tragende Säule des Rechtsstaats. Es gilt, das berechtigte große Vertrauen der Bevölkerung in die Polizei zu erhalten und zu stärken.« GdP Niedersachsen (03. 12. 2019): »Zur Grundwerte-Erklärung der Polizeiführung«, https://www.gdp.de/gdp/gdpnds.nsf/id/Nds_20191203_GdP_zu_Erkla?open&ccm=300020085 (abgerufen am 06. 02. 2022)

43 A. Kaufmann (04. 06. 2020): »Ein Anti-Polizei-Gesetz?«, in: *Legal Tribune Online*, https://www.lto.de/recht/hintergruende/h/antidiskriminierungsgesetz-berlin-polizei-kritik-vermutungsregelung-gerichte (abgerufen am 05. 01. 2022)

44 S. Memarnia (21. 06. 2021): »›Wichtige Errungenschaft‹«, in: *taz*, https://taz.de/Ein-Jahr-LADG/!5777575 (abgerufen am 05. 01. 2022)

45 J. Petter (19. 10. 2017): »Wie Polizisten und rechte Blogger einen Kongress gegen Nazis verhindert haben«, in: *SPIEGEL*, https://www.spiegel.de/panorama/polizei-gewerkschaft-gdp-laesst-die-antifa-aus-einem-dgb-haus-in-muenchen-werfen-a-00000000-0003-0001-0000-000001779387 (abgerufen am 05. 01. 2022)

46 P. Nowak (2018): »Ein Herzensanliegen«, in: *konkret 62 (6)*

47 dapd/nbo (14. 09. 2011): »Musterklage gegen Namensschilder von Polizisten«, in: *Berliner Morgenpost*, https://www.morgenpost.de/berlin-aktuell/article105103467/Musterklage-gegen-Namensschilder-von-Polizisten.html (abgerufen am 05. 01. 2022)

48 T. Perkins (23. 06. 2020): »Revealed: police unions spend millions to influence policy in biggest US cities«, in: *Guardian*, https://www.theguardian.com/us-news/2020/jun/23/police-unions-spending-policy-reform-chicago-new-york-la (abgerufen am 05. 01. 2022)

49 M. Lippa (2020): »Polizeiliche Falschnachrichten auf Social Media«, in: L. M. Armbruster u. a. (Hg.), *Grundrechte-Report 2020*, S. 97

50 M. Sehl (01. 08. 2019): »Rechtsschutz gegen den ›Türknauf des Todes‹?«, in: *Legal Tribune Online*, https://www.lto.de/recht/hintergruende/h/polizei-twitter-informationshandeln-social-media-falsch-meldung-rechtsschutz (abgerufen am 05. 01. 2022)

51 Deutscher Bundestag (11. 03. 1970): *Drittes Gesetz zur Reform des Strafrechts (Schriftlicher Bericht des Sonderausschusses für die Strafrechtsreform)*, BT-Drucksache VI/502, S. 3 f.

52 Bundesministerium des Innern, für Bau und Heimat (15. 02. 2019): *Dienstvereinbarung über die Nutzung von körpernah getragenen Aufzeichnungsgeräten (Bodycams), der zum unmittelbaren Betrieb der Bodycams notwendigen technischen Geräte und Systeme zur Datenverarbeitung sowie der erzeugten Bild- und Tonaufnahmen vom 15. 02. 2019*, https://fragdenstaat.de/dokumente/71/ (abgerufen am 05. 01. 2022); H. Aden & J. Fährmann (02. 03. 2019): »Bodycams bei der Polizei – nicht nur zum Schutz von Polizistinnen und Polizisten!«, in: *Verfassungsblog*, https://verfassungsblog.de/bodycams-bei-der-polizei-nicht-nur-zum-schutz-von-polizistinnen-und-polizisten (abgerufen am 05. 01. 2022)

53 M. Trimborn (12. 10. 2021): »Sollte Cannabis legal werden? Polizeigewerkschaften warnen«, in: *Neue Osnabrücker Zeitung*, https://www.noz.de/deutschland-welt/politik/artikel/2446291/sollte-cannabis-legal-werden-polizeigewerkschaften-warnen (abgerufen am 05. 01. 2022)

54 M. Fiedler & F. Jansen (30. 11. 2021): »Ärger im Verzug: Warum Sicherheitsbehörden die Ampel-Pläne kritisch sehen«, in: *Tagesspiegel*, https://plus.tagesspiegel.de/politik/arger-im-verzug-warum-sicherheitsbehorden-die-ampel-plane-kritisch-sehen-320668.html (abgerufen am 05. 01. 2022)

55 H. Teggatz (2021): »Ein rabenschwarzer Tag für die Innere Sicherheit«, in: *Polizeispiegel 12/2021*, https://www.dpolg.de/fileadmin/user_upload/www_dpolg_de/pdf/polizeispiegel/polizeispiegel_21_12.pdf (abgerufen am 05. 01. 2022), S. 5

56 H. Borufka & F. Angermund (19. 08. 2021): »Polizeibeamte: ›Wir fühlen uns verfolgt und stigmatisiert‹«, in: *Hessenschau*, https://www.hessenschau.de/panorama/polizeibeamte-nach-aufloesung-des-frankfurter-sek-polizeibeamte-wir-fuehlen-uns-verfolgt-und-stigmatisiert,sek-interview-100.html (abgerufen am 05. 01. 2022)

57 T. Stehning (09. 06. 2021): »Razzia bei Polizisten wegen rechtsextremer Chatgruppen«, in: *Hessenschau*, https://www.hessenschau.de/panorama/razzia-bei-polizisten-wegen-rechtsextremer-chatgruppen,durchsuchungen-polizisten-100.html (abgerufen am 05. 01. 2022)

58 M. Menke, F. Angermund & H. Borufka (19. 08. 2021): »Innenministerium schlägt gegen Frankfurter SEK-Beamte zurück«, in: *Hessenschau*, https://www.hessenschau.de/politik/kein-unrechtsbewusstsein-kein-charakter-innenministerium-schlaegt-gegen-frankfurter-sek-beamte-zurueck,reax-sek-100.html (abgerufen am 05. 01. 2022)

59 Borufka & Angermund (19. 08. 2021)

60 Ebd.

61 Ebd.

62 R. Tichy (21. 06. 2021): »Wie Polizisten von ihrem CDU-Innenminister gejagt und verleumdet werden«, in: *Tichys Einblick*, https://www.tichyseinblick.de/tichys-einblick/hessen-frankfurt-polizisten-sek-cdu-innenminister (abgerufen am 05. 01. 2022)

63 DPolG Niedersachen (18. 08. 2020): »Polizeibashing destabilisiert die Innere Sicherheit!«, https://www.dpolg.org/aktuelles/news/polizeibashing-destabilisiert-die-innere-sicherheit (abgerufen am 05. 01. 2022)

64 L. Abdul-Rahman, H. Espín Grau & T. Singelnstein (2020): *Polizeiliche Gewaltanwendungen aus Sicht der Betroffenen. Zwischenbericht zum Forschungsprojekt »Körperverletzung im Amt durch Polizeibeamt*innen« (KviAPol)*, 2. Aufl., S. 38 ff.

65 J. Klaus (08. 11. 2020): »›Querdenken‹-Demo: Polizei kritisiert Justiz«,

in: *ZDF*, https://www.zdf.de/nachrichten/politik/coronavirus-querdenken-demo-leipzig-gericht-polizei-100.html (abgerufen am 05. 01. 2022)

66 A. Siemens (24. 11. 2016): »›Die Frage ist, wie man Populismus definiert‹«, in: *SPIEGEL*, https://www.spiegel.de/panorama/justiz/rainer-wendt-ueber-populismus-justizschelte-und-das-verbrechen-in-hameln-a-1122926.html (abgerufen am 05. 01. 2022)

67 dpa (20. 02. 2020): »Gewerkschaft der Polizei kritisiert Goldmünzen-Urteil«, in: *Berlin.de*, https://www.berlin.de/aktuelles/berlin/kriminalitaet/6084668-4362932-gewerkschaft-der-polizei-kritisiert-gold.html (abgerufen am 05. 01. 2022)

68 GdP Hessen (26. 08. 2020): »GdP Hessen: Ministerentscheid ohne Beschäftigten- und Gremienbeteiligung!«, https://www.gdp.de/gdp/gdp.nsf/id/DE_GdP-Hessen-SEK-Kritik-an-Beuth?open&ccm=000 (abgerufen am 05. 01. 2022)

69 E. Groß, J. Clasen & A. Zick (2022): »Ursachen und Präventionsmöglichkeiten bei Vorurteilen und Diskriminierungen in der Polizei. Zur Relevanz des Syndroms der gruppenbezogenen Menschenfeindlichkeit für die Analyse, Prävention und Intervention in Polizeiforschung und -arbeit«, in: D. Hunold & T. Singelnstein (Hg.), *Rassismus in der Polizei. Eine wissenschaftliche Bestandsaufnahme* (im Erscheinen)

70 R. Behr (2022): »›Polizeigewalt hat es nicht gegeben‹. Cop Culture als Disposition für Dominanz, Überlegenheit und Grenzüberschreitung im polizeilichen Alltagshandeln«, in: D. Hunold & T. Singelnstein (Hg.) (im Erscheinen)

71 R. Behr (2014): »›Gewalt‹ und ›Zwang‹ – Überlegungen zum Diskurs über Polizei«, in: H. Schmidt-Semisch & H. Hess (Hg.), *Die Sinnprovinz der Kriminalität*, S. 203 (205 ff.)

72 G. Mason (2020): »Blue Lives Matter and Hate Crime Law«, in: *Race and Justice* (online first, June 2020)

73 A. Lier (28. 06. 2017): »Beteiligter Polizist: ›Viele der Vorwürfe sind nur Gerüchte!‹«, in: *BZ*, https://www.bz-berlin.de/berlin/polizist-party-berlin-hamburg-erklaerung (abgerufen am 05. 01. 2022)

74 A. Siemens (28. 06. 2017): »›So sind junge Männer‹«, in: *SPIEGEL*, https://www.spiegel.de/panorama/g20-gipfel-in-hamburg-exzess-von-berliner-polizisten-so-sind-junge-maenner-a-1154931.html (abgerufen am 05. 01. 2022)

75 SZ/dpa/hy (27. 06. 2021): »Polizeibeamte attackieren Journalisten«, in: *Süddeutsche Zeitung*, https://www.sueddeutsche.de/medien/dpachefredakteur-demo-versammlungsgesetz-journalisten-polizeigewalt-1.5334960 (abgerufen am 05. 01. 2022)

76 S. etwa M. Haarbach (10. 10. 2021): »Polizei behindert mehrfach Pressearbeit und nimmt Fotografen in Gewahrsam«, in: *Tagesspiegel*, https://www.tagesspiegel.de/berlin/bei-demonstration-gegen-raeumung-des-koepi-platzes-in-berlin-polizei-behindert-mehrfach-pressearbeit-und-nimmt-fotografen-in-gewahrsam/27693556.html (abgerufen am 05. 01. 2022)

77 Reporter ohne Grenzen (2021): *Rangliste der Pressefreiheit 2021: Nahaufnahme Deutschland*, S. 5 f., https://www.reporter-ohne-grenzen.de/fileadmin/Redaktion/Downloads/Ranglisten/Rangliste_2021/FINAL_Nahaufnahme_Deutschland_-_RSF.pdf (abgerufen am 05. 01. 2022)

78 A.-S. Schneider (22. 09. 20): »Mehrheit der Deutschen hält Studie zu Rassismus bei der Polizei für notwendig«, in: *SPIEGEL*, https://www.spiegel.de/politik/deutschland/deutschland-mehrheit-haelt-studie-zu-rassismus-bei-der-polizei-fuer-notwendig-a-d27f6117-a9db-4fd7-bdc5-25b9dd4e3640 (abgerufen am 05. 01. 2022); GdP (10. 07. 2020): »Gegen Rassismusstudie und Extremisten in der Polizei«, https://www.gdp.de/gdp/gdp.nsf/id/de_gegen-rassismusstudie-und-extremisten-in-der-polizei (abgerufen am 05. 01. 2022)

79 M. Pichl (2018): »Polizei und Rechtsstaat: Über das Unvermögen, exekutive Gewalt einzuhegen«, in: D. Loick (Hg.), *Kritik der Polizei*, S. 101

80 T. Naplava (2020): »›Militarisierung‹ als Antwort auf ›mangelnden Respekt‹? Ein soziologischer Beitrag zur Diskussion um einen Paradigmenwechsel der Polizei in Deutschland«, in: D. Hunold & A. Ruch (Hg.), *Polizeiarbeit zwischen Praxishandeln und Rechtsordnung*, S. 165

81 R. Behr (2019): »Gewalt und Polizei. Ambivalenzen des innerstaatlichen Gewaltmonopols«, in: *APuZ 69 (21–23)*, S. 24 (26 f.)

82 W. Benjamin (1965 [1921]): *Zur Kritik der Gewalt und andere Aufsätze*, S. 29 ff.

83 S. Tränkle (2014): »Gerechtigkeit auf dem kleinen Dienstweg. Polizeiliche Strategien der Juridifizierung von Widerstands-Delikten«, in: M. A. Niggli & L. Marty (Hg.), *Risiken der Sicherheitsgesellschaft. Sicherheit, Risiko & Kriminalpolitik*, S. 464

84 S. etwa OLG Hamm, Urteil v. 10. 12. 2019 – 4 RVs 88/19; M. Reichert (12. 10. 2021): »Geldstrafe: Demonstrant verletzt Polizistin bei Protest an AfD-Stand«, in: *Schwäbisches Tagblatt*, https://www.tagblatt.de/Nachrichten/Es-war-kein-taetlicher-Angriff-520459.html (abgerufen am 05. 01. 2022)

85 F. Jobard (2013): »Zur politischen Theorie der Polizei«, in: *WestEnd. Neue Zeitschrift für Sozialforschung 13 (1)*, S. 65

86 Benjamin (1965 [1921]), S. 29 ff.

87 D. Loick (2018): »Was ist Polizeikritik?«, in: D. Loick (Hg.), *Kritik der Polizei*, S. 9 (18)

88 Pichl (2018)

89 A. Vitale (2021): *The End of Policing*, 2. Aufl., S. 24 ff.

90 U. S. Department of Justice – Civil Rights Division (04. 03. 2015): *Investigation of the Ferguson Police Department*

91 H. Bailey (02. 11. 2021): »Minneapolis rejects measure to replace police department in first major electoral test of reform movement after George Floyd's murder«, in: *Washington Post*, https://www.washingtonpost.com/nation/2021/11/02/minneapolis-mayor-police-vote/ (abgerufen am 05. 01. 2022)

92 F. Jobard (2021): »Polizei und Bevölkerung in Frankreich. Eine Vertrauenskrise«, in: N. Eschenbruch, S. Kaufmann & P. Zoche (Hg.), *Vielfältige Sicherheiten. Gesellschaftliche Dimensionen der Sicherheitsforschung*, S. 91 (101 f.)

93 Jobard (2021)

94 E. Töpfer & M. Kühne (2021): »Am Ende der ›neuen deutschen Welle‹? Ein Rückblick auf fünf Jahre Polizeirechtsverschärfungen«, in: *Bürgerrechte & Polizei/CILIP 127*, S. 7

95 Pichl (2018), S. 101 (104 ff.)

Kapitel 5 – Perspektiven

1 Dazu der Podcast von M. Fischer (30. 09. 2021): *fischer:exploriert – Polizei und Demokratie*, https://www.youtube.com/watch?v=P5GeC7gdzC8 (abgerufen am 23. 01. 2022)

2 C. Dübbers (2017): »Kultur der Polizei – The Next Generation«, in: J. Stierle, D. Wehe & H. Siller (Hg.), *Handbuch Polizeimanagement*, S. 419

3 So zum Beispiel bei der Polizei NRW (o. J.): »Rolle und Selbstverständnis«, https://polizei.nrw/artikel/rolle-und-selbstverstaendnis (abgerufen am 10. 01. 2022)

4 L. Schöne (19. 01. 2018): »Herrmann: ›Kirche und Polizei teilen die gleichen Werte‹«, in: *MK-Online*, https://mk-online.de/meldung/herrmann-kirche-und-polizei-teilen-die-gleichen-werte.html (abgerufen am 10. 01. 2022)

5 dpa (19. 03. 2020): »Hanauer OB: Mit Polizei ›asoziale Hamsterkäufe‹ verhindern«, in: *Süddeutsche Zeitung*, https://www.sueddeutsche.de/gesundheit/gesundheit-hanau-hanauer-ob-mit-polizei-asoziale-hamsterkaeufe-verhindern-dpa.urn-newsml-dpa-com-20090101-200319-99-393616 (abgerufen am 08. 02. 2022)

6 J. Nicolas (2022): »›Doing Ordnungspartnerschaft (while doing Corona Crisis)‹ – Eine ethnographische Studie der polizeilichen Ordnungssicherung in der Krise«, in: S. Jakob & N. Obitz (Hg.), *Solidarität und Krise. Sozialpädagogische Perspektiven auf Herausforderungen unter krisenhaften Bedingungen* (im Erscheinen)

7 F. Jobard (2013): »Zur politischen Theorie der Polizei«, in: *WestEnd. Neue Zeitschrift für Sozialforschung 13 (1)*, S. 65

8 SWR (01. 10. 2019): »Stuttgart 21: Was bleibt elf Jahre später vom Schwarzen Donnerstag?«, in: *SWR Aktuell*, https://www.swr.de/swraktuell/baden-wuerttemberg/stuttgart/elf-jahre-schwarzer-donnerstag-100.html (abgerufen am 10. 01. 2022); U. Bäuerlein (26. 10. 2019): »Fast erblindeter Stuttgart-21-Gegner Wagner bereut seinen Protest nicht«, in: *Augsburger Allgemeine*, https://www.augsburger-allgemeine.de/panorama/Stuttgart-21-Fast-erblindeter-Stuttgart-21-Gegner-Wagner-bereut-seinen-Protest-nicht-id55812751.html (abgerufen am 10. 01. 2022)

9 N. N. (01. 10. 2010): »100.000 demonstrieren gegen Stuttgart 21«, in: *ntv*, https://www.n-tv.de/politik/100-000-demonstrieren-gegen-Stuttgart-21-article1617061.html (abgerufen am 10. 01. 2022)

10 C. Bilger (17. 10. 2012), »Bewährungsstrafe nach Schlagstockeinsatz im Schlossgarten«, in: *Stuttgarter Zeitung*, https://www.stuttgarter-zeitung.de/inhalt.schwarzer-donnerstag-bewaehrungsstrafe-nach-schlagstockeinsatz-im-schlossgarten.ab8d4a3f-68c1-4c50-a13a-1ffac45d0c49.html (abgerufen am 10. 01. 2022); C. Bilger (26. 08. 2013): »Strafbefehle wegen Wasserwerfereinsatz«, in: *Stuttgarter Zeitung*, https://www.stuttgarter-zeitung.de/inhalt.stuttgart-21-strafbefehle-wegen-wasserwerfereinsatz.e48f2355-0ef1-4d74-9b8f-8d4abd87e280.html?reduced=true (abgerufen am 10. 01. 2022); O. im Masche (18. 03. 2015): »Ex-Polizeichef Stumpf akzeptiert Geldstrafe«, in: *Stuttgarter Zeitung*, https://www.stuttgarter-zeitung.de/inhalt.schwarzer-donnerstag-ex-polizeichef-stumpf-akzeptiert-geldstrafe.4e89f361-d7f0-4d6d-8f41-c6284c0abf59.html?reduced=true (abgerufen am 10. 01. 2022); VG Stuttgart, Urteil v. 18. 11. 2015 – 5 K 1265/14

11 smo (07. 04. 2015): »Team-Stronach-Mandatar outet sich als Pograpscher«, in: *Der Standard*, http://derstandard.at/2000013948051/Team-

Stronach-Mandatar-outet-sich-als-Pograpscher (abgerufen am 10. 01. 2022)

12 R. Behr (2020): »Dominanzkultur und Gewalt: Das strukturelle Problem der Polizei«, in: *Blätter für deutsche und internationale Politik 65 (10)*, S. 13

13 A. Vitale (2021): *The End of Policing*, 2. Aufl., S. 4 ff.

14 Ebd., S. 15. Im Original: »Well-trained police following proper procedure are still going to be arresting people […], and the burden will continue to fall primarily on communities of color because *that is how the system is designed to operate* – not because of the biases or misunderstandings of officers.«

15 Zeit Online, dpa, sk (09. 06. 2020): »Seehofer verteidigt Polizei gegen Rassismusvorwurf«, in: *Zeit Online*, https://www.zeit.de/politik/deutschland/2020-06/bundesinnenministerium-horst-seehofer-rassismus-polizei (abgerufen am 10. 01. 2022)

16 A. Kretschmann & A. Legnaro (2019): »Polizei und Gewalt. Sozialwissenschaftliche Lektüren eines untrennbaren Verhältnisses«, in: *juridikum 31 (3)*, S. 373 (380 f.)

17 S. zum Folgenden insgesamt Fischer (30. 09. 2021)

18 Ebd.

19 W. Benjamin (1965 [1921]): *Zur Kritik der Gewalt und andere Aufsätze*, S. 44 f.; M. Pichl (2014): »Zur Entgrenzung der Polizei – eine juridische und materialistische Kritik polizeilicher Gewalt«, in: *KritV 97 (3)*, S. 249

20 S. Fischer (30. 09. 2021)

21 R. Alleweldt (2019): »Die wesentlichen menschenrechtlichen Anforderungen an polizeiliches Handeln«, in: D. Kugelmann (Hg.), *Polizei und Menschenrechte*, S. 28

22 U. Behrendes & M. Stenner (2008): »Bürger kontrollieren die Polizei?«, in: P. Leßmann-Faust (Hg.), *Polizei und Politische Bildung*, S. 45 (74 ff.)

23 O. Decker u. a. (2020): »Die Leipziger Autoritarismus Studie 2020: Methode, Ergebnisse und Langzeitverlauf«, in: O. Decker & E. Brähler (Hg.), *Autoritäre Dynamiken: Alte Ressentiments, neue Radikalität*, S. 27; O. Decker u. a. (2020): »Das autoritäre Syndrom: Dimensionen und Verbreitung der Demokratie-Feindlichkeit«, in: O. Decker & E. Brähler (Hg.), *Autoritäre Dynamiken: Alte Ressentiments, neue Radikalität*, S. 177 (179 ff.)

24 M. Herrnkind (2021a): »Cop Culture meets Bourdieu«, in: A. Ruch & T. Singelnstein (Hg.), *Auf neuen Wegen. Kriminologie, Kriminalpolitik und Polizeiwissenschaft aus interdisziplinärer Perspektive. Festschrift für Thomas Feltes zum 70. Geburtstag*, S. 345 (360 ff.)

25 S. auch A. Kempen (2021): *Auf dem rechten Weg? Rassisten und Neonazis in der deutschen Polizei*, S. 223 ff.

26 S. etwa N. N. (1986): »Eine ›alternative‹ Polizei? – Alternativen zur Polizei?«, in: *Bürgerrechte & Polizei/CILIP* 25, S. 5

27 D. Rubinstein & J. C. Mays (30. 06. 2020): »Nearly $ 1 Billion Is Shifted From Police in Budget That Pleases No One«, in: *The New York Times*, https://www.nytimes.com/2020/06/30/nyregion/nypd-budget.html (abgerufen am 10. 01. 2022); D. Zahniser & E. A. Reyes (19. 06. 2020): »To cut LAPD's budget by $ 150 million, reduce officer ranks below 10,000, report says«, in: *Los Angeles Times*, https://www.latimes.com/california/story/2020-06-19/lapd-cuts-city-council (abgerufen am 10. 01. 2022); D. Smith (23. 11. 2021): »Police Commission backs a 12 % increase in LAPD budget for next year«, in: *Los Angeles Times*, https://www.latimes.com/california/story/2021-11-23/police-commission-backs-increase-in-lapd-budget-for-next-year (abgerufen am 10. 01. 2022)

28 A. A. Akbar (2020): »An Abolitionist Horizon for (Police) Reform«, in: *California Law Review 108 (6)*, S. 1781

29 D. Purnell (06. 07. 2020): »How I Became a Police Abolitionist«, in: *The Atlantic*, https://www.theatlantic.com/ideas/archive/2020/07/how-i-became-police-abolitionist/613540 (abgerufen am 10. 01. 2022)

30 Vgl. Y. Harari (2014): *Sapiens*, S. 28 ff.

31 Vitale (2021), S. 229 ff.

32 U. S. Department of Justice – Civil Rights Division (10. 04. 2014): »Findings of the Department of Justice's civil investigation of the Albuquerque Police Department«, https://www.justice.gov/sites/default/files/usao-nm/legacy/2015/01/20/140410%20DOJ-APD%20Findings%20Letter.pdf (abgerufen am 10. 01. 2022)

33 E. Kaplan (13. 10. 2021): »New department eases load on police, fire crews«, in: *Albuquerque Journal*, https://www.abqjournal.com/2437479/citys-community-safety-department-is-up-and-running.html (abgerufen am 10. 01. 2022)

34 G. Witte (09. 10. 2021): »In New Mexico, a bold experiment aims to take police out of the equation for mental health calls«, in: *Washington Post*, https://www.washingtonpost.com/national/mental-health-community-safety/2021/10/08/369794d0-26bd-11ec-a6ad-9ee7deda7f34_story.html (abgerufen am 19. 12. 2021)

35 Eigene Übersetzung aus R. Waters (2021): »Enlisting Mental Health Workers, Not Cops, In Mobile Crisis Response«, in: *Health Affairs 40 (6)*,

S. 864 (865). Im Original: »For years, we've been sending cops to things that we shouldn't be sending cops to.«

36 A. R. Ramsey & M. Kornfield (15. 06. 2020): »Amid calls to defund police, Albuquerque creates an alternative department«, in: *Washington Post*, https://www.washingtonpost.com/nation/2020/06/15/wake-calls-defund-police-albuquerque-creates-an-alternative-department (abgerufen am 31. 12. 2021)

37 Witte (09. 10. 2021)

38 Ipsos (04. 03. 2021): »Americans' trust in law enforcement, desire to protect law and order on the rise«, https://www.ipsos.com/sites/default/files/ct/news/documents/2021-03/usat-ipsos_racial_injustice_topline_03 0421.pdf (abgerufen am 10. 01. 2022); Yahoo! News / YouGov, Race and Politics (11. 06. 2020): »1B. Trust in Institutions – The Police«, in: *Yougov.com*, https://docs.cdn.yougov.com/86ijosd7cy/20200611_yahoo_race_police_covid_crosstabs.pdf (abgerufen am 10. 01. 2022); zu den diesbezüglichen Unterschieden zwischen weißer und Schwarzer Bevölkerung s. K.-Y. Taylor (14. 08. 2020): »We Should Still Defund the Police«, in: *The New Yorker*, https://www.newyorker.com/news/our-columnists/defund-the-police (abgerufen am 10. 01. 2022)

39 T. El-Sabawi & J. Carroll (2022): »A Model for Defunding: An Evidence-Based Statute for Behavioral Health Crisis Response«, in: *Temple Law Review 94* (im Erscheinen); M. Rogers, D. McNiel & R. Binder (2019): »Effectiveness of Police Crisis Intervention Training Programs«, in: *Journal of the American Academy of Psychiatry and the Law 47 (4)*, S. 1; S. Taheri (2016): »Do Crisis Intervention Teams Reduce Arrests and Improve Officer Safety? A Systematic Review and Meta-Analysis«, in: *Criminal Justice Policy Review 27 (1)*, S. 76

40 D. Klimke (2017): »Hanak, Gerhard / Stehr, Johannes / Steinert, Heinz (1989): Ärgernisse und Lebenskatastrophen. Über den alltäglichen Umgang mit Kriminalität. Bielefeld: AJZ«, in: C. Schlepper & J. Wehrheim (Hg.), *Schlüsselwerke der Kritischen Kriminologie*, S. 295

41 U. Eisenberg & R. Kölbel (2017): *Kriminologie*, 7. Aufl., § 41 Rn. 5 ff.

42 V. Ruggiero (2011): »An abolitionist view of restorative justice«, in: *International Journal of Law, Crime and Justice 39 (2)*, S. 100; F. Früchtel & A.-M. Halibrand (2016): *Restorative Justice. Theorie und Methode für die Soziale Arbeit*; J. Braithwaite (2009): »Restorative Justice«, in: H. J. Schneider (Hg.), *Internationales Handbuch der Kriminologie, Band 2: Besondere Probleme der Kriminologie*, S. 497

43 M. Alexander (03. 03. 2019): »Reckoning with Violence«, in: *The New*

York Times, https://www.nytimes.com/2019/03/03/opinion/violence-criminal-justice.html (abgerufen am 10. 01. 2022); Common Justice (o. J.): *The Common Justice Model*, https://www.commonjustice.org/the_common_justice_model (abgerufen am 10. 01. 2022)

44 M. E. Kim (2021): »Transformative justice and restorative justice: Gender-based violence and alternative visions of justice in the United States«, in: *International Review of Victimology 27 (2)*, S. 162; s. auch die Nachweise in Fn. 46

45 Creative Interventions (2021): *Creative Interventions Workbook: Practical Tools to Stop Interpersonal Violence*, https://www.creative-interventions.org/wp-content/uploads/2021/09/CI-Workbook-Beta1-Sept-2021-Free-PDF-Download.pdf (abgerufen am 10. 01. 2022)

46 M.-T. Piening & J. Künkel (2020): »Community Accountability: Feministisch-antirassistische Alternative zum strafenden Staat?«, in: *Bürgerrechte & Polizei/CILIP 123*, S. 36; C. Rojas, A. Bierria & M. E. Kim (2010): »Community Accountability: Emerging Movements to Transform Violence«, in: *Social Justice 37 (4)*, S. 1

47 Fischer (30. 09. 2021)

48 H. Cremer-Schäfer (2021): »Alternativen von Strafrecht und Polizei«, in: *Bürgerrechte & Polizei/CILIP 125*, S. 14

49 Vgl. A. Demirović (2009): »Rätedemokratie oder das Ende der Politik«, in: *PROKLA 155*, S. 181; M. Pichl (2018): »Polizei und Rechtsstaat: Über das Unvermögen, exekutive Gewalt einzuhegen«, in: D. Loick (Hg.), *Kritik der Polizei*, S. 101

50 Für die USA s. Vitale (2021), S. 25 ff.

51 Home Office (2021): *Police use of firearms statistics, England and Wales: April 2020 to March 2021*, 2. Aufl.; House of Commons Library (2021): *Police Service Strength*

52 Eisenberg & Kölbel (2017), § 43 Rn. 9 ff.

53 H. Stöver & M. Plenert (2013): *Entkriminalisierung und Regulierung*, S. 17

54 Statistisches Bundesamt (Hg.) (2021): *Rechtspflege – Staatsanwaltschaften 2020, Fachserie 10 Reihe 2.6*, S. 22

55 BKA (2021): *Bundeslagebild Rauschgiftkriminalität 2020*, S. 22

56 M. Haarbach (05. 12. 2021): »Aktivisten kaufen 21 Berliner aus Gefängnis frei«, in: *Tagesspiegel*, https://www.tagesspiegel.de/berlin/haft-nach-fahrt-ohne-fahrschein-aktivisten-kaufen-21-berliner-aus-gefaengnis-frei/27864116.html (abgerufen am 10. 01. 2022); F. Thurm (22. 02. 2018): »Ersatzfreiheitsstrafen kosten Hunderte Millionen Euro«, in: *Zeit Online*, https://www.zeit.de/gesellschaft/zeitgeschehen/2018-02/justizvollzug-geldstrafe-

gefaengnis-kosten-ersatz (abgerufen am 10. 01. 2022); N. Bögelein (2020): »Ersetzt Freiheit Geld? Ein empirischer Blick auf die Ersatzfreiheitsstrafe«, in: B.-D. Meier & K. Leimbach (Hg.), *Gefängnisse im Blick der Kriminologie*, S. 127

57 Eisenberg & Kölbel (2017), § 41 Rn. 16 ff., § 52 Rn. 18

58 T. Singelnstein & K.-L. Kunz (2021): *Kriminologie*, 8. Aufl., S. 346 ff.

59 Statistisches Bundesamt (Hg.) (2021), S. 26 f.

60 Singelnstein & Kunz (2021), S. 433 f.

61 B. Blinkert (2010): »Unsicherheitsbefindlichkeit als ›sozialer Tatbestand‹. Kriminalitätsfurcht und die Wahrnehmung von Sicherheit und Unsicherheit in Europa«, in: *MschrKrim 93 (2)*, S. 106; E. Groß (2021): »Furcht vor Kriminalität im Einfluss von sichtbarer ethnischer Vielfalt und allgemeinen sozialen Ängsten«, in: N. Eschenbruch, S. Kaufmann & P. Zoche (Hg.), *Vielfältige Sicherheiten. Gesellschaftliche Dimensionen der Sicherheitsforschung*, S. 197; H. Hirtenlehner & D. Hummelsheim (2011): »Schützt soziale Sicherheit vor Kriminalitätsfurcht? Eine empirische Untersuchung zum Einfluss wohlfahrtsstaatlicher Sicherungspolitik auf das kriminalitäts-bezogene Sicherheitsbefinden«, in: *MschrKrim 94 (3)*, S. 178

62 Kretschmann & Legnaro (2019), S. 373 (377)

63 D. Loick (2018): »Was ist Polizeikritik?«, in: D. Loick (Hg.), *Kritik der Polizei*, S. 9 (23 ff.)

Omniscient Reader's Viewpoint

2

Aus dem Koreanischen von Jessica Walther

ADAPTION UMI(REDICE STUDIO)
STORY singNsong
ART Sleepy-C(3B2S STUDIO)